融合する法律学

筑波大学法科大学院創設記念
企業法学専攻創設15周年記念

上 巻

青柳幸一 編

信 山 社

発刊に寄せて

　この記念論文集は，筑波大学大学院ビジネス科学研究科法曹専攻（以下，法科大学院と略す。）創設および同企業法学専攻（以下，企業法学専攻と略す。）設立15周年を記念して刊行するものである。

　法科大学院は，企業法学専攻を母体として2005年4月に創設された。企業法学専攻は1990年に開設された我国最初の夜間社会人大学院（修士課程）であり，以来400名を超える修了生を世に送り出し，高い評価を得てきており，1993年には博士課程である企業科学専攻も新設されている。これも我国における最初の夜間社会人大学院の博士課程であることは言うまでもない。

　企業法学専攻の社会人教育の実績が積み重ねられるに伴い，その成果を司法制度改革の大きな柱のひとつである専門職大学院にも発揮すべきではないかとの意見が高まり，長く真剣な議論を経て創設されたのが法科大学院である。法科大学院は，企業法学専攻の実績に立脚しつつ，我国における唯一の夜間社会人法科大学院として独自の地歩を確立したいと願っている。企業法学専攻もまた，従来の伝統を受け継ぎつつ夜間社会人大学院のトップランナーとして独自の役割を果たしていきたいと願っている。

　以上のことを実現するためには，もとより日常の教育実践が最も重要である。しかし，その教育実践を支えるのは何よりも教育を実践する者の地道な研究活動でなければならない。私たちはこのことを強く自覚し，日々の研究に精励することとしているが，法科大学院創立および企業法学専攻設立15周年を機に，研究者としての私たちの活動の一端を世に問うことにした。それがこの記念論文集である。本書には26編の論文が寄稿されているが，そのうち4編はかつて企業法学専攻に在籍されていた先輩・同僚によって執筆されたものである。貴重な時間を割いて本書に寄稿されたすべての方々に衷心からお礼申し上げたい。

　「研究こそが教育の原点である」との信念の下に，私達は今後とも法

発刊に寄せて

科大学院および企業法学専攻を維持・発展させていきたいと念じており，本書で示された研究への意欲を引き続きロー・レヴューの刊行によって持続させていきたいと考えている。

　関係各位の法科大学院および企業法学専攻に対する一層のご支援ご鞭撻をお願い申し上げ，本書発刊の辞としたい。

　2006年7月

　　　　　　　　　　筑波大学大学院ビジネス科学研究科
　　　　　　　　　　　　研究科長　　　江口隆裕
　　　　　　　　　　　　企業法学専攻長　平林英勝
　　　　　　　　　　　　法曹専攻長　　　新井　誠

目　次

発刊に寄せて……………………江口隆裕・平林英勝・新井　誠

〔上巻〕

I　公法系

ドイツ基本法1条1項「人間の尊厳」論の「ゆらぎ」
　　――憲法における人間――……………………青柳幸一……3

眠れる通商条項とアメリカ連邦最高裁
　　――Granholm v. Heald を手がかりに――………藤井樹也……81

ドイツにおける個人情報保護の実際
　　――わが国の過剰反応問題を考える一視座――
　　　　　　　　　　　　　　　　　　　……………藤原静雄…103

租税条約の濫用防止………………………………中山　清…129

II　民事法系

責任無能力と運行供用者責任 ………………………藤村和夫…163

「成年後見の社会化」の進展と新たな立法課題
　　――社会化の日独比較を含めて――……………上山　泰…207

労働者は消費者か？
　　――消費者契約規制と労働契約との関係に関する
　　　一考察――…………………………………丸山絵美子…245

貸金業規制法43条「みなし弁済」の適用要件である
　　18条1項の「直ちに」の意義 ………………平出慶道…281

転リースと民法613条………………………………弥永真生…301

目　次

手形無因論の相対化
　　——プラントル理論の紹介と検討——………………庄 子 良 男…319
株式買取請求権制度における『公正な価格』の意義
　　——シナジー分配の問題を中心として——　……柳　　明　昌…351
敵対的企業買収と予防策・防御策
　　——わが国の近時の法状況にみられる理論的課題——
　　……………………………………………………………徳　本　　穰…387
国際的合併の法的考察 ……………………………大 塚 章 男…407

〔下巻〕

ガイウスと要件事実——法律訴訟の時代——　……三 井 哲 夫…435
将来の権利関係の確認訴訟における即時確定の
　　利益についての一考察……………………………村 上 正 子…443
民事訴訟における公務文書の文書提出命令制度
　　——一般義務化と公務秘密文書・刑事訴訟関係書類の除外——
　　………………………………………………………秋 山 幹 男…463
民事訴訟における不利益陳述の取扱いについての
　　若干の考察 ……………………………………………北　　秀　昭…485
「民事裁判における事実認定と事案解明」点描
　　——若干の事例と理論の変遷に沿って——　……春日偉知郎…505
司法研修所での実務教育（民事系統）を法科大学院
　　における法学教育にいかに活用するか ………植 草 宏 一…525

Ⅲ　刑　事　法　系

オーストリアにおける法人ないし団体処罰の新立法について
　　——法人の刑事責任に関する予備的考察——　…岡 上 雅 美…551
自白の証拠能力判断の簡明化に関する試論……小 幡 雅 二…571

IV 労働法・社会保障法

社会保険料と租税に関する一考察
　　——社会保険の対価性を中心として—— ………江口隆裕…595

V 経済法

日米構造問題協議と独占禁止法
　　——独禁法の強化はいかにして可能となったか——
　　………………………………………………………平林英勝…643

市場経済システムと「消費者私法」
　　——経済法の視野からみた場合の配置図—— …佐藤一雄…681

VI 知的財産法

著作権侵害の責任主体についての比較法的考察
　　——P2Pの問題を中心として——……………潮海久雄…705

信託と特許権 …………………………………………新井　誠…773

あとがき………………………………………………青柳幸一

執筆者一覧 (論文掲載順)

〈執筆者名〉　　　　　〈現職〉

青柳　幸一（あおやぎ　こういち）　筑波大学法科大学院教授
藤井　樹也（ふじい　たつや）　筑波大学法科大学院助教授
藤原　静雄（ふじわら　しずお）　筑波大学法科大学院教授
中山　清（なかやま　きよし）　筑波大学大学院ビジネス科学研究科（企業法学専攻）教授
藤村　和夫（ふじむら　かずお）　筑波大学法科大学院教授
上山　泰（かみやま　やすし）　筑波大学法科大学院助教授
丸山　絵美子（まるやま　えみこ）　筑波大学大学院ビジネス科学研究科（企業法学専攻）助教授
平出　慶道（ひらいで　よしみち）　弁護士・名古屋大学名誉教授
弥永　真生（やなが　まさお）　筑波大学大学院ビジネス科学研究科（企業法学専攻）教授
庄子　良男（しょうじ　よしお）　早稲田大学大学院会計研究科教授・筑波大学名誉教授
柳　明昌（やなぎ　あきまさ）　筑波大学大学院ビジネス科学研究科（企業法学専攻）助教授
德本　穰（とくもと　みのる）　筑波大学法科大学院助教授
大塚　章男（おおつか　あきお）　筑波大学法科大学院教授
三井　哲夫（みつい　てつお）　創価大学大学院法学研究科教授
村上　正子（むらかみ　まさこ）　筑波大学大学院人文社会科学研究科助教授
秋山　幹男（あきやま　みきお）　筑波大学法科大学院教授
北　秀昭（きた　ひであき）　筑波大学法科大学院教授
春日　偉知郎（かすが　いちろう）　慶應義塾大学法科大学院教授・筑波大学名誉教授
植草　宏一（うえくさ　こういち）　筑波大学法科大学院教授
岡上　雅美（おかうえ　まさみ）　筑波大学大学院人文社会科学研究科助教授
小幡　雅二（おばた　まさじ）　筑波大学法科大学院教授
江口　隆裕（えぐち　たかひろ）　筑波大学大学院ビジネス科学研究科（企業法学専攻）教授
平林　英勝（ひらばやし　ひでかつ）　筑波大学大学院ビジネス科学研究科（企業法学専攻）教授
佐藤　一雄（さとう　かずお）　明治学院大学法学部教授・筑波大学名誉教授
潮海　久雄（しおみ　ひさお）　筑波大学大学院ビジネス科学研究科（企業法学専攻）助教授
新井　誠（あらい　まこと）　筑波大学法科大学院教授

Ⅰ　公法系

ドイツ基本法 1 条 1 項「人間の尊厳」論の「ゆらぎ」
——憲法における人間——

青 柳 幸 一

 I 問題の所在：生命科学／技術と「人間の尊厳」ドグマティーク
 II "Würde der Menschheit" と "Würde des Menschen"
 III 支配的ドグマティークの「ゆらぎ」
 IV 人間の尊厳の「生物化」：種の尊厳論
 V 憲法における人間：「むすび」に代えて

I 問題の所在：生命科学／技術と「人間の尊厳」ドグマティーク

　ここ数年，ドイツ基本法（以下，「基本法」と略記する。）1 条 1 項「人間の尊厳」に関する憲法ドグマティーク（以下，「支配的ドグマティーク」と称する。）が揺らいでいる。それは，支配的ドグマティークへの批判[1]の高まりという形で現われている。支配的ドグマティークに対する批判を呼び起こしている主要な要因は，生命科学／技術の「途方もない進展」[2]である。それは，「人間の尊厳」概念論や保障論にかかわる問題を惹起している。にもかかわらず，生命科学／技術からの「挑戦」に対して，支配的ドグマティークは「多くの場合何らの答も与えない」[3]ことにある。
　支配的ドグマティークに，このような「ゆらぎ」をもたらしている生命科学／技術の「とてつもない進展」とは，どのような進展[4]なのであろうか。
　1978 年の世界最初の体外受精児の出生とともに，「生殖革命」[5]が始まった。体外受精は，人間が直接手を下すことができなかった受精を女性の身体の外で，人工的に行うものであるが，そもそも不妊治療のための技術として登場したものである。しかし，この技術が「生命の選別への道を大きく開く

可能性があることは，当初から予想されていた」[6]。それゆえ，ドイツでも，いわゆるBenda委員会が設立され，1985年に報告書[7]を提出した。そして，1990年に胚保護法[8]と遺伝子操作法[9]が制定された。体外受精技術によって，着床前診断（受精卵診断）も可能になった。それは，体外受精を行って得た受精卵で遺伝子を調べ，もし遺伝性疾患の因子が見つかった場合には受精卵を母体に戻さずに廃棄する。

「生殖革命」は，1996年には，体細胞核移植によって作製された世界最初の哺乳動物であるクローン羊"Dolly"の誕生にまで進展した。体細胞核移植という生殖技術は，「生殖が一者からは生じ得ないということは必至である」[10]という「常識」を覆す。"Dolly"誕生は，哺乳類においても単性生殖が可能となり，「ひとり」の親と同一の遺伝子をもつ「分身」を生み出すことができる生殖技術の出現を意味する。

現在，生命科学／技術の中心の一つが，ヒト胚，とりわけ胚性幹細胞（以下「ES細胞」という。）である。ES細胞は，どのような臓器にもなりうる全能性をもつとされる。1998年には，アメリカで，ヒト胚からES細胞の樹立に成功したことが報告された。ドイツは，2002年に幹細胞法[11]を制定したが，研究目的でのES細胞の輸入を認めた[12]。

生命科学／技術と遺伝子・DNA・ゲノム研究は，車の両輪のような関係で「途方もない進展」を支えてきている。遺伝子工学は，生物学，発生生物学，生化学などの各学問分野から得られた様々な知識を利用して，生命の遺伝機能の応用を行うために進展してきた技術である。その技術によって，生物の遺伝子を変えることができ，また遺伝病治療も可能になっている。生命の営みの根幹である遺伝子に関する技術も，DNAの二重らせん構造の発見から50年目にあたる2003年4月には，完了すれば「一つの『コペルニクス的転回』に到達する」[13]と言われていたヒトゲノムの塩基配列の解読が完了した。「一見すると無限と思われる生命・遺伝子技術の可能性」[14]は，難病や現在の医学では不治とされる病に罹患している人びとに大きな希望を与える。しかし，他方で，それは，同時に，人びとに不安を抱かせもする。その不安は，単なる感情の問題にとどまらず，倫理の問題になり，そして法的問題になる。

では，どのような問題が具体的に生じている，あるいは生じるのであろうか。

ES細胞を作製するためにはヒト胚からES細胞を摘出する必要がある。そして，ES細胞を摘出した後には，その胚は廃棄される。胚がヒトの生命であることは，間違いない。現今の議論において「きわめて論争されている」[15]のが，着床前の胚の，とりわけ体外受精によって得られた「試験管のなかの胚」の法的地位である。生殖的クローン[16]ばかりでなく，難病等に苦しむ人々を助けるというプラスの意義も有し得る治療的クローン[17]の作製も，そもそもクローニングによって作製する「分身」を道具化するという点で，根源的問題を内在させている。望ましくない受精卵を試験管のなかで死滅させる着床前診断[18]，そして遺伝子工学[19]やゲノム解析[20]は，「生命の選択」という問題や差別問題を内在させている。

生命科学／技術が惹起する憲法問題を直接的に規定する条文は，1949年に制定された基本法には存在しない。1994年10月24日の基本法改正で改正された74条1項26号だけが，唯一生命科学／技術にかかわる規定といえる。ただし，74条1項26号は，人間に施される人工受精，遺伝情報の研究および人為的改変，ならびに臓器および組織の移植に関する規律について定めるが，それは連邦と州との競合的立法権限に関する規定である[21]。したがって，今なお，生命科学／技術が惹起する実体的憲法問題を直接的に規律する規定は，基本法には存在しない。

生命科学／技術が惹起する実体的問題に個別に関連する憲法規定として，それが生命にかかわる問題であるだけに，基本法2条2項1文の生命権が挙げられる。さらに，科学研究の自由が問題となる場合には基本法5条3項の学問の自由が，そして介入によって子どもを得る望みを実現するものであれば基本法6条1項の家族の形成を求める権利が，ゲノム解析の場合には情報に関する自己決定権[22]が，そして着床前診断の場合に典型的であるが，基本法3条3項の障碍者差別の禁止も，関連する。しかし，それらの個別的基本権侵害の検討だけでは，憲法問題の究明としてはなお不十分である。なぜなら，最先端生命科学／技術によって，人間は，助けられるばかりでなく，「形成され，そして根底から変形される」[23]からである。例えば，ゲノム解

析は，遺伝的アイデンティティを明らかにするばかりでなく，他の技術と結びつくことによってその遺伝的アイデンティティを自由に処分することも，変えることも可能になる(24)。最先端生命科学／技術は，従来の技術革新（例えば，情報技術(25)）が与えた脅威とは質的に全く異なる脅威を与える。それは，最先端生命科学／技術が「人間のイメージへの修復できない操作」(26)を行う危険性である。それは，将来世代への危険性(27)をも意味する。最先端生命科学／技術によって，「人間は，単に，かつ直接的に客体とされる」(28)。それゆえ，生命科学／技術が惹起する憲法問題は，そもそも「人間の尊厳」という「憲法の基本決定に立ち戻ることなしに答えることはできない」(29)問題なのである。

なぜ支配的ドグマティークは，生命科学／技術が惹起する憲法問題に「多くの場合何らの答も与え［られ］ない」（［　］内は青柳）のであろうか。

生命倫理の議論においても，「人間の尊厳」概念が「鍵」概念となっている(30)。憲法研究者を含めた多くの論者は，「人間の尊厳」が生命科学／技術問題における必須の限界を定めるものと捉えている(31)。しかし，他方で，「人間の尊厳」を生命科学／技術問題を決定する規準として用いることに消極的な論者や懐疑的な論者もいる(32)。例えば，前・連邦憲法裁判所長官 Jutta Limbach は，「人間の尊厳」を生命科学／技術をめぐる法的問題の規準として使用することに抑制的な立場をとっている(33)。抑制的・消極的立場は，「人間の尊厳」概念の不明確性および「人間の尊厳」の絶対性が内包している問題性を理由としている。

基本法1条は，周知のように，階層構造をなしている(34)。1項は，人間の尊厳の不可侵性を謳い，人間の尊厳を侵害から保護する。2項は，人間の尊厳の「尊重」と「保護」を規定することによって，国家に人間の尊厳を保護するための積極的行為を命ずる(35)。そして3項は，2条以下の基本権が直接に適用される法として国家権力を拘束することを定める。さらに，「人間の尊厳」は，基本法79条3項によって，憲法改正によっても触れることのできない「高度の安全地帯」（Hochsicherheitszone）(36)で護られている。にもかかわらず，否，そうであるからこそ，基本法の「根本規範」(37)とも形容される基本法1条1項は，基本法のなかで「おそらく最も扱いにくい」(38)条項

Ⅰ　問題の所在：生命科学／技術と「人間の尊厳」ドグマティーク

ともいえる。

　「人間の尊厳」条項の扱いにくさ，難しさの原因として，3つのことを挙げることができる。第1に，その価値概念性である。第2に，その絶対性である。そして第3に，その一般性である。第1の原因が「人間の尊厳」概念の確定の困難さに，そして第2と第3の原因が「人間の尊厳」の保障内容の確定の困難さにかかわる。このような難しさを内在させているがゆえに，「憲法の基本決定」である「人間の尊厳」の概念内容や保障内容に関して，憲法研究者の間に全面的なコンセンサスは成立していない[39]。ドイツ憲法学は，「人間の尊厳」について，多くの議論を，多くの研究を積み重ねている。にもかかわらず，「人間の尊厳」に関して成立しているといえるコンセンサスは，高度に抽象的次元にとどまっている。コンセンサスが存在しているといえるのは，基本法の「最上位の価値」[40]を示し，「根本的な構成原理」[41]であるといった「人間の尊厳」の占める地位[42]，「人間の尊厳」の法的規範性，そして「人間の尊厳」の絶対的保障性を挙げることができる[43]。しかし，その絶対的保障性が，第Ⅱ章4で論じるように，とりわけ現今の議論においてディレンマを生じさせている。他方で，コンセンサスが成立していないものの核心に，生命の始まり，生命保護，そして胚の地位をめぐる問題がある[44]。

　基本法は，「法律学の言語用法においてこれまで一般に使われていなかった」[45]人間の尊厳という言葉を用いて，その根本的価値決定を示した。「人間の尊厳」は，古代ギリシャの正義論，キリスト教の神の似姿（imago-Dei）論，ストア派の平等の理念，ヒューマニズムと「啓蒙」主義，観念主義哲学，実質的世界倫理など「2005年間の哲学史を背負っている概念」[46]である。さらには，生命科学／技術が惹起する近時の問題に関しては，生物学等の自然科学も関連してきている。それゆえ，「人間の尊厳」の究明のためには学際的研究が必要[47]といえよう。しかし，倫理的価値を含んでいるとしても，そのような価値の基本法への受容は「人間の尊厳」が法価値となったことを意味する。また，自然科学の知見が助けになるとしても，単に自然科学上の「人間」の尊厳ではなく，法規範としての「人間の尊厳」の概念が問われる。基本法の「人間の尊厳」概念の確定は，実定憲法における法的把握の問題で

あって(48)，学際的研究自体が憲法規範としての客観的な解釈を決定するわけではない。

　現今の論争に関して，支配的ドグマティークの「人間の尊厳」概念に従えば，第Ⅱ章3で論じるように，その論理的帰結は胚の尊厳享有主体性の否定となるように思われる。なぜなら，胚には，人間の尊厳を享有する「すべての前提（自己意識，理性，自己決定能力）が欠けている」(49)からである。このように，支配的ドグマティークからは，現今の微妙で，複合的な問題に対して直線的な答しか導き出せない。それゆえ，支配的ドグマティークは「多くの場合何らの答も与えない」と批判されることになる。

　生命科学／技術の「途方もない進展」が惹起する「人間の尊厳」への挑戦に直面して，憲法学説でも，支配的見解とは異なる「人間の尊厳」の新しい観念，新しい見解が主張されている（第Ⅲ章，第Ⅳ章参照）。さらに，支配的ドグマティークの「ゆらぎ」のなかで，筆者にとって興味深いのは，支配的見解ばかりでなく，新しい見解にも，援用する際のKant解釈は異なるのであるが，Kantの"Würde der Menscheheit"論がその基礎あるいは背景として存在していることである。このことは，本稿のテーマを根源的に考察するためには，Kantの説く"Würde der Menscheheit"論に取り組む必要性を示唆する。Kant哲学・倫理学は，言うまでもなく，難解である。Kant自ら，『純粋理性批判』第2版の「序言」で，次のように記している(50)。

　　「たぶん私に責任がないわけではないかもしれないが，本書［第1版］の評価において，鋭敏な頭脳をもった人々に生じた少なからぬ誤解がそこから発生したであろう難解さと曖昧さ」（［　］内は，筆者）。

　このように，その難しさの一因がKantの記述自体にある(51)としても，「鋭敏な頭脳をもった」哲学の専門家の間でも誤解が生じるほど難しいKant「解釈」を行う能力は，筆者にはない。しかし，「人間の尊厳」論をめぐる今日的，実践的問題を考察するためには，Kantの"Würde der Menschheit"論に遡って検討することが必要不可欠である。そればかりでなく，「『個人の尊重』と『人間の尊厳』——同義性と異質性」(52)を嚆矢として拙い検討を重ね始めて以来，人間の尊厳論のひとつの重要な基礎をなすKant哲学研究の必要性を痛感し，牛歩ではあるがKant哲学と格闘してきた(53)。本稿では，

　　　　　　　Ⅰ　問題の所在：生命科学／技術と「人間の尊厳」ドグマティーク

浅学非才の筆者がKant哲学との「融合」あるいは「対話」を実現することは望むべくもないが，Kantの"Würde der Menscheheit"論を正確に跡づけつつ（第Ⅱ章第2・3・4節；第Ⅳ章第2節参照），支配的見解と新しい見解の相違をその根源から明らかにし，基本法1条1項の「人間の尊厳」ドグマティークの「ゆらぎ」を解消する理論構築の可能性を探りたい。

（1）　Vgl. etwa E. Hilgendorf, Die missbrauchte Menschenwürde, Jahrbuch für Recht und Ethik 7（1999）S. 137; ders., Klonverbot und Menschenwürde, in : Festschrift für H. Mauer, 2001, S. 1147.
（2）　E.-W. Böckenförde, Bleibt die Mesnchenwürde unantastbar?, in : Blätter für deutsche und internationale Politik, 2004, S. 1216.
（3）　M. Nettesheim, Die Garantie der Menschenwürde zwischen transzendentaler Überhöhung und blossem Abwägungstopos, AöR 130（2005）, S. 107.
（4）　2000年までの生命科学／技術の進展と各国における法規制の状況については，川井健編『生命科学の発展と法』(2001年)，中村かおり「各国のクローン規制と生殖医療法の現状」レファレンス602号139頁，604号75頁（2001年）等参照。2004年4月14日に行われたヒト・ゲノム解読完了宣言（Joint Proclamation by the Heads of Governmentof Six Countries Regarding the Completion of the Human Genome Sequence）〈http://www.miraikan.jst.go.jp/genome/Joint_Proclamation.pdf〉参照。
（5）　例えば，金城清子『生殖革命と人権』（1996年）参照。
（6）　同・12頁。
（7）　Bundesminister für Forschung und Technologie（Hrsg.）, In-vitro-Fertilisation, Genomanalyse und Gentherapei, Bericht der gemeinsamen Arbeitsgruppe des Bundesminisiters für Forschung und Technologie und des Bundesministers des Justiz（1985）.
（8）　Gesetz zum Schutz von Embryonen, BGBl. I S. 2747 vom 13. Dezember 1990.
（9）　Gesetz zum Regelung von Fragen der Gentechnik, BGBl. I S. 1080 vom 20. Juni 1990.
（10）　ヒポクラテス（小川政恭・訳）『古い医術について』101頁（岩波文庫，1963年）。
（11）　Gesetz zur Sicherstellung des Embryonenschutzes im Zusammenhang mit Einfuhr und Verwendung menschlicher embryonealer Stammenzellen, BGBl. I S. 2277 vom 29. Juri 2002.
（12）　胚保護，胚研究および研究目的でのES細胞の輸入の合憲性については，Vgl. H. Hofmann, Biotechnik, Gentherapie, Genmanipulation, JZ 1986, S. 258f.; R. Keller,

ドイツ基本法1条1項「人間の尊厳」論の「ゆらぎ」

　　　Beginn und Stufung des menschlichen Lebensschutzes, in : Günther/Keller(Hrsg.), Fortpflanzungsmedizin und Humangenetik, 2. Aufl 1991, S. 134f.; H. Dreier, in : ders. (Hrsg.) GG-Kommentar, Bd. I, 2. Aufl. 2004, Art. 1 I Rn. 59ff.; J. Ipsen, Der "verfassungsrechtliche Status" des Embryo in vitro, JZ 2001, S. 996; R. Beckmann, Der Import von Stammzellen ist nur der erste Schritt, Zeitschrift für Lebensrecht 2001, S. 80f.; Deutsche Forschungsgemeinschaft, Empfehlung zur Forschung mit menschlichen Stammzellen vom 3. Mai 2001, WissR 2001, S. 287ff.; S. Ewig, Abschied von der Menschenwürde, DÄBl. 2001, S. 2759ff.; U. Schroth, Forschung mit embryonalen Stammzellen und Präimplantationsdiagnostik im Lichte des Rechts, JZ 2002, S. 178f.; M. Kloepfer, Humangentechnik als Verfassungsfrage, JZ 2002, S. 424ff.; M. Frommel, Die Menschenwürde des Embryos in vitro, KritJ 2002, S. 411ff.; C. D. Classen, Die Forschung mit embryonalen Stammzellen im Spiegel der Grundrechte, DVBl. 2002, S. 141ff.; Haltern/Viellechner, Import embryonaler Stammzellen zu Forschungszwecken, JuS 2002, S. 1197ff.; W. Heun, Embryonenforschung und Verfassung, JZ 2002, S. 571ff.（W. ホイン「ヒト胚を用いた研究と憲法」関西大学法学論集52巻3号814頁以下［2002年］）; A. Hoyer, Embryonenschutz und Menschenwürde, in: Festschrift für K. Rolinski, 2002, S. 81ff.; K. Lehmann, Vom Anfang des Menschseins, DRiZ 2002, S. 192ff.; R. Merkel, Embryonenschutz, Grundgesetz und Ethik, DRiZ 2002, S. 184ff.; ders., Verbrauchende Embryonenforschung und Grundgesetz, in: T. Hillenkamp (Hrsg.), Medizinrechtliche Probleme der Humangenetik, 2002, S. 35ff.; E. Benda/F. Hufen, Was darf der Mensch? (Interview), DRiZ 2002, S. 175ff.; E.-W. Böckenförde, Unabweisbare Konsequenz, Mut 416 (2002), S. 10ff.; J. Taupitz, Import embryonaler Stammzellen, ZRP 2002, S. 111.

(13)　M. Schmidt-Preuß, Menschenwürde und "Menschenbild" des Grundgesetzes, in : Festschrift für C. Link, 2003, S. 929.

(14)　M. Herdegen, Die Menschewürde im Fluß des bioethischen Diskurses, JZ 2001, S. 773.

(15)　Ibid., S. 774.

(16)　生殖的クローン禁止賛成説として，W. G. Vitzthum, Das Verfassungsrecht vor der Herausforderung von Gentechnologie und Reproduktionsmedizin, in : Braun/Mieth/Steigleder (Hrsg.), Ethische und rechtliche Fragen der Gentechnologie und der Reproduktionsmedizin, 1987, S. 287; U. Steiner, Der Schutz des Lebens durch das Grundgesetz, 1992, S. 14.; W. Brohm, Forum : Humanbiotechnik, Eigentum und Menschenwürde, JuS 1998, S. 204; Schmidt-Bleibtreu/Klein, Kommentar zum Grundgesetz, 10. Aufl. 2004, Art. 1, Rdnr. 17b; C. Starck, in : v. Mangoldt/Klein/Starck, Das Bonner Grundgesetz, Bd. 1, 5. Aufl. 2005, Art. 1, Rdnr. 90; Dreier, a.a.O. [Fn. 12]; G. Frankenberg, Die Würde des Klons und die Krise des Rechts, KritJ 2000, S.

I 問題の所在：生命科学／技術と「人間の尊厳」ドグマティーク

325ff.; Sachs, Verfassungsrecht II-Grundrechte, 2000, Kap. B 1, Rn. 17; J. Isensee, Die alten Grundrechte und die bioethische Revolution, in : Festschrift für A. Hollerbach, 2001, S. 253f., 261; U. Wolf, Grenzen des Individuums und Grenzen des Handelns, in : Brugger/Haverkate (Hrsg.), Grenzen als Thema der Rechts- und Sozialphilosophie, ARSP-Beiheft Nr. 84 (2002) S. 75, 77; H. Rosenau, Reproduktives und therapeutisches Klonen, in : Festschrift für H.-L. Schreiber, 2003, S. 763, 769 等がある。生殖的クローン禁止反対説として, Hilgendolf, a.a.O. [Anm. 1], S. 1158 ders., Ein komplettes Klonverbot verstößt gegen die Menschenwürde, FAZ vom 13. Feb. 2003, S. 42. がある。

(17) Vgl. etwa P. Mazzoletti, Stammzellentherapie, 2000; J. Taupitz, Der rechtliche Rahmen des Klonens zu therapeutischen Zwecken, NJW 2001, S. 3433ff.; K.-A. Schwarz, "Therapeutisches Klonen", KritV 2001, S. 182ff. M. Brüske, Der "therapeutische Imperativ" als ethisches und sozialethisches Problem, ZME 2001, S. 259ff.; E. Deutsch, Der rechtliche Rahmen des Klonens zu therapeutischen Zwecken, MedR 2002, S. 15ff.

(18) Vgl. R. Kollek, Präimplantationsdiagnostik (2000) ; A. Laufs, Fortpflanzungsmedizin und Menschenwürde, NJW 2000, S. 2716ff.; R. Beckmann, Rechtsfragen der Präimplantationsdiagnostik, MedR 2001, S. 169ff.; F. Hufen, Präimplantationsdiagnostik aus verfassungsrechtlicher Sicht, MedR 2001, S. 440ff.; H. Sendler, Menschenwürde, Präimplantationsdiagnostik und Schwangerschaftsabbruch, NJW 2001, S. 2148ff.; W. Höfling, Verfassungsrechtliche Aspekte der Verfügung über menschliche Embryonen und "humanbiologisches Material", 2001, S. 34ff., 68, 197ff.; D. Lorenz, Die verfassungsrechtliche Garantie der Menschenwürde und ihre Bedeutung für den Schutz menschlichen Lebens vor der Geburt, Zeitschrift für Lebensrecht 2001, S. 38ff.; K. Fassbender, Präimplantationsdiagnostik und Grundgesetz, NJW 2001, S. 2745ff.; J. Isensee, Der grundrechtliche Status des Embryos, in : O. Höffe u.a. (Hrsg.), Gentechnik und Menschenwürde, 2002, S. 37ff.

(19) Vgl. U. Köbl, Gentechnologie zu eugenischen Zwecken, in : Festschrift für H. Hubmann, 1985, S. 161ff.; W. G. Vitzthum, Gentechnologie und Menschenwürde, MedR 1985, S. 249ff.; ders., Menschenwürdeargument, ZRP 1987, S. 33ff.; ders., Gentechnik und Grundgesetz, in : Festschrift für G. Dürig, 1990, S. 185ff.; Hofmann, a.a.O. [Fn. 12], S. 253ff.; E. Fechner, Menschenwürde und generative Forschung und Technik, JZ 1986, S. 653ff.; R. Scholz, Verfassungsfragen zur Fortpflanzungsmedizin und Gentechnologie, in : Festschrift für R. Lukes, 1989, S. 209ff.; Classen, Verfassungsrechtliche Rahmenbedingungen der Forschung mit Embryonen, WissR 1989, S. 235ff.; A. Weiss, Das Lebensrecht der Embryos, JR 1992, 182ff.; B. Losch, Lebensschutz am Lebensbegin, NJW 1992, S. 2926ff.; Brohm, a.a.O. [Fn. 16], S. 197ff.;

Laufs, a.a.O. [Fn. 18], S. 2716ff.; U. Fink, Der Schutz des menschlichen Lebens im Grundgesetz, Jura 2000, 210ff.; E.-L.Winnacker, Gentechnik, 2000, S. 9ff.; Taupitz, a.a.O. [Fn. 18], S. 3433ff.; Sendler, a.a.O. [Fn. 18]; E. Schmidt-Jortzig, Systematische Bedingungen der Garantie unbedingten Schutzes der Menschenwürde in Art. 1 GG, DÖV 2001, S. 925ff.; R. Müller-Terpitz, Die neue Empfehlungen der DFG zur Forschung mit menschlichen Stammzellen, WissR 2001, 271ff.; J. Ipsen, a.a.O. [Fn. 12], S. 992ff.; Herdegen, a.a.O. [Fn. 14], S. 773ff.; Schroth, a.a.O. [Fn. 12], S. 170ff.; J. Limbach, Mensch ohne Makel, FAZ vom 25. Feb. 2002, S. 51; R. Spaemann, Gentechnik, Die Zeit vom 20. Nov. 2003; H.-L. Schreiber u. a. (Hrsg.), Recht und Ethik im Zietalter der Gentechnik, 2004.

(20) Vgl. etwa S. Vollmer, Genomanalyse und Gentherapie, 1989; U. Eibach, Genomanalyse und Menschenwürde, Ethik in der Medizin, Bd.2 (1990), S. 22ff.; Donner/Simon, Genomanalyse und Verfassung, DÖV 1990, S. 907ff.; H.-M. Saas (Hrsg.), Genemoanalyse und Gentherapie, 1991; A. Schmidt, Rechtliche Aspekte der Genomanalyse, 1991 : S. Cramer, Genom und Genomanalyse, 1991; T. Kienle, Die prädikative Medizin und gentechnische Methode, 1998; C. Hofmann, Rechtsfragen der Genomanalyse, 1999. M. Tjaden, Genanalyse als Verfassungsproblem, 2001; A. Fisahn, Genethischer Code, 2002, S. 17ff.; C. Hohmann, Genomanalyse, PZ 2002, S. 29; C. Schief, Die Zulässigkeit postnataler präsiktiver Gentest, 2003.

(21) 基本法74条1項26号については，例えば，P. Kunig, in : v. Münch/Kunig (Hrsg.), GG-Kommentar, Bd. 3, 5. Aufl. 2003, Art. 74 Rn. 123ff.; S. Otte, in : v. Mangoldt/Klein/Starck (Hrsg.), GG-Kommentar, Bd. 2, 5. Aufl. 2005, Art. 74 Rn. 179ff.; Stettner, in : Dreier (Hrsg.), GG-Kommentar, Bd. II, 1998, Art. 74 Rn. 114ff. 参照。

(22) Vgl. BVerfGE 65, 1 (41ff).

(23) E. Benda, Verständigungsversuche über die Würde des Menschen, NJW 2001, S. 2147.

(24) Isensee, a.a.O. [Fn. 16], S. 243ff.

(25) 例えば，E. Bend が1974年に行った講演「人間の尊厳の危機」において，技術化が惹起する具体的問題として論じているのは電子情報である（Benda, Gefährdung der Menschenwürde, 1974, S. 22f.)。

(26) E. Benda, Erprobung der Menschenwürde am Beispiel der Humangenetik, in : Aus Politik und Zeitgeschichte, B3/1985, S. 22.

(27) Ibid.

(28) C. Enders, Die Menschenwürde und ihr Schutz vor gentechnologischer Gefährdung, EuGRZ 1986, S. 241.

(29) Benda, a.a.O. [Fn. 23], S. 2147.

(30) U. Eibach, Medizin und Menschenwürde, 3. Aufl. 1988; L. Honnefelder, Human-

genetik und Menschenwürde, in : Brose/Lutz-Bachmann (Hrsg.), Umstrittene Menschenwürde, 1994, S. 124ff.; H. M. Baumgartner u. a., Menschenwürde und Lebensschutz, in G. Rager (Hrsg.), Beginn, Personalität und Würde des Menschen, 1997, S. 161ff.; J. Schwartländer, Mesnchenwürde/Personwürde, in : W. Korff u. a. (Hrsg.), Lexikon der Bioethiki, Bd. 2, 1998, S. 683ff.; M. H. Wener, Streit um Menschenwürde, in : Zeitschrift für medizinische Ethik 46 (2000), S. 259ff.; O. Höffe, Wessen Menschenwürde?, in : C. Geyer (Hrsg.), Biopolitik, 2001, S. 65ff.; M. Düwell, Die Menschenwürde in der gegenwärtigen bioethischen Debatte, in : S. Graumann (Hrsg.), Die Genkontroverse, 2001, S. 80ff.

(31) 憲法論としては，Benda, a.a.O. [Fn. 26], S. 18ff. を挙げておく。倫理論としては，K. Braun, Menschenwürde und Biomedizin, 2000; S. Graumann, Zwischen Zeugung und Erzeugung von menschlichem Leben besteht ein ethisch relevanter Unterschied, in dies. (Hrsg.), Die Genkontroverse, 2001, S. 88ff.; J. Reiter, Über die Ethik der Menschenwürde, in : Festschrift für K. Lehmann, 2001, S. 443ff.; R. Spaemann, Gezeugt, nicht gemacht, Die Zeit vom 19. Jan. 2001 等がある。

(32) D. Brinbacher, Gefährdet die moderne Reproduktionstechnologie die menschliche Würde?, in : V. Braun u. a. (Hrsg.), Ethische und rechtliche Fragen der Gentechnologie und der Reproduktionsmediuzin, 1987, S. 77ff.; ders., Mehrdeutigkeiten im Begriff der Menschenwürde, Zeitschrift für freies Denken und humanitische Philosophie, Sonderheft 1 (1995), S. 4ff.; Classen, Zur Menschenwürde aus der Sicht des Verfassungsrechts, in : Beckmann u. a. (Hrsg.), Humangenetik, 1991, S. 93ff.; Hilgendorf, a.a.O. [Fn. 1], S. 137.

(33) J. Limbach, Menschenwürde, Menschenrechte und Fortschiitt der Medizin (Redesmanuskript gehalten auf dem Erlanger Kongress "Medizin und Gewissen" am 24.3.2001), S. 1.

(34) Vgl. W. Höfling, Die Unantastbarkeit der Menschenwürde, JuS 1995, S. 857; E. Denninger, in : ders. u. a. (Hrsg.), AK-GG, 3. Aufl. 2002, Art. 1 II, III Rn. 4; M. Antoni, in : D. Höming (Hrsg.), Grundgesetz-Kommentar, 7. Aufl. 2005, Art. 1 Rn. 8.

(35) BVerfGE 39, 1(41); 88, 203(252).

(36) Steiner, a.a.O. [Fn. 16], S. 12.

(37) BVerfGE 27, 344(351).

(38) J. Isensee, a.a.O. [FN. 16], S. 247.

(39) 一致と不一致については，H. Dreier, Konsensus und Dissens bei Interpretation der Menschenwürde, in : C. Geyer (Hrsg.), Biopolitik, Die Positionen, 2001, S. 234ff. 参照。

(40) BVerfGE 6, 32(41); 12, 45(53); 30, 1(39); 30, 173(193); 32, 98(108); 37, 57 (65F.); 45, 187(227); 50, 166(175); 54, 341(357).

(41) BVerfGE 87, 209 (228). なお，判決の用語の変遷については，H. D. Jarass, in ders./Pieroth, Grundgesetz, 8. Aufl. 2006, Vorb. Vor Art. 1 Rn. 4 参照．
(42) 学説でも，さまざまに表現されている．例えば，「現実に効力を持つ，最上位の地位にある憲法規範」(J. M. Wintrich, Zur Problematik der Grundrechte, 1957, S. 10)，「基本法の最も中心的価値」(Ibid., S. 14)，「おそらく最上位の指導理念」(W. Wertenbruch, Grundgesetz und Menschenwürde, 1958, S. 33)，憲法の「最高価値」(M. Herdegen, in : Maunz/Dürig (Hrsg.) Grundgesetz, Stand 2005, Art. 1 Abs. 1 Rn. 4)，あるいは世界法の「最高価値」(U. Di Fabio, Grundrechte als Wertordnung, JZ 2004, S. 5) などである．
(43) Vgl. etwa H. Dreier, Lebensschutz und Menschenwürde in der bioethischen Diskussion, in : H.-R. Reuter (Hrsg.), Bioethik und Menschenwürde, 2002, S. 12ff.
(44) Ibid., S. 16.
(45) Fechner, a.a.O. [Fn. 19], S. 653.
(46) Pieroth/Schlink, Grundrechte, 21. Aufl. 2005, Rn. 353 (永田秀樹／松本和彦／倉田原志訳『現代ドイツ基本権』[2001年] 116頁). Auch E. H. Riedel, Gentechnologie und Embryonenschutz als Verfassungs- und Regelungsproblem, EuGRZ 1986, S. 473; R. A. Lorz, Moderned Grund- und Menschenrechtsverständnis und die Philosophie der Freiheit Kants, 1993, S. 275; M. Kloepfer, Leben und Würde des Menschen, in : Festschrift 50 Jahre BverfG, Bd. II, 2001, S. 81. 個々の理論については，C. Starck, Menschenwürde als Verfassungsgarantie im modernen Staat, JZ 1981, S. 459ff.; ders., a.a.O. [Fn. 16], Rn. 4ff.; W. G. Vitzhum, Die Menschenwürde als Verfassungsbegriff, JZ 1985, 205f.; J. Schütz, Menschenwürde und Recht, BayVBl. 1991, S. 615ff. 参照．
(47) P. Häberle, Die Menschenwürde als Grundlage der staatlichen Gesellschaft, HStR Bd II, 3. Aufl. 2004, Rn. 32; ferner Benda, a.a.O. [Fn. 23], S. 2147.
(48) G. Dürig, in : Maunz/Dürig, GG-Kommentar (Stand 1958), Art. 1 Abs. 1, Rn. 1.
(49) Dreier, a.a.O. [Fn. 12], Rn. 50; auch ders., Menschenwürdegarantie und Schwangerschaftsabbruch, DÖV 1995, S. 1038.
(50) カント『純粋理性批判上』．カント全集（岩波）4巻48頁（なお，カント全集からの引用にあっては，強調の傍点を省略しているし，若干訳を変更している場合もある）．Kant が『純粋理性批判』に関して「憂慮していた」ことについては，カント『プロレゴーメナ』カント全集6巻195頁参照．また，『純粋理性批判』第1版の難解さとあまり読まれなかったことについては，アルセニイ・グリガ（西牟田久雄／浜田義文訳）『カント』160-167頁（1983年）参照．
(51) Kant の実践哲学も「矛盾から自由ではない」(K. Braun, Die besten Gründe für eine kategorische Auffassung der Menschenwürde, in : M. Kettner (Hrsg.), Biomedizin und Menschenwürde, 2004, S. 82 Fn. 4.). Kant 哲学の門外漢にとって

Kant の "Wuerde der Menschheit" を正確に理解することは一層難しい。
(52) 青柳「『個人の尊重』と『人間の尊厳』」（以下,「個人の尊重」と略記する。）同『個人の尊重と人間の尊厳』5頁以下（1996年）。そのほか，人間の尊厳に関する拙稿として，次のものがある。

　　Aoyagi, Die Wurde des Menschen und der Respekt vor dem Individuum, 横浜国際経済法学9巻2号（2000年）；青柳「人間の尊厳と個人の尊重」（「人間の尊厳」）同『人権・社会・国家』（2002年）61頁以下：青柳「『個人の尊重』規定の規範性」（「個人の尊重規定」）同『人権・社会・国家』74頁以下；青柳「先端科学／技術と憲法―序説」（先端科学／技術）同『人権・社会・国家』108頁以下；青柳「科学／技術の進歩と人間の尊厳」（「科学／技術の進歩」）ジュリスト1222号（2002年）；青柳「アメリカにおけるヒト・クローン禁止をめぐる憲法論」（「ヒト・クローン」）栗城壽夫先生古稀記念『日独憲法学の想像力　上』（2003年）；青柳「二つの『人間の尊厳』論と憲法理論」（「二つの人間の尊厳論」）北大法学論集.54巻6号（2004年）；同「人間の尊厳論の『原点』と『現点』」（「原点と現点」）法学研究.78巻5号（2005年）がある。

　2003年以降に公表された, 本稿のテーマにかかわる邦語文献として次のものがある。

　憲法研究者によるものとしては，小林直樹『法の人間学的考察』（2003年）；栗城壽夫先生古稀記念『日独憲法学の想像力　上』（2003年）に収録されている矢島基美「日本国憲法における『個人の尊重』と『人間の尊厳』」，嶋崎健太郎「生命の権利と人間の尊厳」，根森健「科学研究の自由の限界と『人間の尊厳』」；赤坂正浩「ドリーの教訓？」法学教室273号（2003年）；小林真紀「フランス司法裁判所の判例に見る『人間の尊厳』の原理（1）（2・完）」愛知大学法学部法経論集162号，163号（2003年）；押久保倫夫「『人間の尊厳』の規範結合」兵庫教育大学研究紀要第2分冊23号（2003年）；福王守「人権保障の基本原理に関する比較法的考察」法学新報109巻5・6号（2003年）；莵原明「人間の尊厳論」大東法学13巻1号（2003年）；同「人間の生命はいつ始まるか」大東文化大学法学研究所報24号（2004年）；樋口陽一「人間の尊厳VS人権？」UP33巻5号（2004年）；ドイツ憲法判例研究会編『先端科学技術と人権』（2005年）に収録されている嶋崎健太郎「人間の生をめぐる憲法問題」と根森健「日本国憲法における学問・研究の自由の限界とヒト・クローンの作製」；玉蟲由樹「人間の尊厳保障の絶対性？」福岡大學法學論叢50巻4号（2006年）等がある。

　外国文献の翻訳として，ユルゲン・ハーバーマス（三島憲一訳）『人間の将来とバイオエシックス』（2004年），連邦議会審議会最終報告書の翻訳である松田純・監訳『人間の尊厳と遺伝子情報』（2004年）ジョン・ロールズ（坂部恵監訳）『ロールズ哲学史講義　上・下』（2005年）等がある。

　憲法以外の分野の研究者による，本稿のテーマにかかわる文献として，2002年

に公刊されたものであるが、多くの有益な論稿を収録している「特集　生命倫理と人間の尊厳」理想668号を挙げておく。2003年以降では、保木本一郎『ヒトゲノム解析計画と法』(2003年)；龍谷大学「遺伝子工学と生命倫理と法」研究会編『遺伝子工学時代における生命倫理と法』(2003年)；上村芳郎『クローン人間の倫理』(2003年)；粥川準二『クローン人間』(2003年)；響堂新『クローン人間』(2003年)；堂囲俊彦「クローン技術と人間の尊厳」医療・生命と倫理・社会2号(2003年)；光石忠敬「人間、『ヒト』、『ひとモノ』、そして物」法の支配128号(2003年)；保呂篤彦「人間の尊厳をめぐって」岐阜聖徳学園大学紀要教育学部編42号(2003年)；蔵田伸雄「生命倫理と人間の尊厳」哲学年報50号(2003年)；同「人の胚と人間の尊厳」生命倫理14号(2003年)；同「人間の尊厳を守る責任」日本カント研究5号(2004年)；同「カントと人間の尊厳の根拠」哲学年報52号(2005年)；盛永審一郎「リプロダクティブライツと胚の尊厳」富山医科薬科大学看護学会誌5巻1号(2003年)；同「ドイツ生命倫理学アトラス」富山医科薬科大学一般教育研究紀要33号(2005年)；牧野広義「生命倫理と人間の尊厳」唯物論と現代32号(2003年)；西日本生命倫理研究会編『生命倫理の再生に向けて』(2004年)；森芳周「カントにおける人間の尊厳と身体の問題」哲学論集51号(2004年)；船木祝「ドイツ『幹細胞法』制定をめぐる倫理的・法的議論の経緯」医学哲学医学論理22号(2004年)；長谷川日出世「人間の尊厳と人格概念」二松学舎学国際政経論集10号(2004年)；近藤十郎「『人間の尊厳』をめぐる一試論」同志社女子大学学術研究年報55号(2004年)；樋口範雄・土屋裕子編『生命倫理と法』(2005年)；和田幹彦編著『法と遺伝学』(2005年)；高橋隆雄編『生命・情報・機械』(2005年)；小坂田裕子「世界人権宣言における人間の尊厳概念の意義」社会システム研究8号(2005年)；西野基継「法概念としての人間の尊厳についての予備的考察」愛知大学法学部法経論集168号(2005年)；島薗進『命の始まりの生命倫理』(2006年) などがある。

　なお、生命の終焉にかかわる問題については、岡田俊幸「死の概念と生命権(1)」信州大学法学論集4号(2004年) がある。

(53)　Kant によれば、「人間理性の最終の諸目的についての学」である哲学は「尊厳、すなわち、絶対的な価値」を有し、哲学「だけが内的な価値をもち、他の認識すべてにはじめて価値を与えるものでもある」(カント『論理学』全集17巻33頁)。それゆえか、Kant は、法律学も含めてすべての学問において哲学が必要であることを指摘し、「特に哲学が欠けている」学者は「一種の一眼怪物になる」(Kant, Reflexionen zur Logik, Nr. 2018 u. 2021, in : Kant's gesammelte Schriften, hrsg. von der Königlich Preußischen Akademie der Wissenschaften, Bd. XVI, 1924, S. 197f.) と述べている。

II "Würde der Menschheit" と "Würde des Menschen"

1 Kant 援用への批判説

長い間「人間の尊厳」の妥当根拠として語られてきたのが，神の似姿論[54]である。しかし，特定の信仰に基づいた妥当根拠論は，多元的な国際社会においては当然のことであるが，多元的な国家内部においても充分な説得力を有しえない[55]し，世俗化された立憲国家における憲法理論では「宗教の言語を憲法の言語に『翻訳』する必要」[56]がある。「人間の尊厳」論の，「啓蒙」主義と理性法に基づいてその妥当根拠を考察した代表的な思想家が，周知のように，Kant である。それゆえ，基本法の「人間の尊厳」論において Kant の援用が「常に繰り返される」[57]。1980年代には，「ほとんど全員が一致」[58]して，カントの "Würde der Menschheit" と基本法の「人間の尊厳」の観念とを同一視[59]する状況にあった。しかし，その当時でも，少数ながら，基本法1条1項の解釈に Kant の倫理学を援用することへの批判は，存在していていた。

1978年に公刊された記念論文集に収録された論文で，Johannes Messner は，基本法1条1項の解釈において Kant を援用することを批判している。Kant は，道徳律における人間の義務に全面的に根拠づけて人間の人格の価値を見た。それに対して，基本法の「人間の尊厳」は，国家に対して，社会とその構成員の権利を保護するものである[60]。それゆえ，Messner は，Kant の人間の尊厳論の根拠は義務論であり，基本権の承認の基礎である基本法の「人間の尊厳」とは一致しない[61]，と主張する。

1980年代になると，例えば，Gerhard Luf は，Kant の道徳性と合法性の範疇的な区別を無視しようとする傾向に警告を発し[62]，Erich Fechner は，Kant の援用における基礎づけの薄弱さを批判したうえで，「基本法の尊厳概念は，ドイツ哲学の観念主義において何よりもまず道徳性と義務思想から演繹される人間の尊厳と決して一致しない」[63]と主張する[64]。

哲学者からばかりでなく，憲法研究者からも批判が上がる。Klaus Stern は，次のように主張する。

Kant の著作において「尊厳」は何ら中心的関心事ではなく，ただ時々あるいは付随的にだけ語られているに過ぎないし，しかもそれは「ほとんど"Menschenwürde"あるいは"Würde des Menschen"としてではない」[65]ことを指摘する。また，Stern は，Kant は直ちにすべての人間に尊厳を認めているわけではなく，尊厳は理性と道徳を顧慮した要求を満たすことを前提にしてしか認められていないこと[66]，そして Kant の尊厳は個々の人間に直接認められるのではなく，「ただ Menschheit にのみ」認められる[67]ことも指摘する。Stern は，Messner と同様に，基本法の「人間の尊厳」が人権のための重要な出発点と理解されるのに対して，Kant の Menschheit の尊厳論は人権に結びつくものではない[68]と主張し，「カントの尊厳概念を，基本法1条1項に適切に表現された規定の基礎におくことはできない」[69]と批判する。

確かに，批判説が指摘するように，Kant の"Würde der Menschheit"と基本法の支配的見解の「人間の尊厳」論とは，同質のものではない。なぜなら，批判説が正当に指摘するように，Kant のそれは倫理としての"Würde der Menschheit"論であるからである。そして，Kant はそれを，「法理学的」法則としてではなく，「倫理学的」法則として展開している[70]。したがって，確かに，この点でいえば，倫理と法の違いを強調する批判説の主張は，妥当なものといえよう。

また，両者の内容も，同一ではない。本章3で見るように，「人格」，「理性」，「自律」の内容は，Kant と基本法1条1項の支配的見解とでは異なる。しかし，法における人間の尊厳と倫理における人間の尊厳が「完全に等しいわけではない」[71]ことは，当然のことであろう。そこに見出される相違は，むしろ，倫理規範から法規範への，ある意味当然の変容であるように思われる。

なお，基本法の「人間の尊厳」解釈における Kant の援用に関しては，80年代の批判説が心配する状況は，ほぼ解消しているように思われる。1990年代には，基本法の「人間の尊厳」をめぐる「形而上学的概念づけのぬかるみ」[72]に対する批判が行われている。そして，憲法研究者の間では，基本法の「人間の尊厳」が「2500年の哲学史を背負っている」としても，基本法1条が「世界観上中立な法秩序における実定的憲法規範」[73]であることは，十

分に認識されていると思えるからである。

　そもそも，上述した相違を踏まえたうえであるならば，基本法の「人間の尊厳」解釈に関連して，Kant を援用すること自体が，無意味あるいは間違っているとは思われない。なぜなら，「とりわけ Kant が Menschheit の尊厳の，人間の理性的本質に基づいた深い根拠づけを試みている」[74]からである。そこで，以下，義務基底的「人間の尊厳」論，「人間の尊厳」の妥当根拠，そして「人間の尊厳」の保障内容について，支配的ドグマティークと Kant の"Würde der Menschheit"とを比較検討することにしたい。

2　義務基底的「人間の尊厳」

　Messner や Stern が指摘する，「Kant は義務論，基本法は権利論」というテーゼは正しいであろうか。

　すでに別稿[75]で論じているが，人間の尊厳論は，義務基底的人間の尊厳論と権利基底的人間の尊厳論に大別することができる。Kant の"Würde der Menschheit"論は，義務基底的人間の尊厳論を代表するものである[76]。したがって，問題は，基本法の「人間の尊厳」が義務基底的であるのか，それとも権利基底的であるのか，である。

　勿論，基本法1条の文言からすれば，Fechner が指摘する[77]ように，その「人間の尊厳」は国家を義務づけるだけである。しかし，連邦憲法裁判所の判例による，「人間の尊厳」条項の多様な「活用」によって，基本法の「人間の尊厳」は権利の基礎ばかりではない，重要な機能を果たしている。この問題についてもすでに別稿で論じている[78]が，その要点のみを記しておきたい。

　判例は，基本法1条1項と他の個別的基本権とを結びつけ，そして入り組ませる。その結びつけ等によって，「人間の尊厳」条項は，憲法解釈上3つの機能を果たしている。勿論，第1に，個別的基本権の保護領域を拡張する機能を果たす。確かに，基本法1条1項と2条1項の人格の自由な発展の権利とを結びつけることによって一般的人格権を創設したように，保護領域拡張機能は重要である。この点では，「人間の尊厳」は，権利の拡大・充実に貢献しており，権利基底的に見える。しかし，他方で，「人間の尊厳」は，

判例において、個別的基本権を制約する機能を果たしている。この制約機能が、いわば日常的な機能になっているように思われるほど、個別的基本権保障の限界が人間の尊厳と結びついて語られる。

条文上は、人間の尊厳を「尊重」し、「保護」することが、直接的拘束力をもって国家権力に義務づけられている。それゆえ、基本権の保障と制約の実践的場面でも、「人間の尊厳」に抵触する個人の基本権は「絶対的に」保障されない。基本法の「人間の尊厳」は、機能的に見ると、個人の基本権を制約する。すなわち、個人にとっても「人間の尊厳」は、制約的に機能する。また、「人間の尊厳」は基本権の私人間効力においても適用される[79]ので、基本法1条1項は、社会的関係や個人と個人の間における基本権の衝突の際にも制約的機能を果たすことになる。したがって、個々の人間も、「人間の尊厳」に抵触しない限りで個別的基本権が保障されるという意味では、「人間の尊厳」の遵守は国家ばかりでなく、個人にも義務づけられるといえる。

さらに、注意すべきことは、基本法の「人間像」（Menschenbild）もまた、個人に対して制約的に働くことである。基本法の「人間像」は、別稿[80]で論じたように、「中間線としての人格主義」（Personalismus）と形容されるものである。「中間線としての人格主義」とは、「極端な個人主義も、集団的な全体主義も否定」を意味する。結局、基本法の「人間像」は、「社会的に制約された個人」像である。このような基本法の「人間像」による社会的制約性と「人間の尊厳」の絶対性とが結びつけられることによって、一層個人の権利は制約される[81]。

3 「人間の尊厳」の妥当根拠

「尊厳」を有する「人間」とは何であり、誰なのであろうか。基本法の「人間の尊厳」に関する支配的ドグマティークは、この根源的問題をどのように解しているのであろうか。この問題に関しても、すでにいくつかの小論[82]で論じている。ここでは、人間の尊厳の妥当根拠論と享有主体論について、支配的ドグマティークの見解を要約することにしたい。

支配的ドグマティークは、基本法の「尊厳」の享有主体を「個々の具体的人間」とする。そして、支配的ドグマティークによれば、人間が尊厳を有す

Ⅱ "Würde der Menschheit" と "Würde des Menschen"

るには，すなわち，それ自体価値ある存在者であるためには，「人格」(Person) でなければならない。単なる「人」ではなく，「人格」であるためには，理性的で，自律的でなければならない。つまり，自己意識，理性，そして自律という精神的能力を有する「個々の具体的人間」に尊厳が帰属することになる。このような条件を付することの論理的帰結は，そのような能力が欠けている，あるいは不足している「個々の具体的人間」には「尊厳」が否定されることになる[83]。しかし，支配的見解は，このような論理的帰結とは異なり，「個々の具体的人間」の能力の個別的・具体的状況とは無関係に，すべての人が前提条件とされる能力を有していると「みなす」。

問題は，そのように「みなす」理由である。もしそのような能力を獲得する潜在的可能性論を論拠とするならば，すでに別稿で述べた[84]ように，潜在的可能性論が抱える理論的問題に答えなければならなくなる[85]。支配的ドグマティークは，潜在的可能性論ではなく，人間一般に具わっている本性としての「人間性」(Menschheit) をその「尊厳」論の妥当根拠としているように思われる。そうであるとしても，そこには看過することのできない矛盾が存在する。「個々の具体的人間」の尊厳の妥当根拠を人間一般に具わっている本性としての理性に求めることは，突きつめれば，個々の具体的人間の尊厳論が類的人間の尊厳論になってしまうことを意味する。

支配的ドグマティークの「人間の尊厳」の妥当根拠論は，人間性，人格，理性，自律をキーワードとしている。これらのキーワードは，勿論倫理学から法学への変容をした上ではあるが，Kant の "Würde der Menschheit" 論におけるものと同一である。それゆえ，支配的ドグマティークの「人間の尊厳」の根拠論の妥当性を検討するに当たって，Kant は「重要な証人」[86]といえる。

基本法の「人間の尊厳」に関連して Kant を論ずるとき，まず何よりも注意しなければならないことは，Kant が論じているのは，"Würde des Menschen" ではなくて，"Würde der Menschheit" であることである。それゆえ，Kant のいう尊厳を有する "Menschheit" が何を意味する言葉であるのか点が，重要な「鍵」を握る。この文脈で用いられる "Menschheit" というドイツ語は，周知のように，「人間性」と「人類」という意味をもつ。

Kant はどちらの意味でも使っているのであるが，尊厳と結びつくとき Kant の"Menschheit"がどちらの意味であるかは，とりわけ近時，第Ⅳ章で論じるように，核心的争点にもなっている。それゆえ，本稿では，今まで訳語を与えずに原語のまま表記してきた。基本法の「人間の尊厳」論で用いられる"Menschheit"という語は，従来は一般に，「人間性」という日本語に相応する意味で使われていた。そこで，本節では"Menschheit"に「人間性」という訳語をあてて，Kant の「人間性の尊厳」論を見てみることにしたい。

　Decartes は自我を発見し，Kant は自律としての道徳を発見した。その自律としての道徳論において，Kant が基本法の「人間の尊厳」に関する支配的ドグマティークと異なるのは，尊厳の享有主体に関してである。Kant は，現に存在している「個々の具体的人間」すべてに尊厳を認めているわけではない。Kant によれば，現実の人間は，理性的であるばかりでなく，同時に動物的でもある「理性的自然存在者」(vernunftiges Naturwesen) である。Kant は，このような人間を「現象的人間」(homo phoenomenon) と呼ぶ[87]。「現象的人間」は「習慣化した欲望」[88]である傾向性に「実に多く……触発される」[89]存在者である。したがって，Kant は，限られた理性しか有しない「現象的人間」には尊厳を認めていない。Kant が尊厳を帰属させる人間は，いわば一種の理想の人間像である。それは，倫理的意味での「理性的存在者」(Vernunftwesen) である「可想的人間」(homo noumenon) である[90]。「可想的人間」とはどのような人間であり，なぜ尊厳が認められるのであろうか。

　その理由は，Kant の道徳哲学論の特徴と結びつく。それは，他律としてではなく，自律として，すなわち，積極的な意志選択の自由として道徳を語るところにある。善意志の絶対的価値性[91]，理性の至高性[92]，自由の絶対的自発性[93]が，Kant 道徳哲学の基礎をなす。

　Kant は，2つのものを対置することによってそれぞれの内容の違いを際立たせる。本稿のテーマとの関係では，「尊厳」(Würde) が「価格」(Preis) と，「人格」(Person) が「物件」(Sache) と，「目的それ自体」(Zweck an sich selbst) が「単なる手段」(blosser Mittel) と，「定言命法」(kategorischer Imperativ) が「仮言命法」(hypothetischer Imperativ) と対置されている。

II "Würde der Menschheit" と "Würde des Menschen"

「人間は，ましてや理性的存在者は誰であろうと，それ自身が目的自体として実存するのであり，ただあれこれの意志が任意に使用する手段としてだけ実存するのではな」(94)い。人間が目的自体として存在する「目的の国」では，「すべてのものは，価格をもつか，それとも尊厳をもつか，そのいずれかである。価格をもつものは，何か別の等価物で代替できる。ところが，それとは逆に，一切の価格を超越した崇高なものは，したがっていかなる等価物も許さないものは，尊厳をもつ」(95)。理性的存在者が「目的それ自身でありうるための唯一の条件」は，「道徳性」である。道徳性を備えた理性的存在者が「ただ単に相対的価値，すなわち価格をもつものではなく，内的価値，すなわち尊厳をもつ」(96)。「理性的存在者は，道徳性を通じてのみ，目的の国で法則を立法する成員であることが可能だからである。それゆえ人倫性だけが，そして人倫性を備えているかぎりでの人間性（Menschheit）だけが尊厳をもつ」(97)からである。Kant は，「道徳的人格性」(moralische Persönlichkeit) を「道徳法則の下にある理性的存在者の自由」(98)と定義する。

Kant によれば，「人間性（Menschheit）の尊厳はまさに，普遍的に法則を立法するという能力にある」(99)。その際の形成原理として，「自分の信条が同時に（すべての理性的存在者たちの）普遍的法則として役立つかのように，行為しなさい」(100)という命法（第1定言命法）が挙げられる。Kant は，このような法則を立法することを「自律」と定義している。それゆえ，自律は「人間などあらゆる理性的本性の尊厳の根拠」(101)であり，主体的に道徳法則を定立する「自律の原理が道徳の唯一の原理である」(102)ことになる。「可想的人間」は，自らが打ち立てる「自由の法則」＝「道徳法則」(103)に自ら従う。Kant にとって自由の理念は，「自律の概念とはしっかり結合していて，ほどき離すことができない。さらに自律の概念は人倫性の普遍的原理と同じくしっかり結合している。そしてこの人倫性の原理が，理念において理性的存在者のすべての行為の根底に存している」(104)。こうして，Kant は，彼が「道徳的存在者」と呼ぶ(105)，一種の理想的人間である「可想的人間」の「人間性」，「人格性」に尊厳を帰属させる。Kant のいう「人格性」とは，Locke のような「心理的人格性」（自己意識）ではなく，「道徳的人格性」を意味する。また，Kant が尊厳を認める「道徳的人格性」の核心的要素であ

る「自律」や「自由」は，私的な事柄に関する自己決定権を意味するものではない。それは，普遍的な道徳を定立する，絶対的自発性としての「選択意志の自由」を意味する[106]。自律としての，すなわち，絶対的自発性としての自由な選択意志による道徳の定立，ここに Kant 道徳哲学の真髄があると思われる。

4　第2定言命法と客体定式

「人間の尊厳」の概念定義に関する問題とは別に，「人間の尊厳」の保障内容が独自に問題となる。しかし，ここでも困難さがつきまとう。

「人間の尊厳」の保障内容の確定の困難さは，「人間の尊厳」条項の2つの特質，すなわち，一般条項性と不可侵性[107]に起因する。この2つの特質は，二律背反的な関係にある。一般条項性の特性は，規範の開放性に見出される。「人間の尊厳」条項が規範的開放性を有していることは，その保障内容を積極的に定義することがそもそも困難であることを意味する。もうひとつの特性である「人間の尊厳」の不可侵性は，人間の尊厳の絶対的保障を意味する[108]。自由権の侵害が問題となった場合には，周知のように，基本権の保護領域への介入はそれ自体でその侵害になるのではなく，「実践的調和」を目指した衡量の下で憲法上是認し得るか否かが決定される[109]。それに対して，「人間の尊厳」は，他の個別的基本権や他の憲法法益との衡量には一切服さない[110]。それゆえ，「人間の尊厳へのあらゆる介入は，自動的に人間の尊厳の侵害を意味する」[111]。「人間の尊厳」は，いわば「憲法上のタブーである」[112]。「タブー」であるということは，問題となる個別・具体的行為が人間の尊厳の侵害であるか否かについての社会的コンセンサスを前提としていることを意味する[113]。その意味で，ナチス「不法国家」が行った蛮行，すなわち，「辱め，烙印，迫害，追放など」[114]の全面的禁止という内容は，ナチスによる「20世紀の全体国家における人間に対する名状しがたい諸々の屈辱」[115]に対する生々しい記憶が共有されているときには，ドイツの人々にとって，解釈の必要がないほど明らかであったといえよう。まさに「タブー」である。しかし，今日，人間の尊厳論が直面している問題とナチスによる蛮行との間には「大きな相違」[116]がある。ナチスの蛮行の例とは異な

II "Würde der Menschheit" と "Würde des Menschen"

る，人間に対して諸々の屈辱を与えうる行為が「タブー」であるか否か，一義的に「答」を出すことは必ずしも容易ではない。例えば，個人が生殖的クローンを産む（作製する）ことさえ，憲法上の自由として保障されるとする見解[117]が主張されていることからも，多元的社会において「タブー」を確定することの難しさを窺い知ることができる。

このことは，絶対的に保障される「人間の尊厳」の内容を積極的に明らかにし尽くすことが困難であることを物語る。積極的定義の根源的な困難さから，連邦憲法裁判所も学説も，侵害から「人間の尊厳」の保障内容を個別的に確定していく，消極的定義を採らざるを得ない。消極的定義を一般化した公式が「客体定式」である。周知のように，Dürig が，「自分の人格のうちにも他の誰もの人格のうちにもある人間性（Menschenheit）を，自分がいつでも同時に目的として必要とし，決して単に手段としてだけ必要としないように行為せよ」[118]という Kant の第 2 定言命法を「見事な方法で憲法に組み込み，そして正典化した」[119]。Dürig の客体定式によれば，人間の尊厳は，当該個人が「目的ではなく，手段として扱われるとき侵害される」[120]。

人間の尊厳に対する侵害の判定基準としての「客体定式」の明確性を，その源である Kant の第 2 定言命法に遡って検討してみたい。

Kant によれば，理性の命令の方式である命法には，仮言命法と定言命法の 2 種類がある。仮言命法は，条件つきの命法（「もし……ならば，……であるべし」）であり，行為の動機を意味する条件部分を主眼とする命法である。それゆえ，仮言命法は，「総じて熟練の命法と呼ばれてよい」ものであり，「最も狭い意味での賢さ……の指令」でしかない。それに対して，一切条件が付されない命法である定言命法が，行為の動機と一切関わらないので，法則性も普遍妥当性も有しうるし，道徳法則の純粋性を貫く人倫性の命法である[121]。

Kant によれば，「唯一の」定言命法は，「信条が普遍的法則となることを，当の信条を通じて自分が同時に意欲できるような信条に従ってのみ，行為しなさい」である。この根本定式のヴァリアントとして，3 つの定式が示される。第 1 定式は，「自分の行為の信条が自分の意志によって普遍的自然法則になるべきであるかのように，行為しなさい」（自然法則の定式）である。第

25

2定式は,「自分の人格のうちにも他の誰もの人格のうちにもある人間性を,自分がいつでも同時に目的として必要とし,決して単に手段としてだけ必要としないように,行為しなさい」(目的の定式) である。そして,第3定式は,「おのおのの理性的存在者に対する,独自の普遍的妥当性を同時に含んでいる信条に従って行為しなさい」(自律の定式) である(122)。

当初から Kant 倫理学には,その形式主義に対する批判が投げかけられてきた。周知のように,Hegel も『法の哲学』135節において,Kant が義務の基礎に理性が存在することを確立したことを高く評価しつつ,Kant の義務論の空虚な形式主義,抽象性,無規定性を批判している(123)。確かに,Alasmir MacIntyre が指摘するように,「カントの義務の概念は非常に形式的であるがゆえに,それにはほとんどどのような内容も与えることができるし,どのような特殊な社会や道徳の電灯が提示するような特定の義務に対しても,その認可と動機を与えるのに有効なものとな」(124)りえてしまうゆえに,その形式主義の問題性は,根が深いともいえよう。しかし,Kant が『人倫の形而上学の基礎づけ』において目指したのは,「道徳性の最上原理の探究と確定」であり,「ありうべき純粋意志の理念と原理」である。つまり,「経験的なものがすべて念入りに除去され」,「アプリオリな原理だけに基づいて」構築される「純粋な」道徳哲学である(125)。その意味では,Kant 倫理学に対する形式主義批判は,道徳法則を「最大限の純粋性と抽象性に置いて把握した」(126)Kant にとって想いもよらない批判ではなかったと思われる(127)。

形式主義批判とは異なる視点からの原理的批判として重要なのは,Hanna Arendt による批判である。Arendt は,Kant の定言命法のなかに人間中心主義 (Homo faber) を読み取り,Kant の基本的立脚点を批判する(128)。確かに,Kant の著作には,神学的なそれではないが,人間中心主義が見える。「地球上に生きる動物のうちでも人間はその生活様式から見て事物を操作する技術的な素質 (意識と結合した機械的な素質) と,実用的な素質 (他人を自分の意図に沿って如才なく利用する素質) と,道徳的な素質 (自由の原理に則って法則に従って自分及び他人に対して行為する素質) によって,自然に存在する他のすべての者から際立って識別される」(129)と,Kant は述べている。しかし,Kant がその形而上学論を展開した時代を考えれば,Kant の人間中

Ⅱ "Würde der Menschheit" と "Würde des Menschen"

心主義を批判することは酷であるように思われる。

　さらに，Arendt は，重要な指摘をしている。それは，Kant の第 2 定言命法を人間中心的功利主義（der anthropozentrische Utilitarismus）の表現と位置づけて，それが内在する功利主義的思考を批判する[130]。Kant は，功利主義的思考を批判している[131]。にもかかわらず，Arendt は，第 2 定言命法がすべての道具化を禁止するものではないことから，許容される道具化と許容されない道具化とを仕分けする際に，功利主義的考慮が入り込むことを指摘するのである。

　Kant にとって想いもよらなかったであろう第 2 定言命法の功利主義性という批判も，結局は，第 2 定言命法の曖昧さに起因する。なぜなら，第 2 定言命法は，人間を手段として扱うことのすべてを禁止しているわけではないからである。和辻哲郎が指摘している[132]ように，第 2 定言命法における「同時に」（zugleich）と「単に」（bloss）が「決して省くことを許さない重大な意義を担って」おり，第 2 定言命法は「決して人格をば単に目的としてのみ取り扱えと言っているのではない」のである。したがって，Kant の第 2 定言命法においても，どのように手段として扱うと定言的命法に反するのかは，不明瞭のままに残されている。

　Dürig の「客体定式」も，その源である Kant の第 2 定言命法が内在させている不明瞭性を払拭してはいない[133]。それゆえ，「客体定式」を受容している連邦憲法裁判所も，「客体定式」を問題解決のための端緒と位置づけている[134]。

　　(54)　Vgl. etwa L. Scheffczyk, Die Frage nach der Gottesebenbildlichkeit in der modernen Theologie, in : ders. (Hrsg.), Der Mensch als Bild Gottes, 1969; K. Hilpert, Die Menschenrechte. Geschichte, Theologie, Akutualität, 1991, S. 181ff.; W. Pannenberg, Christliche Wurzeln des Gedankens der Menschenwürde, in : W. Kerber(Hrsg.), Menschenrechte und kulturelle Identität, 1991, S. 664ff.; K. Koch, Imago Dei, 2000, S. 5ff.
　　(55)　K. Stern によれば，神の似姿論の弱点は「キリスト教信仰がもはや法共同体の共通善ではない，という点にある」(Stern, Das Staatsrecht der Bundesrepublik Deutschland, Bd. III/1, 1988, S. 10)。
　　(56)　J. Habermas, Glaube, Wissen－Öffnung, SZ vom 15. Okt. 2001, S. 17.
　　(57)　Fechner, a.a.O. [Fn. 19], S. 655.

(58) P. Badura,: Generalprävention und Würde des Menschen, JZ 1964, S. 339.
(59) Stern, a.a.O. [Fn. 55], S. 7.
(60) J. Messner, Die Idee der Menschenwürde im Rechtsstaat der pluralistischen Gesellschaft, in : Festschrift für W. Geiger, 1974, S. 236.
(61) Ibid., S. 239.
(62) G. Luf, Menschenwürde als Rechtsbegriff, in : Festschrift für E. A. Wolff, 1998, S. 308ff.
(63) Fechner, a.a.O. [Fn. 4], S. 654f.
(64) Vgl. H. Ryffel, Menschenrechte, Aspekte ihrer Begründung und Verwirklichung, in : J. Schwartländer (Hrsg.), Menschenrechte, Aspekte ihrer Begründung und Verwirklichung, 1978, S. 160.
(65) Stern, a.a.O. [Fn. 55], S. 8.
(66) Ibid.
(67) Ibid., S. 9 Fn. 22.
(68) Ibid., S. 9.
(69) Ibid.
(70) 例えば，カント『人倫の形而上学』全集11巻27頁参照。その箇所でも，Kantの，よく知られた合法性と道徳性の区別論が述べられている。
(71) Nettesheim, a.a.O. [Fn. 3], S. 88.
(72) H. Hofmann, Die versprochene Menschenwürde, AöR 118 (1993), S. 358f.; ferner, vgl. H. Ottmann, Die Würde des Menschen, in : Festschrift für A. Schöpf, 1998, S. 170f. なお，Kant の受容に関する賛成論・反対論については，Lorz, a.a.O. [Fn. 46], S. 271ff. 参照。
(73) Dreier, a.a.O. [Fn. 12], Rn. 1.
(74) Dreier, a.a.O. [Fn. 43], S. 42.
(75) 青柳「二つの人間の尊厳論」前掲注 (52)，2154頁以下。
(76) Kant 自らが，彼の倫理学が義務論であることを認めている（カント『人倫の形而上学の基礎づけ』〔『基礎づけ』〕全集7巻5-12頁参照）。
(77) Fechner, a.a.O. [Fn. 57], S. 655.
(78) 青柳「先端科学／技術」前掲注 (52)，116-117頁参照。
(79) Vgl. BVerfGE 39, 1. なお，私人間効力に関する私見については，青柳「芦部信喜憲法学と私人間効力論」同『人権・社会・国家』40-43頁（2002年）参照。
(80) 青柳「個人の尊重」前掲注 (52)，33-38頁参照。
(81) Vgl. H. Dreier, Menschenwürde aus verfassungsrechtlicher Sicht, ARSP-Beiheft 101 (2004), S. 43ff.
(82) 例えば，青柳「個人の尊重」前掲注 (52)，31頁以下。
(83) 理性説の立場を貫徹させるのは，N. Hoerster である（Hoerster, Zur Bedeu-

Ⅱ "Würde der Menschheit" と "Würde des Menschen"

tung des Prinzips der Menschenwürde, JuS 1983, S. 93ff.; ders., Ein Lebensrecht für die menschliche Leibesfrucht?, JuS 1989, S. 172ff.; ders., Die unbegründete Unverfügbarkeit ungeborenen menschlichen Lebens, JZ1991, S. 503ff.; ders., Forum : Abtreibungsverbot, Jus 1991, S. 190ff.; ders, Föten, Menschen und "Speziesismus", NJW 1991, S. 2540ff.; ders., Föten, ein Lebensinteresse?, ARSP 1991, S. 385ff.; ders., Recht auf Leben und rechtsethischer Opportunismus, MedR 1995, S. 394ff.; ders.,: Das angebliche Menschenrecht des Embryos aus Leben, JR 1995, S. 51ff.; ders., Forum : Das "Recht auf Leben" der menschlichen Leibesfrucht, JuS 1995, S. 192ff. ders., Ethik des Embryonenschutzes, 2002; ders., Kompromisslösungen zum Menschenrecht des Embyos auf Leben?, JuS 2003, S. 529ff.）。さらに，理性説の立場を採るものとして，Reinhard Merkel（ders., Rechte für Embryonen, Die Zeit vom 25. Jan. 2001, S. 37）がある。なお，Hoerster 説が惹起した論争については，嶋崎健太郎「胎児の生命権の根拠」法学新報103巻2・3号233頁以下（1997年）参照。
(84) 青柳・前掲注（78），123-127頁。
(85) 潜在的可能性論の問題点については，青柳「先端科学／技術」前掲注（52）124-125頁参照。なお，ドイツでの潜在的可能性諭批判としては，Hilgendorf, a.a.O.［Fn. 1］, in: Festschrift für Mauer, S. 1163; H. Markel, Ein Mensch ist ein Mensch ist ein Schaf?, Universitäs 2000, S. 1010 等参照。
(86) Dreier, a.a.O.［Fn. 43］, S. 42 m, N. in Fn. 112.
(87) カント『人倫の形而上学』全集11巻288頁。
(88) カント『論理学』全集17巻126頁。
(89) カント『基礎づけ』全集7巻8頁。
(90) カント『人倫の形而上学』全集11巻317頁，304頁，61頁。phaenomenon と noumenon という言葉はそもそもプラトンに由来する対語であるが，Kant は，前者が「感性の客観」(obiectum sensualitas)，後者が「叡知によってしか認識されないもの」(nisi per intelligentiam cognoscendum) を指す言葉と説明する（Kant, De mundi sensibilis atque intelligibilis forma et principiis, in : Kant's gesammelte Schriften, hrsg. von der Königlich Preußischen Akademie der Wissenschaften, Bd. II, 1912, S. 392)。そこから，感性界の人間である phaenomenon と叡知界の人間である noumenon という使い分けも生じる。さらに，カント『人倫の形而上学的基礎づけ』（『基礎づけ』）全集7巻97-103頁，同『実践理性批判』（『実践理性』）全集7巻274-276頁参照。
(91) カント『基礎づけ』全集7巻13-31頁参照。
(92) 同5-12頁参照。
(93) カント『たんなる理性の限界内の宗教』（『宗教論』）全集10巻67頁。
(94) 『基礎づけ』全集7巻64頁。
(95) 同74頁。

(96) 同74頁。
(97) 同・74頁。
(98) カント『人間の形而上学』全集11巻39頁。
(99) カント『基礎づけ』全集7巻81頁。
(100) 同・79頁。
(101) 同・75頁。
(102) 同・82頁。
(103) カント『人倫の形而上学』全集11巻350頁。
(104) 同350頁。
(105) カント『基礎づけ』全集7巻65頁。
(106) 行為は選択意思の自由の結果であるからこそ、「人格とは、行為の責任を帰することの可能な主体」（カント『人倫の形而上学』全集11巻39頁）と把握されることになる。
(107) Vgl. W. Höfling, Die Unantastbarkeit der Menschenwürde, JuS 1995, S. 858.
(108) Vgl. Dreier, a.a.O.〔Fn. 12〕, Rn. 44 u. 131. なお、「人間の尊厳」の絶対的性格については、Ibid., Rn. 41; E. Picker, Menschenwürde und Menschenleben, in : Festgabe für W. Flume, 1998, S. 158f.; Nettisheim, a.a.O.〔Fn. 3〕, S. 81 等参照。
(109) Vgl. Dreier, a.a.O.〔Fn. 12〕, Rn. 139ff.
(110) Vgl. T. Geddert-Steinacher, Menschenwürde als Verfassungsbegriff, 1990, S. 83. 判例も、人間の尊厳は相対化されないことを明言している（BVerfGE 93, 266 [293]）。
(111) Dreier, Stufungen des vorgeburtlichen Lebensschutzes, ZRP 2002, S. 377.
(112) R. Poscher, "Die Würde des Menschen ist unantastbar.", JZ 2004, S. 756. さらに、タブーとしての「人間の尊厳」条項については、Picker, a.a.O.〔Fn. 108〕, S. 156,158, 263; R. Poscher, Menschenwürde als Tabu, in: FAZ v. 2.Juni 2004, S. 8 ; C. Enders, Die Menschenwürde in der Verfassungsordnung, 1997, S. 25ff. 等参照。「タブー」一般については、J. Isensee, Tabu im freiheitlichen Staat（2003）参照。
(113) Vgl. Dreier, a.a.O.〔Fn. 39〕, S. 234; G. Frankenberg, Die Würde des Klons und die Krise des Rechts, KritJ 2000, S. 329; Herdegen, a.a.O.〔Fn. 14〕, S. 775; Lorenz, a.a.O.〔Fn. 18〕, S. 41.
(114) BVerfGE 1, 97（104）.
(115) H. Hofmann, Die Entdeckung der Menschenrechte, 1999, S. 11.
(116) Dreier, a.a.O.〔Fn. 11〕, S. 378.
(117) 青柳「ヒト・クローン禁止」前掲注（52）、65-78頁参照。
(118) カント『基礎づけ』全集7巻65頁。
(119) Fechner, a.a.O.〔Fn. 4〕, S. 654.
(120) Dürig, a.a.O.〔Fn. 48〕, Rn. 28; ferner vgl. Wintrich, a.a.O.〔Fn. 42〕, S. 7. なお、

第二次大戦後では，G. Radbruch が，人間の尊厳の尊重と Kant の第 2 定言命法を結びつけて語っている（Radbruch, Zur Diskussion über die Verbrechen gengen die Menschlichkeit, Süddeutsche Juristenzeitung 1947, Sp. 132）。

(121) カント『人倫の形而上学の基礎づけ』全集 7 巻42-47頁参照。
(122) 同・53-78頁参照。なお，定言的命法の適用手続き，3 つの定言的命法相互の関係等については，ジョン・ロールズ（坂部恵・監訳）『ロールズ哲学史講義 上』カントⅡ－Ⅳ（2005年）参照。
(123) ヘーゲル（藤野渉・赤沢正敏訳）『法の哲学Ⅰ』348-352頁（2001年）参照。
(124) A．マッキンタイアー（井上義彦ほか訳）『西洋倫理思想史』
(125) カント『基礎づけ』全集 5 -11頁参照。
(126) E．カッシーラ（門脇卓爾ほか監修）『カントの生涯と学説』288頁（1986年）。
(127) カント『実践理性』全集 7 巻126頁，同『基礎づけ』全集 7 巻21-23頁参照。
(128) H. Arendt, Vita activa oder Vom tätigen Leben, 1960, S. 141ff. K. Bayertzt も，Kant に対する Arendt の「人間中心主義」批判を取り上げている（バイエルト［吉田浩幸訳］「人間の尊厳の理念」164-165頁ジープ／バイエルツ／クヴァンテ［ジープ／山内廣隆／松井富美男編・監訳］『ドイツ応用倫理学の現在』164-165頁［2002年］）。
(129) カント『人間学』全集15巻313頁，同『判断力批判 下』全集 9 巻116頁。
(130) Arendt, a.a.O. [Fn. 128], S.142.
(131) カントの功利主義批判については，Kant, Refelexionen zur Anthlopologie, Nr. 903, in : Kant's gesammelte Schriften, hrsg. von der Königlich Preußischen Akademie der Wissenschaften, Bd. XV, 1923, S. 395 参照。
(132) 和辻哲郎『カント実践理性批判』和辻哲郎全集 9 巻225頁（1935年）。
(133) 青柳「先端科学／技術」前掲注（52），117-119頁参照。
(134) BVerfGE 30, 1（25）.

Ⅲ　支配的ドグマティークの「ゆらぎ」

1　出発点としての堕胎判決

基本法 1 条 1 項の尊厳の担い手である「人間」には，そもそも未出生命も含まれていたのであろうか。

Roman Herzog によれば，「芽生えつつある生命」の保護については「憲法制定会議において充分に決着をつけられていなかった」し，委員会では一

部に肯定論，しかしまた一部に否定論といった「散発的な意見の表明があっただけである」(135)。したがって，「憲法起草者の意図」は，尊厳の享有主体は，生まれている人間と捉えていたといえよう(136)。初期の学説においても，胎児の人間の尊厳を肯定する見解(137)もあったが，一般に「尊厳は，生きている人間（lebendes Menschen）にのみ帰属する」(138)と理解されていた。連邦憲法裁判所も，「基本法には国家形成の原理がその基礎にある。それは，歴史的経験とナチスの先行する体制との精神的－倫理的対決からのみ説明される。[ナチスは] 社会生活のすべての領域に関する無制限の支配を向自的に要求し，その国家目標の追求の際には，原則として個々人の生命への顧慮も何も意味を持たなかった，全体国家の絶対権力に対抗して，基本法は価値に結びついた秩序を目指した。価値に結びついた秩序とは，個々の人間とその尊厳を中心点に置くものである」(139)（[ ]内は，青柳）と述べている。全体主義ナチス国家の絶対的権力の行使は，ユダヤ人のホロコーストや「生きるに値しない生命」の「安楽死」ということからも明らかなように，生存している人間に向けられていた。それゆえ，全体主義ナチス国家の否定という基本法の趣旨・目的から帰結される「価値に結びついた秩序」は，「生まれている人間」をその中心に置いている(140)といえよう。

　未出生生命の「人間の尊厳」の享有に関する議論(141)の出発点は，連邦憲法裁判所の堕胎罪に関する1973年判決と1995年判決である。それによれば，受精から14日以降の人間の，母胎内の胚には，基本法2条2項1文の生命権ばかりでなく，基本法1条1項の人間の尊厳が認められる(142)。しかし，堕胎判決は，本稿のテーマとの関係においても，いくつかの重要な問題を残している(143)。

　第1に，「人間の生命が存在するところには，人間の尊厳も帰属する」という命題に関する問題である。この命題は，「確かに美しいが，しかし難しくもある」(144)命題である。それは，生命の始期と「人間の尊厳」享有の始期をめぐる問題を惹起する。それは，人間の尊厳と生命権の関係をめぐる問題とも関連する。学説は，生命権と人間の尊厳を連結する見解（連結説）(145)両者を切り離す見解（分離説）(146)が対立している。

　第2に，「人間の生命が存在するところには，人間の尊厳も帰属する」と

Ⅲ　支配的ドグマティークの「ゆらぎ」

いう美しい命題にもかかわらず，判決は堕胎を全面的に禁止しているわけではない(147)。それゆえ，堕胎判決は，人間の尊厳の絶対的保障性を揺るがせかねない。

　第3に，堕胎判決は，現今の議論における核心的争点である，受精後14日未満のヒトの生命に生命権と人間の尊厳が帰属するのか否か，という問題について，何も語っていない。それゆえ，受精後14日未満のヒトの生命の尊厳享有主体性の問題は，堕胎判決との関係では，判決の判示からの推論をめぐる争いになる。ひとつは，判決の問題の「命題の示唆的な簡潔さ」からして，判決は受精後14日未満のヒトの生命の生命権および人間の尊厳を認めている，と推論する見解(148)である。他のひとつは，判決が受精後14日以降と明言していることから，判決は受精後14日未満のヒトの生命には生命権および人間の尊厳を否定している，と推論する見解(149)である。後者のほうが，2つの点からして妥当な推論であるように思われる。第1に，「人間の生命が存在するところには，人間の尊厳が帰属する」という命題が妥当する期間が第2次堕胎判決によって限定されたことである。第2次堕胎判決判決によれば，堕胎をめぐる決定にとって重要であるのは「妊娠の期間である。それは，……刑法典の諸規定によれば，受精した卵子の母胎への着床の完了から誕生の始まりまで達する」(150)。したがって，着床前の胚は対象外となるように思われる。第2に，堕胎判決が「受精後14日以降の母胎内の胚」としている論拠として個体性（Individualität）と母体とのつながり(151)，すなわち，母体から栄養の供給を受け成長することを挙げていることである。受精後14日未満の胚は，未だどの器官になるかが決まっていない全能性を有する胚であるので，個体性要件を満たしていないと判断される可能性がある。かりに個体性要件を満たすと考えたとしても，母体との接続の点で受精後14日未満の胚の尊厳は否定される可能性は残る。

　胚保護法は，周知のように，堕胎判決よりも保護の対象を拡大している。「胚」を「細胞核の融合の時点以降の，受精し発育能力のあるヒトの卵細胞」（8条1項）と定義する胚保護法は，「試験管のなかの胚」ばかりでなく，受精の完了時から法律上の保護を与えている。

　学説は，母胎着床時を分岐点にして，受精の瞬間から着床に至るまでのい

ずれかの時点とする見解(152)(総称的に言い表わすときには，受精説と記す）と着床時以降とする着床説(153)とに大別できる。さらに，前述したように，生命の始期と人間の尊厳の始期に関する議論が複雑にかかわる。「試験管のなかの胚」の人間の尊厳の享有をめぐる問題は，尊厳を有する「人間とは誰であり，何であるのか」という根源的問題を改めて突きつける。

2　「若い世代」への交代

2003年9月，「重要で，そして長く指導的な役割を演じていた」(154)基本法1条の註釈が Maun/Dürig の基本法コンメンタールから消えた。「消えた」のは，Maun/Dürig の基本法コンメンタールが公刊された1958年以来約45年間手の触れられていなかった Günter Dürig の註釈であった。Dürig の註釈は，2003年9月に公刊された補充版(155)で，Matthias Herdegen による新註釈に差し替えられたのである。すでに別稿で紹介した(156)ように，Ernst-Wolfgang Böckenförde は，Herdegen の新註釈を論評した論稿において，伝統的な註釈の内容が根本的に変わってしまったことを嘆いた。Herdegen による註釈は，新しく生じた問題や挑戦に対応した補訂・加筆ではない。それは，若干の細目の問題では結果的に Dürig と一致する点もあるが，Dürug とはその基本的把握を異にする完全に新しい註釈であった。それゆえ，Böeknförde には，Herdegen の新註釈は「Dürig からの別離を意味する」ものと感じられた(157)。Herdegen の新註釈は，憲法学からの「生命科学に対する反応」(158)の注目される見解のひとつであり，「人間の尊厳」の支配的ドグマティークへの「若い世代」からのひとつの挑戦といえよう。

「人間の尊厳は不可侵であった」と題した論稿を公表した後も，Böckenförde は，この問題をより詳細に論ずる論文(159)を執筆している。批判の対象を拡大したこの論文は，支配的ドグマティークをめぐる「ゆらぎ」の理論的状況をより一層よく表している。そこで，Böckenförde によって支持された伝統的見解および批判された新しい見解を見ることによって，さらに，Böckenförde が取り上げていない「新しい動き」も跡づけることによって，「ゆらぎ」の具体的内容を見てみたい。そのために確認しておくべきなのは，まず Dürug の人間の尊厳論である。

3　Dürig の人間の尊厳論

　Dürig が「人間の尊厳」について初めて論じたのは，1952年の論文(160)においてである。さらに，1956年に，Dürig は，人間の尊厳論を本格的に論じる論文(161)を執筆する。そして，1958年に，Theodor Maunz とともに編者となって公刊した基本法注釈書(162)で，Dürig は基本法 1 条を担当する。Dürig による註釈は，2003年版で差し替えられるまで，Dürig が死亡した後も"Stand 1958"のまま45年間使われ続けてきた。Dürig の基本法 1 条に関する註釈は，その「人間の尊厳」論すべてが支配的見解になったわけではない(163)が，確かに Böckenförde が言うように，重要で，そして指導的な役割を果たしてきた註釈といえる。その重要さは，2004年に Dürig の註釈が Sonderdruck(164)として公刊されたことからも，窺い知ることができよう。ここでは，すでに第Ⅱ章 4 で論じた「客体定式」論を除いて，本稿のテーマとの関係に限定して Dürig の人間の尊厳論を見てみたい。

　Dürig は，基本法 1 条 1 項に込められた「価値決定」を承認する。基本法は，第 3 帝国における権力の誤用および人間の尊厳を踏みにじる多くの蛮行という経験に基づくものであり，それを踏まえて基本法 1 条 1 項の「人間の尊厳」は「道徳的価値」を実定憲法への受容を表すもの(165)と，Dürig は捉える。こうして，Dürig は，1 条 1 項は前―実定的な性質をもつ原理を受容したことを表明するものと理解する。そのうえで，Dürig は 1 条 1 項の性質を客観法的規範，すなわち，「すべての法の最上位の立憲原理」(166)と把握する。そこから，Dürig は，周知のように，「人間の尊厳」を頂点とする基本法の価値体系論(167)を展開する。

　Dürig は，今日においても「完全に支配的見解」(168)である人間の尊厳の絶対的保障を肯定する(169)。他方で，Dürig は，人間の尊厳の基本権性について，今日においても「完全に支配的見解」(170)である肯定説ではなく，否定説の立場に立つ(171)。Dürig が人間の尊厳の基本権性否定説を採る理由は，人間の尊厳の絶対的保障と関係する。Dürig によれば，基本権性を肯定することは，人間の尊厳を必然的に制限と衡量のもとに置くことになる。Dürig は，人間の尊厳の絶対性を保持するために人間の尊厳を客観法的原理としてのみ把握する。

なぜ，人間に尊厳が認められるのであろうか。Dürigは，その理由として精神的能力を挙げる。「すべての人間は，その精神のゆえに人間である」(172)。「精神」とは，自己意識であり，自ら決定することであり，そして自己を形成し，自己を取り巻く環境を形成する能力を意味する(173)。このように精神的能力を要素とすると，そのような能力を有しない個々の人間の尊厳の享有を否定することにもなりかねない。しかし，Dürigは，そのような能力がすべての人間に平等に備わっており，それは人間それ自身に固有のものであり，個々の具体的人間における実際の能力の有無が問題になるのではなく，すべての人間が「等しく抽象的な可能性」を有している，と主張する(174)。それゆえ，Dürigは，個々具体の人間における精神的能力に関係なく(175)，すべての人間に尊厳を認める。

　さらに，Dürigは，生きている人間ばかりでなく，「胎児にも，尊厳が帰属する」と主張する(176)。Dürigによれば，1958年当時，胎児の尊厳享有主体性肯定説は「完全に支配的見解」(177)であった。しかし，その論拠は同一ではない。Dürigが主張する論拠は，今日の核心的争点にもかかわる。Dürigは，Eric Wolfを引用しつつ，「生殖の瞬間に，『それから先はもはや変わらない，新しい実体と人格の核心が生じる』」(178)と主張する。このように，Dürigは，人間の尊厳の享有始期について受精時説を採る。そこで，胎児以前の未出生命の尊厳享有について語られているわけではない。しかし，「受精の瞬間」から不変である人間としての実体と人格が生じるとする言明からすれば，胚にも尊厳が帰属することになる。Dürigの人間の尊厳論も，他の論者と同様に，ナチス「不法国家」および第2次世界大戦の経験を反映している。それは，Dürigが人間の尊厳に対する侵害行為の例として，拷問，奴隷，大規模追放，ジェノサイド，「生きる価値のない生命」の絶滅，人体実験等を挙げている(179)ことからも窺える。「受精の瞬間」から人間の尊厳の享有を是認する見解は，ナチス体験からも自然法的伝統からも当然に導き出せるわけではない。Dürigの受精時説の背景には，何があるのであろうか。

4　人間の尊厳の絶対的保障の修正論

　「人間の尊厳」の絶対的保障という圧倒的な支配的見解に対する少数説は，

従来から存在している。ひとつは，規範論理学からする見解である。Robert Alexyは，「人間の尊厳」を「原理」と捉え，「原理」の規範的特性を「一応の優先」性に見い出す。したがって，Alexyの規範論理学からすると，基本法の「人間の尊厳」は絶対的保障性を有し得ないことになる[180]。

憲法解釈論として，「人間の尊厳」相対的保障説を主張する代表的論者が，Michael Kloepferである[182]。Kloepferが相対的保障説を採るのは，主として2つの理由からである。ひとつは，人間の尊厳の絶対的保障を貫徹できない問題領域の存在である。そのような問題領域においては人間の尊厳の絶対的保障を固守しようとするがためにディレンマに陥る，と指摘する。Kloepferは，それを回避するために人間の尊厳の相対的保障をとるべきことを主張する[182]。他のひとつが，より重要なのであるが，1975年堕胎判決の命題，すなわち，「生命権が認められるものには，人間の尊厳も帰属する」という命題の解釈である。Kloepferは，この命題を生命権に引き寄せて解釈する。生命権は基本法2条2項1文からして，他の基本権との衡量において制約されうる基本権である。したがって，そのような生命権と連結される人間の尊厳も，衡量に服することになり，相対的にしか保障されない，と主張する[183]。しかし，このような「解釈」は，Sternが正当に指摘している[184]ように，適切ではない。堕胎判決の判旨は，生命権と人間の尊厳を連結することの妥当性の問題は残るとしても，生命権に引き寄せられて人間の尊厳の保障が相対化することを意味するものではない。判決は，未出生の生命にも人間の尊厳が絶対的に保障されることを示すものである。勿論，そこには，前述したように，人間の尊厳の絶対的保障性を相対化させかねない重要な問題を内在させているのではあるが。

人間の尊厳の絶対的保障を肯定したうえで，なお衡量の可能性が出てくる例外的場合を指摘する見解がある。Peter Häberleは胎児の場合の衡量を[185] Christian Starckは他者の人間の尊厳との間での衡量[186]を挙げる。さらに，真に自己決定された同意があったときを，人間の尊厳が制約される唯一の場合と指摘する見解[187]もある。

5　Herdegen の段階的保障説

　Herdegen が「人間の尊厳」論を本格的に論じたのは，2001年に公表された論文(188)においてである。それが編者によって評価されたのであろう，Maunz/Dürig の基本法注釈書の2003年の補充版で，1条1項を Dürig に代わって担当する。ここでは，2001年論文および基本法1条1項註釈(189)から，Böckenförde を嘆かせた Herdegen の見解を見てみたい。

　未出生生命の憲法上の地位論という困難で複合的な問題に取り組む憲法論は，「極度に緊張した努力，すなわち，憲法上の構造への遡及のもとで生命技術と遺伝子工学の無限とも思われる可能性を統御しようとする努力を示す」(190)。Herdegen の示す「努力」が，人間の尊厳の絶対的保障という性格を維持しつつも，人間の尊厳への「プロセス的アプローチ」(191)に基づき，人間の尊厳の段階的保護論を主張する(192)。

　Herdegen は，胚の人間の尊厳享有主体性を肯定する(193)。その論拠として Herdegen は，まず，基本法1条1項の文言を挙げる。Herdegen によれば，1条1項は，不可侵性を「人間」の尊厳に結びつけているのであって，人間の生命に結びつけているのではない(194)。さらに，Herdegen は，尊厳を享有する「人間」について支配的ドグマティークと異なる把握を示す。Herdegen によれば，尊厳を享有する「人間」は，精神的能力によってではなく，遺伝的刻印とそれによって基礎づけられる「個体性」によって把握される。この遺伝的刻印は，受精とともに確定する。そして，遺伝的に独自である個体性を有する生命は，自ら発育する(195)。このように「独自の個体性」を受精時から認めるがゆえに，Herdegen は，判例と異なり，1条1項は人間の尊厳を母胎着床後の生命に限定していないと主張する(196)。

　未出生生命が受精時から尊厳を享有することを認める一方で Herdegen は，生命の発育段階に応じた尊厳保護の差異化を主張する(197)。Herdegen によれば，基本法1条1項における人間の尊厳の「保護」請求と「尊重」義務は，間主観的関係の主体に向けられる。この関係が，初期の発育段階における人間の生命の尊厳の保護に影響を及ぼす。なぜなら，未出生生命の場合には，人間同士の間主観的関係が具体的にはなお全く観念し得ないからである。間主観的関係が全く観念しえない段階では，基本法1条1項が命ずる人間の実

III 支配的ドグマティークの「ゆらぎ」

在とその発育の機会の保護は最小のものである。保護の程度は発育の段階に応じてその強度を増すが，母胎着床後には保護の差異化は認められない(198)。このように，Herdegen は母胎への着床を，尊厳享有主体性の点では分岐点としていないが，完全な保護に関しては分岐点としている。

　Herdegen の段階的保護説に対して，H. Dreier は，Dreier が挙げるのはHerdegen の2001年論文であるが，Kleopfer らと同様の，衡量の可能性を容認する見解と位置づけている(199)。しかし，Herdegen 自身は，段階的保護説は人間の尊厳の衡量許容論ではないと主張する(200)。Herdegen によれば，それは，人間の尊厳の絶対的保障を否定するものではない。保護の段階化は，生命の発育段階を顧慮してタブーの範囲を確定するものであり，他の法益等との比較衡量を許容するものではない。それは，単に，尊厳の保護がすでに生まれた人間の場合よりも少なくしか及ばないことを意味するに過ぎないし，初期の人間の生命の折々の現象形態に応じて保護の程度が差異化されることを容認するだけに過ぎない(201)。

　Herdegen が示す「努力」は，母胎着床前の胚の保護をめぐる「絶対的保障か保護の喪失か」という二者択一的な解決は適切ではないという認識に基づくものである。その点では，筆者と問題意識を共有する。問題は，段階的保護論を人間の尊厳の保障の絶対的保障という基本枠組のなかで行っている点から生じる。第1に，絶対的保障と段階的保護論とが整合的に併存可能であるのか，という問題である。なぜなら，人間の尊厳の絶対的保障を維持するならば，その保護は「二者択一（"enweder oder"）の決定」でしかない(202)からである。第2に，各段階における保護内容の不明瞭さ(203)とも関連して，段階的保護論は結果的に人間の尊厳の相対的保障論になるのではないか，という疑問である。Dreier による批判に対する Herdegen の抗弁にもかかわらず，段階的保護論が人間の絶対的保障を維持する見解といえるか否かは，分明ではない。そうだとすると，権威ある註釈書における Herdegen への交代は，人間の尊厳の絶対的保障を受精時から認める Dürig と同じ見解に立つ人を嘆かせるものを含んでいるとはいえるかもしれない。

6 Dreier の生命権保障説

Böckenförde は，Horst Dreier の見解も，Herdegen と同じく「若い世代」の註釈と位置づけている[204]。そして，Böckenförde は，人間の尊厳の保障の範囲を狭めるという点で Dreier の見解と Herdegen の見解を同列におく。しかし，私見によれば，両者は憲法ドグマティーク上異なるように思われる。それゆえ，Dreier を独自に取り上げることにしたい。また，Bökenförde は，Herdegen の「新註釈の先駆者」として Peter Lerche や Hasso Hofmann の見解を位置づけている。しかし，Lerche および Hofmann の見解は，むしろ Dreier の見解の先駆と位置づけられるように思われる。そこで，Böckenförde が挙げる Lerche および Hofmann の見解も，ここで取り上げたい。

Lerche は，1985年に執筆した論文[205]において，「人間の尊厳」は絶対的に保障されるものであるが，しかし「人間遺伝学の重要な領域において，その自明性は疑問となる」[206]。そこで，Lerche は，「人間の尊厳」の絶対性を保持するために，その保護領域を限定する。つまり，明らかに一致して支持されうるものに限定する[207]。このような Lerche の保護領域限定説に対して，Böckenförde は，人間の尊厳条項がその基礎に置く「精神的―倫理的内容の剥離」[208]と批判する。

Hofmann は，1993年に公表した論文において，「人間の尊厳」の基礎づけとして承認理論[209]を展開している。それは，Dürig が主張した価値理論とも，Niklas Luhman の能力理論[210]とも異なる。承認論あるいはコミュニケーション論と呼ばれる見解は，「尊厳」を具体的な承認共同体あるいはコミュニケーション共同体によって構成される関係概念として把握する[211]。つまり，ある承認の共同体の構成員たちは，お互いに各人が尊厳の担い手であることを承認しあう。Böckenförde は，「普遍的な人間の尊厳の理念は，承認説にとって動機を与えるが，しかしそれ自体は保障の内容または対象ではない」[212]と Hofmann を批判する。確かに，Hofmann は尊厳の享有主体を共同体の構成員に限定する。Hofmann 自らが強調する[213]ように，承認論は「誕生前の，あるいは消えかけている人間の生命に関してそれは何も語らない」。そして，承認論によれば「胚は，法義務の可能な保護客体ではあるが，社会的承認されうる主体ではない」[214]と，Böckenförde は批判する。

Ⅲ 支配的ドグマティークの「ゆらぎ」

　Dreier は，自ら編者になっている基本法注釈書で１条を担当する[215]ばかりでなく，「人間の尊厳」について多くの論稿[216]を公表している。
　本稿のテーマとの関連する限りで，これらの諸論稿から Dreier の人間の尊厳論のエッセンスを抽出しておきたい。
　Dreier の問題意識は，人間の尊厳の「過度の拡大とインフレ化をおそれる」[217]点にある。Dreier は，Lerche と同様に，人間の尊厳保障の絶対性や衡量の拒否を肯定する。他方で，未出生生命を人間の尊厳の保護範囲から除外する。Dreier によれば，受精後14日未満の胚には人間の尊厳は帰属しない[218]。Dreier がこのような見解を採るのは，未出生生命の場合には尊厳の絶対的保障を貫徹できないと考えているからである[219]。未出生生命の場合には，堕胎の場合に明らかなように，他の基本権や法益との衡量の問題を避けることができない。それゆえ，未出生生命をめぐる憲法問題を「人間の尊厳」の問題とすることは，かえって「人間の尊厳」の絶対的保障性を損なうことになる。他方で，基本法２条２項１文の生命権の場合には，条文上法律の留保がついており，そもそも衡量することが憲法上命じられている。基本法１条と基本法２条２項１文の規範上の相違が，Dreier 説の根拠のひとつの柱[220]である。もうひとつの柱が，人間の生命誕生は一つの過程であるという認識である。それゆえ，未出生生命の保護に関しては，発育段階に応じた段階的保護のアプローチを採る[221]。Dreier によれば，基本法２条２項１文において未出生の生命の保護の問題を扱うことが，多様な発育段階をもつ人間の生命の保護に適合的な解決を可能にする[222]からである。
　Böckenförde は，Dreier の見解に対して法教義学上の問題を提起する[223]。Böckenförde は，基本法１条１項の「人間の尊厳」の担い手と基本法２条２項の生命権の担い手は同一である，という立場にたつ。Böckenförde は，それゆえ，「尊厳」を享有しないとされる母胎着床前の未出生生命が，それにもかかわらず基本法２条２項１文にいう「何人も」(jeder) には該当するという Dreier の見解には矛盾が存在する，と批判する[224]。
　Dreier は基本法２条２項１文の主語である"jeder"には，「すべての生きている自然人」ばかりでなく，「母体のなかの生命」も「母胎の内・外にかかわらず」特別に作られる生命も含まれる，と主張する[225]。「試験管のな

かの胚」も包含されるのは，"jeder"を「あらゆる生命の発現形態」と解するところによる(226)。その解釈は，以下のような手順を踏んで行われているように思われる。

基本法2条2項は，生命権を保障する。そこから，"jeder"を「すべての人間」ではなく，「すべての生命」と捉える。そして，尊厳とは異なり，生命の場合には，独自の個体性も母体とのつながりも必要ではない。胚がヒトの生命であることは，間違いがない。したがって，「試験管のなかの胚」も基本法2条2項1文の享有主体である。こうして，Dreierは，彼がまだ独自の個体性を有しているとは認めない段階にある未出生生命も，保護義務の対象とする(227)。

7　Böckenförde の人間の尊厳論

Böckenförde も，生命科学／技術が惹起する問題に直面して基本法1条に関する伝統的解釈の開始点が不適切になっていることを認めている(228)。では，Böckenförde 自身は，胚の人間の尊厳と生命権についてどのように考えているのであろうか。

「若い世代」による人間の尊厳論を嘆く Böckenförde には，逆に，その保守性に批判が投げかけられることにもなる。例えば，Böckenförde は自然法論者になったのか，という批判を受ける(229)。それに対して，Böckenförde は，自然法及び自然法の伝統を「非常に評価している」ことを認めたうえで，しかしそれは，実定法の内容等を構成するのではなく，法倫理，実定法への批判，実定法の改正や改善への最初のきっかけ等の領域で機能するに止まる，と応答する(230)。さらに，「人間の尊厳」の内容は1949年の状況に固定されるべきではなく，新しい必要や要請に基づいて動態的に展開しなければならない，という主張(231)に対して，Böckenförde は，1949年の状況に固定されないこと，人間の尊厳概念が開かれた概念であること，そして新しい要請に適合的に反応しなければならないことを認めつつ，そのような具体的な作用は人間の尊厳の確固とした核心要素，すなわち，「自分自身のゆえの存在」(Dasein um seiner selbst willen) の保護に基づいて行われなければならないにことを強調する(232)。

Ⅲ　支配的ドグマティークの「ゆらぎ」

　Böckenförde によれば,「先ず何よりも決定的である」のが，人間の尊厳は既に生まれている人間のみ帰属するのか，それとも胚も含まれるのかという問題である。胚が人間の尊厳の担い手であるのか否か，もしそれが肯定された場合には，いつから人間の尊厳の担い手であるのか，が問われている(233)。この問題に基本法1条1項の文言から直接答えを得ることはできないので，この問題は基本法1条1項の解釈問題となり，その解釈が現在「徹頭徹尾論争されている」(234)。

　Böckenförde は,「人間の尊厳」を享有する始期について見解が分かれているが,「重要なのは，それぞれの見解の基礎に置かれている方法論である」として，自然科学的知見をそのまま法解釈に持ち込む方法論を批判する(235)。自然科学的知見は考慮に値するが，それは人間の尊厳の「淵源でも妥当根拠でもない」。尊厳享有の始期の問題も,「自立的な哲学的，倫理的そして法的議論からはじめて，そしてそれからのみ明らかになる」(236)。

　Böckenförde は，伝統的人格概念が現今の議論のなかで変容されていることを的確に指摘する。支配的見解では，尊厳の担い手である「人間」は,「人格」としての人間であった。Böckenförde は，人格概念が哲学的伝統を有していることをも認めるが，人格概念は理性的な本質の個別的実体として人間の性質を表現してきた。人格概念の今日の使用は，哲学的伝統から解放されている。それは，現在，未出生生命の差異化をもたらす機能を果たす。人間としてのすべての生命ではなく，一定の特性と質によって特徴づけられる人格的生命が，はじめて人間の尊厳の担い手になる。ここでいう人格概念は，第Ⅴ章3で述べるように，部分的には着床後の母の器官との相互関係に，部分的には自己意識（Ich-Bewußtsein）あるいは自ら決定した行為を行う能力と結び付けられている。結局，二重の意味を使い分ける「人格概念は，人間の尊厳の尊重命令の保護領域を狭めることに仕える」と指摘する(237)。

　Böckenförde は，そもそも人格的尊厳論を採らない。Böckenförde によれば,「人間の尊厳の問題の出発点は，基本法1条1項条文である。Böckenförde は，Dürig と同様に，そこに，人格の尊厳（Würde der Person）ではなく，人間の尊厳（Würde des Menschen）を見い出す。尊厳は，一定の特性，標識あるいは実際の能力とは無関係に，人間に帰属する。それは，ただ人間

であることのみに依拠する。尊厳は，すべての個々の人間にも人間一般にも当てはまる。『人間の尊厳』という定式化は両者をおおうし，種としての人間との関連をもおおう」(238)，と主張する。Böckenförde は，支配的ドグマティークが否定してきた「人間一般」の尊厳を肯定し，さらには受精の時点から人間の尊厳と生命権の保護が及ぶとする(239)。

Böckenförde は，人間の尊厳の根拠づけとして，承認論でも，能力理論でもなく，多数説である付与理論に組している。もし，付与理論が「神学か形而上学なしにはほとんど成り立たない」(240)とすれば，Böckenförde は，形而上学にではなく，Dürig と同じ信仰上の信念に依拠しているのであろうか(241)。

(135) R. Herzog, Der Verfasungsauftrag zum Schutz des ungeborenen Lebens, JR 1969, S. 441f.; R. Zippelius, Eingriffe in das beginnende Leben als Rechtsproblem, in : D. Berg u. a.（Hrsg.），Würde, Recht und Anspruch des Ungeborenen, 1992, S. 60f.

(136) Vgl. H.-G. Dederer, Menschenwürde des Embryo in vitro, AöR 127（2002），S. 10ff.

(137) Dürig, a.a.O.［Fn. 48］，Rn. 20.

(138) Nipperdey, Die Würde des Menschen, in: Neumann/Nipperdey/Schenner, Die Grundrechte, Bd. 2（1954），S. 4.

(139) BVerfGE 39, 1（67）．

(140) Dederer, a.a.O.［Fn. 136］，S. 12.

(141) 未出生生命未出生生命をめぐる憲法問題の出発点ではあるが，しかし，現今の未出生生命をめぐる問題は，堕胎をめぐる問題の場合には存在しない，異質な問題も抱えている。例えば，遺伝形質に応じた利用や研究目的のための費消という問題である。また，未出生生命の尊厳享有主体性を論じることが「人間の尊厳」ドグマティーク上の論点にかかわることに，留意する必要がある。それは，「人間の尊厳」の基本権性の問題である。自ら権利行使し得ない未出生生命の「人間の尊厳」を是認すると，「人間の尊厳」の基本権性を論じる意義が一層問われることになろであろう。

(142) BVerfGE, 39, 1（42）（本判決については，嶋崎健太郎「胎児の生命と妊婦の自己決定」ドイツ判例研究会編『ドイツの憲法判例』（第 2 版）67頁以下［2003年］参照）．；88, 203（251f.）（本判決については，小山剛「第 2 次堕胎判決」ドイツ判例研究会編『ドイツの最新憲法判例』（第 2 版）46頁以下［1999年］ 参照）．

(143) 2 つの堕胎判決について，判決内容や学説の反応等を跡づける近時の文献として，C. Stahl, Bundesverfassungsgericht und Schwangerschaftsabbruch, 2004 があ

る。堕胎判決を批判するものとして，Dreier, a.a.O. [Fn. 49], S. 1039 m. w. N. in Fn. 36; ders., a.a.O. [Fn. 12] Rn. 47ff.; G. Jerouschek, Vom Wert oder Unwert der pränatalen Menschenwürde, JZ 1989, S. 280f.; F. Hufen Präimplantationsdiagnostik aus verfassungsrechtlicher Sicht, MedR 2001, S. 440ff.; Schmidt-Jortzig, a.a.O. [Fn. 20], S. 929 等がある。さらに，Geddert-Steinacher, a.a.O. [Fn. 110], S. 81; Starck, a.a.O. [Fn. 16], Rn 21 を参照。なお，哲学的観点からの批判として，J. Habermass, Die Selbstinstrumentalisierung des Menschen und ihre Schrittmacher, SZ vom 15. /16. 9. 2001, S. 15 がある。

(144) H. Hofmann, Die Pflicht des Staates zum Schutz des menschlichen Lebens, in : Festschrift für F. W. Krause, 1990, S. 119.

(145) Hamann/Lenz, GG, Art. 1 B 2; A. Podlech, in : AK-GG, 3. Aufl., Bd. I (2003), Art. 1 I Rn. 53, 57f.; E. Denninger, ebd., vor Art. 1 Rn. 35; Häberle, a.a.O. [Fn. 47], Rn. 79 : U. Neumann, Die Würde des Menschen in der Diskussion um Gentechnologie und Befruchtungstechnologie, ARSP-Beihefte 33 (1988), S. 139 (146); ders., Die Tyrannei der Würde, ARSP 1998, S. 159 m. N. in Fn. 31; A. Kaufmann, Humangenetik und Fortpflanzungstechnologien aus rechtlicher Sicht, in : Festschrift für D. Oehler, 1985, S. 655. Hofmann, a.a.O. [Fn. 144], S. 119; ders., a.a.O. [Fn. 72], S. 376; Dreier, a.a.O. [Fn. 49], S. 1039 m. w. N.; ders., a.a.O. [Fn. 12] Rn. 47ff. und 59; Zippelius, Bonner Kommentar, Art. 1 Abs. 1 und 2 Rn. 51; J. Ipsen, Staatsrecht II, 9. Aufl. 2006, Rn. 212f.

(146) Herzog, a.a.O. [Fn. 135], S. 444; P. Lerche, Verfassungsrechtliche Aspekte der Gentechnologie, in : Lukes/Scholz (Hrsg.), Rechtsfragen der Gentechnologie, 1986, S. 101, 104ff., 108; G. Hermes, Das Grundrecht auf Schutz von Leben und Gesundheit, 1987, S. 141; Steiner, a.a.O. [Fn. 16], S. 13; Höfling, Die Abtreibungsproblematik und das Grundrecht auf Leben, in : Thomas/Kluth (Hrsg.), Das unzumutbare Kind (1993), S. 123f.; ders., a.a.O. [Fn. 34], S. 859 m. Fn. 41; ders., in : M. Sachs (Hrsg.), GG (2, Aufl. 1999), Art, 1 Rn. 21; Hofmann, a.a.O. [Fn. 72], S. 376; Zippelius, a.a.O. [Fn. 145], Rn. 70f., 76; Dreier, a.a.O. [Fn. 50], S. 1037 m. N. in Fn. 10; ders., a.a.O. [Fn. 12], Rn. 48 ; G. Manssen, Grundrechte (2000), Rn. 172.; Hufen, a.a.O. [Fn. 143], S. 440ff.; A. Fisahn, Ein unveräußerliches Grundrecht am eigenen genetischen Code, ZRP 2001, S. 51 bei Fn. 21.

なお，生命権と尊厳の始まりの区別について概観するものとして，Starck, a.a.O. [Fn. 16], Rdnr. 18; Geddert-Steinachern a.a.O. [Fn. 143], S. 62ff. がある。

(147) Vgl. BVerfGE 39, 1.
(148) Dederer, a.a.O. [Fn. 136], S. 7; Benda, a.a.O. [Fn. 23], S. 2148.
(149) Dreier, a.a.O. [Fn. 49], S. 1039.
(150) BVerfGE 88, 203 (251).

(151) Vgl. BVerfGE 39, 1 (37).
(152) 受精の瞬間から認める見解として，Starck, a.a.O. [Fn. 16], Rn. 14; Geddert-Steinacher, a.a.O. [Fn. 143], S. 62ff. 等がある。

細胞核融合時から認める見解として，Vitzthum, a.a.O. [Fn. 46], S. 200; Schmidt-Bleibtreu/Klein, a.a.O. [Fn. 16], Rn. 1,; Antoni, a.a.O. [Fn. 34], Rn. 3; D. Coester-Waltjen, Befruchtung und Gentechnologie beim Menschen, FamRZ 1984, S. 23235f.; Stern, Staatsrecht III 1 (1988), S. 1061ff.; Jarass/Pieroth, a.a.O. [Fn. 41], Rn. 6; A. Weiss, Mensch - ein "hochgradig unbestimmter Ausdruck"?, NJW 1996, S. 3065; P. Badura, Staatsrecht, 3. Aufl. 2003, C 32 等がある。

接合子説として，Herzog, a.a.O. [Fn. 135], S. 444; Vitzthum, Gentechnologie und Menschenwürde, MedR 1985, S. 252; Kaufmann, a.a.O. [Fn. 145], S. 655; Jerouschek, a.a.O. [Fn. 143], S. 281; K. Gröner, Klonen, Hybrid- und Chimärenbildung unter Beteiligung totipotenter menschlicher Zellen, in: Günther/Keller (Hrsg.), Fortpflanzungsmedizin und Humangenetik, 2. Aufl. 1991, S. 306 m. w. N.; N. Kluge, Wann beginnt das menschliche Leben? (1992) 等がある。

(153) 判例と同様に着床時説をとる見解として，D. Coester-Waltjen, Befruchtung und Gentechnologie beim Menschen, FamRZ 1984, S. 235; Hofmann, a.a.O [Fn. 11], S. 258f.; M. Anderheiden, "Leben" im Grundgesetz, KritV 2001, S. 380; Heun. a.a.O. [Fn. 12], S. 522 等がある。
(154) Böckenförde, Die Würde des Menschen war antastbar, FAZ vom 3. Sep. 2003, S. 33.
(155) Herdegen, Kommentierung von Art. 1 GG, in: Maunz/Dürig, GG (Abs. 1, 42. Ergänzungslieferung, 2003; Abs. 2, 43. Ergänzungslieferung, 2004; Abs. 3, 44. Ergänzungslieferung, 2005).
(156) 青柳「原点と現点」前掲注 (53), 189頁以下。
(157) Böckenförde, a.a.O. [Fn. 2], S. 1216, 1218.
(158) Nettesheim, a.a.O. [Fn. 3], S. 73.
(159) Böceknförde, a.a.O. [Fn. 2], S. 1216ff.; ders., „Dasein um seiner selbst willen", Deutsches Arzteblatt 2003, S. A 1246ff.
(160) Dürig, Die Menschenauffassung des Grundgesetzes, JR 1952, S. 259ff.
(161) Dürig, Der Grundrechtssatz von der Menschenwürde, AoR 81 (1956), S. 117ff.
(162) Dürig, a.a.O. [Fn. 48].
(163) 例えば，人間の尊厳の基本権性否定説は，1958年当時も，そして今日も少数説である。
(164) Kommentierung der Artikel 1 und 2 Grundgesetz von Günter Dürig, Maunz/Dürig, Grundgesezt Sonderdruck, 2004.
(165) Dürig, a.a.O. [Fn. 48], Rn. 1.

Ⅲ　支配的ドグマティークの「ゆらぎ」

(166)　Ibid., Rn. 14.
(167)　Ibid., Rn. 5ff.
(168)　Dreier, a.a.O.［Fn. 43］, S. 48 Fn. 140.
(169)　Dürig, a.a.O.［Fn. 48］, Rn. 3.
(170)　Nettisheim, a.a.O.［Fn. 3］, S. 71.
(171)　Dürig, a.a.O.［Fn. 48］, Rn. 4. Dürig によれば，基本権性否定論に対する「最も明確な反対者」は Nipperdey（Nipperdey, a.a.O.［Fn. 138］, S. 11f.）である。なお，基本法１条１項の基本権性に関する邦語文献として，押久保倫夫「『人間の尊厳』は基本権か」兵庫教育大学研究紀要第２分冊22号（2002年）；玉蟲由樹「死後の人格権保護について」仙台白百合女子大学紀要８号53頁以下（2003年）がある。
(172)　Ibid., Rn. 18.
(173)　Ibid.
(174)　Ibid., Rn. 18f.
(175)　Ibid., Rn. 20ff.
(176)　Ibid., Rn. 24. Dürig は，その尊厳のゆえに胎児に基本法２条２項の生命権の享有主体であることも肯定する（ders., in: Maunz/Dürig, GG［Stand 1958］, Art. 2 Ⅱ, Rn. 21）。
(177)　Ibid., Fn. 2 zur Rn. 24.
(178)　Ibid., Rn. 24.
(179)　Ibid., Rn. 30. なお，Dürig が挙げるもののうち，拷問については，それが人間の尊厳を侵害するか否か議論がある(Vgl. W. Brugger, Darf der Staat ausnahmsweise foltern?, Der Staat 1996, S. 67ff.; Isensee, a.a.O.［Fn. 112］, S. 57ff.; R. Göschner, Menschenwürde als Konstitutionsprinzip, in: Siegetsleitner/Knoepffler (Hrsg.), Menschenwürde im interkulturellen Dialog, 2005, S. 37ff.; G. Jerouschek, Gefahrenabwendungsfolter, JuS 2005, S. 296ff.; R. D. Herzberg, Folter und Menschenwurde, JZ 2005, S. 323f.; F. Wittreck, Achtungs-gengen Schutzpflicht?, in: U. Blaschke u. a. (Hrsg.), Sicherheit statt Freiheit?, 2005, S. 161ff.)。
(180)　Vgl. R. Alexy, Vgl. Alexy, Theorie der Grundrechte, 2. Aufl. 1994, 3. Kapital-Ⅰ-4 und 7.2.
(181)　Kloepfer, Grundrechtstatbestand und Grundrechtsschranken in der Rechtsprechung des Bundesverfassungsgerichts, in: Festschrift für das Bundesverfassungsgericht, Bd. 2, 1976, S. 405ff.; ders., Humangentechnik ala Verfassungsfrage, JZ 2002, S. 422f.; ders., a.a.O.［Fn. 46］, S. 77ff.
(182)　Kloepfer, a.a.O.［Fn.46］, S. 79.
(183)　Kloepfer, a.a.O.［Fn. 181］, JZ 2002, S. 423.
(184)　Stern, a.a.O.［Fn. 55］, S. 24.; ferner vgl. Geddert-Steinacher, a.a.O.［Fn. 110］, S. 84; Ipsen, a.a.O.［Fn. 145］, Rn. 228; Höfling, a.a.O.［Fn. 146］, Rn. 11.

(185) Häberle, a.a.O. [Fn. 47], Rn. 85.
(186) Starck, a.a.O. [Fn. 16], Rn. 71.
(187) Dederer, a.a.O. [Fn 136], S.6 m. N. in Fn. 19.
(188) Herdegen, a.a.O. [Fn. 14], S. 773ff.
(189) Herdegen, a.a.O. [Fn. 42] (Stand 2005).
(190) Herdegen, a.a.O. [Fn. 14], S. 773.
(191) Ibid. S. 773f.
(192) Ibid., S. 774; ders., Stand 2005, Rn. 33 u. 61; ferner vgl. Häberle, a.a.O.[Fn. 47], Rn. 85; B. Losch, a.a.O. [Fn. 191], S. 2930; Hufen, a.a.O. [Fn. 18], S. 12 ff.
(193) Herdegen, a.a.O. [Fn. 14], S. 773. なお, Herdegenは, 人間の尊厳と生命権を同置していない (ders., a.a.O. [Fn. 14], S. 775)。
(194) Herdegen, a.a.O. [Fn. 14], S. 774; ders., Stand 2005, Rn. 57.
(195) Vgl. Herdegen, Stand 2005, Rn. 61.
(196) Ibid. ただし, Herdegenは, 全能性を有する幹性胚細胞については, 尊厳享有を認めていない (Vgl. ibid., Rn. 64)。
(197) Herdegen, a.a.O. [Fn. 14], S. 774f.; ders., Stand 2005, Rn. 65ff.
(198) Herdegen, a.a.O. [Fn. 14], S. 774f.
(199) Dreier, a.a.O. [Fn. 12], Fn. 139 (S. 163).
(200) Vgl. Herdegen, Stand 2005, Rn. 43ff. u. 61.
(201) Ibid., Rn. 67.
(202) Classen, a.a.O. [Fn. 12], S.141f.; ferner vgl. Geddert-Steinacher, a.a.O. [Fn. 110], S. 79 m. w. N.; P. Heuermann, Argumentationsschwierigkeiten mit der Menschenwürde, NJW 1996, S. 3063.
(203) Herdegenは, 「客体定式」の不明瞭さを批判している (Herdegen, a.a.O. [Fn. 14], S. 775; ders., Stand 2005, Rn. 33ff.)。
(204) Böckenförde, a.a.O. [Fn. 2], S. 1220.
(205) Lerche, a.a.O. [Fn. 146], S. 108.
(206) Ibid., S. 100.
(207) Ibid., S. 110.
(208) Böckenförde, a.a.O. [Fn. 2], S. 1220.
(209) Hofmann, a.a.O. [Fn. 72], S. 353ff.
(210) N. Luhmann, Grundrechte als Institution, 1965, S. 68ff., 73f. m. N. in Fn. 54 u. 56.
(211) Hofmann,a.a.O. [Fn. 72], S. 364.
(212) Böckenförde, a.a.O. [Fn. 2], S. 1220.
(213) Hofmann, a.a.O. [Fn. 72], S. 375.
(214) Böckenförde, a.a.O. [Fn. 2], S. 1221.

(215) H. Dreier, a.a.O.〔Fn. 12〕.
(216) Dreier, a.a.O.〔Fn. 49〕, S. 1036ff.; ders., a.a.O.〔Fn. 39〕, S. 232ff.; ders., a.a.O.〔Fn. 43〕, S. 9ff.; ders., a.a.O.〔Fn. 111〕, S. 377ff.; ders., Menschewürde in der Rechtsprechung des Bundesverwaltungsgerichts in : Festgabe 50 Jahre Bundesverwaltungsgericht, 2003, S. 201ff.; ders., Does Cloning Violate the Basic Law's Guarantee of Human Dignity? in : Vöneky/Wolfrum〔ed.〕, Human Dignity and Human Cloning, 2004, p. 77-85; ders., a.a.O.〔Fn. 81〕, S. 33ff.; ders., Menschenwürde aus verfassungsrechtlicher Sicht (in : Haele/Preul (Hrsg.), Menschenwürde, 2005, S. 167ff. さらに，邦訳されたものとして，ホルスト・ドライヤー（押久保倫夫・訳）「人間の尊厳の原理（基本法第一条一項）と生命倫理」ドイツ憲法判例研究会編『人間・科学技術・環境』69頁以下（1999年）がある。
(217) Dreier, a.a.O.〔Fn. 43〕, S. 48 m. N. in Fn. 136.
(218) Dreier, a.a.O.〔Fn. 11〕, Rn. 67.
(219) Dreier, a.a.O.〔Fn. 43〕, S. 27ff.
(220) Dreier, a.a.O.〔Fn. 11〕, Rn. 70.
(221) 詳細は，Dreier, a.a.O.〔Fn. 111〕, S. 377ff. 参照。
(222) Dreier, a.a.O.〔Fn. 43〕, S. 26.
(223) Böckenförde, a.a.O.〔Fn. 2〕, S. 1222.
(224) Ibid.
(225) Dreier, in: ders. (Hrsg.), GG, 3. Aufl. 2003, Art. 2. II, Rn. 39ff. ただし，診断目的で抽出される全能性をもった細胞は除いている（Ibid., Rn. 40）。
(226) Vgl. Dreier, Lebensschutz, a.a.O.〔Fn. 43〕, Fn. 42 bei S. 22.
(227) さらに，Dreier は生命の未出生生命が誕生に到るまで発育し続けることを求める権利を，国家に対して侵害措置をやめさせることを要求する主観的権利としても位置づける。その理由は，基本法2条2項1文の侵害可能性，保護の必要性，保護の目的，および未出生生命に向けられうると思われる特有の危険性が主観的権利を必要とする（Ibid.）と主張する。勿論，その主観的権利は，代理人によって行使されるものであり，また衡量のもとで制限されうるものではある（Ibid., Rn. 41）。
(228) Böckenförde, Menschenwürde als normatives Prinzip, JZ 2003, S. 809.
(229) Böckenförde, a.a.O.〔Fn. 2〕, S. 1222f.
(230) Ibid., S. 1223.
(231) Ibid., S. 1224.
(232) Ibid. S. 1224ff.
(233) Böckenförde, "Dasein um seiner selbst willen", in : Deutsche Aertzteblatt 2003, S. A 1246.
(234) Ibid.

(235) Ibid.
(236) Ibid., S. A 1246f.
(237) Ibid., S. A 1247.
(238) Ibid.
(239) Ibid., S. A 1248f.
(240) Dreier, a.a.O.［Fn. 11］, Rn. 175.
(241) Vgl. Sthal, a.a.O.［Fn. 143］, S. 167; ferner vgl. H.-L. Schreiber, Die Würde des Menschen, MedR 2003, S. 371.

Ⅳ　人間の尊厳の「生物化」：種の尊厳論

1　"Menschheit" の生物学的理解

　生命科学／技術問題をめぐる今日の論争における最大の争点は，繰り返し指摘しているように，受精後14日未満の胚，とりわけ「試験管のなかの胚」に尊厳が帰属するか否かである。この最大の争点に関連して，Kant の "Würde der Menschheit" 論に新たな注目が集まっている。Dreier によれば，現今の論争に加わっている「多くの人が，『人倫の形而上学』の特定の立場の特定の解釈から，高度に複雑で，しかも緊急の生命倫理問題への説得力のある，法的拘束力をもつ答を得ることができる，と思っている」[242]。

　生命科学／技術問題との関係においても，「人間の尊厳」に関する支配的ドグマティークとの比較検討の場合と同様に，問題は Kant の "Menschheit" の理解である。哲学者である Georg Giesmann は，Kant によってしばしば用いられている "Menschheit" という表現が「残念ながら，多くの解釈を惑わして，それを生物学的な人類と理解させている」[243]と嘆いている。ということは，Kant 哲学研究者の間では，Kant の "Menschheit" を生物学的な人類と「解釈」する立場が有力となっている[244]ことを示しているといえよう。そして，そのような「解釈」に基づけば，Kant の "Würde der Menschheit" は生物学的分類であるヒトに属する人間の尊厳，つまり「種としての人間の尊厳」＝「種の尊厳」（Würde des Gattung）論に結びつく[245]。

　Menschheit の尊厳論は，基本法の「人間の尊厳」論の「原点」において

も主張されていた。しかし，そこでいう Menschheit は，生物学的な意味での「種としての人間」という意味ではなく，「人間一般」という意味で使われていた。「原点」における見解と近時の新しい見解とは，「個々の具体的人間」の尊厳論と対立する点では同じに位置づけうるが，「Menschheit」の意味内容は異なることに留意する必要があろう。

2 「原点」における「人間一般の尊厳」論

基本法制定以前に，周知のように，いくつかの州憲法で「人間の尊厳」条項が導入されている。1946年12月12日のバイエルン州憲法100条は，「人間の人格の尊厳（die Würde der menschlichen Persönlichkeit）は，立法，行政および裁判によって尊重される」と規定している。「人間の人格の尊厳」条項をめぐる判決のなかで，バイエルン州憲法裁判所は，当該個人自身への効果を越えて人間としての尊厳自体が，個々人を顧慮することなしに抽象的に，該当する，と判示した[246]。

基本法の「人間の尊厳」解釈論で「人間一般の尊厳」論を最初に展開したのは，管見に属する限り，国際法の専門家であった Fritz Münch である。

Münch は，「尊厳は Menschheit に帰属する」と明言する[247]。Münch は，Menschlichkeit という言葉も使っており，「人間性が社会生活をともにする人（同胞）の外的実在へ配慮ばかりでなく，そのこころ，その本質的な感情への配慮も要求する」[248]とも述べている。このように，Münch の「Menschheit の尊厳」論は，「人間一般の尊厳」論である。ただし，なぜ「人間一般の尊厳」が基本法の「人間の尊厳」によって保障されるのか，という問題に関する理論的根拠は示されていない。

憲法ドグマティーク上，Münch は，人間の尊厳を基本権として把握することに反対し，「われわれの憲法の根本命令」と理解すべきであると主張する[249]。また，「尊厳は個々人の法益としてではなく，普遍的な価値と理解しなければならない」[250]とも主張している。Münch による「人間の尊厳」の基本権性の否定は，「個々の具体的人間」ではなく，尊厳の担い手は「人間一般」なので，「人間一般の尊厳」論からの論理一貫した帰結といえる。この点では，近時の「種の尊厳」論が「人間の尊厳」条項の基本権性を否定

人間の尊厳論の「原点」において，「人間一般」の尊厳論を批判するのは，Hans C. Nipperdey である。Nipperdey は，「すべての個々の人間に」尊厳が保障される(251)と解する。そして，前述のバイエルン憲法裁判所の判決を批判する文脈で，「人間一般の尊厳」について言及している。「すべての人間の尊厳，あるいは全グループの尊厳の侵害の場合にのみ，『人間一般の尊厳』に基づいた基本権の侵害が肯定される」(252)と述べる。Nipperdey も，Menschheit を「個々の人間」と対置して用いている。

　「原点」におけるこの対立は，ナチスによる人間の尊厳侵害行為をどのように評価するか，つまり，個々の人間への侵害と捉えるのか，個々の人間への侵害を超えた人間一般への侵害と捉えるのか，という点での違いであるように思われる。したがって，ここでは Kant の"Würde der Menschheit"が前面に出ているわけではない。

3　人間の尊厳の「芽生えつつある生命」への拡大

　生命科学／技術の「途方もない進展」が惹起する憲法問題に直面して，「人間の尊厳」の「芽生えつつある生命」への享有主体の拡大が試みられる。その際，Kant が援用されている。その代表的例として，Christian Starck の主張を挙げることができる。

　Starck は，精神的能力や自己意識等にかかわりなく，すべての人間に尊厳を認める(253)。さらに Starck は，未だ生まれていない胎児ばかりでなく，受精した卵細胞も(254)尊厳を有すると主張する。問題は，Starck が受精時から尊厳を認める論拠である。

　Starck は，Frankfurter Allgemeine Zeitung (FAZ) 2001年5月30日号に掲載した論稿(255)において，ヒトの生命と人間，そして人格を同一視する見解を示している。Starck によれば，ヒト個体の実在は「すでに卵細胞の受精とともに決定されている」。そして，受精とともに，「器官の分離独立に至る決定的な質的切れ目なしに，そしてその誕生へ導く継続的な発育プロセスが始まる」。「受精したヒトの卵細胞の自然的な終局性」のゆえに，胚も「人間の尊厳保障の保護のもとに」ある。尊厳の担い手は，「ヒトの配偶子から生

ずるすべての生きもの」であり,「それはすべての発育段階における生命」である(256)。

さらに, Starck は, 2002年の論稿(257)において, Kant との結びつきを一層明瞭に示す。引用されているのは, Kant の『人倫の形而上学』「法論」28節である。

「法論」28節は,両親の権利について述べた箇所である。両親の「共同体における出産から,生まれた子を保護し扶養する義務が生じる。つまり,人格である子は誕生と同時に,自分で生計を立てる能力を得るまで,両親に扶養されるという根源的で生得の(相続したわけではない)権利をもつ。……その理由は,次の通りである。生み出されたのは人格であり,理性を備えた存在者を物理的操作によって生み出すということを概念によって把握するのは不可能である。それゆえに,実践的見地においてきわめて正当かつ必然的な考え方は,子を産むという作用を,私たちが一人の人格をその同意なしにこの世に生まれさせ,独断的にこの世につれてきた作用と見なすことである。このような行為のゆえに両親には,この人格が自分のこの状態に満足するよう,力の及ぶかぎり務める義務も課されることになる。——両親は自分たちの子をあたかも自分たちの製作物として(というのも,理性を備えた存在者は製作物ではありえないから),また自分の所有物として,破壊することはできない」(258)と述べられている箇所である。

この箇所は Starck によれば(259),「生まれたもの (das Geborne) ではなく,作られたもの (das Erzeugte) は, Kant によって明確に人格 (Person), すなわち,自由の天分を有する存在者と呼ばれる」。「子どもは,なお自己意識を獲得する以前ではあるし,自分の行為の責任を子どもに負わせることができる以前ではあるが,人格と把握される」。そして, Starck は, Kant の「法論」28節の「出産とともに両親に対する子どもの,根源的に生まれながらの権利」を根拠にして,試験管のなかの胚の人間の尊厳享有主体性を肯定する。

Kant の同じ箇所を Starck と同様に解釈して,試験管のなかの胚の人権享有主体性を肯定する見解は,「目下ドイツの哲学研究とカント研究を領導しつつある」(260)Otfried Höffe によっても主張されている。Höffe は,胚を滅失させる胚研究は人間の尊厳に違反するか,を問う。Höffe はこの問題に,

Knat の Menschheit に関する解釈から答を導き出す。Höffe によれば，Kant の Menschheit は「種である人類」(genus humanum) ではなく，理性という天分を付与された人間性（humanitas）を意味する[262]。そうしたうえで，Höffe は，胚が humanitas であることを肯定する。なぜなら，Höffe によれば，人間の生命は，胚研究に用いられる胚も「人間になるためにではなく，人間として発育する」[263]ので，そもそも理性という天分を付与されているからである。

問題は，Starck や Höffe による Kant 解釈の妥当性である。つまり，Kant の『人倫の形而上学』法論28節はヒトの生命，人間，人格を同一視する主張の論拠になりうるのか，という問題である[264]。

4　憲法学説における「種の尊厳」論

1978年のイギリスにおける体外受精児の誕生に端を発するドイツでの遺伝子工学をめぐる議論は，本稿の冒頭でも挙げた，1985年の Benda 委員会報告書[265]によってひとつの頂点を迎えた。その委員長であった Ernst Benda は，生命科学／技術の進展と新たに直面する基本法1条1項論に新しい方向を示す。Benda は，1985年に公表した論稿において，基本法1条1項の人間の尊厳が伝統的な個人の人格的尊厳の保障に加えて，類に結びついた意味をも包含すると主張した[266]。ここに，ドイツにおける人間の尊厳の二元的把握，すなわち，個々人の人格的尊厳と種の尊厳の併立という原型が示されたといえよう。

21世紀に入って，Josef Isensee が，生命科学やゲノム研究の自由と胚の地位というテーマを論じる論文のなかで，種の尊厳論を展開する[267]。

「研究の自由は，生命のための国家の保護義務とも衝突する」[268]が，衝突をどのように解決するかという問題は残る。胚保護法の禁止を尊重した衡量によってか，それとも憲法上の衡量によってか。憲法上の衡量の場合には，生命権と研究の自由における条文上の違いが衡量の出発点となる。法律の留保がない研究の自由と異なり，生命権は法律の留保のもとにある。この点では，生命権よりも研究の自由のほうが強い保護が与えられるといえるかもしれない。したがって，この両者の条文の比較からは，研究が治療目的を追及

するものであるかぎり，胚を犠牲にすることができるとする結論がより自然である，と Isensee は述べる[269]。しかし，生命権と研究の自由をめぐる憲法上の衡量の問題は，基本法2条2項と5条3項の条文上の比較で完了しない。人間の存在そのものを害する危険性のある研究の場合には，生命権だけでは問題解決が不可能であり，人間の尊厳へ遡る検討が必要となる。ここで，人間の生命とその尊厳の保持と保護の請求が結びつく。人間の尊厳の場合には，他の基本権や他の憲法上の法益との衡量を免れるので，研究の自由は人間の尊厳を超えることはできないことになる[270]。

Isensee は，ここで種の尊厳論に言及する。Isensee は，「基本法が保障する尊厳は，個人としてのすべての人間に帰属する。尊厳は，それを超えてまた，Menschheit 一般に，すなわち，『人類（Menschengeschlecht）』にも関連する」と主張する。そして具体的には，「キメラとハイブリッドを創るためにヒトの遺伝質と動物の遺伝質とが結合されると，あるいはゲノムを再生されたり，クローンされると，種の尊厳は傷つけられる。結論的には，胚保護法の禁止が憲法からも支えられ，そして研究の自由の実効的な制限を形成する」[271]。Isensee は，自らと自分と同じ種に属する他者とを尊厳ある者として扱わなければならない，と主張する[272]。つまり，Isensee によれば，人間はヒトという種に属するすべての者に相応しい尊敬を払う義務を負うことになる[273]。

5　連邦議会審議会報告書の「種の尊厳」論

2000年3月に，連邦議会は，現代医療と生物医学が惹起するさまざまな法的・倫理的問題を検討し，議会と政府に立法的・政策的提言を行うことを目的として，「現代医療の法と倫理」審議会を設置した。26名の委員は，連邦議会議員13名，学識経験者13名によって構成された。学識経験者としては，法学ばかりでなく，医学，自然科学，神学，哲学等，諸分野の専門家が選ばれていた。「現代医療の法と倫理」審議会は，2001年1月に「バイオテクノロジィーにおける知的財産」について，2001年11月に「ES細胞研究」について，それぞれ中間報告書を連邦議会に提出した。そして，2002年5月14日に，「種の尊厳」論を採用する「現代医療の法と倫理」審議会最終報告

書(274)(以下,「報告書」と略称する。)が連邦議会議長に手渡された。

　すでに別稿(275)でこの報告書について簡単に取り上げているが,報告書の最大の特色は,個々の人間の尊厳ばかりでなく,種としての人間の尊厳論,つまり種の尊厳論を展開していることである。ここでは,より詳細に報告書の「種の尊厳」論を肯定する論理を見てみたい。

　報告書は,特定の能力を有した人間だけに限定されるのではなく,すべての人間に尊厳が具わっていることを強調する。報告書は,まず,その論拠を古代思想に求める。報告書によれば,「古代においてもすでに『尊厳』は,人間以外のものに対して人間を際立たせるものであり,したがって,すべての人間に尊厳が具わっており,決して失われることのないものだという思想があった。そこでは,人間の尊厳についての普遍的概念が,すなわち,人間である限りでのすべての人間を包括した普遍的概念がテーマとなっている」(276)。

　ついで,報告書はKantに関する,伝統的に行われてきた「人間性の尊厳」ではなく,別の「解釈」をその論拠として挙げる。それは,Kantの「人間性」(Menschheit)という概念と歴史哲学に基づく解決である。人間性という概念をカントは,人格内における人間性の統制的理念として,すなわち,われわれに課せられた義務として展開した。理性は個別的な人間のなかにおいてではなく,類としての人類全体のなかにおいてのみ十全に発展することができる。『人間性という理念 (die Idee der Menschheit)』は各々の人間のなかに具体化され,各人を尊厳の担い手とする」(277)。

　このように,報告書は,人間の尊厳の妥当根拠を人類に属していることに求め,そして,その享有主体を未出生生命に,さらには受精卵にまで拡張する(278)。このような立場に対する「それは自然主義化である」という批判に反論して,報告書は,「尊厳を人間という生き物に結びつけ,まだ生まれ出ない人間にまで尊厳の担い手を拡張するのは,人間の尊厳が人間としての人間に帰属しそれ以外のどんな特性にも依存しないという人間の尊厳の規範的な要請から帰結される」。誰に人間の尊厳が帰属するのかという問題に関して「境界線を引こうとするすべての試みには,問題がつきまとう。その種の線引きのために持ち出される経験的な基準は,いずれも,例えば感覚能力,

痛みを感じる能力，自己意識，合理性，協調能力あるいは自己尊重能力といった能力に関連する。そのような基準は，常に多かれ少なかれ恣意的なものであり，道徳的にいかがわしい結論へと導く」。報告書は，「人間の尊厳は時間とともに獲得されたり失われたりするものではない，ということから出発しなければならない」，と主張する(279)。

報告書は，連邦憲法裁判所の判決もその論拠として挙げる。人間の尊厳の概念には「人間が社会的に価値あるものであり，尊重に値するものであるという要求が結びついている。このような要求は，人間を国家にとって単なる客体としたり，その主体としての質を原理的に疑問に付すような扱いをすることを禁じる。この意味での人間の尊厳とは，個々人の人格の尊厳であるだけではなく，類的存在としての人間の尊厳でもある。すべての人間が，その身分や能力や社会的地位にかかわりなく，尊厳を有する。それは，すべての人間に生まれながらにして具わっているものであり，身体や精神の状態をもとにして論じても意味のないものである」(280)。

そして，報告書は，Luhman の能力論と Hofmann の承認論を批判する。業績を上げる能力のない者の尊厳を否定することになる能力論は，「基本法1条1項の意図および内容と両立しない」し，承認論は，尊厳の担い手を承認共同体の構成員の意志によって決定するというのは「筋が通らない」見解であるとして否定する(281)。そのうえで，報告書は，いわゆる付与理論を採用する。それによれば，「すべての人がその個人的特徴や能力によらず人間の尊厳の担い手である」ということである。人間の尊厳は，「個人が特定の能力や力量の証明を提示することによって獲得できるような資格証明書ではなく，すべての人間そのものに帰属する一つの普遍的な法的地位である」(282)。

この点で，報告書は，Kunig の基本法1条の注釈も引用する。Kunig によれば，「『およそ人間というものの』尊厳，それゆえ『どのような人間の』尊厳も保護されている。国籍，年齢，知的成熟，コミュニケィション能力は取るに足りない事柄であり，知覚能力さえ前提とされない。そして，自らの尊厳についての意識，それどころか尊厳に値する行いさえも，前提とされない」(283)。

次に，報告書は，未出生生命の生命権と人間の尊厳に関するリーディン

グ・ケースも引き合いに出す。第一次堕胎判決で連邦憲法裁判所は,「人間の生命が存在するところ,その生命に人間の尊厳が帰属する」と判示している。報告書によれば,この言明は,人間の尊厳を一定の資格要素に基づいて理解することへの拒否を含んでいる。したがって,基本法の場合には,「生きるに値しない生命」も,社会が処分してもよいような「余計なお荷物」も決して存在しない(284)。

報告書は人間観についても,基本法1条1項の支配的見解とは異なる見解を採用する。それは,そもそも知性に結びつけない人間観である。人間をその知性に還元しない包括的な人間観は,人間の本性には人間の不完全性や個性も属するということを考慮に入れている。人間の尊厳が規準とされるときには,尊厳は人間の不完全さと不十分さをも考慮しなければならない(285)。そして,ナチズムの過去から教訓を引き出し,人間を「価値ある者」と「価値のない生命」とに分類することを二度と行えないようにするという要求に合致するような,人権と人間の尊厳についての考え方に立てば,個々人をその知的な諸能力に還元することはできない。その考え方は,人間はいつでも身体的な存在であり不完全で傷つきやすい存在でもあるということを含んでいなければならない。また,とくに保護を必要とする人々が尊重されることを保障しなければならない(286)。

報告書は,基本法1条1項の文言も引き合いに出す。基本法の字句上では,「およそ人間の (des Menschen)」尊厳は不可侵である。基本法1条は,それ以上の前提を挙げていない。それゆえ,人間である以上,人間の尊厳を享有する。そのために,特別な資格や能力をもつ必要はない。老いも若きも,強者も弱者も,病気の人も健康な人も,どの人間も自らの尊厳が尊重されることを要求する権利をもつ。この保護義務は,生まれ出る前の命についても当てはまる(287)。そして,現今の議論の核心的争点である「試験管のなかの胚」について,報告書は,「体外受精によって生じた新しい干渉の可能性によって,新しい保護要請も生じた」とする。そして,「母胎内の胚と同様に,試験管内の胚も人間として発育する潜在的能力をもっている」。「試験管内で作製された胚は,すでに人間の生命であって,着床後は将来の人格へ向かって発育して行く。体内受精と体外受精のいずれの場合でも,胚からは一人の

Ⅳ　人間の尊厳の「生物化」：種の尊厳論

子どもが生まれる。その子はかつて自分であった胚について，『私』として回顧的に語ることができる」(288)。「多くの人は胎児に，すでに言葉の完全な意味における『人間』をみる。これに対して，他の人々にとってそれは，将来ひとりの人間になるもの，あるいは潜在的人間である。しかしながら尊厳についての法的地位論によれば，人間という概念を，人類という種のなかの，言語・行為・相互作用能力をもった自己意識的なメンバーに限定することができないということは，争う余地がない。むしろ人間という存在は，ひとつの発達として理解される。その発達はいつでもさまざまな局面を含んでいる。『人間に特殊なもの』とみなされる諸能力，例えば自己意識や言語等々の能力がなかったり，まだ存在してなかったり，それらすべてが必ずしもそろっていなかったりする。あるいはそれらの能力の表れ方の明瞭さもさまざまである。そうした包括的な人間理解から出発すれば，ヒト胚を人間の尊厳の保護範囲から排除することはできない」(289)。こうして，報告書は，「試験管のなかの胚」の尊厳享有を肯定する。

6　「種の尊厳」と個々の「人間の尊厳」

「種の尊厳」論を，個々人の「人間の尊厳」との二本立てではなく，それのみを明確に打ち出したのは，フランス憲法院の1994年判決(290)である。それは，「種の尊厳」論を採用したうえで，「すべての人間の生命の，その始まりからの尊重」を明確に判示した。この判決に対して，Claus Dieter Classenは，「少なくともドイツの憲法にとって，それを納得することはできない」(291)見解と評している。ドイツ連邦憲法裁判所の1975年堕胎判決は，受精後14日以降の，母胎に着床した胚の尊厳を肯定しているにとどまること，ドイツの支配的ドグマティークは人格性を要件としていること，そして尊厳の享有を未出生生命まで遡及的に拡張しても個体性を要求していることからして，Classenのフランス憲法院判決に対する評価は間違っているわけではない。

「種の尊厳」論も義務基底的尊厳論である。単独である（フランス）か併立である（ドイツ）かにかかわらず，結局，種の尊厳論は「保護ばかりでなく，道徳的で法的な人格の自律を制限する」(292)。この点で，両者に相違は

ない。しかし，併立論の場合には，単独論の場合にはない問題が生じる。ひとつは，「人間の尊厳」条項のなかで尊厳享有の始期が異なる2つの尊厳が存在することである。この問題は，個人の人格的尊厳の始期を判例の採る立場（母胎着床以降）ではなく，Dürig や Böckenförde のように受精の瞬間まで遡らせれば，解決可能であるようにも見える。しかし，種の尊厳論は，受精の瞬間を超えて配偶子の尊厳も保障する[293]とすると，両者の始期を一致させることは困難であろう。さらに，併立論の場合には，ドグマティーク上のより重大な問題が生じる。それは，「人間の尊厳」条項のなかで，個々の具体的人間の尊厳と種の尊厳との衝突を避けることができない[294]ことから生じる。その場合には，「人間の尊厳」条項のなかで優劣をつけざるを得ない。それゆえ，併立論は，「人間の尊厳」の絶対的保障が，いわば内側から崩壊する可能性を内包することになる。

　「種の尊厳」論の論拠を最も多く示しているのは，連邦議会審議会報告書である。本章4で見た Isensee が挙げる論拠も，報告書が挙げる論拠のなかで述べられている。そこで，ここでは，報告書の論拠について検討することにしたい。

　報告書が，人間の尊厳の享有に関して精神的能力等を要件とせず，さらに理性に結びつけない人間観を採り，人間の不完全さや不十分さをも考慮する必要性を説いていることは，筆者の見解と一致するものである。問題は，その種の尊厳論の論拠として引用しているものの「読み方」である。例えば，Kunig は，すべての人間に尊厳が認められると主張していることは間違いないが，精神的能力等の要件を問わないことから「種の尊厳」を認めていると帰結することの妥当性が問われる。

　また，報告書が引用する，1992年に下された連邦憲法裁判所「悪魔の舞踏」事件判決[295]の理解が問題となる。確かに，当該判決には，報告書が引用する[296]ように，基本法1条1項の人間の尊厳は，「具体的個人の個別的尊厳のみならず，類としての（als Gattungswesen）の人間の尊厳でもある」という文章が出てくる[297]。また，報告書は引用していないが，判決には，基本法1条1項でいう「人間」は「人間の生物学的概念と結びついている」[298]という文章も出てくる。しかし，問題は，それらの表現が「種の尊

厳」論を主張するものといえるのか否か，である。

　「悪魔の舞踏」事件は，悪魔にとり憑かれたものたちを絶滅させるというホラー映画（題名「悪魔の舞踏」）を収めたビデオカセットが刑法131条1項4号（「人間に対する残酷もしくは非人間的暴力行為を……人間の尊厳を侵害する態様で描写した」表現物の作成等を犯罪とする。）違反を理由として没収決定を受けたことに対する憲法異議事件である。当該判決における争点は，条文の明確性（基本法103条2項）である。判決は，刑法131条1項4号の構成要件に「空想の所産である，人間に似た存在」（この映画ではゾンビ）を含ませることはできない，と判示している。当該事件では，個々の人間が問題であったのではなく，人間に似た空想の存在であるゾンビが問題になっており，その文脈において，基本法1条1項の人間の尊厳の概念に関して「類としての人間の尊厳」とか「生物学的概念と結びついている」ということが語られている。表現が「類としての人間の尊厳」という文言が用いられているだけで「種の尊厳」論を支える証拠として挙げることは，論証として不十分であろう。

　報告書がその「種の尊厳」論の積極的論拠としているのは，先に見たように，Kantの"Menschheit"に関するKathrin Braunの解釈である[299]。Braunは，どのようなKant解釈を展開しているのであろうか。

　人間の尊厳論をめぐる決定的問題である尊厳の享有主体の問題[300]に関して，Braunは，「すべての人間」であり，尊厳の担い手であるには「人間という種への帰属が十分条件である」[301]と主張する。そのよう主張の論拠が，KantのいうMenschheitに関するBraunの解釈である。その理由としてBraunは，まず，いわば消極的解釈を示す。もし完全な道徳的能力が求められるとすれば，誰も尊厳を享有し得ない。なぜならば，現実には完全な道徳的能力を有する人間などいないからである。こうした論理展開によってBraunは，人間が尊厳を享有するとするならば，「すべての人間」が享有することになる，と帰結する。さらに，Braunは，いわば積極的解釈を示す。つまり，Kantは「完全な」（vollständige）道徳能力を求めていなかった，と。その論拠として，Kantの『世界市民的見地における普遍史の理念』のなかで理性能力について述べている一文を挙げる。それは，理性能力は理性的存

在者である「人間において，理性の使用を目指す自然素質が完全に展開しうるのは，その類においてだけであって，個体においてではないであろう」[301]という一文である。そこから，Braun は尊厳の享有主体である"Menschheit"を，道徳的能力を発達させる人類と解釈する。

　Kant の歴史哲学の一文をめぐる解釈の妥当性については，「憲法における人間」について検討する第Ⅴ章で検討する。ここで指摘しておきたいのは，かりに Kant の"Würde der Menschheit"諭が種としての人類の尊厳と解釈することができるとしても，Kant がその「人類」に未出生のヒトの生命までも含んでいたわけではない。Braun も，Kant は，すでに生まれている人間を議論の前提に置いていること。それゆえ，未出生生命の尊厳享有主体性を肯定するには，Kant 以外の論拠が必要であると思われる。

(242) Dreier, Kants Republik, JZ 2004, S. 746. なお，英米の生命倫理学においても，Kant が最も影響力のある哲学者のひとりといえる（蔵田伸雄「英語圏のバイオエシックスの中のカント」土山秀夫／井上義彦／平田俊博編『カントと生命倫理』229頁以下［1996年］参照）。

(243) G. Giesmann, Kant und ein vermeites Recht des Embryos, Kant-Studien 2004, S. 443ff.

(244) Vgl. K. Bayerzt, Ethische, rechtliche und sozial Problem technischer Eingriffe in die menschliche Produktion, ARSP 1985, S. 524ff.; ders., die Idee der Menschenwürde, ARSP 1995, S. 465ff.

(245) Vgl. etwa Birnbacher, a.a.O. [Fn. 32], S. 266ff.

(246) Bayer. VGHE 1947/48, 32, 53; 1949, 85, 91.

(247) F. Münch, Die Menswchenwürde als Grunforderung unserer Verfassung, 1951, S. 8.

(248) Ibid., S. 7.

(249) Ibid., S. 5.

(250) Ibid.

(251) Nipperdey, a.a.O. [Fn. 138], S. 3.

(252) Ibid.

(253) Starck, a.a.O. [Fn. 16], Rn. 17. なお，Starck の人間の尊厳に関する邦語文献として，クリステアイン・シュタルク［桜井健吾訳］「人間の尊厳」社会と倫理5号154頁以下（1998年），苑原朗「人間の尊厳論」前掲注（52）1頁以下，同「人間の生命はいつ始まるか」前掲注（52）1頁以下がある。

(254) Ibid., Rn. 19.

(255) Ibid., Rn. 18.
(256) Starck, Hört auf, unser Grundgesetz zurreden zu wollen, FAZ vom 30, Mai 2001, S. 55.
(257) Starck, Der menschliche Keimling als potentielle Person bei Kant, Neue Hefte fur Philosopie, Bd. 0, 2002, S. 143.
(258) カント『人倫の形而上学』全集11巻113-114頁。
(259) Starck, a.a.O.〔Fn. 256〕, S. 55.
(260) 平田俊博「解説」カント『基礎づけ』全集7巻439頁。
(261) O. Höffe, Medizin ohne Ethik, 2002, S. 82.
(262) Ibid., S. 77.
(263) Ibid., S. 82.
(264) Giesmann は，Starck や Höffe による「法論」28節解釈を「的外れ」と批判している（Giesmann, a.a.O.〔Fn. 243〕, S. 451）。
(265) Benda, Der Bundeminister fur Forschung und Technologie (Hrsg.), a.a.O.〔Fn. 7〕.
(266) Benda, a.a.O.〔Fn. 26〕, S. 31; ders., Humangenetik und Recht, NJW 1985, S. 1733; ferner vgl. Enders, a.a.O.〔Fn. 28〕, S. 241ff.; Hofmann, a.a.O.〔Fn. 72〕, S. 364; Coester-Waltjen, a.a.O.〔Fn. 152〕, S.230ff.; A. Eser, Recht und Humangenetik, in: W. Schloot (Hrsg.), Möglichkeiten und Grenzen der Humangenetik, 1984, S. 185ff. 人間の尊厳は個人の人格的尊厳のみを保障すると主張する反対論として，Gröner, a.a.O.〔Fn. 152〕, S. 311.
(267) Isensee, a.a.O.〔Fn. 16〕, S. 243ff.; ferner vgl. Benda, a.a.O.〔Fn. 26〕, S. 31; Enders, a.a.O.〔Fn. 28〕, S. 241, 244; Starck, a.a.O.〔Fn. 16〕, Rn. 17ff.
(268) Ibid., S. 253.
(269) Ibid.
(270) Ibid.
(271) Ibid., S. 261.
(272) Ibid.
(273) Ibid., S. 261f.
(274) Schlussbericht der Enquete-Kommission "Recht und Ethik der modernen Medizin", Drucksache 14/9020（14. 05.2002）.
(275) 青柳「二つの人間の尊厳論」前掲注（52），2160-2161頁；同「『原点』と『現点』」前掲注（52），207頁。
(276) Schlussbericht, a.a.O.〔Fn. 274〕, S. 9.
(277) Ibid., S. 10.
(278) Ibid., S. II.
(279) Ibid.

(280) Ibid., S. 12f.
(281) Ibid., S. 14.
(282) Ibid.
(283) Ibid.
(284) Ibid.
(285) Ibid.
(286) Ibid.
(287) Ibid., S. 15.
(288) Ibid.
(289) Ibid., S. 15f.
(290) この判決については，小林真紀「生命倫理法と人間の尊厳」フランスの憲法判例87-88頁（2002年）およびそこに掲げられた参考文献，そして同・前掲注（52）の文献参照。
(291) Classen, a.a.O.［Fn. 12］, S. 141ff.
(292) Neumann, a.a.O.［Fn. 145］, S. 157.
(293) Vgl. Starck, a.a.O.［Fn. 16］, Rn. 18; Geddert-Steinacher, a.a.O.［Fn. 110］, S. 70; Benda, a.a.O.［Fn. ］, S. 2197.
(294) K. Bayertz も，個人の尊厳と種の尊厳との間の緊張関係を指摘している（バイエルツ前掲注（128），150頁以下参照）。
(295) BVerfGE 87, 209. 本判決については，西浦公「暴力描写と類推的処罰及び検閲の禁止」ドイツ憲法判例研究会編『ドイツ最新憲法判例』139頁以下（1999年）参照。
(296) Schlussbericht, a.a.O.［Fn. 274］, S. 13.
(297) BVerfGE 87, 209（228）.
(298) BverfGE 87, 209（225）.
(299) Schlussbericht, a.a.O.［Fn. 274］, S. 10.
(300) Braun, a.a.O.［Fn. 31］, S. 67.
(301) Braun, a.a.O.［Fn. 51］, S. 83f.
(302) Ibid., S. 84.
(303) カント『歴史論』全集14巻5頁。

V 憲法における人間：「むすび」に代えて

1 「人格」としての人間

「人間の尊厳」概念は，第Ⅰ章で述べたように，確かに，2500年にわたっ

て論じられてきている「古い問題」といえる。しかし，他方で，「人間の尊厳」の概念および保障内容をめぐる問題は，生命科学／技術をめぐる議論で明らかなように，「現代的でもある」(304)。古い問題においても現代的問題においても，人間の尊厳論の「中心点は，人間である」(305)。その「人間」の把握に，第II章と第IV章で見たように，Kantの"Menschheit"論が，「今日でも効果を及ぼす刻印力をもつ」(306)。しかし，その「刻印」の内容は，変化している。「人間の尊厳」の支配的ドグマティークに関しては，「人格」論に，そして「人間の本性」という尊厳の妥当根拠論に影響を与えている。そして，生命科学／技術の無限の可能性への「『反応』としてのみ理解される」(307)現今の議論においては，Kantの"Menschheit"論は，人類の一員である生物学的意味での人間の尊厳（種の尊厳）論の論拠として援用されている。

　法律学における「人格」(Person)とは，Kantのいう「道徳的人格性」までの内容を求めるものではないが，理性的で自律的な「人間」を指す。「人格」といえるためには，意志，思考，自覚，意識，自己意識，自己決定能力，責任能力などが重要な要素として挙げられている。それゆえ，すべての「人間」が「人格」とされるわけではない。K. Sternが指摘するように，1794年に施行されたプロイセン普通法1条1項1文からも明らかなように，「人間」という概念と「人格」という概念とは同じものではなく，人間であるというただそれだけで権利が帰属するためには「さらなる発展が必要であった」(308)。そして，Sternは，「いずれにせよ今日の法にとっては，『法的意味におけるPersonは，……人間と一致している』」(309)と述べている。確かに，Sternの「法的意味の人格は，……人間と一致している」という認識は，間違ってはいない。なぜなら，基本法の「人間の尊厳」に関する支配的ドグマティークは，「個々の具体的人間」の精神的能力の実際の有無にかかわりなく，すべての人間にそのような能力があるとみなしているからである。精神的能力と結びついた「人格」的人間論を採りつつ，すべての人間に精神的能力があると「みなす」支配的ドグマティークには，2つの根源的な問題が存在する。ひとつは，人間を精神的能力によって把握することの妥当性である。

　確かに，理性を有する人格的人間論，自律的人間論は，人間の精神史にお

いて「神からの自立」を獲得していくために必要なことであった。確かに，人格を前提とした理性的人間論，自律的人間論が，欧米の法制度や法理論において一定の重要な意義を果たしてきた。しかし，他方で，「人格」概念は，女性，奴隷，子ども，障碍者，痴呆性老人等を否定的に自立的な人格的存在ではないとして排除する機能も果たしてきた。その点で，理性や自律と結びついた「人格」概念による人間像ではなく，普遍的な人間像を問い直す必要がある。また，法制度において完全な資格を是認する「人格」概念が理性をその核心的要素とすることは，実際上，問題を孕む。なぜなら，個々の具体的人間の理性は完全ではない。理性―自律―人格という尊厳が帰属する要素論の淵源として引用されるKantは，理性の欺瞞的本性を見抜いて，そのような理性を匡ことを，周知のように，『純粋理性批判』，『実践理性批判』，『判断力批判』において試みた。Kantが『純粋理性批判』の扉で引用している Francis Bacon『ノヴム・オルガヌム』(310)も，人間の精神を占有する4つの「イドラ」を挙げつつ，理性がいかに誤謬に陥りやすいか，いかに誤謬や見せかけの真理を生み出しがちかを説いている。

　他のひとつは，人間の本性としてすべての「個々の具体的人間」に理性が備わっていると「みなす」ことは，第Ⅱ章3で指摘したように，「個々の具体的人間」の尊厳ではなく，類としての人間の尊厳になってしまうという矛盾に陥る。この点について，Sternは，「人間の尊厳はすべての人間に，人間性（Menschheit）に由来し得ない実在するものの核心として存在する」(311)のであり，「すべての個々の人間に，そしてそれのみに帰属するのであって，人間全体でも，共同体でも，あるいは人間一般それ自体にではない」。「個々の具体的人間のみが人間の尊厳の担い手でありえるのであり，概念上抽象概念である『人間の本性』（Menschenwesen）あるいは『人間性』（Menschheit）全体に［帰属するもの］ではありえない」（［　］内は，青柳）と主張する(312)。このSternの主張には，「人間の尊厳」に関する重要な問題へのひとつの「回答」が含まれていると思われる。それは，私たちが尊厳を享有するのは，それぞれ性格等が異なる「個々の具体的人間」として存在する個別性のゆえになのであろうか，それとも人間一般に認められる「人間性」のゆえになのか，という問題である。基本法1条に関する支配的ドグマティーク

V　憲法における人間：「むすび」に代えて

は個々の具体的人間に帰属する尊厳の妥当根拠を，結局，「人間の本性」，すなわち，「人間性」に求めているように思われる。それに対して，Stern は，抽象的な「人間の本性」や「人間性」を否定し，「個々の具体的な人間」の存在それ自体に求めている。

　この問題に関して，「個々の具体的人間」対「人間性」といった二項対立的思考から一刀両断にいずれかの答えを出すというアプローチは，適切ではないように思われる。なぜなら，「個々の具体的人間」のなかには二つのものが交じり合いながら存在している，と思われるからである。ひとつは人間一般としての自分であり，もうひとつが唯一無二の存在である自分である。そのうえで，「人間」に尊厳が認められるのは，自分のなかにある人間一般という観念ではなく，「絶対的に一般的人間という概念では律しき切れない個としての自分」であると思われる(313)。それ自体価値があるのは，かけがえのない存在である「個としての自分」であると思われるからである。そして，かけがえのない存在である「個としての自分」は，理性だけで，精神的能力の有無，あるいはその成熟性だけで決められるものではない。ただし，注意しなければならないのは，「個人のかけがえのなさ」が自己中心主義を意味するものではないことである。個人の独自性や「かけがえのなさ」は，他者との交流のなかで気づかされ，形成される。したがって，個々の人間の「かけがえのなさ」は，他者の存在を，他者との間で行なわれる社交性を前提とする(314)。また，「かけがえのなさ」はすべての個々人に認められるので，その人の「かけがえのなさ」は他者の「かけがえのなさ」の承認と結びついている(315)。

　基本法の「人間の尊厳」も日本国憲法の「個人の尊重」も，国家に対する個人の優越という価値決定への信条を告白するものである(316)。それは，精神的能力によって条件づけられた「人間」の国家に対する優越ではなく，個々の人間が有する「かけがえのなさ」を国家に対して優越させるものである，と思われる。憲法は，理想像として把握される人間の尊厳や人権を保障するのではない。「傾向性」を否定することができない，ありのままの人間の「かけがえのなさ」を権力から護る。

2　人類の一員としての人間

　Kantの，尊厳が帰属する"Menschheit"を，「人間性」ではなく，「人類」を意味する言葉と解釈することは妥当なのであろうか。

　まず検討の対象となるのは，第IV章2で見た「法論」28節をめぐるStarckやHöffeの解釈の妥当性である。

　確かに，Kantは，「法論」28節を除いて，「人格」を帰責能力のある人間という意味で用いている。したがって，「法論」28節が十分な帰責能力を有するとはいえない子どもを「人格」と記述していることは，他の論述との違いが際立つ。しかし，問題は，「法論」28節におけるこの特異な論述をどのように把握するのが妥当か，である。ここでは，解釈方法と解釈内容とが問題となる。解釈方法に関しては，ひとつの特異な論述が他とは異なる場面での論述である場合には，その特異な論述のほうを一般化する「解釈」は，妥当な方法とはいえないように思われる。では，解釈の内容はどうであろうか。

　『人倫の形而上学的基礎づけ』では，Kantは，「道徳法の最上原理の探求と確定」[(317)]だけを目指して，「人格性の尊厳」，「人間性の尊厳」を主張する。そこでは，行為主体の内面的構造が追究され，実践理性の自己実現としての自由，根源的な超越論的自由が論じられている。尊厳が帰属する「人格」とは，子どもばかりでなく，成人でも存在しそうもない，一種の理想的な人格である。それに対して，『人倫の形而上学』「法論」の「法的自由」では，Kantは，実践理性の自己実現としての自由論を基礎に置きつつも，主体間における利害の相互調整を論じている。「法論」28節では，両親とその子どもの利害の相互調整を論じている。そこでの論述における特色は，子どもの権利主体性を肯定している点にある。Kantは，「法論」28節において，親にとって子どもが，単に保護客体であるのではなく，権利主体でもあることを「人格」という言葉で表しているように思われる。「法論」28節の論述において，子どもの権利主体性を肯定する点でKantの先駆性を評価することができよう。しかし，それ一般化して，Kantがすべての人間に尊厳が帰属する「人格」を肯定していると解釈することは，適切な解釈とは思われない。

　次に検討の対象となるのは，Kathrin Braunの解釈である。Braunは，第IV章6で見たように，Kantの「世界市民的見地における普遍性の理念」と

V 憲法における人間:「むすび」に代えて

題する論稿の一文を根拠に，Kant の "Menschheit" が「人類」と解釈することができると主張する。Braun が引用するのは，「人間において，理性の使用を目指す自然素養が完全に展開しうるのは，その類においてだけであって，個体においてではないであろう」[318]という文章である[319]。この文章からは，まず何よりも，現実の人間が道徳的能力を完全に有するものではないことを前提にしたうえでの文章であることが理解できる。現実の人間の道徳的能力の不十分さということは，すでに第Ⅱ章2で見たように，Kant が『人倫の形而上学的基礎づけ』，『人倫の形而上学』あるいは『人間学』や『宗教論』のなかで，傾向性に満ちた「現象的人間」について語っていることと異なるものではない。問題は，「類においてだけであ」るという表現が何を意味するか，である。Braun は，この表現から尊厳の享有主体としての「人類」を読み取っている。Kant は，すでに見たように，すべての人間に「理性」が備わっていることを認めている。したがって，Kant の見解を根拠にして，すべての人間に「理性」が備わっていると主張することは可能であろう。ただし，それが尊厳と結びついた「理性」を意味するとしたら，それは Kant の見解ではない。なぜなら，すでに見たように，Kant がすべての人間に認める「理性」は，限定的な「理性」でしかないからである。

　Kant は，現実の人間の姿を実によく凝視している。「人間性（Menschheit）の理念，完全な共和国，幸福な生活等の理念は，たいていの人間には欠けている。多くの人間は，自己が意欲するものについてなんの理念も持ってはおらず，だから本能や権威に従って振舞うのである」[320]。「人間は，それ自身としては実に多くの傾向性に触発されるので，実践的純粋理性の理念を抱くことはできても，それほど簡単には，その理念を自分の生き方のうちで具体的に活動させることができない」[321]。「人間の本性はそれなりに高貴であって，確かにかくも尊敬に値する理念を自分の指令にすることはできるが，しかしそれでいながら，その指令を遵守するには弱すぎるのである」[322]。それゆえに，Kant が尊厳に結びつく，至高の「理性」を肯定するのは，理想的人間である「可想的人間」のみなのである。

　ここで，ひとつの素朴な疑問が浮かびあがる。そもそも，Kant が描くような「可想的人間」は現実世界に存在することは極めてまれではなかろうか。

Kant の「可想的人間」は，ある種の，しかも倫理という次元での理想の人間像である。もし現実世界には尊厳が帰属する「人間性」を有するような人間が存在しないならば，「人間性の尊厳」を語る現実的意味はないことになってしまう。Kant の"Würde der Menschheit"論に現実的な意義を見出すためには，Kant の「可想的人間」の尊厳論を現実化しなければならないであろう。その「現実化」は，Kant の尊厳論が，多くの傾向性に触発される「弱い」現実の人間がそれ自体価値ある「人間」になる努力を求めている，と解釈することによって可能になるように思われる(323)。

「人間は自分に具わった理性によって，ひとつの社会のうちで同じ人間たちとともに生活するように，そしてその社会のうちで技術と科学によって自分を洗練化〔文化化〕し，文明化〔市民化〕し，道徳化するように使命づけられている」(324)。Kant は，この道徳化という使命を果たすために「永続的な努力」(325)を行うことの必要性を訴えている。つまり，Kant は，現実の「弱い」人間が「人格のうちにある人間性」(326)の涵養に向けて実践を積み重ねるなかに，「尊厳」を見出しているように思われる(327)。このことは，Kant の人間の本性論からも明らかであるように思われる。

Kant は，人間の本性に善も悪も見出している。道徳的な善悪は，Kant によれば，意志の主観的原理としての「格率」(Maxime) に求められる(328)。すなわち，「道徳法則を自らの格率とする人が道徳的に善なのであ」り，「道徳法則からの逸脱をも」「格率に採用する」人は「悪い人間なのである」(329)。

Kant は，「人間の本性における善への根源的素質」として，3つの素質を挙げる。それは，「生けるものとしての人間の動物性の素質」，「生けるものであると同時に理性的なものとしての人間の人間性の素質」，そして「理性的であると同時に引責能力のある存在者としての人間の人格性の素質」である(330)。Kant は，ここでは，「人間性」の素質を「他人と比較することでのみ自分の幸・不幸を判定する自己愛」と説明している。「人格性」の素質は，意志の動機を「道徳法則への，それだけで選択意志の十分な動機である尊敬の感受性」，言い換えれば，「道徳的感情」としての道徳的素質である(331)。

続いて Kant は，「人間本性のうちなる悪への性癖について」について述べている。Kant は「悪への性癖」として，「人間の心情の弱さ」または「人

間本性の脆さ」，人間の心情の「不純さ」，そして「人間本性ないしは人間の心情の邪悪さ」あるいは「腐敗」の3つを挙げている(332)。この最後の悪を，Kant は，それが意図的に悪しき格率を採用することによって道徳的秩序を転倒するがゆえに，「根元悪」と呼ぶ(333)。この悪は，それが「すべての格率の根拠を腐敗させてしまうから根元的であり，同時に自然的性癖であるから人間の力で根絶することもできないのである」(334)。「人間の力で根絶することもできない」としても，「根元悪」も，自らの選択という「自由の法則」と結びついている。つまり，「根元悪」が存在することも，その根拠は理性に求められる。理性が「根元悪」を生み出すということから，「根元悪」克服の可能性も見出しうることになる。なぜなら，善からの離反にもかかわらず，人間の「根源的素質……は善への素質」(335)であり，道徳的感情それ自体が腐敗することはありえないし(336)，また人格性への素質を制限することはできない(337)ので，「復帰の可能性は論駁されえない」(338)からである。Kant によれば，「被造物の自然素質はすべて，いつか完全にかつ目的にかなって解きほどかれるように定められている」(339)。開花する能力があるゆえに人間は自然の究極の目的なのであり(340)，理性のうちに存在する道徳的能力は「理性能力の開花が進むにつれてますます発展してきたにすぎない」(341)能力である。

　そうであるとしても，「根元悪」を克服し，人格性の素質を開花させ，真の道徳的行為へ赴かせる動機は何なのであろうか。Kant は，その動機として「道徳法則への尊敬の念」を挙げる(342)。では，「道徳法則への尊敬の念」はどのようにして生じるのであろうか。Braun が類としての人間の尊厳の根拠した Kant の「類においてだけ」という言説は，「道徳法則への尊敬の念」を惹起させる契機にもかかわっているように思われる。なぜなら，Kant によれば，傾向性に触発される現実の人間は，他者の有徳な行為という実例によって道徳法則を実感する。そして，実例を見せつける人格に対して，その実例が見せつける道徳法則に対して尊敬の念を抱く。道徳法則を実感することによって，道徳的に恥ずかしいという感情，並びに自己非難が生じ，私たちは真の道徳的行為へと赴く(343)。道徳法則を実感し，「道徳法則への尊敬の念」が生じるのは，他者との触れ合いのなかで，すなわち，「類において

だけであ」る。

　Kantは，また，「人類の使命」を「完全性への進歩」に存すると説いている[344]。「人類の使命は完全性にむかう進歩のうちにこそあり，この目標に到達しようとする試みは，人類の成員たちの長い連鎖のなかで，相次いで繰り広げられてゆ」[345]き，「より悪しきものからより善きものへと，しだいに発展して行く。そして，各自の分に応じて力の及ぶかぎり，この進展に寄与するという使命を，誰もが自然そのものから授かっているのである」[346]。Kantの「類においてだけであって，個体においてではないであろう」という言説は，この文脈にもかかわるように思われる。

3　胚の保護：人間の尊厳か，生命権か

　支配的ドグマティークによって胚の尊厳享有主体性を十分な説得力をもって正当化することは，容易ではない（第Ⅱ章3参照）。また，「尊厳」は内的な価値概念であるとする支配的ドグマティークからすれば，そもそも自然科学上の種の分類のみで尊厳を帰属させることはできない[347]。また，Martha C. Nassbaumも指摘する[348]ように，Kantは「種の尊厳」論を展開してはいない。Kantは，"Würde der Menschheit"侵害の具体例について詳論していない[349]。執筆後2世紀近く隔てて起こる具体的事例を挙げていないことは何ら責められることではないが，Kantは，その尊厳論においてナチスが行ったような人間の尊厳に対する過酷な侵害行為も，胚を用いた研究や人間のクローンの作製も「予見してはいなかった」[350]。「種の尊厳」論は，Kantの"Würde der Menschheit"論を直接の典拠にすることは，それほど簡単なことではない。かりにKantの"Würde der Menschheit"を「人類としての人間の尊厳」と解釈したとしても，胚や配偶子の尊厳享有主体性を肯定するためにはKant以外の論拠が必要である（第Ⅳ章6参照）。

　「試験管のなかの胚」も着床前の胚も，ヒトの生命であることは間違いない。それが生命権に関する保護義務の対象になることは，ほぼ異論がない。最後に残る問題は，「試験管のなかの胚」を含む受精後14日未満の胚は「人間の尊厳」の保護義務の対象でもあるか否か，である。

　未出生生命の尊厳の享有主体性の問題をめぐっては，2つの争点が複雑に

V 憲法における人間:「むすび」に代えて

絡まる。ひとつは，人間の尊厳と生命権の関係である。この争点に関しては，第Ⅱ章1で見たように，人間の尊厳・生命権連結説と人間の尊厳・生命権分離説が対立している(351)。ここでは，すでに論じたように，尊厳を未出生生命にまで拡大する論拠が問われる。一貫した論拠を示すことの難しさは，存在論的には未出生生命に理性・自律・帰責能力が存在することを立証することが困難であることから生じる。他のひとつは，尊厳が認められる始期である。この争点に関しては，第Ⅱ章1で見たように，母体着床時説と着床時以前説とが対立する。ここでは，第1の問題とも関連するのではあるが，とりわけ着床時を分岐点とすることの論拠が問われる。

　この論争に関してまず指摘しておかなければならないことは，そこで「人格」概念の変容が見られることである。この「人格」概念の変容を明瞭に示しているのが，H. Dreierである。受精説で，かつ連結説に立つ立場は，不変の遺伝的プログラム化を主たる理由(352)として，未出生生命の尊厳享有主体性を肯定する。それに対して，Dreierは，このような理由づけは「人間が遺伝子の総和以上のものであり，その生命は遺伝的プログラムの執行以上のものであることを見誤っている」(353)と批判する。そして，Dreierは，母胎着床前の未出生生命は独自の「個体的存在でもないし，人格的存在でもない」(354)というH. Hofmannの言葉を引用して，その尊厳享有主体性を否定する。それに対して，母胎着床後の未出生生命については，Dreierは，それが「一度きりの，そして変化し得ない個体（Individuum）」であることを理由に，尊厳が帰属すると主張する(355)。しかし，Dreierの立論には論理の一貫性という点で問題があるように思われる(356)。理性と結びついた人格的存在性を規準にするならば，母胎着床前ばかりでなく，着床後も未出生生命の「人格的存在」性も必ずしも明確ではないように思われる。確かに，Dreierが主張するように，人間は「遺伝子の総和以上」の存在であり，その人の「個人化」は遺伝子によって決定されるわけではない。しかし，「遺伝子の総和以上」である人間の個人化は，母胎着床時によっても決定されるわけではないであろう。なぜなら，それは「社会的個人化のプロセスが始まったときに見えてくる」(357)からである。

　いずれにしても，未出生生命の尊厳享有主体性をめぐる議論において伝統

的な「人格」論は十分に機能し得ない。そこでは,「独自の個体性」あるいは「真の個別性」がポイントとなる(358)。

　着床時説の論拠は,着床のときにヒト生命体は新たな段階に入るということである。それは,真の個別的存在者であることが認められる生物学的個別性の確立を指す。着床時説によれば,受精後14日未満の胚は,遺伝的ないし種的個体性は有するが,なお全能性あるいは多能性をもつ未分化細胞の塊であり,未だ真に内的な個別性をもった一個体ではない。それに対して,子宮壁に完全に着床し原始線条が現れる受精後14日頃にヒト生命体は不可逆的に真の個体となる,と着床時説は主張する(359)。他方,受精時説においても,個体性(個別性)が鍵概念となっている。受精時説は,次のように主張する。受精卵はそれぞれの親から来た遺伝形質を受け継いで,固有独自の遺伝情報を有する,他のあらゆる個体とは別の,新しい存在であり,ヒト種に属する唯一無二の有機的個体である。接合子は,一個の自立した生命体として存在し続ける力を持っており,接合子以降の発育過程においては質的変化は見られず,生物学的に区分することができない連続態の発育過程であるので,着床時の前後で区分することはできない(360)。

　人間の生命の始期について争いがあることは,生命の誕生がひとつのプロセスであることを示している。尊厳の享有の始期をめぐる問題は,生命誕生のプロセスのどの時点に内的価値が認められる「真の個体性」を見出すかという問題である。現在,母胎着床を分岐点としてその前後の生命体について質的変化,質的相違の有無が,核心的争点といえる。母体との直接的結びつきに,個体性に関して特別の意義を見出すことは,可能であるようにも思われる。しかし,未出生生命は,母胎着床前であっても「人間になるため」ではなく,「人間として」発育する(361)。そうであるとすれば,着床の前後での相違は相対的なものにすぎないともいえよう。このように,質的相違説も相対的相違説も,どちらも主張可能であって,規範論としてどちらかであると決定することは困難である。それゆえ,「独自の個体性」の時期に関する見解は,人間の尊厳の享有をめぐる規範論上の争点に決着をつける決定打にはならないように思われる。

　この論点に関する規範論上の「鍵」は,私見によれば,「完全に支配的見

解」である人間の尊厳の絶対的保障というドグマティークにある。着床時以降の尊厳享有を肯定した連邦憲法裁判所の判決は，堕胎を絶対的に禁止したわけではない。そのことは，本来，着床時説は人間の尊厳の絶対的保障をそのまま維持しうるのか，理論的に疑問が生じる。他方で，人間の尊厳の享有始期を受精時とする立場の場合にも，人間の尊厳の絶対的保障というドグマティークの問題性が明瞭に浮かび上がる。なぜなら，「尊厳」が帰属する受精の時点から，具体的・個別的問題に対する答は「絶対的保護か保護の喪失か」でしかなくなるからである。未出生生命をめぐる問題は，そのような"alles oder nichts"という方法で妥当な解決が得られるのであろうか。例えば，「いくつかのしっかりと定義された重たい遺伝病，それも潜在的にその影響を受ける人々自身にも我慢しろとはとても要求できない遺伝病に限ったならば，それ自身としてみた場合に，道徳的に許しうる，もしくは受け入れ可能である」[362]という見解を，全く不当な見解であるとして否定できるのであろうか。別項ですでに指摘している[363]ように，「絶対的保護か保護の喪失か」という"alles oder nichts"でない解決方法を模索することは，少なくとも未出生生命をめぐる問題においては必要なのではなかろうか。そうだとすると，未出生生命の保護の問題は，憲法規範上制約の可能性を容認している生命権の問題として，ドイツ基本法では2条3項，日本国憲法では13条後段[364]の問題として位置づけられることになる。

　胚の場合，確かに，事実の問題としていえば，相互に承認しうる間主観的関係は存在しないといえる。しかし，そもそも，胚に「相互」承認を求めることは不可能である。だとすれば，未出生生命の保護に関しては，一方からの承認による正当化で必要十分であるとするしかないのではなかろうか。生命の宿り，あるいは始まりとしての胚の存在は，私たちにとって「かけがえのない」人間の生命体といえる。生命権の問題として検討する際の決定的な問題は，未出生生命の生命権の制約をめぐる具体的な憲法上の衡量である。生命は，人間存在の基礎である。生命の根源性からして，その衡量を単なる功利主義的な比較衡量に委ねることは許されない。ヒトの生命であることに関しては異論のない受精後14日未満の胚の「生命権」の場合にも，その制約を肯定しうる「やむにやまれない」理由と，そしてその目的を達成するため

に未出生生命をどのように扱うことが許容されるのかについて，「公論」において十分に議論する必要がある。「公論」を形成する場で意見を述べる参加者には，私的利害からの意見ではなく，「公平な」意見が求められる。ここでいう「公平さ」とは没利害性，すなわち，私的利害から離れることを意味する(365)。私的利害から離れるために，「普遍的な立場」から，すなわち「他のあらゆる人の立場に立って考える」(366)ことが求められる(367)。

(304) Schmidt-Preuß, a.a.O.〔Fn. 13〕, S. 921.
(305) Ibid., S. 942.
(306) 現代国家の基本構造とKantの国家論との一致を評した，Dreerの「Kant法哲学の勝利の歴史」(Dreier, a.a.O.〔Fn. 242〕, S. 746) という言葉は，KantのWürde der Menschheit論に関しても当てはまるかもしれない。
(307) Nettesheim, a.a.O.〔Fn. 3〕, S. 73f.
(308) Stern, a.a.O.〔Fn. 55〕, S. 6.
(309) Ibid.
(310) ベーコン（桂寿一・訳）『ノヴム・オルガヌム』39節以下（1978年）参照。
(311) Stern, a.a.O.〔Fn. 5〕, S. 6.
(312) Ibid., S. 11f.; ders., Menschenwürde als Wurzel der Menschen- und Grundrechte, Festschrift für H. U. Scupin, 1983, S. 627ff.; ferner vgl. C. Pestalozza, in: H. Nawiasky u.a. (Hrsg.), Die Verfassun Bayerns, 2. Aufl. 1971, Rn. 11 zu Art. 100.
(313) 五木寛之『大河の一滴』61-64頁（1998年）参照。
(314) Cf. M.C. Nassbaum, Cultivating Humanity, 1997, p.10. Kantは，『人間の歴史の憶測的始元』では「人間の使命の最大の目的である社交性」(全集14巻96頁) と述べているが，『判断力批判』では「社会性を社会へと定められた存在としての人間の要件であり，したがって，人間性に属する特性である」(全集8巻201-202頁) と述べている。人間の相互依存という意味での社交性は，人間性の本質といえよう（ハンナ・アーレント［浜田義文監訳］『カント政治哲学の講義』113-114頁［1987年］参照）。
(315) ここでいう「承認」は，Hofmannの主張する承認論のように，承認共同体が誰が尊厳を有するかを決定することを意味していない。
(316) 青柳「個人の尊重と人間の尊厳」前掲注 (52), 31-32頁参照。
(317) カント『基礎づけ』全集7巻11頁。
(318) カント『歴史論』全集14巻5頁。
(319) 日本のカント研究者の間でも「解釈」が分かれている（土山秀夫ほか編著『カントと生命倫理』〔1996年〕に収められている第1章，第2章，第3章，そして第5章参照）。

V 憲法における人間：「むすび」に代えて

- (320) カント『論理学』全集17巻126頁。
- (321) カント『基礎づけ』全集7巻8頁。
- (322) 同32頁。
- (323) Charles Taylor は，「明らかにカントは道徳的生活を永久の闘争とみなしている」（テイラー［渡辺義雄訳］『ヘーゲルと近代社会』8頁［2000年］）し，「むしろ，われわれは完全性に近づくために苦闘する果てしない課題に直面していると考えていた」（同9頁）と指摘している。
- (324) カント『人間学』全集15巻317頁。
- (325) カント『宗教論』全集10巻64頁。
- (326) カント『基礎づけ』全集7巻67頁。
- (327) 同旨：中村博雄「カントにおける『人間性の尊厳』の形而上学的展開」ホセ・ヨンパルト教授古稀祝賀『人間の尊厳と現代法理論』203頁（2000年）。
- (328) カント『宗教論』全集10巻28頁。
- (329) 同31頁。
- (330) 同34-37頁参照。
- (331) 同34-37頁参照。ここでは，「人間性」と「人格性」とが別異に，しかも後者がより良いものと位置づけられている。
- (332) 同37-39頁参照。
- (333) 同43頁。
- (334) 同49頁。
- (335) カント『J. G. ヘルダー著『人類史の哲学考』についての論評』（『ヘルダー論評』）全集14巻57頁。
- (336) カント『人倫の形而上学』全集11巻266-267頁参照。
- (337) カント『宗教論』全集10巻36-37頁参照。
- (338) カント『ヘルダー論評』全集14巻60頁。
- (339) カント『歴史論』全集14巻5頁。
- (340) カント『判断力批判』82－84節（全集9巻）参照。
- (341) 同148頁。
- (342) 石川文康『カント入門』69頁，157頁（1995年）参照。
- (343) カント『実践理性』全集7巻227-252頁参照。
- (344) カント『ヘルダー論評』全集14巻64頁。なお，Kant によれば，人類の「類」は，「類と種」における「類」とは異なる。後者の「類」が「まさに個体のすべてが互いに一致しなければならない徴表以外のものはなにも意味しない」のに対して，人類という言葉は「果てしなく（定めなく）子孫を産む連続の全体を意味」するものと捉えている（同64頁）。
- (345) カント『人間の歴史憶測的始元』全集14巻104頁。
- (346) 同115頁。人類の完全性への進歩という想定については，『理論と実践』全集

14巻216頁；『永遠平和のために』全集14巻284-285頁，287頁；『諸学部の争い』全集18巻108-128頁等でも述べている。
- (347) Schmidt-Jortig, a.a.O.［Fn. 19］, S. 927.
- (348) Vgl. M. C. Nassbaum, Disabled Lives: Who Care?, The New York Review Jan. 11, 2001, at 35.
- (349) Kantは，「人間性そのものを辱める不名誉な刑罰」について具体例を挙げているにとどまる。それは，「四つ裂きにする，犬に噛みちぎらせる，鼻や耳をそぎ落とす」刑罰である（カント『人倫の形而上学』全集11巻351頁。なお，周知のように，Kantは，死刑を「人間性の尊厳」に反する刑罰とは捉えていない［同・179-185頁参照］）。
- (350) J. Hruschka, Die Würde des Menschen bei Kant, ARSP 2002, S. 478.
- (351) Vgl. H. Haßmann, Embryonenschutz im Spannungsfeld internationaler Menschenrechte, staatlicher Grundrechte und nationaler Regelungsmodelle zur Embryonenforschung, 2003, S. 75ff.
- (352) Vgl. Vitzthum, a.a.O.［Fn. 19］, S. 252; Stern, a.a.O.［Fn. 55］, S. 1058; Herdegen, a.a.O.［Fn. 14］, S. 774.
- (353) Dreier, a.a.O.［Fn. 43］, S. 25.
- (354) Ibid., S. 21 unter dem Zitat von Hofmann, a.a.O.［Fn. 144］, S. 119.
- (355) Ibid., S. 25.
- (356) 同様の疑問を提示するものとして，P. Kirchhof, Genforschung und die Freiheit der Wissenschaft, in: O. Höffe u.a.（Hrsg.）, Gentechnik und Menschenwürde, 2002, S. 22; Dederer, a.a.O.［Fn. 136］, S. 9f. 等がある。
- (357) ハーバーマス・前掲注（52），61頁。
- (358) Classen, a.a.O.［Fn. 12］, S. 143 m. N. in Fn. 17.
- (359) 注（153）の文献参照。
- (360) 注（152）の文献参照。
- (361) Vgl. BVerfGE 39, 1（37）.
- (362) ハーバーマス・前掲注（52），36-37頁。ハーバーマスのこの文章は，出生前診断との関連で述べられたものである。ここでは，出生前診断の問題とは切り離して，生命科学／技術をめぐる一般的文脈で引用していることをお断りしておきたい。
- (363) 青柳「ヒト・クローン禁止」前掲（52），51-52頁参照。
- (364) 独自の権利としての生命権については国際人権法17号（2006年11月公刊）に掲載される青柳「憲法学における『生命に対する権利』」参照。
- (365) BVerfGE 39, 1（42）.
- (366) アーレント・前掲注（314），112頁。
- (367) カント『判断力批判　上』全集8巻180-182頁参照。

(368) この点に関する分析と考察については，アーレント・前掲注（314），57-63頁，112-113頁参照。

〔本稿は，平成18年度および19年度科学研究費補助・基盤Ｂ「安全および予防をめぐる公法理論と政策論」の研究成果の一部である。〕

眠れる通商条項とアメリカ連邦最高裁
―― Granholm v. Heald を手がかりに ――

藤 井 樹 也

はじめに
I　Granholm v. Heald 判決の概要
II　Granholm v. Heald 判決の検討
おわりに

はじめに

　アメリカ連邦最高裁は，2004-2005年開廷期に，通商条項に関する注目すべき2件の判決を下した。すなわち，州外の業者によるワインの直販を制限する州法を通商条項違反とした *Granholm v. Heald*[1] と，治療目的のマリワナ使用を合法化する州における，連邦法による薬物規制を通商条項を根拠に容認した *Gonzales v. Raich*[2] である。このうち前者は，いわゆる眠れる通商条項（Dormant Commerce Clause）によって州法が違憲とされた事例であるが，禁酒修正を廃止した修正21条との関係でも興味深い問題をはらんでいる。本稿では，まず *Heald* 判決の概要を紹介し(I)，それを手がかりに若干の検討を行うことにする(II)。

　(1)　Granholm v. Heald, __ U.S. __, 125 S.Ct. 1885（2005）.
　(2)　Gonzales v. Raich, __ U.S. __, 125 S.Ct. 2195（2005）.

I　Granholm v. Heald 判決の概要

1　事　実
(1)　概　要

本件は，Michigan 州と New York 州の2事件からなる。両州では，アルコールの生産・流通・販売に伝統的な三段階規制，つまり，生産者・卸売業者・小売業者それぞれの免許制を設けていた。本件で問題になったのは，州外のワイナリからの直販を禁止（Michigan 州）または制限（New York 州）する制度の合憲性である。

(2)　Michigan 事件

Michigan 州法によると，アルコールに対する三段階規制のもと，原則として，生産者と蒸留業者は免許を受けた州内の卸売業者に対して出荷し，免許を受けた小売業者が消費者に販売しなければならないとされていたが，例外的に，「ワイン製造者」免許を受けた州内の約40のワイナリには州内の消費者への直販が認められていた。州外のワイナリは，「州外ワイン販売者」免許により州内の卸売業者への販売だけが許されていた[3]。

Michigan 州の住民が，同法が通商条項に違反するとして連邦地裁に訴えを提起したのが本件である。原告側には，California の小規模ワイナリ（Alfred）が加わった。州外のワイナリは，同州法によって Michigan 州の消費者からの注文に応じることができず，卸売業者を経由すると経済的に割があわないという。被告州側には，卸売業者の団体が加わり，本件州法が修正21条によって正当化されると主張した。

双方から summary judgment（正式事実審理を経ないでされる判決）を求める申立てがなされたのに対して，連邦地裁は州側の主張を認めた[4]。それに対して連邦控訴裁は，連邦地裁判決を破棄し，差別的でない手段で目的を達成できないことが証明されていないとして，同州法を違憲と判断した[5]。

(3)　New York 事件

New York 州法は，アルコールに対する三段階規制を前提としつつ，州内のブドウだけを使用するワイナリに対しては，州内の消費者への直販と，州

I　Granholm v. Heald 判決の概要

内のブドウを75％以上含む他のワイナリのワインの配送とを可能とする免許をみとめていた。これに対して，州外のワイナリには，州内に分工場，支店または倉庫を開設してワイナリ免許を得ることを条件に，州内の消費者への直販が認められるにとどまった[6]。

Virginia 州の小規模ワイナリ（Swedenburg），California 州の小規模ワイナリ（Lucas）が原告となり，New York 州内の顧客3名がそれに加わって，本件規制が通商条項違反であることの宣言等を求めたのが本件である。州外のワイナリを訪れた観光客が New York 州に帰ってから注文をしても，本件州法により注文に応じることができないのだという。被告州側には，州内の卸売業者と小売業者の代理人が加わった。

連邦地裁は，本件州法が通商条項との関係で州外のワイナリを差別していること，本件規制が修正21条をうけた規制目的に関連していないことを指摘して，原告の主張を認める summary judgment を下した[7]。これに対して連邦控訴裁は，連邦地裁判決を破棄し，アルコール以外の物品の規制であれば本件規制は問題だが，本件州法の規制利益はアルコールの流入と輸送に直接関連しており，修正21条によって州に付与された権限に含まれるとして，州側の主張を肯定した[8]。

連邦最高裁は，両事件を併合し，州内のワイナリによる直販を認めつつ州外のワイナリの直販を制限する規制が，修正21条2項に照らして，眠れる通商条項（Dormant Commerce Clause）に違反するかどうかという問題に関して，certiorari 請求を認めた[9]。

2　Kennedy 法廷意見

(1)　概　要

Kennedy 裁判官の法廷意見には，Scalia, Souter, Ginsburg, Breyer 裁判官が同調している。それによると，州内のワイナリを優遇する本件州法は，州際通商を差別する点で通商条項（1条8節3項）に違反し，修正21条によっても正当化できないというのである[10]。

(2)　通商条項との関係

Kennedy 法廷意見はまず，州内の経済主体を州外の経済主体より優遇す

83

ると通商条項違反になるという先例の存在を指摘する(11)。つまり、州内の業者を優遇することだけを目的とする州法は許されない。経済的割拠主義の回避こそが、憲法制定の動機だったという。このルールは、州間の経済協定をなくすべきだという原則にも由来する。本件州法はこれらの原則に反し、他州の市場への市民の平等なアクセスを否定しているという。1986年以前には、3州を除く全州がワインの直販を禁止し、現在でも、ワイン直販を全面禁止する州、州外からのワイン直販を禁止する州、相互主義の州があるが、州外のワインに対する差別を許すと優遇措置の乱立をまねくことになる。

　Michigan州法は明らかに差別的である。州内のワイナリは許可をうければ直販が可能であるのに対して、州外のワイナリの直販は完全に禁止され、州内の卸売業者・小売業者の経由を強制しているので、コストが増加し、小規模なワイナリが事実上排除される。New York州法は、州外のワイナリによる直販の条件として州内に支店・倉庫の開設を要求するが、そのコストはきわめて高い。しかも、州内に支店・倉庫を開設した州外のワイナリは、「農場ワイナリ」でなく「商業ワイナリ」の免許しか得られないため、直販をするにはさらに個別の認可が要求され、この点でも州内のワイナリが優遇されている。したがって、両州法は州際通商を差別しているというのである(12)。

(3)　修正21条2項との関係

　Kennedy法廷意見によると、州際通商を差別する州法が無効となるのは、ほとんど自動的なルール（per se rule）であり、先例と歴史からも、修正21条2項はワイン輸送の差別的規制を許容しないという。

　修正18条が成立した1919年より以前は、アルコールの製造・販売を禁止する州法は合憲とされたが(13)、流入規制の多くが通商条項違反とされた。つまり、①州外から流入するアルコールに対する差別は通商条項違反であり(14)、②一見中立的であっても、州際通商に許されない負担を課す州法は通商条項違反である(15)。Bowman判決はあらゆる輸入業者に許可を要求する州法を違憲とし(16)、Leisy判決は州外から流入したアルコールがもとの容器に入っているかぎりでその販売禁止を違憲とした（original-package理論）(17)。この問題を解決するためにWilson法が制定され、州外のアルコー

Ⅰ　Granholm v. Heald 判決の概要

ルを州内の製品と同様に規制できるようにしたのであって，同法は州外のアルコールに対する差別を許容していなかった。差別的な規制をおこなう州法に Wilson 法による授権がないとした *Scott* 判決の[18]，この解釈を裏づけている。その後，*Vance* 判決[19]と *Rhodes* 判決[20]により，Wilson 法が直販の禁止を授権していないことが明らかになったため，1913年に Webb-Kenyon 法が制定され，Wilson 法を直販にも拡大した。しかし，同法が差別的なアルコール規制を容認したという州側の主張は認められない。先例[21]が認定する同法の目的と，同法の条文，および同法が Wilson 法を廃止しなかったことが，その根拠となる。つまり，州外のアルコールを差別する州法を通商条項違反とする先例を Wilson 法が確認し，Webb-Kenyon 法もそれを否定しなかった。

　修正21条1項（1933年）が全国的な禁酒措置（修正18条）を廃止した後，同条2項は Wilson 法および Webb-Kenyon 法のもとで州がもっていた権限を復活させたのだという。同条2項の文言は，両法を忠実に再現している。修正21条の目的は，州による効果的かつ統一的なアルコール規制を認めることであり，州外の製品を差別する権限をあたえていない。一部の先例[22]はこれに反するものの，最近の先例によれば，修正21条は差別禁止のルールを覆していないというのである。

　最近の先例には，以下の三つのカテゴリーがある。①他の憲法条項に違反する州法を，修正21条で救済できないとするもの。修正1条との関係でこのルールが適用される。②修正21条2項は，アルコールに関する連邦議会の通商規制権限を否定しないとするもの。③州のアルコール規制権限は，通商条項の差別禁止原則により制限されるとするもの[23]。とくに *Bacchus* 判決は，州内の特定のアルコール飲料を消費税から免税とする州法を，修正21条によって正当化できないとした[24]。このように考えても，三段階の規制システムそのものの合憲性は問題にならない。州外のアルコール製品を差別しないかぎり，州の政策は修正21条によって保護されるというのである[25]。

(4)　目的・手段の審査

　Kennedy 法廷意見はさらに，州の措置が正当な目的を促進し，合理的であって差別的でない他の方法で達成できないのかを判断しなければならない

という。州側が目的として主張するのは，①未成年者がアルコールを入手できないようにすることと，②徴税を容易にすることである。けれども，第一に，未成年者によるインターネットでのワイン購入が問題である証拠が薄弱である。直販を認めている26州で問題が生じている記録がないことは，未成年者がワインよりもビール，ワインクーラー，ハードリカーを好み，直販以外の方法でそれを入手することからも説明できる。また，直販によって未成年者による飲酒のリスクがかりに高まるとしても，州外からの直販だけを規制する根拠にはならない。州法に違反すると免許を取り消されることは，未成年者にアルコールを販売しない強いインセンティヴとなる。また，配達時に成人のサインを要求し，容器にそれを明記するなど，制限のすくない方法も可能である。第二に，徴税目的も不十分である。脱税の可能性は州内外を問わず直販の増加によって生じるが，Michigan州では州外のワイナリに直接課税しているので，免許と自己申告で十分対処できるはずである。また，New York州でも州内の直販に要求しているのと同様の免許で十分対処できるはずである。さらに，州法に違反すると連邦によるワイナリ免許を取り消される制度により，州による徴税が保護されている。このほか，市場の秩序を維持すること，公衆の健康・安全を保護すること，規制の責任を遂行すること等の目的も，免許の厳格な要求によって達成できる。しかも，電子的な前歴照会や電子メイルによる記録の送信など，技術の進歩によって州外のワイナリの調査が容易になっている。結局，州側は具体的な証拠をほとんど示していないというのである[26]。

(5) 結 論

結論として，修正21条2項により州はアルコールを規制する広汎な権限をもつが，州外のワインに対する差別的な規制は許されず，直販を認めるなら等しく認めなければならない。したがって，本件州法は通商条項に反するというのである[27]。

3 Stevens 反対意見
(1) 修正21条の歴史

Stevens裁判官の反対意見には，O'Connor裁判官が同調している。それに

I　Granholm v. Heald 判決の概要

よると，連邦議会の通商規制権限には，州際通商に障壁を設けることを州に授権する権限が含まれ，連邦議会による承認がない州法は，眠れる通商条項への違反になる。しかし，連邦議会の授権だけでなく，憲法改正によっても，ある商品の販売を全面禁止する州法を認めることができる。そして本件州法も，ワインの規制でなければ眠れる通商条項への違反になるところだが，修正18条・21条によってアルコールは特別の類型とされた。そして，修正21条1項が禁酒修正を廃止した際，2項は州に禁止を維持する選択肢を与えたという。例えば，Brandeis 裁判官によると，2項が州外アルコールの差別だけを禁止したという解釈は，同項の書き替えだという。

修正21条の制定後，各州はアルコール取引を規制するさまざまな州法を制定し，その多くは差別的なものだった。差別的な州法が違憲だという考えは，アルコールを非難していた当時の人々には奇妙に映るだろう。法廷意見は，修正18条・21条当時の政策選択に反しているという[28]。

(2)　結　論

Stevens による歴史理解は，修正21条2項の文言を広く文字通り解釈すべきだという考えを強化するという。そして，修正21条が唯一州の憲法会議で批准されたことも，その条文を通常の意味で理解すべき理由になる。結局，本件 New York 州法と Michigan 州法は，(修正21条2項のいう)「アルコール飲料」の「配送または使用」のための「輸送または輸入」を規制しているので，眠れる通商条項から免れる。Thomas 反対意見のいうように，修正21条2項の文言は，法廷意見が適用した不文のルールよりもずっと信頼できる指針だというのである[29]。

4　Thomas 反対意見

(1)　概　要

Thomas 裁判官の反対意見には，Rehnquist 長官と，Stevens・O'Connor 裁判官が同調した。それによると，100年前の連邦最高裁は，州外の業者による直販を禁止する州法を消極的通商条項（negative Commerse Clause）に反すると判断したが，Webb-Kenyon 法と修正21条によってこれが否定された。法廷意見は，Young's Market 判決[30]が大昔に否定した歴史理解に依拠して

(2) Webb-Kenyon 法の解釈

　Thomas 反対意見によれば，Webb-Kenyon 法は，アルコール飲料の譲渡・保有・使用等を目的として，州法に違反してこれを州内に搬送・輸送することを禁止するが，同法にもとづく州法は，消極的通商条項による審査から免れるというのが先例であるという(32)。すなわち，本件 New York 州法と Michigan 州法は，Webb-Kenyon 法が規定するのと同じ行為を禁止しているから，消極的通商条項に反しない。*McCormick* 判決は，州外の生産者が卸売免許を受けずに州内の販売業者にアルコールを輸送することを禁止する州法が，Webb-Kenyon 法が規定する州法に該当し合憲だと判断したが(33)，本件州法もこれと区別できない。法廷意見は，Webb-Kenyon 法の規定する州法は一般的に適用可能な州法をさすというが，その意味が不明確であり，州外の産品を差別する州法だけを除外する根拠が不明である。生産者に対する差別と卸売業者に対する差別との区別も，Webb-Kenyon 法から導くことはできない。また，Webb-Kenyon 法の前身である Wilson 法は，州内に輸送されるアルコールが州内で生産されるアルコールと同じ規制を受けると規定しており，この規定が州外の産品の差別を禁止していたのだとしても，Webb-Kenyon 法には同様の規定がない。また，法廷意見が依拠する *Clark Distilling* 判決は，Webb-Kenyon 法が差別的でない州法を認めていると判断したが(34)，Wilson 法を拡張して差別的な州法も消極的通商条項から免れさせたと理解できるというのである。

　さらに，Webb-Kenyon 法は，差別的でない州法を違憲とした先例(35)だけでなく，差別的な州法を違憲とした先例(36)をも覆したという。すなわち Wilson 法は，州外の容器に入った輸入アルコールの再販規制を違憲とした *Leisy* 判決(37)を覆し，州内に輸入されるアルコールに関する州の規制権限を認めた。しかし，*Scott* 判決がアルコールの流通を州に独占させる州法を州外の産品の差別だとして違憲としたのち(38)，*Rhodes* 判決は荷受人の受領後でなければ州外の産品を規制できないとして Wilson 法を限定解釈し(39)，*Vance* 判決は州外の産品の純度テストを義務づける州法を違憲としたため(40)，これら 3 判決を覆す目的で Webb-Kenyon 法が制定された。そして同

法は，州外の産品を差別する州法を例外としていないというのである。

そして，法廷意見は *Scott* 判決の理解を誤っているという。つまり同判決は，州法が州外の産品を差別したから違憲としたのであり，*Vance* 判決[41]と，アルコール販売を州の独占とし，少量のアルコールに限って州外からの輸入を認める州法を，州外の産品に対する差別にあたり違憲だと判断した *Brennen* 判決[42]がそれを裏づける。結局，Webb-Kenyon 法は，差別的な州法に授権しているというのである[43]。

(3) 修正21条2項との関係

Thomas 反対意見によると，本件は Webb-Kenyon 法によって解決されるので修正21条の解釈は不要だが，本件州法は同条2項のそのままの意味 (plain meaning) のもとでも合法だという。同項は，Webb-Kenyon 法を踏襲し，州がアルコールの輸入を規制できることをより広い文言で明確にした。そして本件 New York 州法・Michigan 州法は，同項の文言に含まれる。*Young's Market* 判決は，州外からのビール輸入に特別手数料を課す州法を修正21条により合憲としたが[44]，その論理から本件州法も合憲となるはずだというのである。

また，修正21条成立後のアルコール規制は，差別的な規制が消極的通商条項の制約を免れることを確認するという。これらのアルコール規制は，州外の経済主体を差別しており，少なくとも41州に州外の産品を差別する何らかの州法があるので，修正21条が州外の産品に対する差別を禁止しているという法廷意見と矛盾している。さまざまな学説に依拠するよりも，確立した慣行に従うべきである。また，生産者に対する差別と卸売業者・小売業者に対する差別との区別は理解困難であり，州外のワイナリによる直販の禁止も可能だというのである[45]。

(4) 先例との関係

法廷意見は修正21条に関する初期の先例を無視して後の先例に依拠するが，後の先例も法廷意見の結論を裏づけないという。地元のアルコール商品を免税とする州法を違憲にした *Bacchus* 判決[46]は，保護主義的な州法は修正21条によって正当化されないとしたが，本件州法は同判決のもとでも合憲である。Webb-Kenyon 法は，アルコール直販規制を可能とするために制定され

たのであり，*Bacchus* 判決で違憲とされた保護主義的な課税は同法と修正21条の関心外だった。Webb-Kenyon 法と修正21条の制定者は，州内外の卸売業者と小売業者の差別を容認していた。

法廷意見が依拠する *Bacchus* 判決は，説得的でない。Webb-Kenyon 法と同様に，修正21条も州法のアルコール規制を消極的通商条項から免れさせている。また，法廷意見が依拠する他の先例(47)は，いずれも本件とは事案が異なる。そして，修正21条の条文と歴史によると，アルコール規制が消極的通商条項から免れても，積極的通商条項，修正１条，平等保護条項など他の憲法条項からは免れないというのである(48)。

(5) 結　論

結局，法廷意見は直販を規制する州法の害悪を強調するが，修正21条とWebb-Kenyon 法は，このような政策判断を裁判官でなく州に委ねており，それによってアルコール流入規制に対する消極的通商条項の適用が排除されるというのである(49)。

　（３）　MICH. COMP. LAWS ANN. §§ 436.1109(1)(West 2000), (9)(West 2001), 1111(5), 1113(7), (9), 1203(2)-(4)(West 2001), 1305, 1403 (West 2000), 1525(1)(e), 1537(2)-(3)(West Supp. 2004), 1607(1)(West 2000), MICH. ADMIN. CODE RULES 436.1011(7)(b)(2003), 1705 (1990), 1719 (2000).
　（４）　Heald v. Engler, 2001 U.S. Dist LEXIS 24826 (E.D.Mich. 2001).
　（５）　Heald v. Engler, 342 F.3d 517 (6th Cir. 2003).
　（６）　N. Y. ALCO. BEV. CONT. LAW ANN. §§ 3(20-a), (37), 76-a(3), (6)(a)(West Supp. 2005).
　（７）　Swedenburg v. Kelly, 232 F.Supp.2d 135 (S.D.N.Y. 2002).
　（８）　Swedenburg v. Kelly, 358 F.3d 223 (2d Cir. 2004).
　（９）　541 U.S. 1062 (2004).
　(10)　125 S.Ct. at 1891-1892.
　(11)　Citing Oregon Waste System, Inc. v. Department of Environmental Quality of Oregon, 511 U.S. 93, 99 (1994).
　(12)　125 S.Ct. at 1895-1897.
　(13)　Citing Mugler v. Kansas, 123 U.S. 623 (1887).
　(14)　Citing Tiernan v. Rinker, 102 U.S. 123 (1880), Walling v. Michigan, 116 U.S. 446 (1886), Scott v. Donald, 165 U.S. 58 (1897).
　(15)　Citing Bowman v. Chicago & Northwestern R. Co., 125 U.S. 465 (1888), Leisy v.

I　Granholm v. Heald 判決の概要

   Hardin, 135 U.S. 100（1890）, Rhodes v. Iowa, 170 U.S. 412（1898）, Vance v. W. A. Vandercook Co., 170 U.S. 438（1898）.
(16)　*Bowman*, 125 U.S. 465.
(17)　*Leisy*, 135 U.S. 100.
(18)　*Scott*, 165 U.S. 58.
(19)　*Vance*, 170 U.S. 438.
(20)　*Rhodes*, 170 U.S. 412.
(21)　Citing Clark Distilling Co. v. Western Maryland R. Co., 242 U.S. 311（1917）.
(22)　Citing State Board of Equalization v. Young's Market Co., 299 U.S. 59（1936）.
(23)　Citing Bacchus Imports, Ltd. v. Dias, 468 U.S. 263（1984）, Brown-Forman Distillers Corp. v. New York State Liquor Authority, 476 U.S. 573（1986）, Healy v. Beer Institute, 491 U.S. 324（1989）.
(24)　Citing *Bacchus*, 468 U.S. at 274-276.
(25)　125 S.Ct. at 1897-1905.
(26)　125 S.Ct. at 1905-1907.
(27)　125 S.Ct. at 1907.
(28)　125 S.Ct. at 1907-1909.
(29)　125 S.Ct. at 1909.
(30)　*Young's Market*, 299 U.S. 59.
(31)　125 S.Ct. at 1909-1910.
(32)　Citing *Clark Distilling*, 242 U.S. at 324, Seaboard Air Line R. Co. v. North Carolina, 245 U.S. 298, 303-304（1917）, McCormick & Co. v. Brown, 286 U.S. 131, 139-140（1932）.
(33)　*McCormick*, 286 U.S. at 143.
(34)　*Clark Distilling*, 242 U.S. at 321-325.
(35)　Citing *Rhodes*, 170 U.S. 412, *Vance*, 170 U.S. 438.
(36)　Citing *Tiernan*, 102 U.S. 123, *Walling*, 116 U.S. 446, *Scott*, 165 U.S. 58.
(37)　*Leisy*, 135 U.S. 100.
(38)　*Scott*, 165 U.S. at 78, 99-100.
(39)　*Rhodes*, 170 U.S. at 421.
(40)　*Vance*, 170 U.S. at 455.
(41)　*Vance*, 170 U.S. at 452.
(42)　Brennen v. Southern Express Co., 90 S.E. 402（S.C. 1916）.
(43)　125 S.Ct. at 1910-1919.
(44)　*Young's Market*, 299 U.S. at 62.
(45)　125 S.Ct. at 1919-1924.
(46)　*Bacchus*, 468 U.S. 263.

(47) Citing *Brown-Forman*, 476 U.S. 573, *Healy*, 491 U.S. 324.
(48) 125 S.Ct. at 1924-1927.
(49) 125 S.Ct. at 1924.

II Granholm v. Heald 判決の検討

1 本判決の背景
(1) アメリカのワイン事情

本判決の背景には，近年のアメリカのワイン事情に関する，二つの大きな変化がある。第一は，プレミアム・ワインのブームである。California 州 Napa Valley の Robert Mondavi に代表されるような，カルト・ワインまたはブティック・ワインと呼ばれるブランド物の高価なワインが人気を博するようになった。これらのワインの多くは小規模ワイナリで生産され，オークションにおいて極めて高価で取引されているという。高価なワインの消費量が増加する一方で安価なワインの消費量が減少し，1990年代以降，多くのワイナリが安価なワインの大量生産から，少量の高価なワインの生産へとシフトしたというのである。第二は，インターネット通販の増大である。ブティック・ワイナリは小規模であるため，卸売業者を通じた販売が困難であり，訪問客への現地販売のほかメール・オーダーに依存していた。ところが，インターネットの発達によってはるかに広範囲の顧客への販売が可能となったため，一方で，生産者・卸売業者・小売業者を経由する伝統的な流通ルートを媒介しない産地直送が容易となり，流通革命というべき事態が生じて，卸売業者や小売業者の既得権を脅かしはじめた。他方で，遠隔地に所在する州外のワイナリからの直販が容易となり，生産者を含む各州のワイン業者を脅かしはじめたのである(50)。

(2) 保護主義の拡大

このようなワイン事情の変化を背景に，多くの州は，自州のワイン産業を州外のワイナリの脅威から保護するため何らかの保護的措置を講じはじめた(51)。本判決の時点で，過半数の州が州外のワイナリからの直販を禁止または規制する州法を制定し，さらに13州が相互主義をとっていた(52)。この

II　Granholm v. Heald 判決の検討

状況は，「ワイン戦争（Wine War）」と形容され，自由な州際通商を求める通商条項，および，州外のワイナリから自由にワインを購入することを求める消費者の権利との間で，緊張が発生した[53]。なお，本件で問題になった2州のうち New York 州は，2004年の時点で7カ所の連邦政府公認ブドウ栽培地域（American Viticultural Area）と約160のワイナリをもつ，California 州に次ぐワインの主要産地であった[54]。

2　先例との関係
(1)　眠れる通商条項に関する先例

連邦最高裁は，19世紀後半以降，いわゆる眠れる通商条項に関する法理を発展させ，連邦議会が州際通商規制権限にもとづく立法をしていない分野においても，州外から輸入される産品に対する差別をおこなう州法が通商条項違反になるという理論を確立させた[55]。これにより連邦最高裁は，州外の産品を販売する行商人に免許および免許料を要求する州法[56]，州外の産品だけに課税することを授権する州法[57]，州外の産品の販売者だけに免許を要求する州法[58]を違憲とし，本判決が引用する *Walling* 判決は，他州から輸入されるアルコールの販売業により重く課税する州法を違憲としている[59]。連邦最高裁はその後も，保護主義的・差別的規制には厳しい姿勢をとり続けており，たとえば州外からの廃棄物の搬入を禁止する州法を通商条項違反だとしている[60]。

連邦最高裁はさらに，州法の法文それ自体が州外から輸入される産品を差別する場合にとどまらず，州法の定めが文言上は中立的であるが，州外から輸入される産品に対して差別的な効果を事実上及ぼす場合にも，この理論を適用するにいたった。これにより，州外から輸入されるミルクに最低価格を強制する州法[61]，州外の業者によるミルク集荷場の設置を不許可とした処分[62]，州内で販売されるリンゴの容器に連邦農務省の品質表示を義務づける州法[63]が違憲とされた。このように連邦最高裁は，事実上の関税（de facto tariff）を課すに等しい措置を，通商条項によって排除する姿勢を示してきた。

Heald 事件で問題になった州法のうち，Michigan 州法は明示的に州外の

ワイナリに対する異なった取扱いを定めていた。これに対して，New York 州法は州内支店・倉庫の開設を条件として州外のワイナリにも直販を認めており，州内外のワイナリに中立的な取扱いを定めているとみる余地があるが，州外のワイナリに重い負担となり，すくなくとも事実上の差別的な効果が生じていた。両州法を通商条項違反とした Kennedy 法廷意見の立場は，保護主義的・差別的な規制に厳しい態度をとってきた連邦最高裁の，眠れる通商条項に関する上述の判例理論との関係に関する限り，その延長上に位置していると評価することが可能である。このことは，Stevens 反対意見が，ワインの規制でさえなければ本件のような規制も眠れる通商条項への違反になるところだと述べていることからも裏づけられる。

(2) アルコール規制に関する先例

Heald 事件では，アルコール規制の是非が問題になっていたため，通商条項だけでなく，修正21条の解釈が問題となった。Kennedy 法廷意見は，通商条項の差別禁止原則が修正21条2項によって影響されないと判断したのに対し，Stevens・Thomas 各反対意見は，修正21条2項が通商条項の差別禁止原則の例外になることを承認した。

この点で，とりわけアルコール規制と通商条項の関係が問題になった1980年代以降の先例の理解が問題となる。すなわち，Baccus 判決では，オコレハウ（Okolehao）と呼ばれる地元のブランデーと州内で生産されたフルーツ・ワインに対して消費税の課税を免除する Hawaii 州法が，通商条項違反とされた[64]。また，Brown-Forman 判決では，州内の卸売価格が当該月における国内での卸売価格の最安値を超えないよう蒸留業者に要求する New York 州法が，通商条項違反とされた[65]。さらに，Healy 判決では，州内の卸売価格が当該月における隣接3州での卸売価格の最安値を超えないようビールの醸造業者と輸入業者に要求する Connecticut 州法が，やはり通商条項違反とれた[66]。Heald 判決の Kennedy 法廷意見は，これら3判決を，州のアルコール規制権限が通商条項の差別禁止原則により制限されることを認めた先例だと理解した。これに対して，Thomas 反対意見は，Heald 事件とこれら3判決とを区別し，これら3判決を前提としても，Heald 事件では修正21条2項によってアルコール規制権限を正当化できるとする。すなわち，

Bacchus 事件で問題となったような措置は，露骨に保護主義的な免税措置であり，*Brown-Forman* 事件と *Healy* 事件で問題となった保護主義立法は，州外での価格統制に関するものであって，いずれも本件で問題となった州外からのワインの直販規制とは性質が異なるというのである。

このほか，修正21条 2 項によるアルコール規制を認めた先例に，州内の軍事基地に直接納入するアルコールに特殊なラベルを貼ることを州外の蒸留業者に要求する州法を，修正21条 2 項により合憲とした *North Dakota* 判決がある[67]。ただし，この事例は連邦政府が管轄する軍施設での調達関係規則と州法との抵触が問題となった特殊な事例であり，*Heald* 判決の Kennedy 法廷意見も，アルコールに対する一般的な三段階規制が許されることを認めた先例として，この事例に言及するにとどまる。

(3) ワインの直販に関する先例

Heald 判決に先立ち，ワイン直販規制に関する下級審の立場は分かれていた。上述のように，本件原審のうち Michigan 事件の連邦控訴裁判決が，本件規制を通商条項違反だと判断したのに対して[68]，New York 事件の連邦控訴裁判決は，修正21条 2 項にもとづき本件規制を合憲としていた[69]。このほか，Indiana 事件の連邦控訴裁判決は，修正21条に基づく州の広汎な規制権限を認め，州外からのアルコール飲料の直販を禁止する州法を合憲としていた[70]。さらに，Texas 事件の連邦地裁判決は，州外からのワインの直輸入を禁止する州法を通商条項違反としていた[71]。

Heald 判決は，修正21条 2 項といえども通商条項の差別禁止条項の例外とはならないことを明らかにして，この問題に関する下級審の対立に決着をつけたということができる。ただし，*Heald* 判決によって違憲とされたのは，州内の産業と州外の産業との差別であるから，州内外のワイナリからの直販を州が一律に禁止することは，依然として可能であると考えられる。また，Kennedy 法廷意見が付言しているように，州外のアルコール製品に対する差別とならない限り，生産者・卸売業者・小売業者に対する三段階規制システムそのものが，本判決によって否定されたということもできない[72]。

3　憲法解釈方法をめぐる問題

(1)　問題点

Heald 判決は，以下の2点で憲法解釈の方法をめぐる興味深い問題を提起している。第一に，とりわけ古い時代に制定された憲法規定の解釈において，いかなる歴史的事実がどの程度の意味をもつのかという，憲法解釈における歴史の位置づけをめぐる問題である。第二に，二つの憲法条項の間に矛盾・抵触が生じた場合に，いかなる理由でいずれを優先させるかという，憲法解釈における論理と体系をめぐる問題である。

(2)　禁酒法の歴史と憲法解釈

Heald 事件で問題になった憲法規定のうち，通商条項（1条8節3項）はオリジナルの連邦憲法が憲法成立に必要な9邦[73]によって批准された1788年に，修正18条（Prohibition Amendment：禁酒修正）は1919年に，修正21条（Repeal Amendment：禁酒撤廃修正）は1933年にそれぞれ発効した。修正18条の制定以前も，各州・各自治体による禁酒規制は連邦憲法に違反しないと考えられ[74]，禁酒州（dry state）が19州にのぼったが，いわゆる禁酒運動（temperance movement）の高まりをうけて制定された修正18条[75]は，連邦内のすべての地域で「飲用目的でアルコール飲料を製造し，販売ないし輸送し，それを輸入または輸出すること」を禁止し（1項）[76]，全国的な禁酒措置を連邦憲法による要請に高めた。同修正は，アルコール飲料の輸出入を禁止している点で，通商条項に基づく連邦議会の州際通商規制権限に憲法上の限定を加えたものと評価することができる。連邦議会は，同修正を執行するための法律（Volstead Act）を制定した（2項）。

これに対して修正21条は，修正18条を廃止する一方で（1項），連邦内のすべての地域で「そこにおける法律に違反して，これらの地域においてアルコール飲料を配送しまたは使用するために行われる，これらの地域への輸送または輸入」を禁止した（2項）[77]。*Heald* 事件での争点は，眠れる通商条項の差別禁止原則との関係における修正21条2項の意味を，いかなる歴史的文脈でとらえるかをめぐる対立である。すなわち，Kennedy 法廷意見は，修正21条によって修正18条制定前の法状態がそのまま復元され，同条2項も修正18条の制定前に Webb-Kenyon 法が規定していたルールをそのまま憲法

化したものにすぎないと理解する。これに対して Stevens 反対意見は，同条項の成立当時における人々の理解を重視し，同項によって全国的な禁酒規制が廃止された後も各州が禁酒規制を存続させる裁量が残されたと理解する。つまり修正21条の成立によって，修正18条制定前の法状態がそのまま復元されたのではないと理解するのである。同様に，Thomas 反対意見も，修正21条 2 項と Webb-Kenyon 法の文言の相違を指摘し，同項の成立後に州外のアルコール製品を差別する州法が許容されていた経緯を手がかりに，修正21条 2 項がアルコール規制に関する州の広い裁量を認めたと理解するのである。

(3) 通商条項と修正21条 2 項の矛盾・抵触

前述のように，Heald 事件で問題になった憲法規定のうち，通商条項は1788年に，修正18条は1919年に，修正21条は1933年にそれぞれ発効した。「後法は前法を廃する」という法諺を適用すれば，通商条項と修正21条 2 項とが矛盾・抵触する場合には後者が当然に優越するはずである。しかし，Heald 判決の Kennedy 法廷意見は，眠れる通商条項の差別禁止原則のほうを優先させた。通商条項が修正21条 2 項に優先するという立場の根拠としては，①各州が分立する経済的割拠主義を排し，全米規模の自由市場を創設することが，オリジナルの連邦憲法の制定者の意図であったこと，②修正18条を廃止してそれ以前の状況に復元することが，修正21条の目的であること，③修正21条 2 項の文言は，修正18条制定以前の連邦法である Webb-Kenyon 法をそのまま憲法化したのが同項であることを示していること，④修正21条 2 項が許容するのは禁酒規制であって保護主義的な規制とは異なることなどが考えられる。これに対して，修正21条 2 項が通商条項に優先するという立場の根拠としては，①修正21条 2 項の条文のそのままの意味は，アルコール規制に関する各州の広汎な権限を裏づけること，②眠れる通商条項の法理の条文上の根拠が不確かであるのに対して，修正21条 2 項は明文上の要求であること，③修正18条を廃止してそれ以前の状況に復元するだけであれば，修正21条 1 項だけで足り，2 項の存在意義が失われることなどが考えられる。Stevens 反対意見はさらに，修正21条が各州の憲法会議によって批准されたことから（3項），条文のそのままの意味を重視すべきだと指摘している。

学説による評価は，以下のように分かれている。第一に，眠れる通商条項

を優先させるべきだという見解がある。Andrew J. Kozusko III は，修正21条2項を常に優先させるアプローチでなく，憲法に内在する構造を尊重し，直販規制が通商条項に違反するかどうかを厳格に審査するべきだという[78]。また，Vijay Shanker は，禁酒を促進する目的以外の目的によるアルコール規制は修正21条によって正当化できず，通商条項に反する場合は無効とされるという[79]。さらに，Norman R. Williams は，連邦議会が明示的な立法によって州の保護主義を容認することは可能であるが，それがなくても，眠れる通商条項による制約の範囲内で州による保護主義的な規制が可能だとしている[80]。このほか，Susan Lorde Martin は，連邦最高裁が直販規制を通商条項違反と判断すべきだとしたうえで，別の手段で弊害を除去するための模範州法の制定を提案している[81]。

第二に，修正21条2項を優先させるべきだという見解がある。Drew D. Massey は，*Heald* 判決によって相互主義的な規制が違憲となる一方で，直販の一律禁止が合憲となることが不合理であると指摘し，修正21条が軽視されたことを問題視する[82]。また，Harvard Law Review の Note は，修正21条2項と抵触する通商条項の法理の条文上の根拠が薄弱であること，修正21条以前に通商条項の法理に反する連邦法が繰り返し制定されていたこと，修正21条の文言，州の規制権限を拡大しようとする連邦議会の意図などを根拠に，通商条項よりも修正21条2項のほうが優先するという[83]。

第三に，眠れる通商条項と修正21条2項を調整できるという見解がある。Gordon Eng は，通商条項違反の有無を判断する際に，修正21条を重視するアプローチは合理性審査を，通商条項を重視するアプローチは厳格審査を適用していると指摘し，中間審査を適用することで両者を調整することができ，これによってほとんどの直販規制は合憲とされるというのである[84]。

(50) Andrew J. Kozusko III, *The Flight to "Free the Grapes" Enters Federal Court: Constitutional Challenges to the Validity of State Prohibitions on the Direct Shipment of Alcohol*, 20 J. L. & COM. 75, 77-80 (2000).
(51) Vijay Shanker, Note, *Alcohol Direct Shipment Laws, the Commerce Clause, and the Twenty-First Amendment*, 85 VA. L. REV. 353, 361-369 (1999).
(52) 125 S.Ct. at 1893.
(53) Susan Lorde Martin, *Wine Wars-Direct Shipment of Wine: The Twenty-First*

Amendment, the Commerce Clause and Consumer's Rights, 38 A. B. L. J. 1 (2000).

(54) 同州のワイナリの80％以上が小規模な農場経営ワイナリ（farm winery）であり，その生産量は州内の4％程度にとどまるが，高品質のワインを生産することで近年注目されているという。1976年の Farm Winery Act によって小規模なワイナリが卸売業者を経由しない直売が認められたため，同州の農場経営ワイナリが急激に増加したという。小山和哉「ニューヨーク州におけるワイン醸造について」日本醸造協会誌99号562頁，566頁（2004）。

(55) Frederick H. Cooke, The Commerce Clause of the Federal Constitution 163-168 (1908), Dan T. Coenen, Constitutional Law: The Commerce Clause 224-252 (2004). 木南敦『通商条項と合衆国憲法』122～130頁（1995），松井茂記『アメリカ憲法入門』47～49頁（第5版，2004）を参照。

(56) Welton v. Missouri, 91 U.S. 275（1876）.

(57) Guy v. Baltimore, 100 U.S. 434（1880）.

(58) Webber v. Virginia, 103 U.S. 344（1881）.

(59) *Walling*, 116 U.S. 446.

(60) City of Philadelphia v. New Jersey, 437 U.S. 617（1978）.

(61) Baldwin v. G. A. F. Seeling, Inc., 294 U.S. 511（1935）.

(62) H. P. Hood & Sons v. DuMond, 336 U.S. 525（1949）.

(63) Hunt v. Washington State Apple Advertising Commission, 432 U.S. 333（1977）.

(64) *Bacchus*, 468 U.S. 263.

(65) *Brown-Forman*, 476 U.S. 573.

(66) *Healy*, 491 U.S. 324.

(67) North Dakota v. United States, 495 U.S. 423（1990）.

(68) *Heald*, 342 F.3d 517.

(69) *Swedenburg*, 358 F.3d 223.

(70) Bridenbaugh v. Freeman-Wilson, 227 F.3d 848（7th Cir. 2000）.

(71) Dickerson v. Bailey, 212 F. Supp.2d 673（S.D.Tex. 2002）.

(72) これに対して，三段階規制システムそのものが問題とされる余地が依然として残されているという指摘もある。R. Corbin Houchins, *What the Direct Shipment Rulling Means for Retailers*, Wine Bus. Monthly, July 15, 2005.

(73) U.S. Const. art. VII.

(74) Mugler v. Kansas, 123 U.S. 623（1887）（アルコール飲料の製造・販売を禁止する Kansas 州法を，規制権限〔police power〕の適切な行使であって合憲だと判断した）.

(75) 修正18条（禁酒修正）の成立事情については，以下の文献を参照。Richard F. Hamm, Shaping the Eighteenth Amendment: Temperance Reform, Legal Culture, and

THE POLITY, 1880-1920 (1995), EILEEN LUCAS, THE EIGHTEENTH AND TWENTY-FIRST AMENDMENTS: ALCOHOL―PROHIBITION AND REPEAL (1998). 岡本勝「合衆国憲法修正第18条(全国禁酒法)の成立過程―反酒場連盟を中心として」徳島文理大学研究紀要40巻1頁(1990)、寺田由美「世紀転換期における禁酒法運動」史学研究195号71頁(1992)、岡本勝『アメリカ禁酒運動の軌跡―植民地時代から全国禁酒法まで』185〜248頁(1994)、岡本勝『禁酒法―「酒のない社会」の実験』45〜72頁(1996)。

(76) "After one year from the ratification of this article the manufacture, sale, or transportation of intoxicating liquors within, the importation thereof into, or the exportation thereof from the United States and all territory subject to the jurisdiction thereof for beverage purposes is hereby prohibited.." U.S. CONST. amend. XVIII, § 1.

(77) "The transportation or importation into any State, Territory, or Possession of the United States for delivery or use therein of intoxicating liquors, in violation of the laws thereof, is hereby prohibited." U.S. CONST. amend. XXI, § 2.

(78) Kozusko, *supra* note 50, at 101.

(79) Shanker, *supra* note 51, at 377-383.

(80) Norman R. Williams, *Why Congress May Not "Overrule" the Dormant Commerce Clause*, 53 UCLA L. REV. 153, 238 (2005).

(81) Martin, *supra* note 53.

(82) Drew D. Massey, *Dueling Provisions: The 21st Amendment's Subjugation to the Dormant Commerce Clause Doctrine*, 7 TRANSACTIONS 71, 118-121 (2005).

(83) *The Supreme Court, 2004 Term―Leading Cases*, 119 HARV. L. REV. 307-317 (2005).

(84) Gordon Eng, Note, *Old Whine in a New Battle: Pragmatic Approaches to Balancing the Twenty-First Amendment, the Dormant Commerce Clause, and the Direct Shipping of Wine*, 30 FORDHAM URB. L. J. 1849, 1912-1914, 1916-1918 (2003).

おわりに

連邦最高裁は,Heald 判決をつうじて,結果的にはインターネット直販やeコマースに象徴される流通革命を支持する形となった。そしてそれは,伝統的な流通ルートを形成してきた卸売業者や小売業者の既得権を脅かすことになった。しかし,かりにそれが望ましい政策判断であったとしても,憲法解釈の方法という観点からは,多くの困難な問題をはらんでいることは否定できない。とりわけアルコール規制に関しては,通商条項と修正21条という

おわりに

憲法条項間の矛盾・抵触を解決するため，両者の優先関係を定める明確かつ説得的な判断基準が必要となろう[85]。

(85) 脱稿後，高橋一修「州外から州内の消費者へ酒類（ワイン）を直接販売（direct shipment）することを規制する州法は，Dormant（Negative）Commerce Clause により違憲かどうか」（憲法訴訟研究会報告，2006年4月15日）に接し多大な教示を得た。

ドイツにおける個人情報保護の実際
——わが国の過剰反応問題を考える一視座——

藤 原 静 雄

はじめに
I　ドイツ個人情報保護法制の概要
II　法制の運用上の特色
III　過剰反応事例
IV　わが国との比較におけるドイツの議論の特徴
おわりに——わが国の過剰反応問題に関して——

はじめに

　2005年4月1日に個人情報保護法が施行されてから1年余りが過ぎた。これまで規律が存在しなかったのと同様の民間部門に，一般的な規律をもたらす法律であるから，社会にある程度の摩擦が生じるのはやむを得ない，というより健全な反応とみるべきであると考えるが，「過剰反応」という言葉に象徴されるように，法の安定的運用には今しばらくの時間がかかりそうである。

　後に触れるように過剰反応として一括りにされる現象にも性質の異なるものがあるように思われるが，本稿の筆者が一番気になるのは，過剰反応を指摘する議論に，わが国の個人情報保護法制のあるべき姿という視点が欠けているものが多い点である。過剰反応があるからと言って，IT社会において，個人情報保護，保護法の必要性まで否定できないのは当然であろう。

　個人情報保護法は個人情報の利用（有用性）と人格権の保護，産業界と消費者の双方の要請，保護機関のあるべき姿とわが国行政組織の現実のバラン

スをとることに腐心したもので，第1世代の立法，最初の立法としては，あり得る一つの解であったと思われるが，このわが国における第1世代の個人情報保護法を不磨の大典のように扱う必要はなく，改めるべきところは改め，よりよい第2世代の法制を実現していけばよいわけである。その際，議論の前提として，過剰反応といわれる現象の冷静な分析も含めて，わが国法制の比較法的な位置づけをしておくことは有意義であると思われる。そこで，本稿では，個人情報保護法の運用について長い経験を有し，わが国と同様に過剰反応問題を経験しているドイツの個人情報保護法制[1]を比較の対象としながら，その実像を通して，わが国の法制の特徴を今一度整理してみることとしたい。以下，わが国の問題を考えるという視点から，またその限度で，ドイツの法制の概要（Ⅰ），法制の運用の実態（Ⅱ），ドイツにおける過剰問題とそれに対する対応（Ⅲ）を紹介し，わが国の法制を考える上で参考とすべき点を整理しておきたい（Ⅳ）。

> (1) 個人情報保護法制に限ったことではないが，一国の法制度もまたその国の文化の賜物である以上，当該国の社会や文化の在り方に左右されるところが大きいし，それは当然のことでもある。しかし，他方で，インターネットに代表される情報化と国際化は，一定の分野において，法制度の共通化を促進しているのもまた否定できない事実である。個人情報保護法制もそのような法分野に属すると言ってよい。比較に意味があると考える所以である。本稿ではドイツを取り上げたが，続いて，筆者が若干の実態調査をしたことのあるイギリス，フランス等についても比較検討を進めたいと考えている。

Ⅰ　ドイツ個人情報保護法制の概要[2]

議論の前提として，まず，ドイツの個人情報保護法制の概要を簡単にまとめておく。

(1) 法制化の背景と法制の歴史

① ドイツにおける個人情報保護の法制化のもっとも大きな要因は，他のヨーロッパ諸国と同様，1960年代に進展した情報化，言い換えればコンピュータの発達である。簡単に言えば，コンピュータという情報処理の武器が登場したが，再び独裁者あるいは国家権力が市民の権利を脅かすことがな

いように，個人情報保護法制を構築する必要があるというものである。個人情報保護法制の狙いは，国家権力から国民を保護することにあったと言える(3)。

② このような考え方を受けて，連邦制の国家であるドイツでは，ヘッセン州が早くも1969年に世界ではじめての個人情報保護法を制定した。そして，1977年には連邦政府が個人情報保護法を制定し，翌1978年から施行された。施行当初はわが国と同様の混乱があった（後述II参照）。

③ その後，1983年12月に連邦憲法裁判所によりいわゆる国際調査判決(4)が出され，これがドイツの個人情報保護法制の分岐点になったと言われている。すなわち，この判決は「情報上の自己決定権」（日米で自己情報コントロール権と言われているものとほぼ同内容）を認め，従来の立法・行政実務における個人情報の取扱いのあり方の再検討を迫ったのである。その影響は極めて大きく，一方では，1990年の個人情報保護法の改正につながり，他方では，多くの個別法（とくに治安，社会保障関係）の改正を促すこととなった。

④ さらに，1995年のEU指令(5)を受けて，ドイツは，2001年，指令の水準に合わせた改正を行っている(6)。これは，メディアとの確執(7)もあり，本来の国内法化の期限より3年遅れたものであった（改正点については，(3)特色で触れる）。

⑤ そして最近の状況として，2005年11月末に成立した大連立政権（キリスト教民主同盟・キリスト教社会同盟と民主党）が，2006年8月から施行された「とくに中規模企業経営における官僚的障壁を除くための第一次法」(7-a)の中で，小規模事業者及び自営業者に対して，個人データを自動処理するに際しての監督官庁への届出義務も内部の個人情報保護責任者の設置も除外する規定を置いていることが議論となっている(8)。また，2006年現在，ドイツに対しては，民間部門（以下では，便宜上，非公的機関と公法上の競争企業を併せて民間部門と呼ぶこととする）について，一部の州（バイエルン等ドイツ16州のうち半分の8つの州）で内務省の下にある監督官庁が所管している点について，EU委員会から独立性のある第三者機関の設置という点において，EU指令を忠実に国内法に転換したとは言えないのではないかという批判が

105

なされており，今後の動向が注目されている。

⑥　最後に，国際文書との関係では，ドイツを含めヨーロッパの法制は，1981年の個人データの自動処理の際の個人の保護に関する条約及び1995年のEU指令を規準として構成されているという点が重要である。ドイツの実務家からの意見聴取でも，OECD理事会勧告[9]（1980年）よりもヨーロッパ条約の方を重視しているとの回答を得ている。また，EU指令は81年の条約よりもさらにレベルが高くなっていることに注意する必要がある。

(2)　個人情報保護法の国内法体系[10]上の位置づけ

①　連邦個人情報保護法は，公的部門と民間部門を包括的に規制[11]している。

②　個別法として40本近い法律[12]が存在する。その中には，国勢調査判決以降見直しを受けているものが多い。とくに治安関係，社会保障関係（詳細である）は従来行政規則レベルで対応していたものが法令のレベルになっているという特徴がある。また，近年では，インターネット対応といわれる通信役務個人情報保護法（1997年）及びテレコム法（2004年）なども個人情報保護の個別法として重要視されている。

③　情報公開法制との関係でドイツの特色としてあげることのできるのは次の点である。第1に，ドイツでは個人情報保護法制が先行し，EU諸国の個人情報保護法制のあり方に影響を与えるほどの議論の蓄積があるのに対し，連邦のレベルでの一般的情報公開法[13]はようやく昨年2005年に成立し，2006年1月1日から施行されている。これを，個人情報を保護する思想が情報の自由，情報の流通の思想（例えば，北欧諸国，アメリカ合衆国）よりも優位にあったとみることもできよう[14]。

(3)　法制の特色

①　ドイツ法は，2001年の改正法により，第1章が公的部門・民間部門に共通する総則規定，第2章が公的機関，第3章が民間部門に関する規律，第4章が特別規定（守秘義務に服する個人データの提供の要件，学術研究の特則，メディア条項等）となっている。制定当初の立法では公的部門に対する規律が厳しかったが，情報化社会の進展とともに民間部門の規律が重要という意識が高まってきている。

② 2001年法は，EU指令転換法であるが，その主たる改正点としては，公的部門・民間部門を問わず，ⅰ）データ処置システムの選択及び構築に際してのデータ回避・データ倹約の原則，匿名化・仮名化優先の原則が採用されたこと（3 a条）[15]，ⅱ）本人の同意の内容と手続が詳細に定められたこと（4 a条），ⅲ）個人データの第三国等への提供の要件が定められたこと（4 b条），ⅳ）データ保護の責任者を設置と自動処理の届出及びその免除の要件が定められたこと（4 d条, 4 e条, 4 f条），ⅴ）ヴィデオ監視等についての明文の規定が置かれたこと（6 a条），ⅵ）センシティヴデータの考え方が採用されたこと[15-a]（ただし，公的部門と民間部門で取扱いの要件が異なる）等をあげることができる。

③ わが国の過剰反応問題との関係で言えば，第一に，EU指令（第3条2項）を受けて，民間部門については「データの収集，処理又は利用が，もっぱら個人的なあるいは家庭的な活動のために行われる場合を除く」こととされている。例えば，家庭のPCに私的なアドレスや誕生日データを入力する場合が典型例であるとされる。国家による個人情報保護が必要とされるのは，第三者の基本権の保護と抵触するようなデータ処理の場合であって，全くの個人的な利用の場合にはその必要がないからである。逆に，広域ネットワークの一部であるメールボックスに，第三者の情報を蓄積する場合のように，私人が公的な情報の流通に参加流れの中に身を置いた場合にはこの要件を充さなくなるとされる[16]。

第二に，目的外利用・第三者提供規定について以下のような特徴がある。国勢調査判決を受けて大改正がなされた1990年法で，公的部門，民間部門の双方について，目的外利用・第三者提供に関する規律が詳細化されたが，これが2001年改正法ではさらに徹底されている。公的機関から公的機関への個人データの提供，公的機関から非公的機関への個人データ提供，非公的機関から他の（公的・非公的）機関への提供の関連条文[17]は，わが国の問題を考えるのにも参考になる。

④ 開示等の権利で特徴的なのは次の点である。ⅰ）当該個人に関して蓄積されたデータ及び当該データの情報源に関するデータ，ⅱ）データが提供される受領者または受領者の範疇，及びⅲ）蓄積目的が請求権の対象となっ

ている（19条）。自己に関する情報がどこから来て，どこに行くかを，本人が追えるようになっていると言い換えてもよい。第三者提供等の例外規定が詳細である分，本人の権利は強いと言える[18]。

⑤　独立した横断的データ保護庁を有する（EUの標準として有しなければならないというのが正確）のがヨーロッパの法制であるが，ドイツの個人情報保護法制にあっては，監督機関が3層に分かれている。すなわち，連邦の公的部門と民営化された鉄道・郵便・通信を連邦データ保護・情報自由監察官（以下，単に「連邦監察官」と略すことがある）が，州の公的部門は州のデータ保護（情報公開法を有している州では，データ保護・情報自由）監察官（シュレスヴィッヒ・ホルシュタイン州では，個人情報保護のための州独立センターという委員会）が，そして州の民間部門は監察官又は内務省の下にある監督官庁が所管している。わが国の分担管理の監督とは決定的に異なる点である。

⑥　セキュリティに関連[19]して，行政機関の場合には，Das Bundesamt für Sicherheit in der Informationstechnik（BSI：情報技術における安全のための連邦官庁，連邦情報安全庁と呼ばれる）が存在し，セキュリティについて啓蒙活動を行ったり，あるいは，セキュリティの大部かつ詳細なガイドラインを示している。ガイドラインであって法的義務ではないが，州のデータ保護当局の中には，これを抜粋する形で参考にしているところがある（ヘッセン州等）。

漏洩事故等については，行政機関も民間企業もこれを連邦や州のデータ保護当局に届け出る法的義務はない。しかし，公的部門，民間部門に置かれたデータ保護担当者が事故情報，政府の方針，新しい事例等について，常にその属する組織に情報を提供するというシステムを採用している。

　（2）　ドイツの個人情報保護法制については，さしあたり，藤原静雄「ドイツの個人情報保護制度」堀部政男編ジュリスト増刊『情報公開・個人情報保護』287頁以下（有斐閣，1994，同「個人情報保護法制の国際比較―民間部門を中心として―ドイツ」比較法研究64号16頁以下（有斐閣，2003）参照。
　（3）　このことは，最初の法律の正式名称，「個人データをデータ処理の際の濫用から保護するための法律」によく示されている。
　（4）　国政調査判決については，判決文の翻訳も含め，鈴木庸夫・藤原静雄「西ドイツ連邦憲法裁判所の国勢調査判決(上)(下)」ジュリスト817号64頁以下，同818号76

Ⅰ　ドイツ個人情報保護法制の概要

　　頁以下（1984）参照。
（5）　内容等については，藤原静雄「外国における個人情報保護法制の動向― 2000年12月」法律のひろば54巻2号11頁以下，前文の翻訳として，同「2001年2月EU個人情報保護指令前文」自治研究76巻11号138頁以下（2000年）参照。
（6）　2001年法については，藤原静雄「資料　改正連邦データ保護法（2001年5月23日施行）」季刊行政管理研究99号76頁（2002）以下。
（7）　この問題については，藤原静雄「個人情報保護法とメディア―比較法的考察」塩野宏先生古稀記念論集『行政法の発展と変革　上』有斐閣　713頁（2001）以下。
（7-a）　Erstes Gesetz zum Abbau bürokratischer Hemmnisse insbesondere in der mittelständischen Wirtschaft von 22.August 2006, BGBl I 2006 S.1970. この法律は，連邦データ保護法をはじめ，税法，社会保障法，統計法など14の法律の規定について，中小企業に負担と考えられている条項を改正したものである。連邦データ保護法について言えば，①民間部門に対する個人情報保護の要請を変更するものではないが，②業として提供目的で（名簿業者や興信所）あるいは業として匿名化しての提供目的で（市場調査や世論調査），個人情報をコンピュータ処理する場合，さらに自動化された処理が本人の権利及び自由にとり特別のリスクを示す場合（法4d条5項）を例外として（これらについては従来通りの規制がかかる），③通常の事業者に対して，企業内にデータ保護担当（責任）者を設置しなければならない要件を緩和する改正である。すなわち，常時自動的処理に携わる者が9人以上（従来は4人）いる場合に設置義務が生ずる。また，企業が保護担当者に課せられている課題を他の手段で果たせることを保証すれば，設置しないことが可能となる（4g条2a項）。
（8）　PRESSEMITTEILUNG (15/06) von 25.4.2006 und von 25.8.2006, Der Bundesbeauftragte für den Datenschutz und die Informationsfreiheit. 第4d条が，自動処理の際の届出義務を規定し，第4f条が，データ保護担当者を組織内に置いた場合にはこの義務が免除されることを規定している。保護担当者の設置は民間部門にはじまって，公的部門に拡大されたドイツ法の特色であり，フランスのクニールもこれを採用する方向にある。届出も保護担当者の設置も免除することは，EU指令違反になるおそれがある。というのがデータ保護当局の主張である。なお，以上のような規制緩和に対して，連邦監察官が，緩和は職業団体等にデータ保護担当者の任務を委ねることでも可能であったと述べている点が興味深い。筆者は，わが国の場合，認定個人情報保護団体をもっと活用すべきであると考えるからである。
（9）　もっとも，いわゆるOECD 8原則は，ドイツ法の中でも，ⅰ）収集原則：4条（収集の許可要件），4a条（同意の意味），13条（公的機関の所掌事務，センシティヴデータ収集の加重要件），ⅱ）データ内容の原則：14条，ⅲ）目的明確化の原則：4条3項，14条，ⅳ）利用制限の原則：4条，ⅴ）安全保護の原則：9

109

条, ⅵ）公開の原則：10条，9ａ条，4ｅ条，ⅶ）個人参加の原則：6条（本人の絶対的権利），19条〜21条（本人の権利）ⅷ）責任の原則：22条として完全に実現されている。
(10) ドイツを含むヨーロッパ諸国の個人情報保護法制の基礎として，今日では，2000年12月7日のヨーロッパ基本権憲章の8条（その第1項は，何人も自己に係る個人情報の保護を求める権利を有する，と定める）が挙げられる。
(11) 法文上，公的機関と非公的機関とで異なるのは次のような点である。第1に，対象となる個人情報が，非公的機関にあっては，データ処理装置（コンピュータ）及びデータファイルとなっていることである。すなわち，紙ベースの個人情報はデータファイルに入っていなければ法の適用対象外である。ただし，この点については，コンピュータ処理という概念で，コンピュータに個人情報を入力したり，コンピュータから出力したりすれば，当該個人情報は法律の対象となるという点に留意する必要がある。データファイル概念が日本でいう個人情報データベース等に当たるので，非公的機関でPCを全く使っていない企業があれば公的部門と差異が出てくるというのが，ドイツの実務担当者の回答である。
(12) 連邦データ保護・情報自由監察官のHPに，37本の法令が関係個別法として挙げられている。
(13) この法律については，藤原静雄「ドイツ連邦情報自由法の成立」ジュリスト1301号70頁以下（2005）参照。
(14) 筆者が，2005年9月26日及び27日並びに2006年3月13日及び14日に行った，連邦データ保護・情報自由監察官事務所，ベルリン州，ノルトラインヴェストファーレン州等における聴取り調査での実務家の言葉である。以下，運用の実態等に関する記述は，原則としてこの聴取りに基づいている。
(15) 第3ａ条「データ処理システムの構築および選択は，個人データの収集処理又は利用を行わないか，できる限り少なくするという考えに準拠しなければならない。とくに，それが可能であり出費が保護目的と適切な関係にある限り，匿名化と仮名化の可能性が利用されなければならない」。
(15-a) ドイツ法がセンシティヴデータという考え方を受け入れたのは，EU指令の国内法化の義務という観点からであり，今後の実際の運用はまだ定かではない。ドイツでは，従来，国勢調査判決に示されているように，個人情報は性質よりも結合の方が問題を生ずることが多いという考え方が有力である。
(16) Tinnefeld・Ehmann・Gerling, Einführung in das Datenschutzrecht 4Aufl., 2005, S272.
(17) 以下，14条ないし16条及び19ａ条が公的部門，28条が民間部門に係る定めである。
【第14条　データの蓄積，変更および利用】
(1) 個人データの蓄積，変更または利用は，それが責任機関の所掌事務の遂行の

為に必要であり，かつ当該データの収集目的のためにそれらが行われる場合に，許される。収集が先行して存在しない場合，データは蓄積された目的のために限り，変更または利用されうる。
(2) 他の目的のための蓄積，変更または利用は，次の各号の場合にのみ許される。
 1 法規定がこれを定め，または当然の前提としている場合
 2 本人が同意している場合
 3 本人の利益であることが明らかであり，かつ本人が当該他の目的を知ったときに同意を拒否すると推定することに理由がない場合
 4 本人の申告が正確でないことについて実際に根拠があるという理由で，本人の申告が審査されなければならない場合
 5 データが一般にアクセス可能である場合，または責任機関がデータを公表することを許されている場合，ただし，目的変更を排除する本人の保護に値する利益が明らかに優越する場合を除く。
 6 公共の福祉に対する重大な不利益の防止，公共の安全に対する危険の防御，又は公共の福祉上重大な利益の擁護のために不可欠である場合
 7 犯罪行為もしくは秩序違反の訴追のため，または刑の執行，または刑法第11条第1項第8号の意味における措置，または青少年法の意味における教育措置もしくは懲戒手段のため，または過料処分決定の執行の為に必要な場合
 8 第三者の権利の重大な侵害の防止のために必要な場合
 9 学術研究の実施のために必要な場合で，かつ研究計画の実施についての学術上の利益が目的変更を排除する本人の利益より著しく優越しており，かつ研究目的が他の方法では達成できないかまたはその達成に均衡を欠く過度の出費を要する場合
(3) 処理または利用が，責任機関に対する監視及び監督権限の遂行，会計検査，または組織監査の実施に役立つ場合，それらは他の目的の為の処理または利用に当たらない。これは，本人の保護に値する優越的な利益に反しない限り，責任機関による教育および試験目的のための処理または利用にも適用される。
(4) もっぱらデータ保護の監督もしくはデータセキュリティの目的のため，またはデータ処理装置の適正な運行の確保のため蓄積される個人データはこの目的のためにのみ用いられることが許される。
(5) 特別な種類の個人データ（第3条9項）を，他の目的のために，蓄積，変更または利用することは，以下に掲げる場合にのみ許される。（センシティヴデータに関する規定であるが略する）

【第15条　公的機関へのデータの提供】
(1) 公的機関への個人データの提供は以下の場合に許される。
 1 提供が提供機関もしくはデータの提供を受ける第三者の所掌事務の遂行の

ために必要である場合であって、かつ、
    2　第14条による利用が許されるであろう要件が存在する場合
(2)　提供の許容についての責任は提供機関が負う。提供がデータの提供を受ける第三者の求めに応じて行われる場合には、この者が責任を負う。この場合、提供機関は、提供の許容性の審査のための特別の端緒がある場合を除き、提供の求めがデータの提供を受ける第三者の任務の範囲内であるかどうかについてのみ審査する。第10条第4項の適用は妨げられない。
(3)　データの提供を受ける第三者は、これを、その提供された目的を遂行するため、処理しまたは利用することを許される。他の目的のための処理または利用は、第14条第2項の要件のもとでのみ許される。
(4)　公法上の宗教団体の機関への個人データの提供については、これらのもとで十分なデータ保護措置が講じられることが保証される限りで、第1項から第3項までがそれぞれ適用される。
(5)　第一項に従って提供が許された個人データと、本人または第三者のそれ以外の個人データが結合していて、分離できないかまたは是認できないような出費を伴ってしか分離できない場合、本人または第三者の秘密保持に関する正当な利益が明らかに優越しない限り、このようなデータについても提供は許される。これらの個人データの利用は許されない。

【第16条　非公的機関へのデータの提供】
(1)　個人データの非公的機関への提供は以下の場合に許される。
    1　当該提供が、提供機関の所掌事務の遂行のために必要であり、かつ第14条に従った利用が許されるであろう要件が存在する場合、または、
    2　データの提供を受ける第三者が、提供されるべきデータを知ることにつき正当な利益を疎明し、かつ本人が提供の排除について保護に値する利益を有しない場合。特別な種類の個人データ（第3条9項）の提供は、第1文第2号とは異なり、第14条第5項及び第6項に基づく利用を許すであろう要件が存するか、または、これが、法的な請求の主張、行使、または擁護に必要である場合にのみ許される。
(2)　提供の許容についての責任は提供機関が負う。
(3)　第1項第2号に従った提供の場合、提供機関は当該データの提供について本人に知らせるものとする。これは、本人がそのことについて他の方法で知ると予想される場合、または知らせることが公共の安全に危険を及ぼし、あるいは連邦もしくは州の福祉に不利益をもたらすおそれがある場合には適用されない。
(4)　データの提供を受ける第三者は、提供データを、もっぱらそれが提供された目的を遂行するためにのみ、処理しまたは利用することを許される。提供機関は、提供を受ける第三者にそのことを指示しなければならない。他の目的のための処理または利用は、第一項に従った提供が許されるであろう場合で、かつ

提供機関が同意した場合に許される。

【第28条　自己の目的のためのデータ収集，処理および利用】

(1)　自己の業務目的の遂行のための手段として，個人データを収集，蓄積，変更もしくは提供し，またはそれを利用することは，以下の各号に掲げる場合に許される。

　　1　それが本人との契約関係または契約類似の信頼関係の目的に資する場合
　　2　責任機関の正当な利益を守るために必要で，かつ処理または利用させないことについての本人の保護に値する利益が優越すると推定させる理由が存在しない場合
　　3　データが一般にアクセス可能であるか，または責任機関がそれを公表することが許されている場合。ただし，責任機関の正当な利益と比較して，処理もしくは利用させないことについての本人の保護に値する利益が明らかに優越する場合はこの限りでない。

　　　　個人データの収集の際データが処理され，利用される目的が具体的に確定されなければならない。

(2)　他の目的のためには，個人データは第1項第1文第2号および第3号の要件のもとでのみ提供され，または利用することが許される。

(3)　他の目的のための提供または利用は，以下の各号に定める場合にも許される。

　　1　第三者の正当な利益を守るために必要な場合，又は，
　　2　国家の，および公共の安全にとっての危険の防止ならびに犯罪行為の追及のために必要な場合，又は，
　　3　宣伝または市場もしくは世論調査の目的のため，人的集団の構成員に関して，以下に限定された項目につき名簿の形でまたはその他の方法でまとめられたデータが取り扱われる場合で，かつ本人が提供又は利用させないことについての保護に値する利益を有すると推定する理由が存在しない場合
　　　a）当該人的集団への本人の所属に関する記載
　　　b）職業，部署または業務の名称
　　　c）氏名
　　　d）称号
　　　e）学位
　　　f）住所　及び
　　　g）生年
　　4　研究施設の利益のため学術研究の実施について必要な場合，研究計画の実施についての学術上の利益が，目的変更の排除に対する本人の利益に著しく優越し，かつ研究目的が他の方法で達成できないかまたはその達成に均衡を欠く過度の出費を要するとき

　　　　第1文第3号の場合，契約関係または契約類似の信頼関係の目的の範囲

内で蓄積された以下の項目に関連したデータが提供されることとなる場合には，提供をさせないことについての保護に値する利益が存在すると推定される。
1　犯罪行為
2　秩序違反及び
3　使用者によって提供がなされる場合に労働法上の法律関係
(4)　本人が，責任機関に，宣伝または市場もしくは世論調査の目的のための当該本人の情報の利用または提供について異議を申し立てる場合，この目的のための利用または提供は許されない。本人は，宣伝または市場もしくは世論調査の目的のための請求については，責任機関，データの出所，及び第1文に基づく反論権について知らされるものとする。請求者が，本人の知らない機関に蓄積されている本人の個人データを利用するときは，請求者は，本人が当該データの出所について知ることができるようしなければならない。本人が，第三項に従ってデータが提供された第三者に，宣伝または市場もしくは世論調査の目的のための利用または提供について異議を申し立てる場合，第三者はこの目的のためのデータを封鎖しなければならない。
(5)　データが提供された第三者は，これを，それが提供された目的を遂行するために処理しまたは利用することが許される。他の目的のための処理または利用は，非公的機関は第2項および第3項の要件のもとでのみ，ならびに公的機関は，第14条第2項の要件のもとでのみ許される。提供機関は，第三者にそのことを告知しなければならない。
(6)　自己の業務目的のための，特別な種類の個人データ（第3条9項）の収集，処理および利用は，本人が第4 a条第3項により同意しないときは，以下の各号の場合に許される。
1　本人または第三者の死活的な利益の擁護のために必要であり，そして当事者が，肉体的または法的な理由から，同意を与えることができる状態にない場合
2　本人が公にしたことが明白であるデータが問題になっている場合，
3　法律的な請求権の主張，行使または防御のために必要であり，収集，処理または利用を排除することによる本人の保護に値する利益が優越するということを推定させる根拠が存しない場合，又は
4　学術研究の遂行のために必要であり，研究計画の遂行における学術的な利益が，収集，処理または利用を排除することによる本人の利益より著しく優越し，かつ研究目的が他の方法で達成できないかまたはその達成に均衡を欠く過度の出費を要する場合
(7)　特別な種類の個人データ（第3条9項）の収集は，さらに，これが，健康への配慮，医学上の診断，健康管理，又は公衆衛生業務上の取扱い若しくは公衆

衛生行政のために必要であり，かつ，これらのデータの処理が，医師又はその他これと同様の守秘義務に服する者によって行われる場合に許される。第1文に挙げられた目的のためのデータの処理及び利用は，第1文に挙げられた者に適用される守秘義務規定に従う。

第1文に挙げられた目的のために，健康に関するデータが，その職務の遂行が病気の確認，治癒若しくは鎮静，又は薬の製造若しくは販売をもたらすが，刑法203条1項及び3項に挙げられている職業ではない職業に従事する者によって収集，処理又は利用される場合には，これは，医師自らがこれについて権限を有するであろう場合と同一の条件の下でのみ許される。

(8) 特別な種類の個人データ（第3条9項）は，他の目的のためには，第6項第1号から第4号までの要件の下でのみ提供，利用することが許される。提供または利用は，これが，国家および公共の安全にとっての危険の防止並びに犯罪行為の追及のために著しい重要性を有する場合のために必要な場合にも許される。

(9) 政治的，哲学的，宗教的又は労働組合的な傾向を有し，収益目的を追求しない組織は，それが組織活動にとって必要である限り，特別な種類の個人データ（第3条9項）の収集，処理または利用を許される。このことは，その構成員，又はその組織の活動目的との関連で，その組織と恒常的に接触する者の個人データにのみ適用される。この個人データの組織外の者又は機関への提供は，第4a条第3項の要件のもとでのみ許される。第3項第2号が準用される。

(18) さらに，EU指令の要請（11条）に基づいて，以下の規定が新たに規定されている。

【第19a条 通知】(1)本人の知ることなくデータが収集される場合は，本人は，蓄積，責任機関の所属および収集，処理または利用の目的について通知を受けるものとする。本人は，また，データの受領者及び受領者の範疇についても，本人がこれらの者への提供を予測する必要がない場合には通知を受けるものとする。提供が想定されている場合には，通知はおそくとも最初の提供の際に行わなければならない。

(2) 以下の各号に掲げる場合には，通知の義務はない。
　1　本人が，他の方法で蓄積または提供について知った場合
　2　本人への通知が極端な出費を必要とするかまたは
　3　個人データの蓄積または提供が法律により明文で規定されている場合

責任機関は，どのような条件の下で第2号又は3号に基づく通知がなされないかを文書で定める。

(19) セキュリティも含めて，2001年の改正法では，データ保護監査が法律で明文化されたが，2006年4月現在，そのための執行法が制定されておらず空文化している。ヒアリングによれば，データ保護監査の明文化は前政権の強い要請であり，

115

監査の実施法律が制定される見込みは関係者によると当面ないとのことである。

II 法制の運用上の特色

(1) 施行状況調査等は行われていないが、問題状況は、2年に一度連邦議会に義務的に提出される報告書に掲載されている（26条1項）。連邦監察官（州のデータ保護監察官も同じ）はいわば専門のデータ保護庁であるので、各省・各分野別に問題点を網羅している[20]。

なお、ドイツにおいては、開示請求や不服申立てについての統計は、連邦レベルでも州レベルでも存在しない。聴き取り調査によれば、連邦レベルでE-Mailによる照会も含めて年間3000件程度（連邦監察官事務所）の苦情・不服があるとのことである[21]。

また、漏洩事故等を行政機関が連邦データ保護・情報自由監察官に、民間企業等が監督官庁に届ける義務はない[22]。

(2) 公的部門の法の運用については、連邦監察官の役割が大きい。日常の業務において、関係機関が連邦監察官に法の解釈運用について事前の相談をすることは多い。監察官は、わが国における行政監察のような形で行政機関の個人情報保護の体制・運用について監察を行う。この場合の監察官の権限は比較的強く、質問検査、書類閲覧、立入検査[23]などの権利を与えられている（24条）。相手方行政機関の違法、不当な処理等を確認したら異議を唱え、相手方の見解の表明を求めるということになる（25条）。場合によっては、連邦監察官には改善勧告を行う（26条3項）。勧告に従わなければ、活動報告書の中で公表し（26条1項）、連邦議会における質問の対象となる可能性を探る。議会質問があれば、所管大臣に答弁の必要が生じることになるからである。

(3) 民間部門の法の運用については、各州の監督官庁（州の観察官等ないし内務省の担当部局）が重要な役割を果たしている。各州の監督官庁は、行政規則、ガイドラインの制定を通じて多様な活動を行っているが、特記すべきは、ディッユセルドルファー会同（Dusseldorfer Kreises）と呼ばれる、各州の最上級監督庁の非公式の集まりである。ここで、特定の事業者あるいは

事業者団体との申し合わせがなされ，これが，事業者団体の自主規制に繋がっている。

なお，職能団体（弁護士会，研究者，世論調査専門家等）は，個人情報保護に関する行動基準の案を所管の監督官庁に示し，監督官庁がこれを審査するという仕組み（法38a条）も一定の役割を果たしている。

(4)　民間部門については，わが国の認定個人情報保護団体のような制度はないが，個人情報保護のコンサルタント業とでもいうべき幾つかの民間団体が存在する。その代表的なものがGDD（Gesellschaft für Datenschutz und Datensicherung）と呼ばれる，1977年，ドイツ連邦データ保護法の成立とともに設立された団体である。GDDは，EU委員会・連邦政府・州政府等の活動情報を収集し，これを会報（かなり専門的な問題や具体的事例が取り上げられている）を通じて会員に[24]提供し，また，個人情報保護法上生ずる問題について講習会，研修会を実施している。民間部門において監督官庁の業務を補完する存在であると言ってよいと思われる。

なお，民間部門について，シュレスヴィッヒ・ホルシュタイン州が，国家（州）によるマーク制度[25]の試みをはじめているが，他の州は現在のところあまり関心を寄せていなようである。その結果，この制度はドイツ・ヨーロッパ単位で活動する企業にとっては魅力のないものとなっている。

(5)　法の実効性を高める試みとして，独立したデータ保護庁であるデータ護監察官は，各種の冊子を市民向けに発行している。各州もトピックごとに同種の冊子を発行するなどして啓蒙活動に努めている。

(20)　第20回（2003年・2004年）までの活動報告書が公にされている。民間部門も所管している場合には，民間部門についてもある程度詳細な報告が掲載されている。ちなみに，2005年以降のドイツの議論の主たるテーマは，生体認証，電子健康カード，RFID（ICタグ）等多彩であるが，議論の焦点はなんと言っても治安と個人情報保護にある。とくに，犯罪予防のための事前のデータ蓄積（Vorratsdatenspeicherung）及びテロ対策のための警察と諜報機関との情報の共有（Anti-Terror-Datei）が議論となっているである。前者は，ヨーロッパ議会がEU指令をあらためて可決（2006年3月15日）したこともあり大きな議論となったもので，要するに，電気通信役務の提供者または公的な通信網の運営者に，ログ等通信の流通データ・位置データの保存を義務づけ，治安官庁が包括的に利用できるようにする制度である。ドイツはログの保存期間を6ヶ月とする法案を策定する予定

である。後者については，Entwurf eines Gesetzes zur Errichtung gemeinsamer Dateien von Polizeibehörden und Nachrichtendiensten des Bundes und der Länder (Gemeinsame-Dateien-Gesetz が，2006年9月20日に閣議決定されている。またさらに，34項目にわたる飛行機の旅客データをアメリカの行政機関に提供することを認めた2004年5月28日のPNR（Passenger Name Record）条約（International Agreement on Passenger Name Records）を無効とした2006年5月30日のヨーロッパ裁判所の決定が近時の大きな話題となっている。もっとも，この判決は，制度の内容を問題としているのではなく，根拠規定（EU指令3条2項の適用除外条項）を問題とするものである。

(21) ベルリン州（都市州で人口約350万）で年間1000件程度，ノルトラインヴェストファレン（ドイツ最大の州で人口約1800万）で年間2600件程度とのことである。
(22) ただし，民間部門では，内部告発制度が機能しているので，監督官庁への告発はよくある。この内部告発が指導の端緒となることはままあるということである。
(23) 担当者に対する立入拒否がないわけではないという問題が指摘されているが，その場合には，監察官自らが電話等で直接のやりとりをすることになる。
(24) その会員数は設立当時約400，2005年10月現在で1815となっている。会員の構成は，企業と公的機関（両者で全体の58％，ただし，民間企業の会員数だけで1000件を超える），企業等のデータ保護担当者（28％），個人（13％），団体・学生等（1％）である。ちなみに，GDDの会員の負担（2006年度の年会費）は，個人会員150ユーロ（学生は40ユーロ），企業又は行政機関の個人情報保護担当者250ユーロ，地域的団体は400ユーロ，連邦レベルの団体は500ユーロ，企業については，それぞれ従業員1000名以下は300，2000までは400，2001～5000までは500，5001～8000までは600，8001超が1000ユーロとなっている。
(25) わが国のプライバシーマーク（日本情報開発処理協会のもの）に似るが，制度の対象となるのは企業ではなく，情報技術に係る製品すなわちハードウエア，ソフトウエア及び情報処理手続そのものである。州の独立データ保護委員会は，マークを得た製品の使用を，行政機関に勧めるというシステムである。

III　過剰反応事例

わが国のみならず，先行国であるドイツ[26]でもいわゆる過剰反応を経験している。ドイツにおける個人情報保護法をめぐる過剰反応事例は，1977年の制定時と1983年の国勢調査判決の直後に多くみられる。国民の個人情報保護意識（プライバシー意識）が高まったのは，法制定時よりもむしろ国勢調

査判決によってのようである。また，今日でも，わが国でいう過剰反応とは異なる意味で，データ保護当局とメディア等の緊張関係が生じることは多い。以下，制定当時及び1983年国勢調査判決直後の過剰反応事例，そして今日議論されている事例（と調査できたものについてはその顛末）を紹介することとする。

(1) 制定時及び国勢調査判決直後の過剰反応事例[27]

【事例1】 法施行後最初に議論になって，今日でもよく話題になるのが，誕生日リスト問題である。すなわち，ドイツでは，公的部門でも民間部門でも部門の長が部下の誕生日を把握しておいて，電話をかけて祝うことが多い。相手も喜ぶ，職場の潤滑油のようなものである。法が施行されたときに，これが許されないのではないかという指摘がデータ保護関係者（監察官事務所）からあり，全国的に混乱があった。誕生日情報を本人の同意なく，人事部門からもらう等することの是非が問われたのである。そのため，旧法のデータファイル概念[28]の適用を受けないようにする（例えば，長自らが手書きのリストを作成するなど）工夫がされた。しかし，無駄なことという議論は強くあった。現在，多くの組織では，月と日のみを本人の同意の下に収集するというのが一般的である。議論の過程で，生年（年齢がわかる）への抵抗があるという当然のことが改めて認識されたからである。なお，誕生日リスト問題は，地域紙に誕生日等が掲載され，それが情報伝達手段になっていたところ，それを嫌がる人が（便利だと考える人も当然存在する）拒絶の理由に個人情報保護法を持ち出したために，プレスの関心を惹いたという側面もあるようである。

【事例2】 ドイツでも幼稚園や学校の名簿が作れないという議論があった。一定数の児童・生徒の親が同意を与えなかったからである。この問題は，教育が州の事務であるので，部分的には州の教育関係法規[29]の改正で対処されることとなった。法律で例外を認めていなければ第三者提供が許されないのはドイツ法もわが国と同じでああるが，例外を認めるのであれば法令レベルに根拠を置くということになったわけである。

【事例3】 私的な団体（スポーツ倶楽部，音楽同好会等）の会員名簿・情報についても議論が起きた。例えば，倶楽部の会員情報の第三者への提供（チ

ケットの案内等のための名簿の希望等）の問題である。これについては，規約の透明化という結論となったとのことである。すなわち，団体の規約に提供等の条件をあらかじめ明確に書くことで対処したわけである。

【事例4】 法施行後まもなく，省庁の対外関係の担当部署では，パーティなどの招待客のリストが問題となった。食の好みであるとか，席順といった個人情報を保有することの是非が問題とされたからである。これも当時は真剣に議論された問題で，法の適用を逃れるべく単なる手書きのリストにする等の議論がされたとのことである。

【事例5】 個人情報保護法における同意の解釈についても制定直後議論があった。国防軍などで社会学者の調査に協力するに際して，兵士の同意がないのではないかということが議論された。軍は，一室に兵隊を集めて同意しない者は退出するという方式をとろうとしたが，これも上官の前では任意性がないとの指摘が出たとのことである。

【事例6】 プレスとの間で議論があった事例として，連邦議会の議員でボンと自分の郷里（選挙区）との間を，国防軍の飛行機を使って飛んでいる者がいるかという質問，あるいはその場合の同乗者は誰かという質問に対して，個人情報保護を理由に拒否回答がされたことがあるそうである。

【事例7】 制定後まもなく，国防軍の中で，兵士の射撃成績を掲示することに本人の同意がいると言われ問題となったことがあるそうである。成績は評価情報であり保護されるべき個人情報であるというのが理由である。この問題については，多くの人が個人情報保護の行き過ぎを語り，ことの本質を見ない議論であるという意見が多かったとのことである。

【事例8】 学校において成績の一覧表を張り出すのが個人情報保護法上問題がないかとの議論があった。現在は，匿名化で問題は解決されているが，番号は学籍番号ではない別のコードを用いているようである。

【事例9】 国勢調査判決の直後に，民間でも公的部門でも執務室の入口に公務員あるいは従業員の名前を掲示することの是非が議論されるという，今日では信じられないような出来事があったのが著名であるとのことである[30]。

(2) 近時議論されている事例

今日議論されている事例をみると，法の趣旨の無理解に基づくものがないではないが，ほとんどは施行直後あるいは国勢調査判決直後の事例とは少し質が違う事例であると考えてよい。ある事例について，個人情報保護当局が，当該事例は個人情報保護あるいは人格権保護の観点から問題があると指摘することに対して，一部のメディアや政治家から批判が起こるということがある。すなわち，連邦監察官が当該問題は人権の問題であると捉え警告を発する場合，これと衝突する利益の方が重要であると考える者が，個人情報保護の行き過ぎを主張するというパターンである。取材がしにくいとか，一般国民が過剰に反応しているからおかしいという議論ではなく，個人情報保護は必要であるという前提の下，その限界をどこに求めるかという角度からの議論である。とくに，近時の最大の争点は，治安と個人情報保護の対立の問題であると言ってよい。具体例を幾つか紹介しておく。

【事例10】 乗務員の安全のためにタクシーに監視カメラを付ける[31]ことに，ノルトラインヴェストファレン州のデータ保護当局は異議を唱えた。壊されれば終わりであるし，乗客の個人情報がどこに提供されるか分からないという懸念があったからである。しかし，一部のプレスは異議の意味を理解せず，個人情報保護当局は犯罪者を庇うのかという批判を展開した。

【事例11】 LKW（貨物自動車）についてのみドイツのアウトバーン（無料であったことで有名）も一部通行料金を徴収することになったが，これは自動的に課金できるシステムである。この通行情報は課金目的にのみ使用できると法律[32] 4 条に定められている。2005年 LKW の運転手が強盗に襲われ死亡するという事件があった。警察当局は，この法律の施行前のテスト段階からこの課金データに興味を示したが，法律はこれを明示的に認めなかった。しかし，この事件が発生したときプレスは，個人情報保護当局はデータの提供を認めるべき[33]との主張をした。

【事例12】 不法滞在者が社会的給付を不正に受け取っていることがある。これを防ぐには，警察と外国人局と福祉行政の所管庁の間での個人データの交換が有効なのは言うまでもない。しかし，これは個人情報保護法の目的拘束の観点から限界がある。これに対して，ベルリン州の政治家から「個人情

報保護は犯罪者保護に堕するべきではない」という批判がなされ，ベルリン州のデータ保護観察官と議論になったことがある。

【事例13】　ここ数年メディアで取り上げられ，現実のものとなった事例に，大量 DNA テストの問題がある(34)。強姦事件等で，犯罪者でないということを示すために本人の同意(35)の下に，DNA 鑑定を行うというものである。2006年7月にドレスデン周辺で約10万人を対象とする大量テストが実施されて話題となった。

(26)　過剰反応については，イギリスでも EU 指令を受けた1998年法の施行の過程で同様の問題が生じている。イギリスは，ドイツよりやや遅れて1984年に最初の法が施行されたのであるが，EU 指令による改正で個人情報保護法の認知度が高まったこともあり，法の不適切な運用（第三者提供の拒否，個人情報保護法を口実にした不作為）がメディアで報じられることがある。そこで，情報コミッショナーは，ホームページで具体例を挙げつつ，個人データ保護のグッドプラクシスとして対応のガイドラインを公開している。具体例として挙げられているのは，以下のような事例である。個人情報保護法は，①両親が学校行事の際に写真撮影することを禁じている，②個人情報保護法は企業が顧客情報を第三者に提供することを禁じている，③両親が子どもの成績を見ることも禁止している（このケースでは本人も両親も試験の結果をみることができず，個人情報保護法によれば申込をした教師のみが見られると試験委員会が回答したため，大きな問題になった），④牧師が祈りの中で信者の名前を読み上げるのを禁じている，⑤警察が加害者の情報を被害者に教えることを禁止している等である。例えば，①について，情報コミッショナーは次のような説明を行っている。個人的目的での写真撮影は法の適用除外，学校がパス等に使用する目的で撮影し，電磁的に蓄積される場合には適用の可能性がある。メディアの写真撮影は原則として適用除外。したがって，地方紙が学校の授賞式の写真を撮影するのは適用除外となろうが，適用されてもジャーナリズム目的条項での適用除外となる。もしも個別のケースについて懸念がある場合には，学校は，プレスが一定の行事に来ているということを人々に教えるのがグッド・プラクティスであろう。

(27)　わが国の過剰反応問題が，公的部門と民間部門の規律を無視してなされている点は分析の要があると考えるが，ここでは，問題状況を示すために公的部門と民間部門とをとわず著名な事例をあげておく。

(28)　1977年法2条3項によれば，マニュアルデータは何らかの自動処理が可能でない限りデータファイルに該当しない。

(29)　例えば，シュレスヴィッヒホルシュタイン州の学校法（Schleswig-Holsteinische Schulgesetz（SchulG）in der Fassung vom 2. August 1990）及び同州の学

校における個人情報の処理に係る州法規命令（Landesverordnung über die Verarbeitung personenbezogener Daten in Schulen (Datenschutzverordnung Schule) vom 3. April 1998）がそうである。シュレスヴィッヒホルシュタインでは，過去に生じた学校関係の個人情報保護の問題事例（名簿の提供等）を情報保護委員会のホームページで公開している。ベルリン州など他の多くの州も同様である。
(30)　もっとも，労働法と個人情報保護の関係は今も難しい問題の一つである。ドイツでは労働裁判所による判例法理が個人情報保護についても法の空白部分を埋めている。
(31)　ノルトラインヴェストファレン州データ保護・情報自由監察官第17回報告書（Siebzehnter Datenschutz- und Informationsfreiheitsbericht der Landesbeauftragten für Datenschutz und Informationsfreiheit Nordrhein-Westfalen) 43頁。
(32)　2004年12月に改正された，Das Gesetz zur Erhebung von streckenbezogenen Gebühren für die Benutzung von Bundesautobahnen mit schweren Nutzfahrzeugen"（Autobahnmautgesetz - ABMG）である。
(33)　立法過程で治安当局には提供しないという結論が出ているというのがデータ保護監察官の主張であるが，誘拐事件であればどうかという筆者の質問に対しては，その場合には緊急避難という議論ができるという回答であった。
(34)　連邦データ保護・情報自由監察官第20回報告書（20. Tatigkeitsbericht 2003 und 2004) 98頁。このような使われ方は，DNA鑑定導入時から既に予想されていたことについて，藤原静雄「DNA分析と個人情報保護―ドイツの場合（一）」68巻2号（1992）24頁。
(35)　刑事訴訟法81a条あるいは81e条を根拠としているが，DNA鑑定については，DNA-identitatsfeststellungsgesrtz vom 7.9.1998. BGBl I, 2646が特別法として存在する。

IV　わが国との比較[36]におけるドイツの議論の特徴

①　最初に指摘すべきは，ドイツとわが国の法制の30年の時の差であろう。経験の差という意味だけではなく，30年遅れのランナーであるわが国は，IT社会の進展と同時進行で個人情報保護法を作り，運用していかざるを得ないという点を意識する必要があると思われる。IT社会では過剰反応も増幅される。

また，30年前の個人情報保護法制をめぐる議論では，メディアと個人情報保護の推進者の間に，個人情報保護法はコンピュータによる管理社会に市民

が対抗する法制であるという意識が共有されていたと思えるが，その経験のないわが国では，個人情報保護はメディアにとって過剰に情報の流れを阻害する要因という側面のみが強調されているように思われる。

②　法律による行政の原理に対する意識，法治国家意識もわが国と異なるところである。目的外利用を許すかどうかは，最終的には，法令レベルで明確に定めるものであって，許すのであれば当該条文のあり方について議論すべきという意識がドイツでは強い。ドイツにも行政指導は存在し，行政指導をいかに法治主義の枠内に閉じこめるかという議論がある[37]ことは確かであるが，少なくとも，個人情報保護法の分野では，行政指導はあくまでも推奨であり，行政と事業者双方に，これにしたがうべしという暗黙の意識の共有はないように思われる。

③　ヨーロッパの標準[38]である省庁横断的なデータ保護庁の存在は，わが国の分担管理型の行政の下では実現は難しい[39]が，法の運用にあたって解釈の食い違いが生ずる事態は生じない。

④　ドイツでは，すべてではないが，多くの公務員，民間企業の一定以上のレベルの者は，個室で仕事をする。鍵をかければ一応のセキュリティが確保される安全管理のシステムと，大部屋主義の性善説に基づいた安全管理のシステムは自ずと異ならざるを得ない。

⑤　ドイツでは縦割り分担を前提とする認定個人情報保護団体はないが，GDDのような民間組織が存在する。わが国では，わが国のシステムとしての認定個人情報保護団体の活用を図るべきであろう。また，省庁から離れたNPOはGDDのような活動を行い得ると思われる。

⑥　名簿の問題を考える際には，種々の議論を経て，ドイツではそもそも名簿の作成，第三者への提供が一定の条件の下で許されている[40]という点が興味深い。わが国では，名簿の作成が過剰反応の問題として報ぜられるが，民間部門における（通常出回っている）名簿管理の限界の問題と併せて，作成，提供，管理と適用除外の在り方は検討すべき価値のある問題のように思われる。

⑦　名簿の問題にも関係するが，そもそもEU指令及びそれを国内法に移し替えたヨーロッパの法制は，ドイツを含めて，個人情報の個人的・家庭的

な利用を規制の対象としていない。わが国でも法2条3項4号の問題として検討に値する点であろう。

⑧　議論としては②と重なるが，ヴィデオ監視などの問題を法律のレベルで取り上げている点はわが国と異なる。法律のレベルで規定するための手続的な負担を避けるわが国の傾向は，なし崩し的な既成事実の積み重ねにつながることがあるが，それは法治国として好ましいことではないであろう。

(36)　①から④のように，前提問題は，比較しても生産的でない点であるとも言えるが，法制度の設計に際しては留意すべき点であるとも言える。
(37)　すでに，大橋洋一『現代行政行為の存在形式』103頁以下（弘文堂，1993）の優れた分析以来の蓄積がある。
(38)　欧州憲法条約の8条3項は独立した第三者機関の存在を求めている。
(39)　食品安全管理委員会のような8条機関が存在するという点は留保しておく。
(40)　ただし，ドイツでも，名簿業者をめぐる問題が消費者保護との関係で重大な問題となっている点は同じである。

おわりに——わが国の過剰反応問題に関して

もはや紙幅が尽きたが，わが国の過剰反応問題[41]について一言しておくと，過剰反応と呼ばれるものにも，①施行後わずか一年のことであるから，形式的に個人情報保護法の名前は知られていても，実質的に理解されていないところに原因があるもの（これが多い），②従来からおかしいと思っていたものについて，個人情報保護のおかげでおかしいと言えるようになったというものなのか，法の趣旨の無理解に過ぎないのか判定の難しいもの（町内会等の名簿），③法施行よりずっと以前から自治体の個人情報保護条例の運用で一定の議論のあったもの（刑事訴訟法197条2項，弁護士法23条の2による照会），④諸外国にはみられないもの（FAX数枚のご送信の報道），⑤法に便乗した単なる情報の出し渋りなど様々なものがある[42]。

上記のうち，法の内容が理解されていないものについては，理解を含める努力をするよりないと思われるが，他の点については，誰の論理，目線で問題をみているのかが大きな要素になっているという点を確認しておく必要があるように思われる。すなわち，経済を重視する角度からは，目的拘束や個

人の同意原則の強調は経済の障害となるという主張に傾きがちであるし，村落共同体的な（そこにはインターネットはなかったのであるが）価値観を重視する角度からは，個人情報保護法は情報の流通を阻害して生活を萎縮させるものという主張に繋がると思われる。さらに，メディアの特権を至上のものと考える立場からは，個人情報保護法はメディアを規制するものと映るであろう。しかし，同時に，消費者あるいは情報主体としての国民の目からは，現行法はどう評価されるか(43)という点も確認しておく必要があろう。

　筆者は，ドイツ（さらにイギリス）のような外国の例があるからといって，わが国に過剰反応があっていいと言っているのではない。そうではなく，他の国も通ってきた道，通りつつある道をわが国も通らざるを得ないと言っているのである。その意味で比較法的な研究も議論の一助になるかもしれないと考えたものである。他国の経験も含めて議論を深化させることが必要であると考えるが，その際には，次の二点を踏まえることが重要であろう。第一は，個人情報保護の問題はは個人の人格の自律の問題であり，人の生き方の問題と直結しているという点を忘れてはならないという点である。第二は，セキュリティ（治安等）と個人情報保護（プライバシー保護を含む），表現の自由（とくに情報の発信の側面）は，IT社会においては三すくみ状態に喩えて差し支えないが，このジレンマはどれか一つの価値を最大化することによっては解決できないということである。

　　(41) 過剰反応とされる問題の具体例が概観できるものとして，国民生活審議会第4回個人情報保護部会（平成18年3月24日）における日本新聞協会のヒアリング資料及国民生活審議会第5回個人情報保護部会（平成18年4月7日）における日本新聞協会のヒアリング資料が便利である（いずれも内閣府国民生活局のＨＰで見ることができる）。
　　(42) この他に，個人情報保護法がセクトラルではなく，民間部門一般を規律の対象としたことが過剰反応を過剰反応の一因ととらえる声もあるが，法制にかかわるこれまでの経緯をふまえれば，特定分野に絞った立法を試みた場合，わが国の個人情報保護法制の確立はなかったと，筆者は考えている。
　　(43) ただし，この議論に対しては，当然のこととして，消費者サイドからは，自分の情報がどこから来てどこへ行くのかくらいは消費者・国民として知りたいし，関与もしたいが，わが国の個人情報保護法はそこまでの権利を認めていない点で不十分であるという反論がある。国民生活審議会第4回個人情報保護部会におけ

おわりに──わが国の過剰反応問題に関して

る全国消費者団体連絡会からのヒアリング意見等参照。

租税条約の濫用防止

中 山 　 清

は じ め に
I　租税条約の今日的意義
II　わが国の租税条約ネットワークと新日米租税条約の意義
III　租税条約の濫用防止規定
IV　今後の課題
お わ り に

は じ め に

　租税条約の主たる目的の1つは，居住地国と源泉地国双方による課税権の行使による生じる国際的な二重課税の防止[1]である。二重課税の防止のために，租税条約には，国際的に確立した共通の課税ルールを規定するほか，源泉地国の課税権を軽減又は免除することが行われる。
　一方，非居住者が稼得した配当などの投資所得に係る国内法上の源泉徴収税率と条約上の制限された税率（以下「限度税率」という。）の差が大きくなればなるほど，当該条約の締約国でない第三国の居住者にとって，当該租税条約を不正利用する誘因が大きくなるといえる。また，投資所得に対する限度税率の違い以外にも，みなし外国税額控除などの規定が条約にある場合も，第三国の居住者にとって，条約を不正利用しようとする誘因が働くことになる。この租税条約の不正利用，濫用は，treaty shopping（条約漁り）としても説明されるが，その意義としては，二国間租税条約の定める特典を享受することのできない第三国の居住者がいずれかの締約国における子会社の設立等によりこのような仲介法人を通じて租税条約の特典を享受することといえ

よう[2]。また，条約の締結国の居住者であっても，条約上の特典を単に自己の租税負担の軽減又は排除のために行使するような行為も，租税条約が本来予定していない条約の利用であり，租税条約の濫用といえる[3]。

近年締結されている租税条約では，源泉地国の課税権を大幅に制限する条約が多く，それだけ，条約が第三国居住者等により濫用される危険性が増大している。国際的二重課税の防止又は排除を主たる目的のひとつとする租税条約が，濫用により，国際的な租税回避に利用されることは，条約の目的外使用であり，国際的な課税秩序を乱し[4]，ひいては，各国の税収減にもつながる。そこで，各国において，租税条約の濫用を防止するための様々な方策がとられてきている。

本稿では，まず，租税条約の今日的意義について整理し，わが国の租税条約ネットワークを鳥瞰した後，一昨年（2004年）に発効した新日米租税条約[5]の意義を確認する。この作業を踏まえ，これまでわが国や経済協力開発機構（以下「OECD」という）などが採用・提言してきたアプローチと比較しつつ，新日米租税条約の濫用防止規定の内容を検討する。さらに，租税条約の濫用防止に係る今後の課題について執行面の問題も含め考察する。

(1) 租税条約の目的としては，二重課税の防止と並んで租税法の執行における国際的協力の促進及び相手国政府に対する自国民の保護も重要である。金子宏『租税法（第十一版）』112頁（弘文堂，2006年）。
(2) 本庄資『租税条約』236頁（税務経理協会，2000年）。源泉地国の居住者が相手国に子会社等を設立する等により，条約の特典の適用を受けることも租税条約の濫用に含まれる。
(3) 谷口勢津雄「租税条約の濫用」『国際租税法の研究』151頁（法研出版，1990年）。条約の濫用の方が，概念としては，treaty shopping より広いといえる。
(4) 本庄・前掲注（2）・237頁
(5) 正式には，「所得に対する租税に関する二重課税の回避及び脱税の防止のための日本国政府とアメリカ合衆国政府との間の条約」という。

I 租税条約の今日的意義

既に述べたように，租税条約の主要な目的・機能としては，①二重課税の防止，②相手国政府に対する自国民の保護，③脱税の防止（税務当局間の国

際的協力の促進）があげられる。①と②共通ないし重複する部分があろう。以下，これらの機能の今日における意義及び課題について考察する。

① 二重課税の防止

各国の国内法において，外国税額控除制度のように，租税条約の締結の有無にかかわらず，居住地国と源泉地国の課税権の競合による二重課税を排除する仕組を有しているのが通常である。しかし，租税条約によって，源泉地国の課税権を軽減，放棄することにより，二重課税の排除をより確実なものにできる。このような考え方から，現行のOECDモデル条約（正確には「OECDの所得と財産に対するモデル租税条約」・以下「OECDモデル」という）は，投資所得に対する源泉地国課税権に関し，配当については，親子間配当は上限5％，その他の配当は同15％，利子については，同10％，使用料については，免税と制限している。さらに，近年締結・改定された条約を見ると，親子間配当，利子についても源泉地国課税権を免税にすることが，OECD加盟国の中では大きな流れとなっている。後で述べる新日米条約もこれらの流れに沿ったものである。ただ，特定の二国間の資本収支が均衡している場合は，双方の国にとって，投資所得の源泉地国課税権を放棄することは納税者にとってメリットがあるだけでなく，政府にとっても税収上の問題も少ないが，均衡していない場合は，税収確保の観点から，資本流入国は源泉地国としての課税権を確保しようとするであろう。ただ，自国がグローバル化した経済の中で如何に中心的な役割を果たしていくかという長期的視点からは，投資所得に対する源泉地国課税に固執することが果たして賢明な国家戦略かどうかは大きな疑問があろう。

一方，租税条約に，居住者，恒久的施設の定義，事業所得に関する帰属主義などを規定するとともに国際的に確立した共通の課税ルールに基づいて租税条約を解釈・適用することも二重課税の防止・排除のために重要である。その意味で，OECDモデル及びそのコメンタリーやOECDの移転価格ガイドラインは大きな役割を果たしており，OECDで8年間にわたって続けられている恒久的施設に帰属する所得に関する統一的なルール作りは，現在進められている移転価格ガイドラインの見直し作業同様意義深いものがあると考えられる。

② 相手国政府に対する自国民の保護

イ．無差別条項

わが国が締結した租税条約のほとんどに無差別条項がある。この条項の対象税目が条約本来の対象税目である直接税だけに限定されている条約もあれば，間接税・地方税も含めた全ての種類の税を対象としている租税条約もある。自国民保護の観点からは，全ての種類の税を無差別条項の対象とする条約が望ましいことはいうまでもない。内国企業よりも高い税率を外国企業に課する税制はもとより，特定国の企業を狙い撃ちするような課税を排除する上でも本条項は重要である。

ロ．相互協議条項

無差別条項違反の場合は当然のことながら，二国間で合意した，あるいは国際的に確立した課税ルールに反する条約の解釈に基づく執行が行われる場合に，相互協議が自国民保護のために果たす役割は大きい。相手国の司法制度にもよるが，特に移転価格課税事案では，経済的二重課税を完全に排除するためには，相互協議がもっとも有効な手段となっている場合が多いと考えられる。したがって，二重課税や租税条約の規定に適合しない課税が行われた場合には，税務当局間で問題を解決できるメカニズムがあるかどうかは，企業が海外直接投資を行う上で重要な判断要素の一つであろう。

なお，課題としては，租税条約に相互協議条項があっても，実際に機能していない場合があると考えられる。その場合は，納税者は，国内法上の争訟手段で争うしかなく，二重課税が排除されない可能性が高まることになるため，実効性のある相互協議のネットワーク作りに向けた税務当局による一層の努力が期待される。

③ 脱税の防止（税務当局間の国際的協力の促進）

租税条約は，二重課税を防止・排除することによって，経済交流を促進するが，同時に，各国の国内税制の差異と条約を組み合わせることによって，どこの国でも課税を受けないようなケースなどをもたらす，租税条約の濫用や国際的租税回避の問題が，経済のグローバル化の加速化とあいまってますます深刻な問題となってきている。

これらの問題に対処するためには，租税条約又は国内法に，条約の濫用や

租税回避に対処する規定を整備するとともに、税務当局間の国際的協力が不可欠であり、とりわけ租税条約に基づく情報交換が今後ますます重要になる。2000年の主要先進国首脳会議（サミット）でも取り上げられた有害な税制競争に関するOECDのプロジェクトでも情報交換が重要な手段として位置づけられているが、仮に、わが国の条約相手国の中に、国内制度上や執行組織上の障害のため、実効性のある情報交換が実施できていない国があれば、様々なチャンネルを通じた働きかけによって改善を図る必要があろう。特に、租税回避等に利用される有害な税制を持っている国との間で実効性のある情報交換が確保されていない場合は、条約の特典の適用手続についても見直しが必要になると考えられる。また、OECDモデルの2003年改定で新27条として追加された徴収共助条項は、条約相手国に所在する自国の滞納者の財産に対して相手国当局に徴収を要請できる規定であり、今後の検討課題である。

II　わが国の租税条約ネットワークと新日米租税条約の意義

1　わが国の租税条約ネットワークの現状

1954年に署名された日米条約が、わが国が最初に締結した租税条約であるが、その後、わが国企業の経済活動の国際化とも相まって、締結した条約は増加し、2006年1月現在で、45条約あり、56カ国に適用されている[6]。この条約ネットワークは、わが国による対外直接投資累計額（1951年～2004年度）の上位20カ国のうち15国をカバーしている[7]など、わが国との経済関係が深い国の大半と条約を締結している[8]といえる。

2　租税条約締結方針

どのような国と租税条約を締結するかについての方針は、財務省の担当者の解説やこれまでの条約、進行中の条約交渉等から推測せざるを得ないが、租税条約の主たる目的のひとつが二重課税の防止にあることから、わが国との間であまり経済交流がない国との間では、二重課税の発生するようなケースが少なく、租税条約を締結する必要性が低いと言えよう。また、所得に対する税がないか、あったとしても税負担が低い国との間では、居住地国と源

泉地国の課税権の行使による二重課税がそもそも生じないか，生じてもその程度は大きくない。むしろ，これらのいわゆるタックス・ヘイブンといわれる国・地域との間で租税条約を締結することは，国際的な租税回避を助長することになるため，条約を締結することは望ましくない。もっとも，条約締結時に通常の税制を持っていた国がその後国内法を改正し，軽課税国や有害税制を持つ国になることもありえるが，その場合は，条約改定を行い，条約を利用した租税回避を防止する必要がある。相手国が条約改定に応じなければ，1987年に米国が蘭領アンティルス諸島との条約について行ったように，条約を破棄（1988年から失効）することも選択肢としてある。

租税条約の内容については，わが国の締結した従来の条約から見る限り，OECDモデルをベースに，配当，利子，使用料の投資所得について，源泉地国の課税権を確保することを基本方針としていた[9]と考えられる。なお，これらの投資所得の限度税率は，概ね，配当は，親子間で5％，一般が15％，利子は，10％，使用料は，10％で，国内法上の源泉徴収税率との大きな差異がなく，また，条約間にも大きな差異はなかった[10]。この意味において，従来は，条約濫用の誘因がそれほど大きくなかったとも言える。

3 新日米租税条約の概要と意義

旧条約締結後30年ぶりに全面改定された新日米租税条約（以下，「新条約」という）は，旧条約の内容を大幅に改定するとともに，従来のわが国の条約例からも，大きく方針転換した条約である。

新条約のうち本稿のテーマと関係する主要規定は次のとおり。（括弧書きは旧条約）

(1) 投資所得に対する源泉地国課税の大幅軽減

① 配当については，持株割合50％超の子会社からの配当は，源泉地国免税，持株割合10％以上50％以下の子会社等からの配当は，源泉地国の限度税率5％（10％），持株割合10％未満のいわゆるポートフォリオ配当は源泉地国の限度税率10％（15％）となった（新条約第10条）。

② 利子については，源泉地国の限度税率は旧条約と同じ10％であるが，新条約では金融機関等が受け取る利子について源泉地国免税とした（同

第11条)。

③ 使用料については, 一律源泉地国免税 (10%) とした (同第12条)。

(2) 両国間で課税上の取扱が異なる事業体への条約適用の明確化

租税条約の特典を享受するためには, 締約国の居住者であることが必要であるが, 居住者であるためには, その居住地国で「課税を受けるべき (is liable to tax) ものとされる者」(同第4条1項) である必要がある。たとえば, 米国の Limited Liability Company (以下「LLC」という) は, 法人であるため, LLC をわが国の国内法上納税義務者として取り扱うが, 米国では, LLC が構成員課税を選択した場合[11]には, LLC ではなく, その構成員が納税義務者として取り扱われる。この場合, この LLC がわが国に投資して得た利子などの所得に条約の特典, すなわち, 免税や軽減された源泉徴収税率の適用がされない可能性がある。そこで, 新条約では, たとえば, 日本が源泉地国である場合, わが国の国内法上の取扱いにかかわらず, その事業体が米国で構成員課税を選択した場合にも, 米国の居住者である構成員の所得として取り扱われる部分について, 条約の特典を与えるなどの適用関係の明確化が行われた (同第4条6項)[12]。

(3) 特典制限条項

租税条約の濫用防止策として, 従来の居住者概念を制限した「適格居住者」のみが租税条約の特典を受けることができることとし, その適格居住者の基準を定める特典制限条項が新たに設けられた (同第22条)。その内容は後述するが, 上記(1)で述べたように, 新条約では, 投資所得に対する源泉地国の課税権が大幅に制限されたことから, 条約濫用の誘因が高まったことに対する措置と言える。

(4) 情報交換のための調査権限

わが国が締結している条約は, スイスとの条約を除き, すべての条約に税務当局間で税に関する情報を交換できる情報交換条項が規定されているが, 従来は, 条約相手国から情報提供要請を受けたことを根拠に所得税法などの税法に規定されている質問検査権限[13]を行使することができない, すなわち, わが国の課税上の必要性がないと質問検査権限を行使できないと解されていた。しかし, 条約の濫用防止や租税回避に対処するためには, 税務当局

間の情報交換の果たす役割が重要である[14]ことから，新条約では，自国の課税上の必要性（domestic interest）の有無にかかわらず，相手国のために情報収集を行えるように必要な措置を講ずることを相互に義務付けることした（同第26条4項）。

この規定に関して，平成15年度税制改正で租税条約の実施に伴う所得税法，法人税法及び地方税法の特例等に関する法律（以下「実特法」という）に，情報交換のための質問検査権が新設されたことにより（同法第9条），わが国としては，条約上の義務を果たしている[15]。

(5) 匿名組合を利用した租税回避行為の防止

特定の租税条約と匿名組合を組み合わせた租税回避スキームが近年問題となっている[16]が，新条約では，匿名組合を利用した租税回避が生じないように，わが国の匿名組合を日本の居住者として扱わず，匿名組合が米国で得た所得及び米国の匿名組合員に支払われる利益の分配について，条約の特典を適用せず，日米両国が国内法に従い課税できることとした（新条約議定書第13項）。

4 今後の方向性

1で述べたように，現在のわが国の租税条約ネットワークがわが国にとって経済交流が深い国の大半を既にカバーしている[17]ことから，今後は，既存条約の改定作業が盛んになることが予想される[18]。

既に，日英租税条約の全面改定交渉は，2005年5月に基本合意に至り[19]，日印租税条約の部分改定交渉[20]も2005年10月に基本合意に達し，両条約とも第164回通常国会で承認され，改定日印条約は，2006年6月に発効した。また，日蘭租税条約[21]，日仏租税条約[22]及び日比租税条約[23]の改定交渉も開始されており，日仏及び日比条約については基本合意に至っている。

資本輸出国であるわが国にとって，海外投資収益は受け取り超[24]であり，また，使用料等の収支もほぼ受払いが均衡してきている[25]ことから，新日米条約のような投資所得の源泉地国課税権の制限は，経済交流の促進に資するだけでなく，わが国の税収の観点からも得策である。したがって，わが国との経済交流の盛んな国や既存条約における投資所得の限度税率が相対的に

高い国との改定交渉が期待されるところである。上記の新日英条約においても，新日米条約同様，投資所得の源泉地国課税権が大幅に制限されている。もっとも，資本輸入国等にとっては，税収減につながることから交渉は必ずしも容易ではないであろう。

現在，13条約[26]にあるみなし外国税額控除の規定も廃止ないし縮減等の適正化が図られる必要があろうが，この規定の改定交渉も投資所得の源泉地国課税権と同様，厳しい交渉が予想される。さらに，現行条約の運用上問題が生じている場合[27]も早急な条約改定が期待される。

(6) 旧ソ連及びチェコスロバキアとの条約が，承継されているため，条約数より適用国が多くなっている。
(7) 上位20カ国のうち，条約を締結していないのは締結していないのは，パナマ，ケイマン，香港（中国），リベリア，台湾である。財務省ホームページ（www.mof.go.jp）「対外及び対内直接投資状況」。
(8) わが国が最後に新規締結をしたのは，南アフリカとの条約（1997年署名）である。
(9) OECDモデルでは，配当（同条約第10条）については，5％または15％，利子（同第11条）は，10％の源泉地国課税権を認めているが，使用料（同第12条）については，源泉地国免税としている。
(10) 国内法上の源泉徴収税率は，配当が20％，利子が15％又は20％（貸付金利子の場合），使用料が20％である。
(11) 米国税法は，一定の事業体については，その選択により，事業体自体が課税を受ける（事業体課税）か，その構成員が課税を受けるか（構成員課税）を選択することができる。Check‐the‐box規則（内国歳入規則§301.7701-2）。同規則の説明としては，平野嘉秋「米国内国歳入法上の企業分類における新規則チェック・ザ・ボックス規則(上)」International Taxation Vol. 17 No. 11, 10頁。
(12) この適用方法は，OECDの「The Application of the OECD Model Tax Convention to Partnerships」報告書（1999年）の認める方法であり，OECDモデル第1条コメンタリーのパラグラフ6.4にも記述されている。同様な条約の適用の仕方として日仏条約議定書第3項(b)がある。
(13) 所得税法第234条，法人税法第153条など。
(14) 国税庁「平成15年度改正税法のすべて」492頁（2003年）
(15) 平成18年度税制改正案では，犯則事件に必要な情報提供の要請があった場合に，わが国に課税利益がない場合も含め，任意調査を行うことができるようにする改正も含まれている。閣議決定「平成18年度改正の要綱」5頁（2006年1月17日）

(16) 渡辺裕泰「国際取引の課税問題」19頁（日本租税研究協会，2003年）
(17) わが国との経済交流があるが，租税条約をまだ締結していない国は，いわゆるタックス・ヘイブン国や租税政策以外の理由で締結が難しいとされている国である。
(18) 浅川雅嗣「日米新租税条約の署名について」ファイナンス2004年1月号・15頁
(19) 財務省記者発表2005年7月1日，2006年9月13日。2006年10月12日に発効予定。
(20) 財務省記者発表2005年10月31日。同2006年5月30日。
(21) 財務省記者発表2004年6月。
(22) 財務省記者発表2006年1月18日。同7月18日。
(23) 財務省記者発表2006年4月26日。同7月18日。
(24) 暦年ベースでは，平成17年は，11兆3,958億円の受け取り超。財務省ホームページ。「対外の貸借と国際収支」
(25) 特許等使用料については，暦年ベースでは，平成15年からわが国の受け取り超に転じており，平成17年は，3,289億円の受け取り超。財務省ホームページ「対外の貸借と国際収支」
(26) 条約の規定上は，19条約にみなし外国税額控除があるが，先方国内法の改正や供与期限の経過により，6条約については，現在適用がない。
(27) たとえば，無差別条項違反の国内法が適用されている場合など。また，わが国の条約相手国の中には国内市場も小さく，また生産基地としての利点もないが，税負担の軽減を図りやすい税制を有する国があるが，通常の経済取引を前提とした適格居住者基準を採用すると現在当該国との間で行われている取引の相当部分が条約の特典を受けることができなくなることも予想される。しかし，これまでに述べてきた租税条約の本来の目的からは，租税条約の本来あるべき適用の仕方と考えられる。

III　租税条約の濫用防止規定

1　国内法における防止規定と租税条約における防止規定

　租税条約の濫用が租税回避行為である以上，国内法の規定又は一般的な課税原則により，濫用の防止を図るというアプローチもありうる。実際，米国，スイス，ドイツは国内法（一般課税原則を含む）による条約の濫用防止を図ってきており，わが国が平成4年度税制改正で導入した免税芸能法人等に

支払われる役務提供の対価に対する源泉徴収制度（租税特別措置法第42条1項）も条約の濫用防止策[28]といえる。

なお，条約の濫用があった場合に，国内法ないし判例法である一般的濫用防止規定（原則）により，条約の特典の適用を否定できるかという問題がある。この問題についてOECDモデルの第1条に関するコメンタリーは，租税条約により課税権が制限又は拡大されるとしても，租税が課されるのは，究極的には，国内法を通じてである以上，国内法の一部である一般的濫用防止規定は，租税条約に抵触しないと一般に考えられると指摘している[29]。ただ，同コメンタリーはかかる一般的濫用防止規定が租税条約に抵触しないという考え方に立つ場合も，条約中に濫用を防止するための特別な規定を追加することが有益である場合があると述べている[30]。また，国内法上の一般的濫用防止規定や条約上の特定の規定がない場合であっても，条約は，その趣旨及び目的に照らして与えられる用語の通常の意味に従い，誠実に解釈しなければならない（条約法に関するウイーン条約第31条1項）ことから，条約の予定していない便益を獲得しようとして行われた濫用的取引を条約の適用上無視できるとする考え方もある[31]。

わが国の場合，国内法上の租税回避対策規定により，租税条約の特典の適用を制限することができるかどうかについては別の機会に論ずることとし，本稿では，濫用防止のための条約中の特別な規定に絞って検討を進めていく。

2　OECDのアプローチ

OECDは，従来から，租税条約の濫用について問題意識を持ち，1977年のOECDモデルの採択時やそれ以降の改定及び各種の報告書[32]で濫用防止策を提言している。現在，これらの提言の多くは，OECDモデルの1条コメンタリーにおいて説明されており，その概要は以下のとおり[33]。

① 受益者（beneficial owner）概念アプローチ

配当等の受取人が条約締約国の居住者であっても，単に直接に受領すると言うだけでは条約の特典を適用しない。すなわち，支払者と真実の受益者の間に，名義人又は代理人のような名目的な受領者が介在している場合で，当該所得の受益者が締約国の居住者でない場合には，条約の特典を適用しない。

実質的に所得が帰属する者が居住者であるかどうかで判断する(34)。

このアプローチについて，第三国の居住者が条約締約国に法人を設立して行う条約の濫用に，どの程度有効か疑問である(35)との指摘もある。

② 透視（look through）アプローチ

締約国の居住者である法人であっても，当該締約国の居住者でない者により所有又は支配されている場合は，条約の特典を適用しない(36)。

このアプローチは，条約相手国が，いわゆるタックス・ヘイブンで，実質的な企業活動がほとんど行われないような国であれば妥当する(37)が，その場合でも，真正な経済活動には，条約を適用できるように規定を修正する必要があるとされている(38)。

③ 課税対象（subject to tax）アプローチ

条約締約国の居住者である法人が，第三国の居住者によって所有又は支配されている場合は，条約の特典は，当該居住地国において課税対象となる所得のみに適用される(39)。

このアプローチは，いわゆる基地会社（base company）(40)等を条約の適用の対象外にできるが，経済的合理性のある租税特別措置の適用を受ける法人に対する条約の適用まで機械的に排除することがないように後述の「真正条項」により補完する必要がある。しかし，法人が費用を控除することにより所得を相殺できる仕組みを利用する「飛び石（stepping stone）」や「導管（conduit）」のような濫用スキームには対抗できない(41)。

④ チャンネル・アプローチ

締約国の居住者である法人（甲）が，非締約国の居住者（乙）によって所有又は支配されている場合で，甲が受け取る所得の50％以上が，乙に対する債務の支払いに当てられる場合は，条約の特典を適用しない。「課税ベース侵食基準（テスト）」ともいわれる。

このアプローチをとる場合，通常の事業活動を行っている場合も，条約の特典の適用を否定することになるので，次の述べるような真正条項による補完が必要になる(42)。

⑤ 真正条項

既に述べたように，上記の各種アプローチをとると，条約の不正利用を目

的としていない，真正なケースにも条約の特典の適用を制限・否定することになる。そのため，以下の条項によって，真正なケースには条約の特典の適用を確保する(43)。

イ．一般的な真正（bona fide）条項

　法人の事業の目的等が健全なもので，条約の特典利用が主要な目的でないことを立証された場合は，条約の濫用防止規定は適用しない，すなわち，条約の特典を適用する。

ロ．活動条項

　法人が居住地国で実質的に事業活動をしていて，条約の特典が当該活動に関連する所得に関するものである場合には，条約の特典を適用する。

ハ．税額条項

　条約の特典の適用により源泉地国で軽減される税額が，法人の居住地国で実際に課される税額を超えない場合には，条約の特典を適用する。

ニ．上場条項

　法人の主たる種類の株式が公認証券取引所に上場されているか，公認証券取引所に上場されている法人によってその主たる株式の100％が所有されている場合には，条約の特典を適用する。

ホ．派生的受益者条項

　上記④のケースで，乙の居住地国（第三国）(C)が，源泉地国(A)と甲の居住地国(B)間の条約（ＡＢ条約）と同等以上の特典を持つ条約を源泉地国と締結している場合は，ＡＢ条約の特典を乙によって所有又は支配されている甲に適用する。

⑥　一般的な特典制限条項（Limitation of Benefit）アプローチ

条約の特典が適用される「適格居住者」の要件を満足しない限り，条約全体の適用を否定する。個々の条項ではなく包括的に適用する。適格居住者の具体的な要件は以下のとおり(44)。

イ．者単位の基準

　(イ)　個人

　(ロ)　適格政府団体

　(ハ)　その主たる種類の株式が公認証券取引所に上場され，かつ，公認証

141

券取引所において通常取引されている法人（公開会社）
- (ニ) その議決権の総数及び又は株式総額のうち50％以上が上記(ハ)の公開会社に該当する法人5社以下によって直接又は間接に所有されている法人。間接的な所有の場合には、中間に介在する所有者のそれぞれがいずれかの締約国の居住者である必要がある。
- (ホ) 慈善団体その他の非課税団体。年金信託など年金等の給付金を給付することだけを目的に設立された団体の場合には、当該年金の受給者の50％超がいずれかの締約国の個人居住者である場合に限る。
- (ヘ) 個人以外の者で
  - (a) 課税年度中の半分以上の期間、上記、(イ)(ロ)(ハ)(ホ)によって、その議決権の総数及び株式若しくは受益的権益の価額の50％以上を所有されていて、かつ、
  - (b) 当該課税年度中に当該者により第三国の居住者に対して直接又は間接に支払われた、又は支払われるべきもので、その居住地国で所得の計算上控除できるものの額が当該者の総所得に占める割合が50％未満であること。ただし、役務又は有形資産の対価として事業の通常の方法で行われる独立企業間価格による支払、及び、銀行に対する金融上の債務に係る支払（第三国の居住者である銀行の場合には、当該支払がいずれかの締約国にある当該銀行の恒久的施設に帰せられるときに限る）は除かれる。

ロ．所得単位の基準
- (イ) 上記者単位の基準に該当しなかった場合でも、一方の締約国の居住者がその居住地国において、事業を行っている場合で、かつ、他方の締約国から取得した所得が当該事業と関連するか付随的なものであり、当該居住者が条約の他の要件を満たしている場合には、条約の特典が適用される。なお、当該事業が自己の勘定のために行う投資・管理活動（銀行による銀行業等を除く）である場合には、条約の特典は適用されない。
- (ロ) 当該居住者又はその関連会社等が他方の締約国において事業を行うことで稼得した所得については、当該居住者が居住地国で行う事業が、

他方の締約国で行う事業との関係において実質的なものである場合に限って，上記(イ)が適用される。
(ハ) (イ)の適用上，当該居住者がその居住地国で事業を行っているかどうかの判断に当たっては，当該居住者がパートナーであるパートナーシップ及び当該居住者の関連者（子会社等）が行う活動は，当該居住者によって行われるものとみなす。

ハ．不均一分配株式に係る特則

一方の締約国の居住者である法人又はその法人を支配する法人の発行済みの株式に関して，

(イ) 他方の締約国から稼得した所得について，その株式の所有者がその条件・取極めがなければ，本来受け取るべき部分よりも多い部分（不均一な部分）を受け取ることができるように定めた条件・取極めに服しており，かつ，

(ロ) 議決権の総数及び株式価額の総額の50％以上が適格居住者でない者によって所有されている

場合は，その不均一な部分の所得に対して，条約の特典を適用しない。

ニ．権限ある当局による認定

一方の締約国の居住者が，上記イからハの基準に該当せず，条約の特典が適用されない場合でも，他方の締約国（源泉地国）の権限ある当局が，当該居住者の設立，取得又は維持及びその業務の遂行が条約の特典の適用を受けることをその主たる目的には含んでいないと認定した場合には，条約の特典を適用する。

⑦ 除外アプローチ

租税が減免されている特定の種類の法人に，条約の特典を適用しない。この場合，特典を適用しない所得を配当，利子，譲渡収益，役員報酬等に限定することも考えられる。

このアプローチは，条約相手国の権限ある当局の協力が必要になる場合もあるが，基準も明確で適用も単純である[45]。

⑧ 特定所得にかかる特典制限条項アプローチ

実質的な存在を要求されない活動から生じる投資所得のような受動的な所

得や銀行業などの活動からの所得で国内法等に基づく租税の減免等の優遇措置を受けており，関連する情報が秘密扱いされていて効果的な情報交換を妨げている場合，条約の特典を適用しない(46)。

⑨　源泉地国課税が制限されている特定の種類の所得に係る「濫用防止」
　（anti‐abuse）アプローチ

条約の特典の適用を受けることを主たる目的として，配当，利子，使用料，その他所得に係る取引を行った場合には，特典を適用しない(47)。

3　これまでのわが国の租税条約濫用防止規定

新日米条約までは，投資所得に対する限度税率も概ね国内法上の源泉徴収税率の半分程度で，また比較的均質な条約を締結してきたわが国はその条約締結ポリシー自体が濫用防止の機能をある意味で果たして来たともいえるが，新日米条約以前の条約の濫用防止のための個別規定を見ると以下のとおりである。

①　日中条約10条（受益者概念アプローチ）

1977年のOECDモデルによって導入されたこの受益者概念は，OECDモデル改定以降にわが国が締結した二国間条約の多くに見られる。

②　日・シンガポール条約第22条１項（課税対象アプローチ）

上記のOECDアプローチとは要件が異なり，むしろ本来の意味での課税対象アプローチ（問題となる所得が居住地国で課税の対象となる場合に限って条約の特典を適用する）といえる。この条項は，シンガポール税法が，シンガポール居住者の国外源泉所得のうち，シンガポールに送金され又はシンガポール内で受領された所得についてのみ課税することから，日本源泉所得でシンガポールに送金されない又はシンガポール内で受領されない所得については条約の特典を適用しないとするもの(48)。

③　日・ルクセンブルグ条約第25条（除外アプローチ）

ルクセンブルグの持株会社は，ルクセンブルグの国内法により租税が減免されていることから，条約の課税に関する規定を適用しないとするもの。日・シンガポール条約第22条２項も同様の趣旨の規定で，たとえば，シンガポールの国内法上の優遇措置により，租税が免除されており，かつ，シンガ

ポールにおいて実体を有して実際の活動を行っていないときには，当該シンガポール居住者（個人以外）の取得した日本源泉所得には，条約の特典を適用しない[49]。

④　日仏条約第10条3項（特典制限条項アプローチ）

1995年に全面改定された（1995年署名）日仏条約は，日本の条約として初めて一定の要件を充たした親子間配当について，源泉地国免税とした[50]。それに併せ，包括的な特典制限条項ではなく，源泉地国免税の対象となる親子間配当の受益者を「適格居住者」に限定する特典制限条項を設けた。適格居住者の定義については，上記 OECD アプローチや後述する新日米条約の規定と共通する部分が多いが，適格居住者の客観的基準に該当しない場合にも条約の濫用の恐れがない場合に条約の特典の適用を認める真正条項のうち上記2⑤のホの上場条項とニの派生的受益者条項しかない。

なお，この日仏条約における特定の所得に関する特典制限条項は，同様な親子間配当免税に改定した日・メキシコ条約（1996年署名，新規締結）日・スウェーデン条約（1999年署名・部分改定）でも類似の規定が入れられた。

⑤　日・南アフリカ条約第22条（濫用防止アプローチ）

条約の特典を享受することを主たる目的として一方の締約国の居住者になった者（個人を除く）については，条約の課税に関する規定を適用しないとしている。上記2⑨のアプローチを一般化所得に対するしたものといえる。

4　新日米条約における特典制限条項

上述したように，新条約では，わが国の条約上初めて包括的な特典制限条項が入った。

新条約第22条に規定する適格居住者の要件は次の通りで，基本的に上記2⑥のアプローチと大要類似している。この適格居住者のみが新条約の特典を受ける権利を有する。

①　者単位の適格者基準（1項）

一方の締約国の居住者である

イ．個人

ロ．締約国，地方政府若しくは地方公共団体，日本銀行，連邦準備銀行

ハ．特定の公開会社

　その主たる種類の株式及び不均一分配株式が公認の有価証券市場[51]に上場又は登録され，かつ，公認の有価証券市場で通常に取引されている[52]法人

ニ．公開会社の関連会社

　その各種の株式の50％以上が，5以下の上記ハの公開会社により直接又は間接に所有されている法人

ホ．公益団体

ヘ．年金基金

　その受益者，構成員又は参加者の50％を越えるものがいずれかの締約国の居住者である個人である年金基金

ト．個人以外の者で

　(イ) その者の各種類の株式その他の受益に関する持分の50％以上が上記イ，ロ，ハ，ホ，又はヘに該当する当該一方の居住者により直接又は間接に所有されており（支配基準），かつ，

　(ロ) 当該課税年度において，その者の総所得（売上総利益）のうち，課税所得の計算上控除できる支出により，いずれの締約国の居住者にも該当しない者に対して支払われた又は支払われるべきもの（役務または有体財産の対価として事業の通常の方法において行われる独立企業間価格による支払及び商業銀行に対する金融上の債務に係る支払（第三国の居住者である銀行の場合には，当該支払に係る債権がいずれかの国にある当該銀行の恒久的施設に帰せられるときに限る）は含まれない）の額の占める割合が50％未満（課税ベース浸食基準）

　である者

② 所得単位の適格基準（2項）

　上記①の適格居住者の基準に該当しなかった場合でも，居住地国において営業又は事業の活動を行っている場合で，かつ，条約相手国において取得する所得が当該事業に関連するか付随的なものであり，当該居住者が，条約の特典を受けるために別に定める要件を満たしている場合，条約の特典が適用される。

ただし、条約相手国における事業活動等から所得を得る場合、居住地国において行う営業又は事業の活動が、条約相手国での事業との関係で、実質的なものでなければ、条約の特典は適用されない。つまり、居住地国での営業又は事業の活動の実体があり、ある程度の規模がなければならない。

なお、自己の勘定のために投資を行い又は管理する活動（商業銀行の行う銀行業等を除く）は、上記の「営業又は事業の活動」から除外される。ただし、商業銀行等の行う金融業等は除外されない。

③ 権限ある当局による認定（4項）

上記①、②の基準には該当しないが、条約の特典についての要求を受ける締約国の権限ある当局が、当該居住者の設立、取得又は維持及びその業務の遂行がこの条約の特典を受けることをその主たる目的の一つとするものでないと認定する時は、条約の特典の適用を受けることができる。

④ 基準認定年度（3項）

イ．源泉徴収課税に関する上記①ニの公開会社の関連会社基準及び上記①ト(イ)の支配基準の判定

　(イ)　所得の支払日が課税年度終了の日である場合には、当該課税年度を通じて基準が満たされていること。

　(ロ)　支払日が課税年度終了の日以外の日である場合には、当該課税年度中の支払日に先立つ期間及び当該課税年度の直前の課税年度を通じて満たされていること

ロ．源泉徴収課税以外の場合の上記①ト(イ)の支配基準の判定

所得の支払いの行われる課税年度の総日数の半数以上の日において満たされていること

ハ．上記①ト(ロ)の課税ベース浸食基準の判定

　(イ)　日本の源泉徴収課税については、所得の支払いの行われる課税年度の直前3課税年度につき満たされていること

　(ロ)　米国においては、所得を取得する課税年度（進行年度）において満たされていること[53]

以上の包括的特典制限条項は、米国が1989年の改定米独条約締結してきた

147

他の国との条約⁽⁵⁴⁾中の特典制限条項と比較した場合，主要な項目についてはほぼ共通した内容となっている⁽⁵⁵⁾。

　新条約の適格居住者の基準を要約すれば，条約相手国（源泉地国）から見ると，居住地国の居住者である個人，公認の有価証券市場に上場されている法人等，及びそれらによって過半数の株式が所有されている法人が原則として，適格居住者となるが，たとえ，第三国の居住者によって過半数の株式が所有されている法人等でも，居住地国で実際の営業・事業活動を行っている場合には，条約の特典を適用する。それでも条約の特典の適用を受けることができない場合でも，権限ある当局が，条約の濫用が主目的でないと認定した場合に条約の特典が適用されることになる。

　また，上記2⑥のOECDのアプローチと比較すると，既に述べたように大要，類似しているが，相違点としては，不均一分配株式について主たる種類の株式と同様に公認の有価証券市場での上場・取引されていること及び不均一分配株式も含めた各種類の株式それぞれについて50％以上の支配基準を満足させることを要件としているが，OECDアプローチと同様の効果があるといえる。条約の規定自体も，理解しやすさの点からもOECDアプローチより洗練されていると考えられる。

　上記の特典制限条項以外にも，新条約には以下のような濫用防止関連規定がある。
① 「受益者」概念（第10条2項，第11条2項，第12条1項他）
② 導管取引への条約の特典の不適用（第10条11項，11条11項，12条5項，21条4項）

　既に述べたとおり，受益者すなわち所得が実質的に帰属する者に対してのみ条約の特典が適用されるが，この導管取引にかかる濫用防止規定は，上記①の受益者に該当しない者の典型例を示している。この濫用防止規定は，所得の受領者が，支払を受けた所得と同種の所得を第三国居住者に支払うこととされていて，かつ2つの支払の間に条件関係が認められる場合には，当該所得の受領者を受益者とせず，条約の特典を適用しないもの（上記OECDアプローチの④のチャンネル・アプローチ）。

具体的には，以下の要件を満たした場合，導管取引として条約の特典を適用しない。

　イ．優先株式に係る配当の受領者が，自ら優先株式を第三国居住者に発行していること

　ロ．当該受領者が保有する優先株式と当該受領者が第三国居住者に発行した優先株式とが同等であること

　ハ．第三国居住者がかかる優先株式を保有していなければ，当該受領者が当該配当の支払の基因となった優先株式を保有することがなかったであろうと認められること

　ニ．当該第三国居住者が当該配当の源泉地国と当該第三国との租税条約に基づき，日米条約に基づく特典と同等か又はより有利な特典を得られる立場にないこと[56]。

③　ペイスルー(pay through)法人への配当の減免特典の適用制限[57]（第10条4，5項）

ペイスルー法人とは，設立国の税法に基づく課税所得の計算上，支払配当の損金算入が認められる法人のことをいい，米国では，投資規制会社[58]，不動産投資信託[59]（第10条4項）が，日本では，特定目的会社，投資法人，特定信託（同5項）が該当する。

ペイスルー法人に対する投資については，仮に親子間配当の要件を満たしたとしても，ポートフォリオ配当に対する限度税率10％（年金基金が受益者の場合は免税）が適用される[60]。なお，不動産に対する投資にペイスルー法人が用いられる場合にも，軽減税率等を適用すると，新条約第6条で不動産所得について，不動産所在地国の国内法による課税権を認めている趣旨に反することになる[61]ため，米国の不動産投資信託及び日本のペイスルー法人でその有する資産のうち日本国内に存在する不動産の構成割合が50％を超えるものについては，条約の特典を適用せず，国内法どおり課税する。

ただし，

　イ．配当の受益者がペイスルー法人の10％以下の持分を有する個人又は年金基金である場合，

租税条約の濫用防止

　　ロ．配当がペイスルー法人の一般に取引される種類の持分に関して支払われ，かつ，当該配当の受益者が当該法人のいずれの種類の持分についてもその５％以下の持分を保有する者である場合
　　ハ．配当の受益者がペイスルー法人の10％以下の持分を保有する者であり，かつ，当該法人が分散投資をしている場合
　のいずれかに該当する場合は，10％の限度税率（受益者が年金の場合は免税）が適用される。
　④　不動産化体株式等の譲渡収益に対する源泉地国課税（第13条２項）
　第13条１項により，不動産の所在地国は，条約相手国の居住者が当該不動産の譲渡収益を稼得した場合に，国内法に従い課税できる。一方，不動産所在地国の法人でその資産の価値の大半が不動産である場合に当該法人の株式を譲渡すると，実質的に不動産自体の譲渡に類似することになる。そこで，第13条２項では，法人の有する資産の価値の50％以上が当該法人の居住地国の不動産により直接又は間接に構成される場合，当該法人の株式の譲渡収益について，当該不動産の所在地国（当該法人の居住地国）が国内法に従い課税できることを規定している[62]。なお，当該株式が公認の有価証券市場において取引されていて，かつ，譲渡者及びその特殊関係者が所有する株式がその発行済み株式の総数の５％以下の場合は，除外される。この不動産化体株式の譲渡収益に対する源泉地国課税権を認めた条約としては，不動産化体株式の定義等にかかる規定ぶりは異なるが日仏条約等がある[63]。また，平成17年度税制改正で，不動産化体株式等の譲渡所得課税の規定が創設された（所得税法施行令280条２項５号，同291条１項４号・同８項〜12項，法人税法施行令177条２項５号，同187条１項４号・同８項〜12項）。

　(28)　この制度は，免税芸能法人等が支払を受ける芸能人等の役務提供事業の対価に対して所得税が一旦源泉徴収されるが，免税芸能法人等が芸能人等に対して支払う役務提供報酬から源泉徴収をしてその所得税を納付した場合，「租税条約に関する芸能人等の役務提供事業の対価に係る源泉徴収税額の還付請求書（様式12）」を提出することにより還付される（実特法第３条，同省令１の３）。したがって，免税芸能法人等の租税条約上の特典が適用されないことにはならない。
　(29)　OECDモデル第１条コメンタリー・パラグラフ9.2
　(30)　前掲注（29）・パラグラフ9.6

III　租税条約の濫用防止規定

(31)　前掲注（29）・パラグラフ9.3
(32)　OECD「Double Taxation Conventions and the use of Base Companies」（1986年），同「Double Taxation Conventions and the use of Conduit Companies」（1986年），同 International Tax Avoidance and Evasion」（1987年）
(33)　本稿で説明する各アプローチ以外に，芸能人等がいわゆる芸能人会社（artiste company）を設立して，「恒久的施設なければ課税せず」の原則により，芸能人等所得の源泉地国課税を免れる行為に対して，恒久的施設の有無にかかわらず源泉地国課税できるとするOECDモデル第17条2項の規定もまさに濫用防止規定であるが，その対象が芸能人等所得に限定されるため本稿では取り上げない。
(34)　前掲注（29）・パラグラフ10，OECDモデル10条コメンタリー・パラグラフ12。同11条コメンタリー・パラグラフ8，同12条コメンタリー・パラグラフ4.1-2。本庄・前掲注（2）・245頁。
(35)　谷口・前掲注（3）・163頁
(36)　前掲注（29）・パラグラフ13
(37)　典型的なタックス・ヘイブンと租税条約を締結することはあまりないと考えられる。
(38)　前掲注（29）・パラグラフ14
(39)　前掲注（29）・パラグラフ15
(40)　前掲注（32）のOECDの報告書には明確な定義はないが，源泉地国からの所得を居住地国で直ちに課税されないよう，第三国（通常軽課税国であることが多い。）に設立した法人に所得を留保するスキームに利用される当該第三国の法人と定義する。
(41)　本庄・前掲注（2）・246項，前掲注（29）・パラグラフ16
(42)　本庄・前掲注（2）・247項，前掲注（29）・パラグラフ17
(43)　前掲注（29）・パラグラフ19
(44)　前掲注（29）・パラグラフ20。米国の条約ポリシーであり，1996年に公表された米国財務省モデル条約にも同様な規定が入っている（第22条）。また，国内法にも関連規定がある（Internal Revenue Code §884(e)）。
(45)　前掲注（29）・パラグラフ21‐21.1
(46)　前掲注（29）・パラグラフ21.3
(47)　前掲注（29）・パラグラフ21.4
(48)　国税庁「平成6年改正税法のすべて」・266頁。同様の規定として，日英条約第5条。
(49)　前掲注（48）・266頁
(50)　1970年に署名された日・ザンビア条約は全ての配当について源泉地国免税としている。
(51)　新条約第22条5項(b)に定義されている。

(52) 新条約議定書第11項に「通常取引される」の意味が説明されている。
(53) 浅川雅嗣『コンメンタール改訂日米租税条約』200-202頁（大蔵財務協会, 2005年）
(54) 米蘭, 米独, 米仏条約。
(55) EU 加盟国には, 条約締約国以外の EU 加盟国の居住者にも同様の取扱いをすることが規定されている。マーストリヒト条約第6条。
(56) 11項は優先株式等を利用した導管取引を対象としているが, 受益者に該当しない場合の例示に過ぎないので, 優先株式等を利用しない導管取引であれば, 条約の特典が適用される訳ではない。浅川・前掲注 (53)・113-115頁。
(57) この規定は, 条約の濫用防止そのものを目的とした規定とはいえないかもしれないが, 不動産投資にペイスルー法人が用いられる場合の規定は, 新条約第6条の適正な適用を確保するためのものであるため取り上げた。
(58) Regulated Investment Company（RIC）. Internal Revenue Code §851
(59) Real Estate Investment Trust（REIT）. Internal Revenue Code §856
(60) 条約は, 親子間配当について, 免税又は5％の限度税率を規定しているが, これは, 親子間配当が直接投資としての性格を有していることを踏まえた措置である。ペイスルー法人については, 支払配当の損金算入が認められるため, 直接投資の性格が希薄であるため, 親子間配当の免税・軽減税率を適用しない。浅川・前掲注 (53)・106頁
(61) 浅川・前掲注 (53)・107頁
(62) 浅川・前掲注 (53)・147頁
(63) 日仏条約第13条3項は,「不動産を主要な財産として直接又は間接に所有する」という規定になっている。日仏条約以外に不動産化体株式の譲渡収益に源泉地国課税権を認めている条約としては, 日・フィリピン条約, 日・シンガポール条約, 日越条約, 日墨条約がある。

IV 今後の課題

II 4 で述べたように, 今後, 新日米条約のような投資所得の源泉地国課税権を大幅に制限した方針に基づく条約改定が進められていくことが予想されるが, その場合, なんらかの条約の濫用防止規定を条約中に置くことが必要になる。必ずしも, 新日米条約型のアプローチが適切とは限らないであろう。また, EU 加盟国との条約改定では, EU 独自の問題への対処も必要となろう。本章では, 今後の条約改定を念頭に置きつつ, 濫用防止規定を考えてい

く上で留意すべき点，濫用防止規定を実効性あるものにするための方策等について検討する。

(1) 濫用防止規定策定に当たっての留意すべき点

これまでも述べてきたように，投資所得の源泉地国免税を内容とする租税条約を増やしていけば，第三国居住者等にとって条約を濫用する誘因が増えることになる。また，アジア地域で唯一日本だけが，投資所得の源泉地国免税の条約を米国と締結していること，日本では，米国が条約を未締結の国(64)とも条約を持ち，既存の条約にはみなし外国税額控除を認める規定があるものがあること等を考慮すると，今後は，国際的な租税回避ないしタックス・プランニングを考える上で日本がより重要になることも予想される。多国籍企業の経営戦略上，日本の税制や租税条約ネットワークが重要な役割を果たすことは，対日投資促進の観点からは歓迎すべき面もあるが，同時に，より実効性のある濫用防止策が今後，必要になると考えられる。

濫用防止策を考える上で，納税者が濫用的取引を行おうとしていると安易に仮定してはならず(65)，二重課税を排除するために租税条約に定められた締約国の義務を遵守しなければならないことは言うまでもない。そのためには，納税者，居住者の予測可能性，法的安定性を重視すべきであるとともに，納税者，源泉徴収義務者及び税務当局のコストも考慮されなければならない。仮に明確な基準が示されても，その適用手続が複雑で煩瑣である場合，二重課税の防止による経済交流の促進という租税条約の目的が減殺されてしまうことになる。

条約の特典の適用を受けるために納税者のコスト及びそれに対応するための税務当局のコストについては，新日米条約はまだ発効して２年を経過した段階であり，どの程度の負担になっているのかを検証することはできないが，権限ある当局による認定を求める件数の推移も有益な検討の材料を提供することになろう。詳細な適格基準を満たすことができない場合でも条約の濫用を目的としていない居住者に条約の特典の適用を認めることは望ましいことであり，権限ある当局による認定によって，個々の事案の内容に応じた柔軟で適切な認定が求められるところである。しかし，そのことは，納税者及び当局の双方にとってのコスト増加につながることであり，仮に認定を求める

件数が多い場合は，特典制限条項の基準自体の見直しも必要になってくるであろう。

(2) 濫用防止規定を実効性あるものにするために必要な方策

① 居住者証明制度

欧州のいくつかの国では，条約相手国の居住者が条約の特典の適用を求める場合にその居住地国の税務当局による居住者証明を求めている。わが国では，改定日仏条約（1995年署名）の議定書19項に，相手国の権限ある当局[66]による居住者証明の発行を要求できる規定が入り，租税条約の実施に伴う特例等に関する省令（以下「実特省令」という。）について所要の改正（平成8年度税制改正）が行われた。さらに，新日米条約を受けた平成16年度税制改正で，わが国に対して条約の特典の適用を求める条約締約国の居住者に対して，居住者証明書の提出を求めることができるようにする等の規定の整備が行われた（実特省令第2条の2〜5，同第9条の2〜9）。具体的には，配当・利子・使用料が租税条約の規定により免税となる場合，条約相手国の適格居住者は，免税の特典の適用を受けることを希望する場合には，権限ある当局による居住者証明を添付して租税条約の届出書を提出することが必要になった[67]。濫用防止規定の実効性を高める上で評価すべき改善といえる。また，日本に複数の源泉徴収義務者がいる場合には，条約相手国の居住者は，各源泉徴収義務者に，租税条約に関する届出書を提出し，その届出書には，居住地国の権限ある当局の発行する居住者証明書を添付する必要があるが，平成17年度税制改正で，届出書提出時に源泉徴収義務者に居住者証明書の原本を提示することにより，証明書の添付を省略することができる特例が設けられた（実特省令第9条の10）。米国居住者及びわが国の源泉徴収義務者により適正に運用される限り，納税者，源泉徴収義務者，税務当局のコストを考慮した現実的な対応といえる。

② 米国の適格仲介者制度

米国では，1982年の「Tax Equity and Fiscal Responsibility Act」に基づき，条約の特典の適用を求める条約相手国の居住者に居住地国の税務当局の発行する居住者証明を添付することを義務付ける規則案を公表したがその後金融界等からの反発もあり，撤回された。その後米国は，第三国居住者や自国居

住者による条約の不正利用を防止するため，米国に投資する外国の居住者にも納税者番号の取得を義務付けることが1990年代前半に検討された。しかし，この制度も金融界，外国投資家等からの反発により，撤回された。結局，現在は，適格仲介者（Qualified Intermediary。以下「QI」という。）[68]を通じた条約の特典の適用手続がとられている。従来は，米国有価証券に投資する非居住者の投資家について，米国の源泉徴収義務者が最終受益者の居住地を示す証拠書類を入手し保管しなければならなかったのに対し，米国内国歳入庁との間で適格仲介者契約を締結した外国の金融機関（米国金融機関の外国支店を含む。）が米国の源泉徴収義務者に代って，非居住者である受益者が条約の特典の適用を受けることができる条約相手国の居住者かどうかを確認し，源泉徴収も行う[69]という制度になっている。米国内国歳入庁から特別な要求がない限りは，当該非居住者に関する情報を提供する必要がない。この制度は米国への資金流入を阻害することなく，条約の濫用を防止することを目指したものといえる[70]。

③　わが国は今後どのような確認手続を採用すべきか。

イ．QI制度

条約の特典の適用を求める相手国の居住者等が適格居住者か否かの確認を相手国の金融機関に任せる米国の適格居住者制度は，たとえ，定期的な外部監査が行われるとしても，源泉地国の税務当局による確認も困難であることから，濫用防止規定を実効あらしめる方策とは考えられない[71]。また，わが国の源泉徴収義務者に現行制度以上の負担を課すことにも慎重にならざるを得ない。

ロ．居住者証明制度

居住者証明制度が導入されて日が浅いこともあり，当面は，現行制度の有効性を注視して行かざるを得ないが，有効性の検証手段としては，次に述べる情報交換制度を利用して，アトランダムに抽出した届出書について，居住地国当局にその確認を求めることが考えられる。

なお，投資所得について源泉地国免税としていない条約については，現在居住者証明の添付を求めていない。条約濫用の危険性が源泉地国免税型の条約に比較して低いことや条約相手国全てに拡大することはコスト面での負担

を大きくすることから現実的でないが，有害な税制を有する国など，課税上問題のある国については，居住者証明の必要な所得を特定した上で，条約に関する届出書に居住者証明の添付を義務付けることも，少なくても，濫用的行為に対する牽制効果等が期待できることから，今後検討すべきであろう。

ハ．情報交換制度の利用

条約の濫用防止を実効あらしめるために，今後積極的に情報交換制度を利用することが考えられる。具体的には，濫用の惧れがあると税務当局が判断した条約相手国の居住者について，相手国の権限ある当局に対して，事実確認などの情報提供依頼を行い，適時に回答が得られない場合は，条約の特典の適用を認めないとするものである。これは居住者証明を求めている場合でも，さらに確認すべき必要があれば，情報交換を利用すべきであろう。上述したように居住者証明の有効性の検証手段としても有用であろう。現在の条約相手国で，相互主義に基づいた情報交換（特に，個人的情報交換）が適切に行われている国がどのくらいあるか不明であるが，条約の特典適用に係る情報交換について条約相手国の権限ある当局の協力がない場合は条約の特典を適用しないとする[72]ことで，条約の濫用防止と情報交換の改善を同時に図ることができるとも考えられる。

また，新日米条約では，LLCのように，米国税法上，法人格がありながら，その事業体の選択により，法人としての課税ではなく，構成員に対する課税が行われている場合の条約の適用に関し，LLCが得た日本源泉所得について，その構成員が米国の適格居住者である部分について条約の特典を適用することになっている。かかるLLCが日本の源泉徴収義務者に提出する条約に関する届出書には，適格居住者である構成員に関する記載欄もある。問題は，その構成員がさらにLLCであるというように何層にも所有関係が連鎖する場合，現行の制度でどの程度真実の受益者を確認できるか疑問であり，その確認には，米国の権限ある当局の協力が不可欠である。

(3) 特典制限条項

新日米条約のような包括的な特典制限条項が条約の濫用防止にどの程度有効か，納税者，源泉徴収義務者及び税務当局のコスト負担の程度については既に述べたように，現時点では，検証するには，時期尚早であろう。ただ，

IV　今後の課題

　新日米条約のような投資所得の源泉地国免税の内容を持つ二国間条約で米国が締約国になっていないものは，包括的な特典制限条項が必ずしも規定されていない。しかし，だからといって，条約の濫用防止の観点から不十分とは一概にはいえないであろう。

　たとえば，包括的な特典制限条項ではなく，源泉地国免税となっている特定の投資所得に限定して，居住者の範囲を厳格化することも，各所得の特性に応じた，より単純な居住者基準となり，コスト負担を抑えるとともにむしろ，濫用防止の効果を高めることも考えられる。

　また，通常の経済取引を前提に，投資所得の源泉地国免税の特典の適用対象を考えれば，真正条項の相当部分を削除しても，大きな問題は生じないとも考えられる。より客観的で単純な居住者基準は，源泉徴収義務者の負担軽減，さらには当局の負担軽減にも資することも期待できるであろう。

　なお，米国は既存の包括的な特典制限条項を実際の事例を踏まえて，最近の条約改定時に修正している。税制の違いはあるもののわが国にとって参考になるであろう。

(64)　米国は，たとえば，アジア地域では，シンガポール，マレーシア，ベトナムとは通常の租税条約を締結していない。
(65)　前掲注（29）・パラグラフ9.5
(66)　日仏条約では，権限ある当局以外に適当な当局による証明書の発行も認めている。議定書19項。なお，1995年に発効した改定日，シンガポール条約の交換公文第5項にもシンガポールの権限ある当局による居住者証明の発行に関する規定がある。
(67)　使用料については，届出書に居住者証明書を添付する。租税条約に関する届出書様式3。
(68)　エドワード・デネヒー他「米国源泉徴収税規則におけるQI20年の歴史」International Taxation Vol. 20 No. 11・9頁，同No. 12・28頁。Revenue Procedure2000-12。
(69)　適格仲介者は源泉徴収の義務を負わないことも選択できるが，その場合，顧客である投資家のステイタスを示す詳細な情報を米国の源泉徴収義務者に提出する必要が生じる。前掲注（61）。
(70)　米国は，条約の特典の適用を求める条約相手国の居住者に居住者証明書の提出を求めていない。
(71)　もっとも，外国投資家，源泉徴収義務者，税務当局のコストの観点からは評

価できる制度である。
(72) 実特法の改正や相手国とのなんらかの合意が必要かどうかを検討する必要がある。

おわりに

本稿では，新日米租税条約を契機として，わが国にとって重要度が増した租税条約の濫用防止の問題について検討してきた。米国は，包括的な特典制限条項を条約締結方針として，極めて複雑精緻な濫用防止規定を発展させてきた。ただ，かかる濫用防止規定を厳格に適用しようとすると，膨大なコストが官民双方にかかるであろうし，財政赤字と貿易赤字という2つの赤字を抱える米国経済を支えている海外からの資金流入（財務省証券などの一定のポートフォリオ利子については，条約締結の有無に関係なく免税としている[73]）を阻害することになると考えられる。その意味において，濫用防止規定の実際の執行を，適格仲介者という外国の金融機関に依存しているのは，現実的なアプローチとも言える。

一方わが国が取るべき方策を考えた場合，海外から直接投資や資金流入を推進すべき時期が到来しているが，新日米条約のように投資所得の源泉地国課税を免税ないし大幅に制限した条約を今後拡大するとした場合，国内法上の源泉徴収率との差が大きい[74]こともあり，執行面も含めて，現在より実効性のある条約の濫用防止策を考えていく必要があろう。その際，留意すべきことは，二重課税の防止により二国間の経済交流・投資の促進という租税条約の目的をその適用手続の負担により阻害しないことである。

今後の検討課題としては，EUのような地域経済共同体の加盟国との条約における，経済共同体の加盟国である第三国の居住者に対する扱い[75]や新日米条約で認めたLLCのように，納税義務の主体が国によって異なる場合の条約の適用のあり方がある。

(73) Internal Revenue Code §871 (h)
(74) わが国居住者にとっても，条約相手国の居住者として条約の特典の適用を受ける誘因が生じる。

(75) 仮に，EU 加盟国の中で，租税回避行為に利用されやすい有害な税制を持っていて，かつ，実効性のある情報交換に応じない国がある場合，かかる国に投資所得の源泉地国免税を規定するわが国の租税条約が適用されないように留意する必要があろう。

〈参考文献〉
1．書籍
- 金子宏『租税法（第十版）』（弘文堂，2005年）
- 本庄資『租税条約』（税務経理協会，2000年）
- 本庄資『新日米租税条約の解釈研究』（税務経理協会，2005年）
- 渡辺裕泰『国際取引の課税問題』（日本租税研究協会，2003年）
- 浅川雅嗣『コンメンタール改訂日米租税条約』（大蔵財務協会，2005年）
- 水野忠恒『国際課税の理論と課題（二訂版）』（税務経理協会，2005年）
- 中里実『国際取引と課税』（有斐閣，1994年）
- 中里実『タックスシェルター』（有斐閣，2002年）
- 川端康之『OECD モデル租税条約（2003年版）』（日本租税研究協会，2003年）
- 矢内一好『詳解日米租税条約』（中央経済社，2004年）
- 品川克己『完全詳解新日米条約の実務』（税務研究会，2004年）

2．論文・報告書
- 谷口勢津雄「租税条約の濫用」『国際租税法の研究』（法研出版，1990年）
- 浅川雅嗣「日米租税条約の署名について」ファイナンス2004年1月号
- 平野嘉秋「米国内国歳入法上の企業分類における新規則チェック・ザ・ボックス規則(上)」International Taxation Vol. 17 No. 11
- エドワード・デネヒー他「米国源泉徴収税規則における QI20年の歴史」International Taxation Vol. 17 No. 11, 12
- OECD「The Application of the OECD Model Tax Convention to Partnerships」1999年
- OECD「Double Taxation Convention and the use of Base Companies」1986年
- OECD「Double Taxation Convention and the use of Conduit Companies」1986年
- OECD「International Tax Avoidance and Evasion」1986年
- Klaus Vogel「Taxation of Cross-border Income, Harmonazation, and Tax Neutrality under European Community Law」Kluwer，1994年

II　民事法系

責任無能力と運行供用者責任

藤 村 和 夫

Ⅰ　はじめに
Ⅱ　従来の裁判例と学説
Ⅲ　問題の所在
Ⅳ　若干の検討
Ⅴ　おわりに

Ⅰ　はじめに

　自動車の走行中，その運転者が，何らかの理由で突然意識を失い，その結果，事故を起こして他人に損害を与えるという場合がある。意識を失うというのは，心臓麻痺や癲癇の発作，クモ膜下出血，発狂，眩暈等による場合，あるいは，薬物による症状が現出する場合等が考えられるが，意識を失うには至ってはいないものの，運転者が痴呆状態（認知症）にあった，あるいは失明したという場合も，同様に考えておいてよいであろう。
　こうした場合，運転者は，当然に加害者という立場に立たざるを得ないのであるが，やはり責任を負わなければならないのであろうか，また，被害者とすれば，誰に対して責任を追及していけばよいのか等が問題となり得る。
　自動車交通事故により，被害者の生命，身体に損害が発生したときは，直ちに自動車損害賠償保障法（以下，自賠法という）の適用が想起される。
　運転者が突然意識を失ったという場合であっても，運行供用者責任（自賠法3条本文）が認められるのであれば，話はそこで終わりそうである。しかし，自賠法3条は，同時に，その但書において，運行供用者責任の免責についても定めており，運転者の意識喪失が，その免責を導くかどうかを検討す

る必要はあろう。因みに，その免責要件は，①自己および運転者が自動車の運行に関し注意を怠らなかったこと，②被害者または運転者以外の第三者に故意または過失があったこと，③自動車に構造上の欠陥または機能の障害がなかったこと（以下，免責要件の①，②，③という）（自賠法3条但書）であり，一般に，免責の三要件とも呼ばれる。

運行供用者の責任については，ストレートに自賠法の問題となるが，運行供用者ではない運転者の責任については自賠法ではなく，民法の問題となる。

民法713条は，「精神上の障害により自己の行為の責任を弁識する能力を欠く状態にある間に他人に損害を加えた者は，その賠償の責任を負わない。ただし，故意又は過失によって一時的にその状態を招いたときは，この限りでない。」と定め，責任弁識能力を欠く者は，原則として不法行為責任を負わないとしている。すなわち，責任無能力は，民法上の免責要件とされているのである。そこで，自動車を運転中に意識を失った者の責任弁識能力如何も検討される必要がある。なお，運転者が責任無能力者と認められ，その責任が否定されると，運転者の法定監督義務者の責任の問題となる（民法714条）。

さらに，自賠法と民法とが交錯する場面を考慮する必要にも迫られる。先に，運転者が，突然意識を失った場合であっても運行供用者責任が認められるのであれば（そして，免責も認められなければ），話はそこで終わりそうであると述べたが，実は，終わらないのである。

自賠法4条が，運行供用者責任については，自賠法3条による他，民法の規定によると定めているところから，自賠法3条により運行供用者責任を認められる（筈の）者が責任無能力者であるときは，民法713条によって免責されることになるのかどうかも検討されなければならないからである。

この問題の解決は，理論的整合性と実際上の要請，とりわけ被害者の保護とを勘案するとき，それほど容易ではない側面を保持しているといえよう。

なお，民法上の責任無能力者とされる者には，他に，責任を弁識するに足るべき知能を備えない未成年者がいる（民法712条）が，責任弁識能力を欠く未成年者（判例に現われた事例をみると，一般的には，12歳未満の子が想起される）が自動車を運転して事故を起こすという例は，無いとはいえないものの，極めて稀なものと思われるので，ひとまず，ここでは考慮の外に置くこ

ととする。

II 従来の裁判例と学説

この問題をめぐっては，こうした事故状況自体が少ないのか，あるいは，事故はあるものの訴訟に至るケースが少ないのか定かではないが，裁判例は極めて少ない。その故か，学説の方もそれほど多彩というわけではない。まずは，従来の状況をみておくが，最終的には責任無能力者と認定されるものの，具体的にどのような状況であれば責任無能力とされるのかも興味深いと思われるので，裁判例の紹介においては，なるべく事実関係を詳しくみていくこととする。

1 裁判例の紹介
(1) 名古屋地判昭和38年8月20日訟務月報10巻1号96頁（以下，名古屋判決という）

〔事案の概要〕

昭和34年4月30日午後零時40分頃，名古屋市西区の交差点手前の道路において，55人ぐらいの乗客を乗せ，約35km／hで走行中のY1（男，Y2の被用者）運転のバス（Y2会社所有）が，道路左側前方を進行中のA搭乗の自転車をはね飛ばし（この事故は，本件訴訟の対象ではない），さらに郵便配達中のB搭乗の自転車ならびにC搭乗の自転車を続けてはね飛ばし，そのまま4～500m進行して停車したという事故により，B，Cが死亡した。

そこで，国家公務員災害補償法に基づきB，Cの遺族に遺族補償，葬祭補償を支給したX（国）が，B，Cの遺族らがYらに対して有する損害賠償請求権を取得したとして，その旨の請求をしたものである。

これに対し，Yらは，本件事故当時，Y1は心神喪失の状況にあったから不法行為責任を免れると主張した。

〔裁判所の判断〕

① まず，Y1が，本件事故当時，心神喪失状態にあったかどうかが判断される。

(i) Ｙ１は，後天的なものではあるが，側頭葉癲癇の疾病に罹患していて，昭和19年ごろ軍隊生活中に失神して倒れ，同32年12月25日の夜半にも自宅で就寝中に一時的に意識混濁状態となったことがあり，また本件事故後の同35年7月8日，精神鑑定のために訪れたＮ大学医学部脳波検査室で意識喪失様発作を起こしたことがあること，本件事故当日，本件事故現場に差掛かった頃から，突如癲癇の発作を起こす状態に入り，本件事故現場を経て停車する直前まで発作が継続し，その間，Ｙ１の精神状態は意識混濁または失神様の状態であったこと，そのため，本件事故発生後も急停車の措置をとらず，かえって速度を増し，乗客達が騒ぐのに気付かず，停車後にバスの案内係（ガイド）から「あなたは事故を起こした」と告げられても，怪訝な面持ちで問い返すありさまであった。以上のことから，Ｙ１は，本件事故当時，心神喪失状態にあったものと認めた。

(ii) Ｘが，Ｙ１は，自己の病歴から，本件事故現場付近で心神喪失となることを予見できたにも拘らず，不注意にも運転を続けたため一時の心神喪失状態を招いたものであると主張したのに対しては，以下のように判断してこれを斥けた。

Ｙ１が側頭葉癲癇の疾病に罹患していることが判明したのは，本件事故後の2回目の鑑定の結果によってであり，第1回目の鑑定においては，脳波検査の際，癲癇の異常波が認められなかったため判明しなかったほどであること，昭和21年に運転免許を取得して以来，スリップ事故を1度経験しただけで，県の交通安全協会から無事故運転者として表彰されたこともあることから，Ｙ１は，自分に側頭葉癲癇という疾病があることを全然知らず，かつ，これを知らなかったしても無理からぬことであったこと，Ｙ１の癲癇発作には前兆がなかったこと，Ｙ１が本件事故前に突如癲癇の発作状態に入った直接の条件も明らかにできないこと，したがって，Ｙ１が，自動車の運転中に癲癇の発作を起こして心身喪失になるだろうと予見することは到底不可能であったとした。

こうして，Ｙ１は，心神喪失の間に本件交通事故を起こした者として，これによる損害賠償責任を免れるとした。

② その上で，Ｙ２の運行供用者責任についての判断に移る。

Ⅱ 従来の裁判例と学説

　(i) Y2はバスにより観光事業を営む者であるが, そのY2に運転者として被用されているY1が, Y2の業務としてバスを運転中に本件事故を起こしたものであるから, Y2は, 自賠法3条本文にいう運行供用者である。
　(ii) たしかに, Y1は, 本件事故当時, 心神喪失状態にあって責任無能力者となって運転していたものであるが, これも外形的にみれば, Y1が心神正常な状態で運転していたときと同様に, Y2は, 自己の業務のためにY1を運転に従事させていたのであるから, Y2が運行供用者であるというに何ら支障はない。
　(iii) また, Y1が突如癲癇の発作を起こしたものであっても, 自動車の運行とB, C両名の死亡との間の因果関係を否定することはできないから, Y2は, 自賠法3条但書所定の免責要件を証明しない限り, 運行供用者責任を負わなければならない。
　(iv) Y2は, 自賠法3条但書による免責を主張するが, 免責の三要件のうち, 免責要件の②を認めるに足りる証拠がなく, かえって, 本件事故は, Y1の突然の心神喪失によって一方的に生じたものと認めることができるから, Y2は, 運行供用者責任を免れない。

　(2) 新潟地判平成7年11月29日交通民集28巻6号1638頁 (以下, 新潟判決という)
　〔事案の概要〕
　平成4年7月27日午後5時38分頃, 新潟市の路上において, 普通乗用車 (Y所有) を運転していたY (男, 53歳) が, 突然クモ膜下出血で倒れて意識をなくし, 歩行者Xを後ろからはねて, Xに傷害を負わせた。そこで, Xが, Yに対して損害賠償を請求したものである。
　〔裁判所の判断〕
　① 不可抗力による免責の可否
　(i) 自賠法3条但書の免責については, 免責要件の②を欠くことが明らかであるから, 同但書を適用しての免責が認められる余地はないが, 自賠法3条が運行供用者に法律上の無過失責任を負わせたものでない以上, いわゆる不可抗力によって事故が発生したときは, 被害者または第三者に故意, 過失

が認められない場合であっても，免責が認められる余地があるといわなければならないとして，クモ膜下出血で心身喪失状態に陥った場合に，不可抗力として免責を認めるかどうかを検討する。

(ii)　「不可抗力とは，外部から来る事実で，普通に要求される程度の注意や予防方法を講じても損害を防止できないことを意味するところ，」運転者の心神喪失は，いわば加害者の内部の事実であって，地震や落雷等，一般に不可抗力として論じられている外部からくる事実と同列に考えられるか疑問である。また，車両の運行は，車両自体と運転者とによって行われるのであるが，車両自体に存する構造上の欠陥または機能の障害が原因で事故が発生した場合に原則として免責されないのであれば，運転者の身体ないし健康上の障害が原因で事故が惹起された場合も同様に考えるべきである。

それゆえ，「運行供用者の免責事由としての不可抗力は，車両圏外の要因のうち，被害者，第三者の故意，過失を除いた，最終的な法的責任帰属の主体が見出せない事由に限定すべきであって，運転者の心神喪失は，原則として免責事由に当たらない」とする。

②　予見不可能による例外的な免責の可否

(i)　もっとも，自賠法3条は無過失責任ではないから，運行供用者側で，運転者について常日頃から十分な健康管理を行っており，その運転者が運転中に心神喪失状態に陥るようなことが，現代の医学上の知識と経験に照らしておよそ予見不可能であることを立証したときは，例外的に免責されるとする。

(ii)　そこで，本件について具体的に検討する。

Yは，本件事故当日，Y車を運転して事故現場近くのパチンコ店に行った後，自宅に戻ろうとY車を運転して路上に出た直後，突然クモ膜下出血を起こして意識を失い，本件事故を惹起したこと，Yは，10年以上前から血圧が高めで，本件事故当時も1日3回，血圧の薬を服用していたが，過去にクモ膜下出血や脳出血になったことはなく，糖尿病や心臓病等の既往症もなかったという事実を認定した後，こうした事実によれば，Yにとって，運転中にクモ膜下出血を起こして心神喪失状態に陥ることが現代の医学上の知識と経験とに照らして予見不可能であったとは認めがたく，よって，Yは，自賠法

3条の責任を免れないとした。

(iii) なお、クモ膜下出血等は突然に起こるものであり、単に血圧が高めでそれらの急性疾患が起こる可能性があるからといって、具体的にどこも何ともなければ、自動車の運転を禁ずることはできず、具体的危険性もないところに、運転を禁止すべき注意義務もないとのYの主張に対しては、自賠法3条は、被害者保護を図った危険責任の規定と解すべきであって、運行供用者に前記のような予見可能性の不存在を立証させることは、むしろ自賠法3条の趣旨に合致するものであるから、Yは、加害車両の運転者として具体的過失がないからといって、直ちに運行供用者としての責任を免れることにはならないと述べた。

(3) 大阪地判平成17年2月14日判時1917号108頁、判タ1187号272頁、交通民集38巻1号202頁、自保ジャ1609号15頁（以下、大阪判決という）[(0)]

〔事案の概要〕

平成12年7月20日午後8時10分頃、大阪府枚方市の国道上において、東進するA（男、51歳、会社員）運転の普通乗用車と東行車線を逆行して西進するY（男、公立小学校教員）運転の普通貨物自動車（Y所有）とが正面衝突し、Aが死亡した。これにより、X1～3（Aの妻子）が、Yに対し、自賠法3条の運行供用者責任、民法709条の不法行為責任に基づいて損害賠償を請求したものである。

ところで、Yは、本件事故当時、心神喪失状態にあったとして、業務上過失致死傷事件については不起訴処分とされている。

そこで、Yは、自賠法4条により、自賠法3条の運行供用者責任についても、民法713条本文が適用されるところ、Yは、本件事故当時、精神上の障害により心神喪失状態にあったから、民法713条本文により、自賠法3条の責任を負わない、また、同じく、民法713条本文により、民法709条の責任も負わないと主張した。

〔裁判所の判断〕

① まず、Yが、本件事故当時、心神喪失状態にあったかどうかが判断される。

(i)　Yは，本件事故当日，精神病に罹患して家出していた長女を捜しに行くため，Y車に妻と長男とを同乗させて自宅を出発し，午後7時50分頃，自宅から約2.2キロメートルの所でB車への追突事故（当て逃げ事故）を起こしたが，対向車線を走行してそのまま逃走していたところ，同日午後8時10分頃，本件事故を惹起したものである。

　(ii)　Yは，長女のことを心配して本件事故の3，4日前から食事も摂らず，不眠状態が続いて極度のノイローゼ状態に陥っており，本件事故前には，お経のようなものを唱えたり，「宗教が守ってくれるから大丈夫」，「信じる者は救われる」などと言いながらY車を運転していて，本件事故後，本件事故当時の状況を全く覚えていなかった。

　(iii)　Yは，業務上過失致死傷罪で検察官送致されたが，2度にわたる精神鑑定を踏まえ，平成13年11月21日，前述のように，不起訴処分とされた。

　(iv)　本件事故は，心神喪失を伴う精神病性の症状（短期精神病性障害）に基づいた行動によって惹き起こされたものであり，その症状は，少なくとも前記当て逃げ事故のときには発症していたものと推測できるが，自宅を出る時（運転開始時）から相当な程度の精神病性の症状が出現していた可能性も否定できないとの法医学鑑定意見が出されている。

　(v)　以上の事実に基づき，Yは，本件事故当時，心神喪失の状態にあったものと認めた。

　②　その上で，自賠法3条の運行供用者責任について，民法713条が適用されるか否かの検討に移る。

　(i)　自賠法4条によれば，運行供用者責任については，同法3条による他，民法の規定によるとしているところから，形式的にみれば，運行供用者責任についても，民法713条本文の責任無能力を理由とする免責規定が適用されるとも考えられる。

　(ii)　しかしながら，民法の条文ではあっても，民法723条[1]のように自賠法4条で適用の余地がない条文もあるから，自賠法の趣旨に則り，民法のどの条文が適用されるかを検討する必要がある。

　(iii)　自賠法3条但書は，自動車に構造上の欠陥または機能の障害がなかったことを証明しなければ免責されないとしているところ，人の心神喪失も，

車両の構造上の欠陥または機能の障害と同様，車両圏内の要因・事情ということができるから，このような場合に免責を認めるのは相当でない。

(ⅳ) また，運行供用者が他人に運転を委ねているときに，その運転者が運転中に心神喪失状態になって事故を起こした場合は，運行供用者は当然に運行供用者責任を負うと解されるのに対し，運行供用者が自ら運転しているときに突然心神喪失状態になって事故を起こした場合は，責任無能力を理由として運行供用者責任を免れることができるとすると，均衡が保てず，不合理である。

(ⅴ) 以上のような自賠法3条の趣旨等に照らすと，自賠法3条の運行供用者責任については，民法713条は適用されないと解するのが相当である。したがって，Yは，本件事故当時，心神喪失状態にあったことを理由として運行供用者責任を免れることができないから，民法709条について判断するまでもない。

(4) 京都地判平成13年7月27日判時1780号127頁（以下，京都判決という）
〔事案の概要〕
平成10年11月22日午前9時36分頃，京都市の通称「三条通」において，Y3ホテル前の歩道と車道の間の段差部分を，車道に出て清掃していたA（女，Y3のパートタイム従業員）が，Y1（男）運転の普通貨物自動車（Y1所有）にはねられて死亡した。そこで，X1～2（Aの夫と子）が，Y1に対しては民法709条に基づき，Y2（Y1の使用者）に対しては民法715条に基づき，Y3に対しては民法415条（安全配慮義務違反）に基づき，それぞれ損害賠償を請求したものである。

これに対し，Y1は，本件事故当時，睡眠時無呼吸症候群に罹患していた（しかし，Y1が，その罹患の事実を知ったのは，平成12年3月に入院して検査した結果である）と共に，高血圧および狭心症の薬を服用していたことから，突如入眠して意識を失い，心神喪失の状況下で本件事故を惹起したものであるから，本件事故当時，責任能力を有していなかったと主張した。
〔裁判所の判断〕
Y1は，運転経験が30年以上に及び，大型二種，牽引車等の自動車運転免

許を有し，タクシー運転手の経験もある，いわゆるプロの運転者であったこと，前記の如く，平成12年3月に入院してかなり高度の睡眠時無呼吸症候群（「睡眠時無呼吸症候群とは，入眠の間に，舌の根元が下がって（舌根沈下）気道が狭窄されるため，呼吸運動をしているにもかかわらず無呼吸となり，その結果，眠りが非常に浅くなるとともに，高炭酸ガス，低酸素の状態が睡眠中絶えず繰返されるため，昼間も傾眠傾向が見られるようになる病態であり，主として高度の肥満が原因とされている。睡眠時無呼吸症候群の症状として，昼間であっても突然深い眠りに入ってしまうことがある。」）と診断されたこと，Y1は，身長160㎝，体重94kgで，高度の肥満であり，いびきが強く，睡眠中にしばしば20秒程度の無呼吸と激しい体動が認められたこと，本件事故直前から，Y1車の直後を追従してY1車の動静を注意深く観察していた者の目撃証言に基づくY1車の動向等から，Y1は，睡眠時無呼吸症候群により，入眠状態の下で，責任能力を欠く状態にある間に本件事故を惹起したものであるから，民法713条本文により，損害賠償責任を負わないとした（Y2，Y3の責任ついては省略する）。

このように，本件では，自賠法3条の運行供用者責任が問題とされているものではないが，他の裁判例と同様，運転者が責任無能力であったと判断されたものであるので，参考事例としてここに挙げておくことにした。

2 学説の状況

この責任無能力と運行供用者責任との関係につき，端的に，自動車運転者の責任無能力は，自賠法3条における免責要件の解釈問題であり，運行供用者の責任無能力は，自賠法4条によって民法712条，713条が適用されるかどうかの問題であると述べるものがある[2]。この考え方を起点としてというわけではなく，また，これに同調するというわけでもないであろうが，この両側面のいずれかから問題を論ずる学説が多く，それとは別に，不可抗力に言及するものもある。

以下においては，この三つの考え方に沿ってみていくこととする。もちろん，それぞれの学説の考え方が，これら三つの側面の中のどれに拠るものであるかを明確にすることが容易ではないものもあり，複数の側面からのアプ

ローチを試みるものもある。そうした場合には，どちらかといえば，こちらではないかという理解に基づいて分類しておくこととした。順次，それぞれの説くところをみておこう。

(1) 自賠法3条但書からのアプローチ
① 宗宮説[3]
　まず，責任無能力者が責任を負わないのは，わが国が不法行為につき過失責任主義の立場に立つからであり，したがって，無過失責任を負う場合には，責任無能力者も責任を負わなければならないとした上で，ただし，使用者責任（民法715条），土地工作物の占有者の責任（民法717条1項本文），動物占有者の責任（民法718条）は，免責条件付結果責任であるから，無過失を立証すれば，それら各条の但書によって責任を免れるとする。そして，これらと対比する形で，土地工作物の所有者の責任（民法717条1項但書）は純然たる無過失責任であり，自賠法の「保有者の責任」は，被害者または運転者以外の第三者に故意，過失があったこと，自動車の構造上の欠陥または機能上の障害がなかったことをなどの証明がある場合のみ免責する，「保有者の過失に無関係の結果責任」であることを以って，これらの場合は「不法行為無能力者の責任」を免れしめないとする。
　この考え方は，「無過失責任と不法行為無能力」に係る記述において示されているものであって，自賠法3条但書からのアプローチと捉えるのは，必ずしも適切ではないとも思われるが，「保有者」の責任無能力が自賠法3条但書の免責要件となるものではないとしているところから，ここに挙げておくこととした。
② 舟本説[4]
　まず，運行の場における自動車を，運行供用者の支配および運転者の運転という人的要素と自動車という機械とのシステムとして把握し，事故の要因を当該運行供用者の支配から論ぜられる車両圏内のそれと車両圏外のそれとに二分した上で，事故発生が専ら車両圏外の要因に基づくものであって，車両圏内の要因は一切関与していないことを証明することを免責要件の内容として把握すべきとする。

そして，車両圏内の要因として，運行供用者・運転者の過失，車両の構造・機能の欠陥・障害を，車両圏外の要因として，被害者・第三者の故意・過失，最終的な法的責任主体を見出せない事由という意味で不可抗力を挙げる。

その上で，欠陥者－運転者の実存的，人格的，生物的欠陥・障害－については，一部無過失責任を含んだ運行供用者の危険負担とすべきであり，運転者＝運行供用者である場合に癲癇，発狂等により事故が発生したときは，その病的素因はその者が認識・管理でき，またそうする義務があるから，社会構造的関連から問われる運行供用者責任は少なくとも負担させなければならず，したがって，運転中の運転者の即死・発狂・失神・めまい・失明等による事故については，第三者のピストルによる狙撃等，直接車両圏外の要因によると認められるものでない限り，車両圏内の要因として把握すべきである，すなわち，運行供用者責任は免れないとする。

③　篠田説[5]

この問題を免責要件の①の中で論ずる。

運行供用者は，自ら運転しない場合には，運転者の選任監督義務を負うとし，その選任監督義務が問題となるのは，運転者の突然の心神喪失と運転者の責任無能力の場合であるとする。

そして，運転者が，癲癇，心臓麻痺の発作等により突然心神喪失となった，あるいは突然失明した際に事故が発生した場合，第三者のピストルによる狙撃のように車両圏外の要因が存しない限り，車両の欠陥と同様に車両圏内の要因として運行供用者が責任を負うべきであるとし，恒常的責任無能力者が運転した場合の事故についても，車両圏内の要因として運行供用者が責任を負うとする。

また，責任無能力者たる運行供用者が，自ら運転した場合の事故については，やはり車両圏内の要因であるから，運行供用者は免責されないとする。

④　四宮説[6]

責任能力規定の適用範囲について論ずる中で，運行供用者責任については，自賠法3条但書の免責事由の構造に即して考えるべきであるとし，ここでは免責要件の①と②が問題になるとした上で，次のように考える。

運行供用者自身が責任無能力者であることを証明したら，運転者の選任監督についての義務の怠りが客観的にあったとしても，免責事由を証明したことになるかどうかについては，民法715条の場合に準じて考えればよいとし〔被用者〔運転者〕の「故意又は過失」に基づいて事実上使用者〔運行供用者〕の無過失責任を認める〕，運転者の責任無能力については，車両圏内の要因であるから免責に結び付けるべきではないとする。

⑤　安田説(7)

(i)　運転者の責任無能力

運行供用者が，自ら運転しない場合で，運転者が責任無能力の状態で事故を起こし，その者に過失があるときは，運行供用者は，その選任監督上に過失があれば事故の責任を負い，民法714条による監督義務者として責任を負うことは明らかであり，運行供用者がそのような責任を負わない場合でも，運転者に過失がある限り，免責要件の①を充足しないから，やはり免責されないとする。

運転者が，脳卒中等の発作により突然心神喪失状態になった場合，その発作が予見できなかったときは運行管理上の過失を認めることは困難であるが，それでも免責要件の②を充足しないから，やはり免責されず，さらに，この場合には，不可抗力による免責の可否が問題となるが，これも車両圏内の要因として，免責は否定されるとする。

(ii)　運行供用者の責任無能力

運行供用者については，責任保険があり，任意保険にも加入しているのが一般的であるから，危険責任の法理と公平の要求から，民法上の責任無能力規定の適用を排除するのが相当であるとする。

この結論は，運行供用者が他人に運転を委ねているときは，運行供用者が無過失責任を負う場合であるから異論はないであろうし，運行供用者自身が運転していて突然心神喪失状態になった場合であっても，運転者としての不法行為責任は免れるものの，運行供用者としての責任を免れさせるのは妥当ではなく，被害者保護の要請を優先させるべきであるから，やはり是認されるとする。

前述のように，ここでは，(i)の場合は基本的に自賠法3条の免責の問題，

(ii)の場合は自賠法4条による民法の責任無能力規定適用の可否の問題として捉えられている。

(2) 自賠法4条，民法713条からのアプローチ
① 加藤説[8]

精神病者が他人の車を運転して事故を起こした場合を例として，精神病者は，自賠法4条により民法713条が準用されて責任を免れるところ，監督義務者の責任（民法714条）があればよいが，この責任がないときは，被害者は政府保障事業も受けられないことになりそうであるので（自賠法72条1項後段，76条），政府保障事業は受けられるが，責任能力のない加害者に対して代位による請求をしないとすべきとの解釈論を展開する。

ただ，これとは別に，免責要件の①にかかる記述において，運転者が癲癇その他の心神喪失のために事故を起こした場合のように，運転者の過失が問題となり得ない場合には，運行供用者に（運転者の）選任についての過失がなかったかどうかが問題になるとされる[9]。

② 前田説[10]

責任能力規定の適用制限に係る具体例として，無過失責任規定（たとえば，717条1項但書）やそれに近い規定（たとえば，自賠法3条）については，利益衡量の問題となるが，一般論としては，無過失責任を負わせるということは，種々の理由から被害者保護を優先させようということであるから，責任能力規定は後退するというべきであるとする。すなわち，自賠法4条によっても，民法712条，713条は適用されず，運行供用者は責任を免れないと解するようである。

③ 森島説[11]

まず，現実に運転していた責任無能力者は自賠法3条の責任を負わないとする。

次いで，運行供用者が責任無能力者である場合については，責任無能力であることは運行供用者が無過失であったことを立証したことと同じであり，責任無能力者が免責されるためには，更に免責要件の②，③をも満たさなければならないので，それらの免責要件を立証しない限り，結果的には，責任

無能力者は運行供用者責任を免れないと解されているとする。この叙述をみると，自賠法3条但書からのアプローチに属するものとみられるかのようであるが，これは責任無能力者制度の妥当範囲に係るところで述べられているものであるところから，ひとまず，ここに挙げておくこととした。

　③　幾代＝徳本説(12)

　民法712条，713条の妥当範囲を合理的に確定する必要があるが，運行供用者責任については微妙であるとしつつ，運転者が別にいて，責任無能力者が運行供用者＝保有者だけであるというときは，結論として責任無能力者の免責は否定されるのが通常であるとするが，その他の場合については，それほど立場を明確にしていない。たとえば，「運行供用者が責任無能力者である場合には，たかだか運行供用者の無過失の立証があった場合と同視されるにとどまり，他の免責要件の立証に成功しないかぎりは自賠法3条による責任を免れることはできないとみる解釈も可能である」とか，車を運転中の者が失神等して事故を起こしたという場合につき，近時は，これを運転従事者の人的な欠陥と捉え，車両圏内の要因であるがゆえに，運行供用者は責任を免れないとする見解がみられるとして，舟本説，篠田説を挙げるのみである。

　④　並木説(13)

　責任無能力が，不法行為の成立要件（責任無能力ではないこと）ではなく，免責要件であるとすると，運行供用者責任の成立要件，免責要件としては自賠法3条で完結しており，運行供用者が責任無能力者であることは，その過失の有無に拘らず，民法の定める別個の免責要件であると解すべきであり，したがって，責任無能力者は，自賠法4条により民法712条または713条本文が適用され，運行供用者責任からも免責されることになる。ただし，被害者は，自賠法72条1項後段を類推適用または準用して，政府に対し，補償の請求をすることはできるとする。

　これに対し，運転者が責任無能力者であるときは，運行供用者は，運転者が責任無能力者であることをもって免責されないとする。

　⑤　大嶋説(14)

　運転者の心神喪失は，免責要件の①の問題であり，また民法713条の問題であるとするが，後者に重点が置かれているようである。

まず，運行供用者と運転者とが異なる場合と，運行供用者が運転者である場合とに分けて考える必要があり，前者の場合は，さらに運転者が責任無能力者である場合と運行供用者が責任無能力者である場合に分けられるとする。その上で，運行供用者と運転者とが異なる場合につき，次のように解する。

　運転者が責任無能力者の場合，運転者は民法709条の責任を免れるが，運行供用者は，免責要件の①が立証されたとしても，免責要件の②が立証されなければ免責されない。

　次に，運行供用者が責任無能力者の場合，㋐自賠法3条は危険責任と解されていること，㋑責任無能力者の規定は，所有者の工作物責任（民法717条）には適用されず，使用者責任（民法715条）にもかなり限定的に適用されると解されていること，㋒自賠法は被害者の保護を目的としていること，㋓自動車保有者は責任保険，任意保険に加入しているのが通常であって，危険を分散し得る立場にあること，㋔危険物を利用して利益を得ている者に危険物の利用から生ずる損害を負担させるのが公平にかなうことから，運行供用者責任にも責任無能力者の規定は適用がないとすべきとする。

　そして，この理は，運行供用者が運転者である場合も同様であるとし，さらに，心神喪失状態に陥ることが予見不可能であっても異ならないとする。

　⑥　田山説(15)

　運行供用者が責任無能力者である場合には，被害者の確実な救済という責任保険制度の趣旨および公的保険のシステムに鑑みて，責任保険の限度では責任能力を問題にすべきではないとし，また，専門的な業務に従事する者は，その業務遂行に適した判断能力を自ら保証したのであり，責任無能力を自ら援用できないと説明することもできるとする。

　ここでは，行為無能力者（制限行為能力者）の介護のために，その（行為無能力者〔制限行為能力者〕の）資金で自動車を購入した場合で，介護者が運転している場合が想定されているようである。

(3)　不可抗力からのアプローチ

①　鈴木説(16)

1968（昭和43）年8月18日に起きた飛騨川バス転落事故を例に挙げ，同事

故は，不可抗力により生じたものであり，刑事責任は問えないとされたにも拘らず，民事責任については自賠法を適用して被害者を救済したことを契機として，自賠法3条と不可抗力との関係を論ずる。

まず，自賠法は，運行供用者が責任を免れるための無過失の要件を加重し，事実上，無過失責任に近い責任を課してはいるが，法律上無過失責任を課しているものではないとした上で，不可抗力とは，外部から来る事変であって，これによる損害発生が取引観念上求められる一切の方法を尽くしても避けることができないものを意味し，その事変が予期し得るものであると否とを問わず，損害の程度が甚大であると否とを問わないとした，大判昭和3年10月31日（新聞2921号8頁）を引いて，不可抗力は，責に帰すべからざる事由と同じ意味に使われているとする。そして，運行供用者の責に帰すべからざる事由によって事故が発生したというときは，被害者または運転者以外の第三者の責に帰すべき事由によるか，地震，落雷等の天災地変等何人の責にも帰することのできない自然現象によるかのいずれかであるところ，前者は，自賠法で免責されているが，後者については何ら規定がない。しかし，過失責任主義に基礎を置く自賠法が，この場合（不可抗力）に限って運行供用者に責任を負わせる趣旨であるとは到底考えられないとして，不可抗力の場合には，運行供用者は免責されるとする。

それゆえ，飛騨川バス転落事故について自賠法が適用されたのは，極めて特殊なものであり，これを一般化すべきではないとする。

以上のように，ここでは，責任無能力者の運行供用者責任について論じられているものではなく，また，運転者の突然の意識喪失を不可抗力と捉えることができるか否かも検討を要するが，仮に，これを不可抗力であるとする立場に立った場合には，この考え方が参考になろう。

② 稲田説[17]

自賠法3条但書以外の免責要件として不可抗力と正当防衛を挙げた上で，監督義務者のいない責任無能力者の挙動が事故の原因となっている場合は免責されるとして，これを不可抗力の一種としている。

そして，運転者が，突如癲癇，心臓麻痺の発作を起こす等心神喪失となった場合，あるいは恒常的責任無能力者が運転中の場合，これは車両の欠陥と

同じような車両圏内の要因に基づくものであるから免責事由にならないとする（この点は，舟本説，篠田説と同旨である）。

3 学説および裁判例の若干の分析と整理
(1) 学説について

　学説については，どのようなアプローチを試みているかに着目して，便宜的に，かつ大まかに三つの群に分けてみた。アプローチが異なれば，それぞれの説くところが異なるのも当然であるが，同じアプローチ群に属するものの間でも細部において微妙に主張が異なるところもある。しかしながら，それらが向かう結論の方向は，概ね一致しているように思われる。すなわち，責任無能力を理由とする運行供用者の免責を認めないという方向である。その結果，被害者の救済は図られることになる。

　僅かに，並木説が，運行供用者が責任無能力者であるときは，自賠法4条により民法713条本文が適用され，責任無能力者は運行供用者責任を免れるとしているのみである。ただ，その場合であっても，被害者は，自賠法72条1項後段を類推適用または準用し，政府に対して補償を請求することはできるとする。

　加藤説も，精神病者が他人の車を運転していた場合につき，自賠法4条により民法が準用されて，その精神病者は責任を免れるとしているので，並木説と同様の考え方をしていると捉えてよいであろう。ただ，自賠法4条により民法が準用されるとするのであれば，その精神病者は運行供用者であると思われるところ，なぜ，わざわざ「他人の」車を運転していた場合としなければならないのか，その意図するところの理解が容易でない[18]。

　それはさておき，加藤説も，精神病者が免責されても，被害者は，政府保障事業を受けることはでき，政府は，責任能力のない加害者に対して代位による請求をしないとの解釈により，被害者の救済を図る点でも並木説と共通するところがある。

　このようにみてくると，どのようなアプローチをするかはともかく，最終的に被害者を救済しなければならないとする姿勢は一致しているといえよう。

　しかしながら，そのような姿勢に対する賛否はひとまず措くとして，それ

Ⅱ 従来の裁判例と学説

それの説くところに疑問を呈する余地はあるように思われる。

① まず，自賠法3条但書からアプローチする考え方からみよう。

（ⅰ）舟本説は，運行中の自動車に係る事故の要因を車両圏内のそれと車両圏外のそれとに分け，運行供用者の支配から論ぜられる車両圏内の要因が事故の発生に一切関与していないことを証明して初めて，運行供用者は免責される，それが自賠法3条但書にいわゆる免責要件の内容であるとする。

このように，事故の要因を車両圏内のそれと車両圏外のそれとに分けた上で自賠法3条但書の内容を把握すべきとの主張は，舟本判事によって初めて唱えられたもののようであり，運行供用者が免責されるか否かにつき，明確な判断基準を提示するものといえる。ただ，車両「圏内」，車両「圏外」という表現を用いることにより若干の違和感を抱く向きもあるかもしれない。

たとえば，次のような場合はどのように考えればよいのであろうか。

運行供用者＝運転者であるときに，助手席に同乗していた者が，突然，心神喪失状態に陥り，運転者に寄りかかるような状況になってしまったために運転者が運転を誤り，歩行者をはねるという事故を惹起した場合等である。運行供用者＝運転者に過失があれば免責は問題とならないから，運行供用者＝運転者に過失は認められず，自動車の運行に関して注意も怠らなかったことを前提としよう。

同乗者は，勿論，車内にいるものであるから，これは車両圏内の要因と捉えるのが素直な見方ではないかと思われるが，そうであれば，この場合も運行供用者は免責されないこととなる。

しかし，舟本説では，運行供用者の支配から論ぜられる車両圏内の要因として挙げられているのは，運行供用者・運転者の過失，車両の構造・機能の欠陥・障害であって，同乗者については触れられていない。一方，車両圏外の要因として，被害者・「第三者の過失」が挙げられているところ，同乗者は，運行供用者，運転者，被害者のいずれでもない第三者であるとして，これは車両圏外の要因に当たるものであるとの見方ができるかもしれない。

しかしながら，突然，心神喪失状態に陥った同乗者は，持病もなく，服用している薬もなく，太りすぎで注意するようにと医師からいわれたこともない等々の事実があって，その過失を認めることができないという場合には，

181

「第三者」に過失がないとみるべきであるから，これを車両圏外の要因と捉えることも困難となるのではなかろうか。また，車内にいる同乗者を，一律に，運行供用者の支配から論ぜられる対象ではないとみるのも，実態に合わないのではないかと思われる。

あるいは，舟本説では，車両圏外の要因として，最終的な法的責任主体を見出せない事由という意味で不可抗力が挙げられているところ，同乗者が心神喪失に陥ったことにつき，同乗者に過失がないのであるから，これは不可抗力であるとみることになるのであろうか。そのようにみることができるのであれば，これは車両圏外の要因であるから，運行供用者は免責されるという結論になろう。

しかし，同乗者＝第三者に過失がないのであれば，免責要件の②が満たされていないのであるから，運行供用者は免責されないということにならざるを得ないのであり，結論が整合しない。

他方，それでは強盗目的で無理やり乗り込んできたような同乗者はどう考えたらいいのかも問題となり得よう。

結局，車両圏内，車両圏外という表現を用いた場合，その表現から意識される対象と，論者自身が意識している対象とが微妙に一致しない場合があるのを否めず，運転者が，突然心神喪失状態に陥った場合についてはともかく，この車両圏内・圏外の要因という考え方を自賠法3条但書の免責要件を把握する場面に持込むことの妥当性が，いま少し検討されてよいように思われる。

(ii) 運転者が，突然心神喪失となった等の場合には，基本的に，車両圏内の要因として運行供用者が責任を負うべきだとして，舟本説とほぼ同様の言い回しをする篠田説は，しかし，その前提として，運行供用者が自ら運転しない場合には，運行供用者は運転者の選任監督義務を負い，その選任監督義務が問題となるのは，運転者の突然の心神喪失と責任無能力であるとする。

運行供用者は，運転者の選任監督義務を負うとしながら，運転者が，突然心神喪失となった場合に，運行供用者は，その義務に違反しているのか否かに全く触れることなく，運転者の心神喪失は車両圏内の要因であるから運行供用者が責任を負うべきだとする。

果たして，前者（運行供用者は，運転者の選任監督義務を負う）と後者（運

転者の突然の心神喪失は車両圏内の要因であるから運行供用者が責任を負う）とは，理論的かつ論理的に整合するものであろうか。

　運転者が，突然心神喪失となったのは，運行供用者が選任監督義務を怠ったからである，これにより免責要件の①が満たされていないことになる，したがって，運行供用者が責任を負うことになる，あるいは，運転者が，突然心神喪失となったことにつき運行供用者に選任監督義務違反はない，しかし運転者自身に不注意があった，これにより免責要件の①が満たされていないことになる，したがって，運行供用者が責任を負うことになる，という論理の展開ならば（賛否は別にして）分かりやすい。しかし，そのような説示があるわけではない。運転者の突然の心神喪失は，車両の欠陥と同様に車両圏内の要因として運行供用者が責任を負うべきであるとするのみでは，運転者の突然の心神喪失をどのように捉えるのか，それが運行供用者の選任監督義務とどのように関わるとみるのか，明確さに欠けるきらいがある。そもそも，車両圏内の要因であることを理由とするのであれば，選任監督義務を云々する必要はないのではなかろうか。

　また，責任無能力者たる運行供用者自身が運転中の事故につき，これは車両圏内の要因であるから，運行供用者は免責されないとすることに対しては，この場合の免責は自賠法3条によるものではなく，突然の責任能力喪失のときのみ不可抗力による免責の可否が問題となり，車両圏内の要因として免責を否定すべきであるものの，その他の場合は不可抗力は関係なく，責任能力規定適用の可否として論ずれば足りるとする批判がある[19]。

　この批判においても，「車両圏内の要因」という表現が用いられているが，これら各論者のいう「車両圏内の要因」というものの中味が，皆同じであると受けとめてよいのかどうかもそれほど明らかではない。

　(iii)　運転者の責任無能力については，車両圏内の要因であるから免責に結びつけるべきではないとの見解が定着しつつあるとして篠田説を引く四宮説については，当然のことながら，篠田説に対するのと同様の疑問を呈し得る。

　また，四宮説は，運行供用者自身が責任無能力者であることを証明したら，（運行供用者に，運転者の選任監督義務違反が客観的にあったとしても）免責事由を証明したことになるかについては，使用者責任に関する民法715条に準

じて考えればよいとする。この場合は，運行供用者が車外にいることを前提とするので，車両圏内の要因の問題とはならないとするものと思われる。しかし，「車両圏内の要因」を舟本説と同様の理解で用いるのであれば，運行供用者の過失も車両圏内の要因の問題となるのではなかろうか。

　さらに，運行供用者に，運転者の選任監督義務違反があるというのであれば，それはすなわち，免責要件の①を満たしていないということになるものと思われるが，そのように判断すべきか否かに関わって運行供用者自身の責任無能力がどのように影響するのかが問題とされることになる。この点については，民法715条の使用者の選任監督の過失が，使用者の責任無能力によって影響を受けるためには，被用者の行為の時点において偶々使用者が責任無能力であったことでは足らず，被用者の行為に対する原因力を持ち得る相当期間にわたって責任無能力であることを要するとしており[20]，これと同様に考えることになるものと思われる。ただ，そのように考えるとしても，結論的には，運転者の故意または過失に基づいて，事実上，運行供用者の無過失責任を認めるとしているところ，運転者に故意または過失があれば，それだけで免責要件の①は満たされていないことになるのであるから，運行供用者は免責されないことにならざるを得ず，運行供用者が責任無能力者であることを証明したら，免責事由を証明したことになるかどうかを考えることが，解釈の基準として機能し得るものであるか疑問である。

　(iv)　安田説にも，俄には理解し難いところがある。

　運行供用者と運転者が別人である場合に，運転者が責任無能力状態で事故を起こし，その運転者に過失があるときは，運行供用者は，運転者の選任監督に過失があれば責任を負い，民法714条による監督義務者として責任を負うことは明らかであるとする。

　しかし，民法714条の監督義務者は，責任無能力者の法定監督義務者である。このように，運行供用者と民法714条の法定監督義務者とを，当然の如く同一視することができるものであろうか。そもそも，「運転者に過失があるときは」としているところ，運転者に過失があるのであれば，免責要件の①を満たしていないのであるから，ストレートにそれを理由とすれば足りるのであり，民法714条を持出す必要はないと思われる。

また，運行供用者が責任無能力者である場合は，責任保険や任意保険があり，危険責任の法理と公平の要求から，民法713条の適用を排除するのが相当であるとしつつ，この結論は，運行供用者が他人に運転を委ねているときは，運行供用者が無過失責任を負う場合であるから異論はないであろうとするが，なぜ，この場合に運行供用者が無過失責任を負うことになるのか，その根拠は何処に求められるのか，定かではない。

　②　次に，自賠法4条と民法713条からアプローチする考え方に移ろう。

　(i)　加藤説については，既に述べた（注〔18〕参照）ところでもあるが，それとは別に，被害者は，政府保障事業を受けることができ，しかし，政府は，加害者（責任無能力者）に対し代位請求することはできないとする解釈はどうであろうか。

　たしかに，被害者の救済を考慮するならば，せめてこのような解釈がなされる必要性は認められよう。しかし，政府保障事業という制度は，運行供用者責任を負うべき者がいるにも拘らず，その者（保有者）が誰であるか不明である，あるいは運行供用者は明らかであるが，その者が責任保険（責任共済）の被保険者（被共済者）ではないという場合に備えた制度であって，運行供用者が免責される場合にまでこれを妥当させてよいものかは，さらに検討を要するというべきであろう。敢えて，このように解するというのであれば，素直に，運行供用者責任を認めるという途が，理論的に模索されてもよかったのではなかろうか。

　(ii)　前田説は，自賠法4条によっても民法712条，713条は適用されないとするが，その拠って立つところが利益衡量であるので，これに対する賛否は別として，殊更に疑問を呈するには当たらないといえよう。

　(iii)　森島説は，まず，現実に運転していた責任無能力者は自賠法3条の責任を負わないとするのであるが，この叙述をどのように理解していいのか，若干の当惑を覚える。自賠法3条の責任を云々するからには，この「現実に運転していた責任無能力者」は，運行供用者でもあると思われるのであるが，この後に，「運行供用者が責任無能力者である場合」について述べているところからすると，その「現実に運転していた責任無能力者」は運行供用者ではないと受けとめるのが素直であるとも思われる。しかし，そうであれば，

運行供用者でない者が自賠法3条の責任を負わないのは，責任無能力者であると否とを問わず，当然のことと思われる。

　また，運行供用者が責任無能力者である場合は，運行供用者が無過失であったことを立証したことと同じであるとして，免責要件の②，③の立証の問題に移るが，ここでは，運行供用者の責任無能力が，運行供用者の無過失を立証したことと同じであると，直ちにいえるものであろうかとの疑問がある。この運行供用者は運転しているのか，していないのか，もし，運転者でもあったならば，責任無能力の状態で運転行為をしたことが無過失といえるのか，あるいは，運転行為を開始するときは何でもなかったものの，途中で突然心神喪失状態に陥ったというのであれば，心神喪失状態に陥るについての予兆のようなものがあったのか等についても検討を加える必要があるのではなかろうか。おそらくは，運転者が別にいる場合であって，運行供用者が責任無能力者であるという場合を前提としているものと思われるのであるが，そうであれば，そのような（運行供用者と運転者の異同についての）説明がなされてしかるべきであろう。

　(iv)　幾代＝徳本説は，運行供用者＝保有者が責任無能力者であって，運転者が別にいる場合には，責任無能力者たる運行供用者は免責されないのが通常であるとするが，その理由を特に述べているわけではない。

　(v)　並木説の説くところは明快である。素直な解釈論に従った場合に辿りつく一個の姿勢と評価し得よう。ただ，運行供用者が免責されると，被害者が救済されないことになるので，このような事態を回避するために，政府保障事業を受けることはできると解する。この部分は，加藤説と通ずるものであり，したがって，同説に対するのと同様の思いがある。

　(vi)　大嶋説の説くところも，やはり明解であり，その結論に至る道筋もわかりやすい。

　(vii)　責任保険の限度では責任能力を問題にすべきではないとする田山説は，責任保険という自動車事故に係る被害者救済システムが機能する限りにおいて，責任能力を問題にしないというもので，自賠法，民法の具体的な規定から理論的アプローチを試みるものではなく，被害者救済という実質ないし被害者救済システムという実態に着目したものといえようか。ただ，当然のこ

となから，被害（損害額）が責任保険の限度を超えた場合，どうするかという問題は残る[21]。

　③　さて，不可抗力からアプローチするものはどうであろうか。

　(i)　鈴木説，稲田説は，その拠って立つところが必ずしも一致するわけではないが，基本的には，いずれも不可抗力による免責を認める立場と捉えることができよう。ただ，稲田説は，運転者の突然の心神喪失は車両圏内の要因であるから免責事由にならないとしているところ，これは，突然の心神喪失は不可抗力に当たるが，車両圏内の要因であるから免責されないということであるのか，運転者の突然の心神喪失は，そもそも不可抗力に当たらないとみる趣旨であるのかは判然としない。

　不可抗力による免責を認めるとしても，問題は，運転者の突然の心神喪失等が不可抗力に当たるといえるかどうかである。

　(ii)　自賠法上の免責事由の他に，不可抗力と正当防衛が独立の免責事由と考えられるとした上で，不可抗力は，地震，落雷，崖崩れ等であるが，このような場合に免責されるのは，一般理論から，一応当然と考えられるとするものがある[22]。

　不可抗力の意義については，債務不履行責任に関する問題に絞っての検討とされているが，最大の注意を払っても避けがたい事故（主観説），事業の外部から発生し，かつ取引生活上通常は発生し得ない重大事故（客観説），事業の外部から発生し，かつ通常必要と認められる予防方法を尽くしても，なおその発生を防ぎ得ない事故（折衷説）の三説があり[23]，不法行為法の観点からも，ほぼ同様に三説（主観説…最高の注意を加えてもなお避け得ない事故，客観説…できごとの性質上避け得ざるもの，たとえば，地震，洪水，暴風雨，戦争，海賊等によるできごと，折衷説…特定事業の外部から発生したできごとであって，通常必要と認められる予防方法を尽くしても，なおその発生を防止することができないもの）が，あるとされる[24]が，このうち，折衷説が通説的見解とされている[25]。また，前掲最判昭和3年10月31日も「不可抗力ナル詞ハ外部ヨリ来ル事変ニシテ之ニ因ル損害発生カ取引観念上其ノ防止ニ必要ト認メラルヘキ一切ノ方法ヲ尽スモ尚避クヘカラサルモノヲ意味シ其ノ事変カ予期シ得ヘキモノナルト又之ニ因ル損害程度カ甚大ナルト否トヲ問フヘ

キモノニ非ス」としているし，新潟判決も折衷説によっているといえる。

こうした通説的見解に従うならば，運転者の突然の心神喪失等は，（車両の運行に携わるという意味での）事業の外部から発生するものとはいい難い点において，既に不可抗力ということはできないといわざるを得ないのではなかろうか。

(2) 裁判例について

① 名古屋判決は，まず，事故時，心神喪失状況にあったと認められた運転者の免責を認めた。これは，民法713条に拠るものと思われるが，同条但書の適用があるとの原告側の主張も斥けている。

次いで，運転者の使用者の運行供用者性を認めた上で，自賠法3条但書の免責要件が満たされていないとして，その運行供用者責任を認めた。

本判決は，運転者と運行供用者が全く別主体であって，運転者が責任無能力に陥った場合につき，運行供用者ではない運転者の責任は民法，運行供用者責任は自賠法に基づいて判断したものであり，その判断手法，判断過程，導かれた結論のいずれについても首肯し得るものである。運行供用者が責任無能力に陥っているわけではないから，自賠法4条による民法713条の適用の可否を考慮する必要もない。

② 新潟判決は，以下のような判断過程を経て結論に至る。

(i) まず，免責要件の②を欠くから自賠法3条但書による免責は認められない。

(ii) しかし，自賠法3条は無過失責任を負わせたものでない以上，不可抗力による免責を認める余地はあるところ，運転者の心神喪失は，運行供用者の免責事由としての不可抗力に当たらず，これによる免責も認められない。

(iii) もっとも，自賠法3条の責任は無過失責任ではないから，運転者が運転中に心神喪失状態に陥ることが予見不可能であることを運行供用者側で立証したときは例外的に免責されるところ，具体的に検討してみると，予見不可能ではなかったから免責は認められない。結論として，運行供用者は責任を免れないとした。

(i)については異論はなく，(ii)についても，運転者が心神喪失状態に陥った

ことを不可抗力に当たらないとした点に，特に違和感を覚えるものではない（なお，ここで，自動車の構造上の欠陥または機能の障害が原因で事故が発生した場合に免責されないのであれば，運転者の身体ないし健康上の障害が原因で事故が惹起された場合も同様に考えるべきであるとするところは，舟本説，篠田説と相通じるところがあるといえよう）。

　しかし，(ⅲ)の考え方については，その法的根拠を何処においているのかが判然としない。すなわち，予見不可能であることを根拠としてストレートに免責を認めるわけにはいかないであろうから，この予見不可能を，免責を承認する法的根拠と結び付けるという作業が必要となる。

　まず，自賠法3条は無過失責任ではないということを起点としているが，予見不可能であるから過失はない，過失がない以上，自賠法3条の責任を負うものではない，とすることはできまい。自賠法3条の責任を負わなくて済むためには，同条但書の免責要件を満たす必要があるからである。このことは(ⅰ)からも明らかであろう。

　次に，それでは予見不可能であることを一種の不可抗力とみるのかというと，不可抗力とは，車両圏外の要因のうち，最終的な法的責任主体を見出せない事由に限定すべきだとしているところからすれば，これを不可抗力とはみていないといわなければならないであろう。

　そこで，予見不可能を，文字通り例外的な免責事由としているのかが問われることになる。

　結局，本判決については，その結論自体は穏当と思われるものの，そこに至るまでの考え方において，解釈論的見地から，なお疑問を払拭しきれないところがある。

　③　大阪判決は，運転者＝運行供用者が，事故当時心神喪失状態にあったと認めた上で，次のような思考過程を辿る。

　(ⅰ)　運行供用者責任については，自賠法4条が，自賠法3条による他，民法の規定によるとしているところから，民法713条が適用されるとも考えられるが，民法の条文ではあっても自賠法4条で適用の余地がない条文もあるから，自賠法の趣旨に則り，民法のどの条文が適用されるかを検討しなければならないとして，二つの側面から迫る。

(ii)　免責要件の③が満たされなければ，自賠法3条但書による免責は認められないところ，人の心神喪失も，自動車の欠陥または構造上の欠陥と同様，車両圏内の要因ということができるから，このような場合に免責を認めるのは相当ではない（ここでも，舟本説，篠田説と相通じるところを看取し得る）。したがって，運行供用者が心神喪失状態に陥っている場合に，民法713条の適用を通じて免責を認めるの妥当ではない，という含意であろう。

　(iii)　また，運行供用者が他人に運転を委ねているときに，その運転者が心神喪失状態に陥って事故を惹起した場合には，運行供用者は当然に責任を負うと解されるのに対し，運転者＝運行供用者が心神喪失状態に陥った場合には，責任無能力を理由として免責されるとすると，均衡が保てず，不合理である。したがって，運行供用者の心神喪失も免責事由とすべきではない，との含意がここにはある。

　(iv)　こうして，自賠法の趣旨に照らすと，民法713条は，運行供用者責任には適用されないと解する。

　本判決は，新潟判決と同様，運転者＝運行供用者が心神喪失状態に陥った事案であるが，新潟判決とは異なり，運行供用者責任について，自賠法4条により民法713条が適用されるか否かを問題としている。

　そして，上述のように，民法713条は適用されないとする理由を，免責要件の③との関係，「運行供用者ではない」運転者の心神喪失により運行供用者は免責されないのに対し，「運行供用者たる」運転者の心神喪失により運行供用者が免責されるとすると均衡を失することになるという二点に求めている。

　しかし，これらは，自賠法の趣旨に則って（と，本判決はいうのであるが）民法713条の適用を排除する理由付けとしては，いかにも脆弱との感を否めない。そもそも，これらの理由付けが自賠法の趣旨とどのように結び付くのか，理解が容易でない。

　さらに，人の心神喪失は，車両圏内の要因であるから，これに基づいて免責を認めるのは相当ではないとするのであるが，それならば，運行供用者たる運転者の心神喪失も車両圏内の要因であって，これのみを理由として免責を認めないとしてよいのであり，わざわざ均衡論を持出すまでもない。むし

ろ，運行供用者＝運転者の心神喪失を理由とする免責の可能性を前提として均衡論を持出すことは不適切であるともいえる。車両圏内の要因という判断基準を持出す姿勢と論旨が一貫しないからである。

④　京都判決は，民法709条，715条の責任（および民法415条の責任）が問われているものであって，運行供用者責任が問題となっているものではない。しかし，被害者・原告側が，運転者またはその使用者の運行供用者責任を問うていれば，これが認められた可能性があるものということはできる。

(0)　本判決の研究として，菊地秀典「責任無能力者の運行供用者責任――民法713条と自賠法3条――」損害保険研究68巻2号245頁（2006年8月）がある。
(1)　自保ジャーナル1609号16頁では，「しかしながら，例えば，民法722条などは自賠法4条で適用の余地がないように，…」とされているが，この「民法722条」は，「民法723条」の誤植である。
(2)　安田実「自賠法3条の免責と責任無能力」ジュリ増刊総合特集No.42『自動車事故』(1986年3月25日) 73頁。
(3)　宗宮信次「不法行為論」（有斐閣，1968年）128頁以下（134頁，139頁）。
(4)　舟本信光「自動車事故民事責任の構造」（日本評論社，1970年）28頁以下（35頁）。
(5)　篠田省二「自賠法における免責」有泉亨監修，吉岡進編集『現代損害賠償法講座3 交通事故』（日本評論社，1972年）145頁（155頁以下，159頁）。
(6)　四宮和夫「事務管理・不当利得・不法行為　中巻」（青林書院新社，1983年）383頁注(2)。
(7)　安田・前掲ジュリ増刊総合特集No.42『自動車事故』73頁（74頁以下）。
(8)　加藤一郎「不法行為（増補版）」（有斐閣，1974年）142頁注(3)。
(9)　加藤一郎編集「注釈民法(19) 債権(10)」（有斐閣，1965年）103頁（加藤一郎執筆）。
(10)　前田達明「民法Ⅵ2（不法行為法）」（青林書院，1980年）65頁以下。
(11)　森島昭夫編著「法学ガイド　民法Ⅵ（債権各論Ⅱ）」（日本評論社，1992年）38頁以下（森島執筆）。
(12)　幾代通（徳本伸一補訂）「不法行為法」（有斐閣，1993年）55頁，57頁注(4)。
(13)　川井健他編「新版　注解交通損害賠償法2」（青林書院，1996年）243頁，250頁（並木茂執筆）。
(14)　大嶋芳樹「運転者の心神喪失による事故について，加害車両の所有者に不可抗力による免責を認めなかった事例」交通民集28巻索引・解説号445頁。

(15) 田山輝明「不法行為法（補訂版）」（青林書院，1999年）39頁，同「事務管理・不当利得・不法行為」（成文堂，2006年）114頁以下。
(16) 鈴木重信「自動車損害賠償保障法3条と信頼の原則」ジュリ417号27頁。
(17) 川井健他編「新版　注解交通損害賠償法1」（青林書院，1997年）101頁（稲田龍樹執筆）。
(18) この点につき，この加藤説の運転者（精神病者）は，自賠法2条3項の「保有者」でない運行供用者に限定しての論のようにみえるとするものがある（幾代〔徳本〕・前掲「不法行為法」57頁注〔2〕）。
　　　しかし，そうであるとしても，あるいは，そうであるならば，加藤説が，「精神病者が他人の自動車を運転して事故を起こした場合に，監督義務者に責任があるならばよいが（民法714条），その責任がないときは，問題となる。…」としている部分を，自賠法との関係でどのように理解したらよいのであろうか。
(19) 安田・前掲ジュリ総合特集No.42『自動車事故』73頁。
(20) 四宮・前掲「事務管理・不当利得・不法行為　中巻」384頁注(2)。
(21) この点，実質論として，責任保険があるので，責任無能力者の保護をそれほど強く考える必要はないし，損害が責任保険の限度額を超えても，任意保険をかけることが可能であるとするものがある（森島・前掲「法学ガイド　民法Ⅵ〔債権各論Ⅱ〕39頁」）。
(22) 加藤（一）・前掲「注釈民法(19)」103頁。
(23) 奥田昌道編集「注釈民法(10)」（有斐閣，1987年）395頁（北川善太郎執筆）。
　　　また，これも債務不履行に関してではあるが，戦争，内乱，大災害などが不可抗力の代表的な例となるとするものがある（平井宜雄「債権総論」〔弘文堂，1985年〕55頁）。
　　　なお，無過失責任においても不可抗力は免責事由となるという文脈において，不可抗力という概念自体明確なものではないが，過失責任を超えるところに無過失責任（危険責任）を認めるためには，人の統御力を超える異常な自然力のみを免責事由とすべきであるとするものがある（森島昭夫「不法行為法講義」〔有斐閣，1987〕271頁）。
(24) 宗宮・前掲「不法行為論」67頁以下。
(25) 同・68頁。

Ⅲ　問題の所在

1　責任無能力主体の類型

この責任無能力と運行供用者責任の問題を論ずるに当たり，これまでの諸

III 問題の所在

学説は，運転者が責任無能力の場合，運行供用者が責任無能力の場合等と場合分けをしているものが多いが，その運転者と運行供用者の関係（運転者と運行供用者は同一人物であるのか等）を明らかにしているものは必ずしも多くない。そのことが，各学説のいわんとするところの理解を若干困難にしているのではないかとも思われる。そこで，まずは運転者と運行供用者の関係と，そのいずれが責任無能力者となるのかにつき，主たる類型を明らかにしておくこととする。多様な類型を想定することはできようが，加害者側をYで表すとして，ひとまず，以下のような場合を典型類型として挙げ得よう。

(1)　Yが，運転者＝運行供用者であって，心神喪失に陥る（運転者＝運行供用者が責任無能力者）－新潟判決，大阪判決がこの場合に当たる。
(2)　Y1が運転者，Y2が運行供用者で，Y1が心神喪失に陥る（運転者が責任無能力者）－名古屋判決がこの場合に当たる。
(3)　Y1が運転者，Y2が運行供用者で，Y2が心神喪失に陥る（運行供用者が責任無能力者）。
(4)　Y1，Y2が共同運行供用者で，運転者Y1が心神喪失に陥る。
(5)　Y1，Y2が共同運行供用者で，非運転者Y2が心神喪失に陥る。

基本的には，自動車を運転中の運転者が，突然心神喪失状態に陥り，事故を惹起した場合，運行供用者の責任はどうなるのかということを考えていこうというのが，本稿の目的であるので，ここでは(1)，(2)を中心として，付随的に(3)を考慮し（この〔3〕については，Y2が突然心神喪失状態に陥ったというのではなく，恒常的責任無能力者であって，Y1が，たとえば，Y2を病院等に連れて行く途中に事故が発生したという場合どうなるかを考える方が現実的ではあろう），そこでの考え方を(4)，(5)でも用いることができるのではないかという前提でみていくこととする。
そうすると，自賠法3条但書の免責という側面からみていくと，(1)，(2)の場合，運転者に何の持病もなく，全く予兆もなかったので運転者の過失が問題とならない（したがって，運行供用者の過失も問題とならない）という場合には，免責要件の①は満たされているとみることができようから，免責要件

の②，③の問題となり（ただし，ここでは免責要件の③は度外視してよいであろう），(1), (3)の場合，運行供用者が突然心神喪失状態に陥ったことが，仮に免責要件の①を証明したことになるとしても，やはり免責要件の②の問題が残ることとなる。(1)は運転者＝運行供用者の場合であるが，運転者の立場と運行供用者の立場とは，法的に別個のものと捉えれば，上記のようにみておくことができよう。

他方，自賠法4条による民法713条の適用という側面からみていくと，運行供用者が責任無能力者であることが前提となるので，(1), (3)が直接的な関わりを持ってくることになろう（運行供用者が責任無能力者という意味では，〔4〕，〔5〕も同様に，自賠法4条による民法713条の適用が問題となる場合ではある。しかし，これらの場合には，責任無能力者たる運行供用者とは別に，責任能力たる運行供用者がいるので，これらの者がストレートに運行供用者責任を負うことになり，それゆえ〔1〕，〔3〕とは，ひとまず区別して捉えておいて差支えないものと思われる）。

このようにみてくると，運転者が心神喪失状態に陥った場合は自賠法3条但書からのアプローチ，運行供用者が心神喪失状態に陥った場合は自賠法4条からのアプローチが妥当するかのようにみられるが，実は，こうした捉え方は必ずしも適切ではない。この点については後述しよう（Ⅳ1）。

2 責任無能力者の運行供用者性

次いで，前提的な問題として明らかにしておく必要があるのは，果たして責任無能力者は運行供用者たり得るかというものである。とりわけ，運行供用者＝運転者が心神喪失状態に陥った場合に，問題とされ得よう。そもそも，責任無能力者は運行供用者たり得ないというのであれば，話はそこで終わりになり，運行供用者責任の有無を云々する必要もない。

従来，この点につき意識的に議論された形跡は見受けられないようであるが，それにも拘らず，責任無能力者の運行供用者責任については議論されていたところをみると，その当然の前提として，責任無能力者も運行供用者たり得ると考えられていたとみてよいであろう。

ただ，責任無能力者とは，一般に，自己の行為の責任を弁識するに足る判

Ⅲ　問題の所在

断力（責任弁識能力）を欠く者とされているところ，その責任無能力の程度にも差は認められよう。意識混濁または失神様の状態（名古屋判決），意識喪失状態（新潟判決），入眠状態（京都判決）で心神喪失状態に陥っているような場合は，単に責任弁識能力を欠くというにとどまらず，自動車の運行自体を適切に制御することもできない状態といわざるを得ず，こうした状況においても運行供用者たり得るかを，改めて確認しておくこととしたい。

　よく知られているように，運行供用者という概念は，自賠法の制定に端を発する概念であり，同法3条本文にいわゆる「自己のために自動車を運行の用に供する者」が運行供用者であることに異論はないが，同法にこれ以上の定義規定がないため，具体的な場面で運行供用者を認定するに際し，如何なる判断基準によるかが問題とされる。

　判例は，基本的に，自動車についての支配（運行支配）とそれによる利益（運行利益）とが帰属する者を運行供用者というとしているが（いわゆる二元説），その運行支配・運行利益の有無を判断するに際し，多様な意味の持込を行うことを通じて，大幅な規範的概念を取り込むに至っている。そして，直接的な運行支配・運行利益という概念を用いることなく運行供用者責任を認めるものも現れた（最判昭和50・11・28民集29巻10号1818頁等）。

　こうした裁判例の推移により，運行支配・運行利益本来の意味が希薄化され，それらには基準としての意味がなくなったとして，学説において，新たな運行供用者概念を模索する動きも現れてきている。その詳細は他に譲るが[26]，それら学説を通じ，およその共通項として取り上げられるものを抽出してみると，運行供用者とは，自動車についての人的物的管理責任を負い，自動車の運行による危険の具体化を制御し，自動車事故の防止を決定し得るにも拘わらず，その自動車の有する危険に加担したと評価される者とみていると捉えることができようか。それぞれ，表現方法は異なるものの，その指向するところが乖離しているものではない。判例の採る，自動車の運行を事実上支配，管理することができ，社会通念上その運行が社会に害悪をもたらさないよう監視，監督すべき立場にあった者（前掲最判昭和50・11・28），自動車の運行について指示，制御をなし得べき地位にあった者（最判昭和45・7・16判時600号89頁等）という表現も，その実質に着目すれば，諸学説との

195

間に深い溝があるというほどのものではない。

　そこで，心神喪失状態に陥って責任無能力者と判断されるような者が運行供用者となり得るかが問題となるのである。

　たしかに，心神喪失状態に陥っているときは，自動車の運行を満足に制御できるはずもなかろう（だからこそ，事故を惹起しているのである）。しかしながら，だからといって，直ちに，その心神喪失状態に陥っている間は運行供用者性を喪失しているとみることはできない。

　たとえば，車庫を出て，用を済ませて1時間後に車庫に戻るという場合を想定してみると，その1時間の間，自動車はずっと継続して運行の用に供されていたのであり，途中で停車や駐車の時間帯があったとしても，その間，断続的に運行の用に供されていなかったといえるものではない。

　同様に，運行供用者性についても，上記1時間の間，運行供用者（運転者）はずっと運行供用者であったのであり，途中，心神喪失状態に陥っていた間は運行供用者性を喪失し，その前後のみ運行供用者性を保持していたということができるものではない。

　したがって，運行供用者（運転者）が，運転中，突然心神喪失状態に陥ったとしても，そのことのみを理由として，運行供用者性が失われることはないといわなければならない。

　それゆえ，心神喪失状態に陥った者であっても運行供用者たり得るということを前提として，その者が運行供用者責任を負うのかどうかが検討されることになる（これに対し，恒常的責任無能力者の運行供用者性の承認については，別の角度から検討されるべきであろう）。

　　(26)　それほど，詳細なものというわけではないが，ひとまず，藤村和夫＝山野嘉朗「新版　概説交通事故賠償法」（日本評論社，2004年）80頁以下，また，学説を手際よく整理したものとして，伊藤文夫「運行供用者責任」田辺康平＝石田満編『新　損害保険双書2 自動車保険』（文眞堂，1983年）390頁。

IV　若干の検討

1　解釈の起点，筋道

　この問題に対処するに際しては，先にも述べたように，運転者が心神喪失状態に陥った場合は自賠法3条但書の解釈問題，運行供用者が心神喪失状態に陥った場合は自賠法4条による民法713条の適用問題と捉えるかのように，自賠法3条但書によるか，自賠法4条によるかの対立があるかのようにもみえる。

　しかし，そのように両者を，いわば分別して，斯く斯くの場合は前者により，然々の場合は後者によるという姿勢の妥当性は疑わしい。

　ここでは，まず，自賠法3条本文による運行供用者責任が成立するかどうかが問題とされるべきであるが，その段階で，運行供用者が責任無能力者であることがどのように関わるかを云々すべきではない。自賠法3条は，運行供用者責任の成立要件として責任能力を要求しているわけではなく，責任無能力をその免責要件としているものでもない。それゆえ，運行供用者責任の成立要件と免責要件に関しては，責任無能力とは関わりなく，自賠法3条で完結しているというべきである[27]。

　そして，自賠法3条で運行供用者責任が肯定された後，その運行供用者が責任無能力者である場合に，自賠法4条により民法712条または713条本文の適用が肯定されて免責されることになるか否かが，まさにここでの問題なのである。

　運行供用者責任が成立しない，あるいは自賠法3条但書により免責されるという場合は，そこで話は終わり，自賠法4条による民法の適用を問題とする必要もないことになる。

　したがって，以下では，運転者ないし運行供用者が責任無能力者である場合にも運行供用者責任が成立するのか（免責が認められるのか）どうかをみた後，それが成立することを前提として，民法713条による免責が認められるかどうかを検討するという順序でみていく。

　なお，周知のことではあるが，事故の結果発生した損害が物損のみである

責任無能力と運行供用者責任

ときは，自賠法は適用されないから（自賠法3条），運行供用者責任を考える必要はなく，運転者が心神喪失状態に陥って物損事故を惹起したときは，民法713条，714条が適用されることになる。

2　自賠法3条但書に基づく免責の可否

心神喪失状態に陥って責任無能力者となったのが，運転者，運行供用者のいずれであっても，自賠法3条但書による免責は認められない。

これまでみてきた学説，裁判例から既に明らかなように，運転者ないし運行供用者が突然心神喪失状態に陥ったことによって，免責要件の①が満たされたと解するとしても，他の免責要件も満たされるのでなければ免責は認められないのであるから，突然の心神喪失という一事のみをもってして免責が認められるというわけにはいかない。

そもそも，運転者ないし運行供用者の突然の心神喪失が免責要件の①を満たすと解することもできないといわなければならない。

免責要件の①については，"運行供用者および運転者に過失がないこと"として論じられることが多いのであるが，条文上は，「自己及び運転者が自動車の運行に関し注意を怠らなかったこと」とされているのであり，免責要件の②が「被害者又は運転者以外の第三者に故意又は過失があったこと」とされていることとの対比から，免責要件の①の「注意を怠らなかったこと」は，免責要件の②の「過失」よりも，その内容および立証上の要請からして広いものと考えるべきであろう[28]。すなわち，免責要件の①の「注意を怠らなかったこと」は，いわゆる「過失」，民法709条の不法行為成立要件としての「過失」よりも広く解して然るべきではないかと思われるのである。運行供用者責任が，危険責任を体現したものであることを意識するならば，事故発生＝損害発生という結果を回避する義務に違反したというレヴェルにおける過失はないとしても，自動車の運転席に着くかどうかを決めること等をも含め，広く自動車の運行に関して注意を怠ったという事実が認められるときは，免責という結論を導くべきではないのではないかと考えられるからである。

因みに，ドイツでは，かつて，保有者が免責されるためには，免責要件の

IV 若干の検討

①に相当するものとして，保有者，運転者ともに最善の注意を尽くしていたことが要求されていたのであり（ドイツ道路交通法7条2項2文〔ただし，現行7条2項は，「事故が不可抗力によって惹起された場合は，賠償義務は免除される。」とするのみである〕），通常の注意以上の特別な注意深さ，慎重さ，冷静さをもってしても事故を避けることができなかったであろう場合に限って免責されることになるとされていた[29]。

そして，運転者は，直接，運転行為に携わる者として，運行供用者は，自ら，あるいは運転者を通して，文字通り自動車を運行の用に供する者として，突然の心神喪失状態に陥ることのないよう，あるいは当初より自動車の運行に関与しないよう，注意すべきであったのに，その注意を怠ったと捉えることができるがゆえに，免責要件の①は満たされていないといえるのである（覚醒剤，シンナー等の場合はもちろん，眠気を催す薬を服用して運転していたときも注意を怠ったものといえよう）。

なお，学説の中には，事故の要因を車両圏内のそれと車両圏外のそれとに二分した上で，事故が専ら車両圏外の要因に基づくものであって，車両圏内の要因は一切関与していないことを証明することを免責要件の内容として把握すべきとするものがあった。

しかし，これまでみてきたところから明らかなように，運転者が心神喪失状態に陥ったという事実は，免責要件の①の問題として対処すべきものであり，殊更，車両圏内・圏外という概念を創出して論ずる意義は見出し難いし，その概念にも若干の不安定要素があるとの批判が妥当するであろうことは既に述べたとおりである。

また，車両圏内の要因として，運行供用者・運転者の過失と車両の構造・機能の欠陥・障害を挙げるのであるが，後者（免責要件の③）は，運行供用者に完全な無過失責任を課すものであって，前者（免責要件の①）とは性格を異にするものであるといわざるを得ず，さらに，人間に関わる要因と機械に関わる要因とを同列に扱うことに対する違和感も否めない[30]。

このように，運転者の心神喪失を免責要件の①の問題としてみる以上，これを不可抗力の問題として論ずることの意義も稀薄となる。

こうして，運転者，運行供用者のいずれが心神喪失状態に陥った場合で

あっても，自賠法3条但書による免責は認められず，したがって，運行供用者責任は成立することになる。そして，その上で，運行供用者が責任無能力者であると認められるときに，自賠法4条に基づく民法の適用の可否ないし是非が検討されることになるのである。

したがって，Y1が運転者，Y2が運行供用者で，Y1が心神喪失に陥るという類型（Ⅲ1⑵）は，この段階で検討の対象から外れることになる。

3　自賠法4条，民法713条に基づく免責の可否と是非
⑴　自賠法4条の意義

自賠法が民法の特別法であることは異論をみないところであり，自賠法4条は，自動車事故による損害賠償について，自賠法3条による他，民法の規定が適用される旨を明示した注意規定である[31]。そして，民法の規定としては，709条ないし724条が適用対象になり，その重要なものは，損害賠償請求権者，損害賠償の内容・範囲ならびに賠償額，損益相殺，過失相殺など，あるいは損害賠償請求権の態様，賠償請求権者，損害賠償の範囲，時効などとされている[31]。

しかしながら，民法の適用範囲が不法行為に関する規定に限定される趣旨と解すべき必然性はなく[32]，個々の規定について柔軟な解釈姿勢で臨んでよいであろう。

民法713条本文は，精神上の障害により，自己の行為の責任を弁識する能力を欠く状態にある間に他人に損害を加えた者は損害賠償責任を負わないと定めている。精神上の障害とはいうものの，具体的には，必ずしも精神障害に陥っている必要はなく，失神，泥酔，薬物中毒等によって責任弁識能力を欠く状態に至った場合でもよい。そして，問題の行為をなした時に責任弁識能力を欠く状態であったことが必要とされるのであるから，継続的にそのような状態にあることは必要ではない（精神上の障害がある者であっても，正常に復しているときの行為については責任を負う）。それゆえ，突然心神喪失状態に陥って責任弁識能力を欠く状態に至った場合についても民法713条本文が適用される。

そして，自賠法4条は，運行供用者責任については，同法3条によるほか，

民法の規定によるとしているのであるから，運行供用者責任の（責任無能力を理由とする）免責に係る民法713条の適用を排斥する理由はないといえよう。

(2) 責任無能力制度の妥当範囲

このように，自賠法と民法との関係，自賠法4条の規定の仕方からみて，形式的には，自賠法4条により民法713条が適用されるとみることができる。

しかしながら，責任無能力者制度をめぐっては，以下のような議論も存するところから，運行供用者責任の法的性質－事実上の無過失責任（条件付無過失責任ないし相対的無過失責任といわれる）[33]－に鑑みて，なお同責任にも責任無能力者制度が妥当するか否かが検討されてよい。

すなわち，かつて，責任能力制度は，過失責任主義から論理的に導き出されるものであるとされ[34]，したがって，無過失責任を認めるべき範囲においては，責任能力を特に問題とする必要はないとしたり[35]，具体的な解釈論としても，民法717条1項但書のような無過失責任については責任能力制度を適用する余地はないとする[36]立場もあった。

こうした中にあって，運行供用者責任には民法713条は適用されないとする宗宮説（自賠法の保有者の責任は，保有者の過失に無関係の結果責任とする）や大嶋説（自賠法3条は危険責任と解されていること，自賠法は被害者保護を目的としていること等，種々の要因を勘案する）があり，他方，これと反対の立場を採るもの（加藤説，並木説）があった。

自賠法4条により民法713条が適用されるかどうかを如何に解するかは微妙な問題である。しかし，①運行供用者責任の成立要件と免責要件とは，やはり自賠法3条で完結しているのであり，②民法の特別法たる自賠法が，その明文をもって，運行供用者責任については自賠法3条によるほか「民法の規定による」と定めており，③その運行供用者責任は，事実上の無過失責任とはされるものの，無過失責任ではなく，責任無能力者制度を排斥するものとはいい難いことからすると，ひとまず，これを肯定しておくべきであると思われる。

ただ，過失を客観的な注意義務違反と捉える立場が台頭してくるのに連れ，責任能力は，不法行為責任成立のため論理必然的に求められる要件ではなく

なったとする考え方が現れ，判断能力（責任能力）を欠く者によってもたらされた損害を誰に賠償させたらよいかという政策的な問題が正面に出てくるとし，加害者自身が相当の資産を有するか十分な保険をかけているときは，たとえ判断能力はなくても，その加害者本人に賠償させる余地を認めていくべきであるとする—ドイツ民法829条の衡平責任の考え方に通ずる—ものもある(37)ことに留意する必要はあろう。

(3) 民法714条の適用

このように，自賠法4条による民法713条の適用を肯定すると，責任無能力者たる運行供用者は，運行供用者責任を免れることになり，被害者は救済されないことになりそうである。

しかし，直ちにそうなるものではない。自賠法4条により，民法713条が適用されれば，同時に民法714条も適用されるからである。すなわち，責任無能力者の法定監督義務者ならびに代理監督者の責任が発生することになる。民法714条1項本文は，責任無能力者の法定監督義務者は，「その責任無能力者が第三者に加えた損害を賠償する責任を負う」としており，同条同項但書の免責事由が立証されない限り，被害者は，この法定監督義務者等に対する損害賠償請求権を確保することができる。

ところで，ここで問題となる責任は民法709条の一般的不法行為責任ではなく，運行供用者責任である。自賠法が適用され，自動車損害賠償責任保険（共済）（以下，自賠責保険等という）が機能するためには，その前提として，保有者の運行供用者責任が発生していることが求められる（自賠法11条）。

民法714条の法定監督義務者等自身も，責任無能力者たる運行供用者と共に運行供用者（保有者）であった場合，あるいは，そうでないとしても，同条により法定監督義務者等が負う責任は，責任無能力者が責任無能力でなければ負っていたであろう責任（運行供用者責任）そのものであると解することができる場合には，自賠責保険等が機能することになろう。

しかしながら，前者については，常にそのような状況にあるとはいえないであろうし，後者については，一旦，民法713条により運行供用者責任を否定した上で，民法714条の責任を導いているのであるから，直ちにこのよう

IV 若干の検討

に解することもできるものではなかろう。民法714条による法定監督義務者等の責任が補充的責任であるとはいえ，そこで負うべき責任が運行供用者責任であるときは，一般法たる民法の規定に基づいて特別法たる自賠法上の責任を負うことになるものではないとして，責任主体たる法定監督義務者等も，やはり運行供用者であることを求められるという考え方も，あながち不当とはいえないと思われるからである。

そこで，次のように解することによって，法定監督義務者等の運行供用者責任を導くとしよう。

すなわち，責任無能力者たる運行供用者が，民法713条によりその責任を免れ，それと同時に，その法定監督義務者等が，民法714条により責任を負うことになるのに伴って，法定監督義務者等は，責任無能力者たる運行供用者を監督するという，まさにその法的地位に基づき，被監督者たる責任無能力者を通して間接的に運行供用者性を備えると解するのである。このように，法定監督義務者等の運行供用者性を肯定することは，前述（Ⅲ2参照）の運行供用者概念を前提としても容認されよう。また，保有者たる地位についても同様に解することとする。法定監督義務者自身も，責任無能力者たる運行供用者と共に運行供用者であった場合には，このような解釈は不要となる。

(4) 民法713条適用のメルクマール

これまでの検討と解釈を通じて，自賠法4条により，民法713条のみならず，民法714条も適用され，法定監督義務者の運行供用者性も肯定されることになる。

しかし，問題は，突然心神喪失状態に陥る者については，通常，その法定監督義務者なる者が存在しないということである（同様の事情は，成年被後見人となっているわけではないが判断能力が十分ではない高齢者についても認めることができよう）。それゆえ，民法714条の法定監督義務者の運行供用者責任を認めるという解釈は，その責任主体の不在によって，実質上，機能させることができない（したがって，運行供用者が恒常的責任無能力者であって，法定監督義務者がいる場合には，これまでの解釈を妥当させてよいといえよう）。

ここで初めて，運行供用者が，突然心神喪失状態に陥って責任無能力と

なった場合には，自賠法4条によっても民法713条は適用されるべきではないとの解釈が前面に出てくることになる（民法713条が適用されなければ，同法714条の適用もない）。このような解釈は，被害者保護という自賠法の要請にも応えるものとなる。

以上のように，多岐にわたる検討に基づく解釈論としての帰結と軌を一にするところを立法論的に提言するものもある(38)。

(27) 並木・前掲「新版　注解交通損害賠償法2」243頁参照。
(28) この点を捉えて，「何故に『注意を怠らなかったこと』ではなくして『過失がなかったこと』と規定しなかったのであろうか」とするものがある（高崎尚志「運行供用者の免責をめぐる諸問題」塩崎勤編『現代民事裁判の課題⑧交通損害　労働災害』〔新日本法規，1989年〕292頁〔296頁〕）。
(29) 藤村和夫「ドイツ道路交通法」日本交通法学会編『世界の交通法』（西神田編集室，1992年）101頁（108頁以下）。
　　また，この点に関し，運行供用者が免責されるのは，「運行供用者及び運転者がその事例のおかれた状況で要求されるあらゆる注意義務を尽くしたこと…」を証明できた場合に限られ，その注意義務とは，「民法の不法行為の規定に従って要求される通常の注意義務を超えるものである」とし，裁判例による定義として，「通常要求されるものを超える注意義務，高度でしかも用意周到な集中力と慎重さである」を挙げるものがある（Hein Koetz〔山田卓生訳〕「ヨーロッパにおける自動車事故の責任」前掲『世界の交通法』3頁〔5頁以下〕）。
(30) 構造上の欠陥または機能の障害の意義については，ひとまず，藤村和夫「交通事故賠償理論の新展開」（日本評論社，1998年）67頁以下参照。
(31) 木宮高彦他「新版　注釈自動車損害賠償保障法」（有斐閣，2003年）75頁，国土交通省自動車交通局保障課監修「逐条解説　自動車損害賠償保障法」（ぎょうせい，2002年）75頁。
(32) 「自賠法3条は不法行為についての特則であると同時に債務不履行の場合についての特則でもある。」と解するに際し，自賠法4条が「前条の規定によるほか，民法の規定による」と定めていることをもって，これを不法行為に関する規定の準用のみを認める趣旨と解すべき必然性がないことも一つの補強証拠足りえようとするものがある（金沢理「交通事故と責任保険」〔成文堂，1974年〕13頁以下）。
　　また，同様の立場から，たとえば509条は適用対象となる反面，723条などはその性質上適用の対象となることは考えにくいとするものもある（川井等編・前掲「新版　注解交通損害賠償法1」109頁〔片桐春一執筆〕）。
(33) 藤村＝山野・前掲「新版　概説交通事故賠償法」35頁。

(34) 加藤（一）・前掲「不法行為（増補版）」141頁。
(35) 我妻　栄「事務管理・不当利得・不法行為（復刻版）」（日本評論社，1988年）118頁。
(36) 幾代（徳本）・前掲「不法行為法」55頁。
(37) 加藤一郎＝野村好弘「事故責任」石井輝久他編『経営法学全集18企業責任』（ダイヤモンド社，1968年）31頁。
(38) 日本不法行為法リステイトメントは，713条の2「前二条の規定は，民法第715条，第717条及び第718条の規定により損害を賠償する責任を負うべき者には適用しない。」を新設するとするが，その解説に際し，「なお，自賠法3条などについても問題となるが，特別法の規定を一いち書くわけにもゆかないので，このような一応の案になっている。」としている（「日本不法行為法リステイトメント」〔有斐閣，1988年〕84頁〔94頁注(46)〕〔星野英一執筆〕）。

　また，殊に運行供用者責任を意識したものではないが，心神喪失者の免責は，主観的事情を重視しすぎたものであるとして，立法論としては，713条を削除するか，あるいは少なくとも，事情によってその責任を認めるように改めるべきであろうとするものもある（加藤〔一〕・前掲「不法行為（増補版）」147頁）。

V　おわりに

　専門的な業務に従事する者は，その業務を遂行するのに適した判断能力を自ら保証したのであり，社会的信頼の見地から，責任無能力を援用できないとされているのと同様，運行供用者責任についても，責任能力は問わないと解すべきであるとする(39)ように，運行供用者責任については，責任能力は不要であるといえるのであれば解決は容易であろう。しかしながら，今日において，自動車の運転に携わるすべてのドライバーならびに運行供用者を，専門的な業務に従事する者と同列に論じてよいかは疑問である。

　さらに，自賠法4条と民法713条，714条という明文規定の存在を前にしては，法解釈による解決が図られて然るべきものでもあろう。これまでも，そのような試みがなされていた。まずは，そうした試みである従来の学説と現実の事故事案に対処した裁判例を顧みるところから始めたが，いずれも十分な説得力を備えたものとはいえないように思われた。

　そこで，この問題の解決に際しては，次のような思考過程を辿るのが素直ではないかと考えた。

すなわち，自賠法3条に，その成立要件と免責要件とが定められている運行供用者責任の成否は，まずは自賠法の中で完結させられるべきものである → 運行供用者責任の成立が認められて初めて自賠法4条の問題となるところ，運転者，運行供用者の突然の心神喪失は同法3条但書の免責要件を満たさない → 自賠法4条により民法713条が適用される → 民法713条により，責任無能力者が免責されると民法714条の適用が問題となる → 責任無能力者たる運行供用者に法定監督義務者がいれば，その法定監督義務者が責任を負う → 自賠責保険等を機能させるために一定の解釈操作を経て，法定監督義務者の責任も運行供用者責任であるとする → (しかし，)運転者ないし運行供用者が突然心神喪失状態に陥ったときは，そもそも法定監督義務者が存在しない → このような解釈操作を経ても，運行供用者責任を負う者が存在しないことになる → (したがって，)そのような解釈は，運行供用者責任を負うべき責任主体の不在によって，実質上，機能させることができない → (また，)被害者の救済を図ろうとすると，自賠法4条による民法713条の適用を認めるのは妥当ではない → (それゆえ，)突然の心神喪失による責任無能力の場合には，民法713条を適用すべきではない。
　このように，最終的に行き着いたところは，学説の多くや裁判例と同様，責任無能力を理由とする運行供用者の免責を認めない（その結果，被害者の救済は図られる）というものである。しかし，既に明らかなように，その結論に至る過程は大いに異なるものであった。

　　(39)　沢井裕「事務管理・不当利得・不法行為（第3版）」(有斐閣，2001年) 190頁。

「成年後見の社会化」の進展と新たな立法課題
——社会化の日独比較を含めて——

上 山　　泰

I　本稿の目的
II　「成年後見の社会化」の意義と政策課題
III　「成年後見の社会化」の進展状況
IV　新たな立法課題と「成年後見の社会化」との関係
V　ドイツにおける社会化の現状
VI　おわりに

I　本稿の目的

　平成12年に現行成年後見制度が導入された際，私見は，新制度運用の成功の鍵は「成年後見の社会化」という視点にあることを指摘し，併せて，その実現には「成年後見人に対する総合的支援システムの確立」と「専門職後見人（職業後見人）の積極的活用」という2つの政策課題がポイントになるということを主張した[1]。さらに，その後，社会化の達成度評価という観点から，制度施行後2年間の運用状況に関するデータについて，若干の分析を試みてもいる[2]。幸い，現在では，私見が提唱した「成年後見の社会化」という分析視点の重要性は広く認知されてきたように思われる[3]。
　そこで，本稿では，私見のさらなる深化を目指して，「成年後見の社会化」の意義について再検討してみたい。考察の中心は，まもなく施行後6年を迎える制度の運用状況を，社会化の進展状況の確認という見地から，最新のデータ[4]をもとに再検証することにおかれる。また，これと併せて，さらなる社会化の推進に必要な立法課題について，若干の言及を行う。既に，現

実の運用を通じて，現行制度の欠陥＝課題点が浮き彫りになってきており，法改正の具体的な提言も発表されている[5]。そこで，本稿では，こうした新たな立法課題と「成年後見の社会化」との関係について，ごく簡単な考察を加えることとしたい。最後に，「成年後見の社会化」の視点から，ドイツにおける世話法の運用状況のデータ[6]を紹介し，日独両国における社会化の進展状況のささやかな比較を試みる。

（1）　上山泰『成年後見と身上配慮』（筒井書房，2000年）112-118頁。

（2）　上山泰「「成年後見の社会化」について」みんけん（民事研修）552号（2003年）3-10頁。

（3）　小賀野晶一「成年後見法研究の論点」成年後見法研究1号（2003年）105頁，岩志和一郎「成年後見の社会化の意義―本大会の目的―」成年後見法研究2号（2005年）27-31頁，新井誠『成年後見法と信託法』（有斐閣，2005年）43-47頁等参照。なお，日本成年後見法学会では，第1回及び第2回の学術大会の統一テーマとして「成年後見の社会化」を2年連続で取り上げている。

（4）　本稿では，前掲（注2）の前稿と同様，最高裁判所事務総局家庭局によりまとめられた以下の統計資料を主な分析資料とした。最高裁判所事務総局家庭局「成年後見関係事件の概況―平成12年4月から平成13年3月―」家月53巻9号（2001年）135-154頁（概況①），同「成年後見関係事件の概況だ平成13年4月から平成14年3月―」家月54巻10号（2002年）148-163頁（概況②），同「成年後見関係事件の概況―平成14年4月から平成15年3月―」家月55巻10号（2003年）163-176頁（概況③），同「成年後見関係事件の概況―平成15年4月から平成16年3月―」家月56巻10号（2004年）101-114頁（概況④），同「成年後見関係事件の概況―平成16年4月から平成17年3月―」家月57巻10号（2005年）171-184頁（概況⑤），同「成年後見関係事件の概況―平成17年4月から平成18年3月―」実践成年後見18号（2006年）112-120頁（概況⑥），同「成年後見関係事件の概況（続）―平成12年4月から平成13年3月―」家月54巻1号（2002年）141頁（続概況①），同「成年後見関係事件の概況（続）―平成13年4月から平成14年3月―」家月54巻12号（2002年）192頁（続概況②），同「成年後見関係事件の概況（続）―平成14年4月から平成15年3月―」家月55巻12号（2003年）101-112頁（続概況③），同「成年後見関係事件の概況（続）―平成15年4月から平成16年3月―」家月56巻12号（2004年）169-179頁（続概況④）。なお，概況①から⑥については，最高裁判所ホームページ（http://www.courts.go.jp/）の「司法統計」内の「その他の統計情報」からも参照できる。また，上記資料に加えて，日本成年後見法学会・市町村における権利擁護機能のあり方に関する研究会『市町村における権利擁護機能のあり方に関する研究会［平成17年度報告書］』（日本成年後見法学会，2006年）掲載の

各種統計資料を参照した（以下『学会報告書』で引用）。
(5) 近年，こうした実務上の問題点を踏まえて，具体的な法改正の提言が行われている。すなわち，日本弁護士連合会による2005年5月6日付の「成年後見制度に関する改善提言」，及び，㈱成年後見センター・リーガルサポートによる2005年10月1日付の「成年後見制度改善に向けての提言〜法定後見業務に携わる執務現場から〜」である。なお，前者に関する紹介として，井上計雄「日本弁護士連合会「成年後見制度に関する改善提言」の解説」実践成年後見14号（2005年）95-102頁が，後者に関する紹介として，多田宏治「㈱成年後見センター・リーガルサポート「成年後見制度改善に向けての提言」の紹介」実践成年後見15号（2005年）102−108頁がある。
(6) ドイツ世話法の運用状況に関する紹介に当たっては，以下の統計資料を利用した。Deinert, Betreuungszahlen 2001, Btreuungsrechtliche Praxis 2002, 204-206., ders., Betreuungszahlen 2002, Btreuungsrechtliche Praxis 2003, 257-259., ders., Betreuungszahlen 2003, Btreuungsrechtliche Praxis 2004, 227-233., ders., Betreuungszahlen 2004, Betreuungsrechtliche Praxis 2006, 65-70.

II 「成年後見の社会化」の意義と政策課題

1 「成年後見の社会化」の意義

　平成12年の介護保険制度，及び，平成15年の支援費制度導入を通じて，わが国の福祉サービスの供給方式は，当事者の契約によることが原則となった。これにより，判断能力不十分者に対する契約締結支援システムとしての性格を持つ成年後見制度の社会的な役割として，「社会福祉サービスへのアクセス機能」がクローズアップされることとなったといえる。成年後見制度は，今や，単なる民法上の財産管理制度であることを超えて，社会福祉制度上の最重要インフラの1つになったのである。そして，この結果として，社会福祉に関するインフラ整備の一環として，成年後見制度の利用可能性を広く市民一般に保障することが，国及び地方自治体の重要な責務となったというべきである。私見は，これを「成年後見の社会化」と呼ぶ[7]。

　なお，「成年後見の社会化」を支える成年後見制度と社会福祉法との法制度的連携としては，老人福祉法32条（高齢者虐待防止法9条2項，27条2項も参照），知的障害者福祉法28条，精神保健及び精神障害者福祉に関する法律

51条の11の2による市町村申立ての制度が重要である。また，2006年4月1日に施行された「高齢者虐待の防止，高齢者の養護者に対する支援等に関する法律（いわゆる「高齢者虐待防止法」）」28条が，高齢者の虐待防止等を図るために，国及び地方公共団体に対して，成年後見制度の周知のための措置や成年後見制度の利用に係る経済的負担の軽減のための措置等を講ずることによって，「成年後見制度の利用促進」を図ることを義務づけたことが，大いに注目される[8]。

2 政策課題

「成年後見の社会化」を推進するためには，①第三者後見人のマンパワー確保，②親族後見人に対する支援体制の整備（成年後見関係当事者間の有機的・地域的ネットワークの構築），③低所得者に対する経済的支援が，重要な政策課題となる。

(a) 第三者後見人のマンパワー確保

法体系上，法定後見制度の基盤が，主として家族法上にあるという事実が端的に示すように，旧制度と同様，現行制度もまた，成年後見人等の主たる供給源としては，近親者を想定している。しかし，家族規模の縮小，独居高齢者の増加等といった現在の社会情勢を踏まえるならば，こうした家族頼みの構図を脱却して，法人後見人を含む第三者後見人の積極活用の道を開かない限り，潜在的な成年後見ニーズを完全に充足することは困難であると思われる。現行制度が，旧制度上の配偶者法定後見人制度を廃止するとともに，法人後見人の選任可能性を明文化したこと，及び，委任契約をベースとした任意後見制度を導入したことは，成年後見人等の供給源を積極的に家族外に開くという意味で，重要な意義を持つものであったといえる。

第三者後見人の類型として，現行法上では，法人後見人，専門職後見人（弁護士，司法書士，社会福祉士等の職業的な後見人），市民後見人（知人等を含む，純然たるボランティアの後見人）[9]を考えることができる。これに加えて，さらに立法論としては，公後見人制度の導入[10]も重要であろう。

(b) 親族後見人に対する支援体制の整備

第三者後見人の積極的活用が重要な政策課題であるとしても，このことが，

親族後見人の積極的な排除を意味するというわけではない。総人口の約1％といわれる成年後見の潜在的ニーズ⁽¹¹⁾を考えた場合，現実問題としては，今後もその相当数を親族後見人に期待することにならざるをえない。また，愛情や個人的な信頼感，あるいは，経済的な事情などから，利用者側が親族後見を望むケースも少なくないと思われるからである。そこで，成年後見人等に対する総合的支援システムの確立を通じて，特に，親族後見における後見人の負担を軽減してやり，これによって，後見人就任に対する親族のモチベーションを高めてやることが肝要となる（むろん，同様の効果は専門職後見人に対しても期待できる）。

具体的には，次の2つが現実的な対応策となるだろう。1つは，専門職後見人，法人を含む専門後見団体（法人後見人），家庭裁判所，地方自治体等の地域的・有機的なネットワーク構築を行うとともに，これを利用した親族後見人の支援体制を整えることである⁽¹²⁾。ここでは，平成17年の改正介護保険法に基づき，同18年4月以降，各市町村に設置された地域包括支援センター⁽¹³⁾が果たす役割が，重要な鍵を握ることになるであろう。

もう1つは，法人後見人を含む専門職後見人と親族後見人とが後見事務を分掌することである。分掌形態は，親族後見人と専門職後見人の持つ，それぞれのメリットを発揮させることが可能となる点で，制度の運用上，重要な意義を持つと考えられる。また，専門職後見人の受け皿が限られており，その絶対数が明らかに不十分な現状では，利用者の支援に最適な現有資源の組合せを探ることが，もっとも合理的かつ現実的な選択肢と思われるからである。事務分掌の形態としては，①「縦型分掌形態」（後見監督制度を活用して，親族後見人が後見事務を，専門職後見人が後見監督事務を担当する形態）と，②「横型分掌形態」（複数後見人制度を活用して，専門職後見人が参加する形態）の2種が理念型となるだろう⁽¹⁴⁾。

ただし，親族後見人や市民後見人活用の重要性を考慮するならば，後者の変形として，③「専門職後見人離脱型の横型分掌形態」も，運用上の工夫として，今後，大きな意義を持つ可能性があると思われる。これは，後見開始時に専門職後見人と，親族後見人ないし市民後見人との複数後見としてスタートし，後に，専門職後見人に対するニーズが消滅した時点で，専門職後

見人が離脱する形態であり，実務上，次のような意義がある。第1に，専門職後見人の効率的活用である。横型分掌形態自体，専門職後見人の効率的活用を意図した運用方法であるが，専門職後見人離脱型では，この効率性が最大限に図られることになる。専門職後見人のニーズがある典型事案として，法的紛争性のある困難事例があり，弁護士，司法書士等の法律専門家が成年後見人等に選任されることが多い。しかし，こうした場合でも，問題の法的紛争が解消した後は，日常的な財産管理や身上監護だけが後見事務の対象となり，その遂行に，特別な専門的能力は不要となることが珍しくない。希少な専門職後見人資源の効率的運用という視点からは，後見事務に専門性が不要となった事案に専門職後見人を拘束し続けることは不合理といえ，こうした場合には，専門職後見人の速やかな辞任を認め，当該事案を親族後見ないし市民後見人による第三者後見として維持する傍ら，辞任した専門職後見人を，専門的能力を要する別の事案に再び登用していくことが望ましい。なお，現行法上，成年後見人の辞任は，「正当の事由」がある場合に限り，家庭裁判所の許可を得て行うことができることになっているが（民法844条），この専門職後見人離脱型の横型分掌形態の複数後見事案については，「正当の事由」の認定をできる限り緩やかに行うことが必要となろう（専門職後見人が辞任しても，残る親族後見人ないし市民後見人によって，必要十分な本人の支援が可能である限り，「正当の事由」を認定すべきと思われる）。第2に，利用者の経済的負担の軽減である。専門職後見人を利用する場合，当然に後見報酬の負担が発生する。専門職後見人がその専門的能力を活用して，特殊な後見事務を遂行している間は，利用者が適正な後見報酬を負担すべきは当然といえるが，既に専門的能力を要する事務が終結し，一般的な後見事務だけが継続している場合にまで，利用者に高額の後見報酬を負担させることは，コスト・パフォーマンスの観点からみても，けっして好ましいことではない。この場合，既述のように，専門職後見人の辞任を認め，親族後見ないし市民後見人による第三者後見への柔軟な切り替えが可能となれば，利用者の経済的負担も合理的な範囲に縮減されることになる。第3に，親族後見人ないし市民後見人の養成手段としての寄与である。親族後見人や市民後見人といえども，家庭裁判所の信認を受けて，判断能力不十分者の権利擁護機関として活

動する以上は，一定の資質と能力が具備されていることが必要である。専門職後見人離脱型の複数後見は，これら親族後見人ないし市民後見人に対して，一種のオン・ザ・ジョブトレーニングの機会を提供することにもなり，後見事務に関する実践的な能力開発の手段としても，大きな意義を持ちうるものと思われる。

(c) 低所得者に対する経済的支援

　成年後見制度の利用費用に対する公的支援は，現在，厚生労働省による成年後見制度利用支援事業[15]が，ただ１つあるにすぎない。しかも，この事業は，東京都の「成年後見活用あんしん生活創造事業」[16]の取組みのように，近年ようやく積極活用しようとする動きも散見されるようになったものの，少数の例外[17]を除き，その利用実態は低調であったといえる[18]。公後見人制度の導入と併せて，成年後見に対する公的支援の充実は，喫緊の課題というべきであろう。

　なお，この点に関連して，高齢者虐待防止法28条が，国及び地方公共団体に対して，成年後見制度の利用促進のために「成年後見制度の利用に係る経済的負担の軽減のための措置等を講ずること」を義務づけたことが注目される。

（7）　以上について，詳細は，前掲上山（注2）4-6頁を参照されたい。
（8）　高齢者虐待防止法と成年後見制度の関係については，小賀野晶一「虐待防止と成年後見の役割」実践成年後見17号（2006年）51-55頁，山口光治「高齢者虐待防止に向けた成年後見人の役割」同56-60頁を参照。
（9）　市民後見人の意義については，大貫正男「市民後見人を考える」実践成年後見18号（2006年）61-70頁に詳しい。また，地方自治体における市民後見人育成の試みに関する紹介として，貝瀬まつみ「東京都における「社会貢献型後見人」育成事業の取組み」実践成年後見18号（2006年）71-77頁，田邊仁重「世田谷区における区民後見人養成の実際」実践成年後見18号（2006年）78-83頁がある。
（10）　たとえば，須永醇「成年後見制度の課題」判例タイムズ1030号（2000年）58頁は，現行制度導入当初から，成年後見制度に対する国家・公共団体の積極的関与の実現を主張している。
（11）　新井誠「成年後見制度の理念と実際」法学セミナー575号（2002年）44頁参照。
（12）　小賀野晶一『成年身上監護制度論』（信山社，2000年）217-246頁は，早い時期から，介護保険制度や地域福祉権利擁護事業等の関連諸制度を視野に収めた上で，地域における権利擁護の総合的支援システム構築の重要性を説いている。ま

た，池田恵利子・小賀野晶一・小嶋珠実・中井洋恵『成年後見と社会福祉―実践的身上監護システムの課題―』（信山社，2002年）も同様の視点を重視する。地域におけるネットワーク作りの草分けの紹介としては，二宮孝富・小幡秀夫「成年後見の市民ネットワーク―NPO「大分あんしんねっと」―」新井誠編『成年後見―法律の解説と活用の方法―』（有斐閣，2000年）380-390頁がある。また，最近の実例の紹介としては，鈴木守幸「宮城福祉オンブズネット「エール」の活動」成年後見法研究3号（2006年）29-34頁，青田和憲「「NPO大分あんしんねっと」の活動」同35-39頁，錦織正二・玉田珠美「出雲成年後見センターについて」同40-45頁等がある。このほか，地域生活支援の現状については，実践成年後見15号（2005年）の「特集・地域生活と成年後見」の諸論文を参照されたい。
(13) 地域包括支援センターの概要については，厚生労働省老健局計画課「地域包括支援センターの意義と役割」実践成年後見15号（2005年）12-17頁参照。
(14) 利谷信義「成年後見研究の課題」成年後見法研究1号（2003年）7頁は，前掲上山（注2）において示した私見のこの分析モデルを評価する。
(15) 成年後見制度利用支援事業の概要については，奥出吉規「成年後見制度利用支援事業の概況」実践成年後見4号（2003年）20-26頁参照。
(16) 本事業の概要については，川井誉久「東京都における「成年後見活用あんしん生活創造事業」の取組み」実践成年後見15号（2005年）94-101頁参照。
(17) 市長申立，申立費用助成，後見報酬助成のための要綱整備等，早くから積極的な取組みを行っていた自治体の1つとして宝塚市がある。「地方自治体における成年後見制度への取組み―兵庫県宝塚市の例―」実践成年後見3号（2002年）72-75頁参照。
(18) 平成14年にリーガルサポートが行った市町村対象のアンケート（調査時期2002年9～10月）では，本事業を利用した成年後見申立費用の助成を制度化していた市町村はわずか13％，後見報酬助成を制度化していた市町村はさらに少なく9％にすぎなかった。㈳成年後見センター・リーガルサポート「市町村の申立てに関する自治体へのアンケート実施」実践成年後見4号（2003年）44-45頁参照。
なお，平成17年に，日本成年後見法学会が全国762の市及び区自治体を対象に行ったアンケート（調査期間平成17年9月14日～30日：610団体から回答［有効回収率80％］）によると，平成17年度時点において，回答団体の過半数を超える325団体（53.5％）が成年後見制度利用支援事業を実施しており，さらに，継続実施を含め，今後実施の意向がある団体は402（66.1％）に昇っている。これをみる限り，本事業の普及自体はある程度進んでいるといえるだろう。しかし，同アンケートによれば，本事業の平成16年度の決算額は「1万円未満」の団体が172団体と過半数を占めており，他方，「10万円以上」の団体はわずか71団体（20％）にすぎない。したがって，利用の内容は，主に研修や事務費等への使用が大半であり，申立費用や報酬助成等の積極的な経済的支援まで実施している団体はいまだ少数

III 「成年後見の社会化」の進展状況

に留まっていることが伺われる。以上については、前掲（注4）『学会報告書』129-130頁参照。

III 「成年後見の社会化」の進展状況

1 申立件数（［表1］）

「成年後見の社会化」を論じるには、何より制度自体が、わが国に広く普及することが大前提となる。そこで、まずは申立件数の推移について確認しておこう。

平成17年度の後見申立件数は17,910件、保佐申立件数は1,968件、補助申立件数は945件である。旧制度の平成7年度のデータと比較した場合、後見は約6倍、保佐は約2.9倍となっている。また、後見及び保佐の申立件数の増加率[19]は、平成16年度にいったん鈍化したものの、平成17年度には再び上昇に転じ、新制度導入以後、右肩上がりの増加傾向が続いており、あくまで旧制度との比較という限りでは、現行制度の社会への受容は、ある程度順調に進展していると評価できる。

ただし、120万件超の潜在的ニーズが予測されていることを思えば、全体としては、まだ十分な数字といえないことも事実である。また、本来であれば、平成15年4月の支援費制度導入による知的障害者の制度需要が顕在化することによって、15年度はもとより、16年度も相当数の申立件数増加が見込

［表1］申立件数等の推移

	平成7年度	平成12年度	平成13年度	平成14年度	平成15年度	平成16年度	平成17年度
後見申立	2,963（*1）	7,451	9,297	12,746	14,462	14,532	17,910
保佐申立	671（*2）	884	1,043	1,521	1,627	1,687	1,968
補助申立		621	645	737	805	784	945
任意後見申立		51	103	147	192	243	291
任意後見登記		801	1,106	1,801	2,521	3,805	4,904

＊1は禁治産宣告、＊2は準禁治産宣告の件数

まれたはずである。しかし，申立件数とその増加率に着目する限り，支援費制度導入の効果が目に見える形で現れているとは言い難い。現行制度導入当初から，介護保険制度との連携不足が指摘されてきているが，残念ながら，この数字から判断する限り，支援費制度との連携不足も指摘せざるをえないように思われる。この点も大きな課題というべきであろう。

　新設の補助についても問題が多い。補助は現行制度の目玉として新設されたにもかかわらず，導入当初から利用数の低調さが指摘されていたが，施行後6年間のデータでも利用数の増加はほとんど見られない。後見及び保佐が不十分とはいえ，一定の増加傾向を示していることからすれば，補助の低調さは，法定後見制度全般に共通する利用に対する障碍事由以外に，補助独自の障碍事由があるとみるべきであろう。この問題の詳細な検討は他日の課題とするが，法定後見制度の枠組自体に関する再改正，すなわち，平成11年改正時にも議論された一元的制度（一元論）[20]の採用という方向性が，再度，見直されてもよいのではないかと思われる。

　任意後見については，絶対数の少なさの点では法定後見と同様，問題があるが，少なくとも増加率については平成16年度も含めて比較的堅調な伸びを示しており，今後の普及，定着に一定の希望が持てるように思われる。

2　第三者後見人の選任状況

　「成年後見の社会化」を示す指標として，もっとも端的なデータは，法人後見人を含めた第三者後見人の選任比率である。

　親族後見人と第三者後見人との選任比率は，直近の平成17年度では，およそ8：2であり，第三者後見人が約2割強を占める状況に至っている。選任比率の伸びも右肩上がりを維持していることから，この点では，圧倒的に親族後見人頼りであった旧制度と比較して，現行制度での社会化の進展を，一応は評価できるであろう（[表2][表3]）。

　もっとも，ここでも多少の留保が必要である。1つは，第三者後見人のマンパワーの問題である。専門職後見人候補者の養成状況について，現時点における専門職後見人の主要な供給母体をみると，弁護士が約3,000人（後見人等の候補者として全国の各弁護士会に登録されている人数），司法書士が約

III 「成年後見の社会化」の進展状況

[表2] 親族後見人と第三者後見人の選任割合

	平成7年度	平成12年度	平成13年度	平成14年度	平成15年度	平成16年度	平成17年度
親族後見人	95.6%	90.9%	85.9%	84.1%	82.5%	79.5%	77.4%
第三者後見人	4.4%	9.1%	14.1%	15.9%	17.5%	20.5%	22.6%

[表3] 成年後見人の供給母体　＊（　）内は選任件数

	平成7年度	平成12年度	平成13年度	平成14年度	平成15年度	平成16年度	平成17年度
親	13.6%	9.6%	8.5%	10.7%	12.5%	11.3%	10.7%
子	20.6%	34.5%	32.6%	30.8%	29.2%	29.5%	30.4%
配偶者	16.5%	18.6%	14.2%	12.7%	10.8%	9.4%	8.5%
兄弟姉妹	26.7%	16.1%	17.6%	17.2%	16.9%	16.8%	15.6%
その他親族	18.2%	12.1%	13.0%	12.7%	13.1%	12.5%	12.2%
知人	1.1%	0.9%	0.9%	0.7%	0.7%	0.7%	0.5%
弁護士	2.4%	4.6% (166)	7.7% (626)	7.0% (760)	6.6% (952)	7.2% (1,060)	7.7% (1,345)
司法書士	－	－	－	5.7% (610)	7.0% (999)	8.1% (1,179)	8.2% (1,428)
社会福祉士	－	－	－	1.3% (142)	2.2% (313)	2.8% (405)	3.3% (580)
法人	－	0.4% (13)	0.6% (47)	0.6% (62)	0.5% (71)	0.7% (98)	1.0% (179)
その他親族外	0.9%	3.2%	4.9%	0.6%	0.5%	1.0%	1.9%

3,800人（司法書士及び司法書士法人で構成された「社団法人成年後見センター・リーガルサポート」の正会員数），社会福祉士が約1,400人と，総計でも8,200人程度にとどまっており，しかも，実働数はこの7〜8割にすぎないとされている[21]。現状では，法人を含めた専門職後見人の選任総数が年間あたり4,000件弱（平成17年度で，弁護士1,345件，司法書士1,428件，社会福祉士580件，法人179件である）であり，累計でも1万件を超える程度に収まっているため，問題が必ずしも顕在化していない。しかし，本来の需要とされる総人口の1％程度の成年後見ニーズが発生した場合，仮に専門職後見人の選任比率を今よりも低い10％程度に抑えたとしても，12万件超のニーズが生じることになり，専門職後見人のマンパワー不足が露呈することは明らかなように思わ

れる。この意味で，専門職後見人のマンパワー増強と市民後見人の確保は，今後さらに重要な政策課題となるであろう。

　もう1つは，地域間格差に対する懸念である。昨今の司法制度改革の背景である弁護士人口の大都市集中に象徴されるように，法律専門職の地域的偏在は明らかであり，これは直ちに専門職後見人の候補者数の地域間格差へと直結する虞がある。現に，専門職後見人の受け皿が大きく，多人数の後見人候補者推薦名簿が提出されている東京家裁管轄内では，専門職後見人の選任割合が全国平均をはるかに超えているとの指摘がある[22]。

　ところで，この点については，近時，日本成年後見法学会の調査によって，興味深いデータが示された[23]。これによると，平成16年度に認容された後見等開始事件における第三者後見人の選任割合（裏返せば，親族後見人の割合）は，少なくとも都道府県レベルで，非常に大きな差があることがわかる（[表4]）。第三者後見人の割合が33％と最も高い数値を示した京都を含めて，その選任比率が3割を超える地域が4つ（京都，岡山，群馬，東京）ある一方で，第三者後見人の選任比率が1割を切る地域も同じく4つ（青森，島根，大分，鹿児島）存在している。特に，選任比率4.4％の青森と5.2％の島根は，第三者後見人の比率だけを取れば，かつての禁治産宣告時代の数値（平成7年度で4.4％）とほぼ変わらない。また，全国平均の20.4％を超えている地域は47都道府県のうち15地域にすぎない。ただし，懸念される専門職後見人の大都市偏在による地方格差については，このデータだけからでは，必ずしも明確な相関関係までは読み取れないように思われる[24]。

　むしろ興味を引かれるのは，島根のデータである。既述のように，島根は第三者後見人の選任比率は5.2％ときわめて低い水準にある。しかし，この反面，平成16年度における10万人あたり認容件数は35.91件と突出して高い（[表5]）。島根の高齢化率は平成16年時点で26.7％と全国1位（[表5]）の水準にあり，成年後見に対する高いニーズは当然に予想されるわけだが，少なくとも直接的な形では第三者後見人を使用せずに，この高いニーズに対応している点は非常に示唆的であるように思われる。島根では出雲成年後見センター[25]をはじめとして，成年後見制度の地域的支援体制に関する先進的な取組みが行われているが，こうした地域ネットワークの活動等によって，

III 「成年後見の社会化」の進展状況

［表４］平成16年度に認容された後見等開始事件における第三者後見人の都道府県別選任比率

順位	県　名	第三者後見人	親族後見人	順位	県　名	第三者後見人	親族後見人
1	京　都	33	67	25	山　口	17.6	82.4
2	岡　山	31.4	68.6	26	山　形	17.4	82.6
3	群　馬	30.9	69.1	27	神奈川	16.9	83.1
	東　京	30.9	69.1	28	和歌山	16.5	83.5
5	岐　阜	26.9	73.1	29	埼　玉	16.4	83.6
6	福　井	25	75	30	鳥　取	15.5	84.5
7	大　阪	24.6	75.4	31	香　川	15.4	84.6
8	福　島	24.3	75.7	32	熊　本	15.3	84.7
9	徳　島	23.6	76.4	33	茨　城	14.8	85.2
10	福　岡	23.5	76.5	34	新　潟	14.6	85.4
11	兵　庫	22.8	77.2	35	宮　城	14.5	85.5
12	北海道	21.9	78.1	36	佐　賀	13.7	86.3
13	石　川	21.4	78.6	37	三　重	13.3	86.7
14	長　崎	20.9	79.1	38	栃　木	12.9	87.1
15	秋　田	20.6	79.4	39	高　知	12.2	87.8
16	静　岡	20.2	79.8	40	沖　縄	11.8	88.2
17	岩　手	19.7	80.3	41	長　野	11.7	88.3
18	愛　知	19.6	80.4	42	宮　崎	10.9	89.1
19	千　葉	18.7	81.3	43	滋　賀	10.5	89.5
20	奈　良	18.6	81.4	44	鹿児島	9.9	90.1
21	広　島	18.5	81.5	45	大　分	8.3	91.7
22	愛　媛	18.3	81.7	46	島　根	5.2	94.8
23	山　梨	18	82	47	青　森	4.4	95.6
24	富　山	17.9	82.1		全国平均	20.4	79.6

　たとえ第三者後見人の絶対数が少ないとしても，地域に必要な成年後見ニーズを支えることが可能になるとすれば，これは非常に注目すべき現象といえる。

　「成年後見の社会化」に際して，第三者後見人の活用は必須の要素である。しかし，いうまでもなく，わが国の成年後見ニーズの全てを第三者後見人に

219

[表5] 平成16年度に認容された後見等開始事件における都道府県別人口10万人あたりの認容件数と高齢化率

順位	県名	10万人あたり認容件数	平成16年度認容総件数	高齢化率*	順位	県名	10万人あたり認容件数	平成16年度認容総件数	高齢化率*
1	島根	35.91	269	26.7	25	岐阜	10.24	216	20.3
2	滋賀	19.1	262	17.5	26	静岡	10.09	383	19.9
3	鳥取	18.72	114	23.6	27	福井	9.82	81	22.2
4	鹿児島	17.81	315	24.3	28	大分	9.79	119	23.8
5	石川	17.05	201	20.4	29	和歌山	9.33	98	23.2
6	富山	17.01	190	22.7	30	愛知	9.32	670	16.6
7	山梨	16.03	142	21.3	31	千葉	9.27	560	16.8
8	神奈川	15.66	1,367	16.2	32	群馬	9.15	186	20
9	香川	14.67	149	22.7	33	岡山	8.97	175	22
10	東京	14.43	1,786	18	34	新潟	8.93	219	23.4
11	高知	14.07	113	25.3	35	長崎	8.7	130	22.8
12	熊本	13.66	253	23.2	36	徳島	8.61	70	23.9
13	佐賀	13.33	116	22.1	37	愛媛	8.6	127	23.3
14	京都	12.81	338	19.7	38	埼玉	8.22	579	15.5
15	沖縄	12.51	170	16.1	39	長野	8.05	178	23.2
16	兵庫	12.33	689	19.1	40	栃木	7.15	144	18.8
17	山口	12.17	183	24.3	41	宮城	7	166	19.3
18	宮崎	11.96	139	22.8	42	福島	6.46	136	22.1
19	広島	11.64	335	20.4	43	茨城	5.96	178	18.5
20	三重	11.37	212	20.8	44	青森	5.92	86	21.7
21	福岡	11.27	570	19.2	45	秋田	5.78	67	26.1
22	北海道	10.9	615	20.8	46	岩手	5.23	73	23.9
23	山形	10.71	131	24.9	47	奈良	3	43	19.1
24	大阪	10.68	941	17.5		全国	11.9	14,284	19.5

＊高齢化率は平成16年10月1日時点のデータ

よって支えることは，専門職の受け皿の比較的大きい大都市部においてさえ，非現実的な構想であるし，利用者の希望や地域の慣習等の特性（これには善悪両面があろうが）といった諸事情を考慮するならば，単純に第三者後見を

善，親族後見を悪と位置づけるわけにいかないことも，また自明といえる。成年後見の利用促進をより積極的に推し進めていくためには，各地域の特質に応じた成年後見の運用システムを確立していくことが，特に大きな課題となるだろう。たとえば，専門職後見人の少ない地域では，そのより効率的な運用を図るとともに，親族後見人や市民後見人を支援するための工夫を凝らす必要があるといえ，今後は，地域の実情に根ざした複数の後見運用モデルの創造が求められるのではないだろうか。この意味において，認容件数の比率（これは成年後見が地域への浸透状況を示す指標の１つといえる）が高く，かつ，第三者後見人の選任比率の低い島根（滋賀，鹿児島も状況は近いか）のデータは非常に興味深いといえるだろう。

　もっとも，こうしたデータの比較検討は単年度のみを対象としたのでは，当然ながら，さほどの意義は持ち得ない。したがって，最も重要な課題は，今後も継続的にこうしたデータを収集していくことであろう。

3　専門職後見人の有効活用と複数後見人の選任

　専門職後見人のマンパワー不足という現状を踏まえる限り，絶対数の少ない専門職後見人を，いかにして最大限に有効活用するかということが，制度運用上の重要課題となる。この点について，私見は，後見監督人制度と複数後見人制度を活用して，親族後見人と専門職後見人との事務分掌を行う手法が，有効な解決策の１つになると考えている。より具体的には，①後見監督制度を活用して，親族後見人が後見事務を，専門後見人が後見監督事務を担当する形態（「縦型分掌形態」）と，②複数後見人制度を活用して，専門後見人が参加する形態（「横型分掌形態」）の２つの事務分掌形態を，効果的に運用することが必要であると思われる。そこで，この２つの理論モデルによって，最高裁のデータ[26]にみられる実務上の事務分掌のパターンを分析することによって，実務における専門職後見人の役割について検証していくこととする。

(a)　縦型分掌形態（専門職監督人型）

　専門家の効率的運用という観点からは，専門職後見人を後見監督人[27]の形態で困難事案に集中投下し，その専門能力を最大限に活用するという戦略

が1つの解となりえるが,最高裁のデータ([表6][表7][表8])を見る限り,わが国の後見実務も確実にこの方向で動いていることが確認できる。現行制度が実施された平成12年度では,専門職監督人の割合は65％に留まっていたが,その後,増加を続け,平成16年度には89％を占めるに至っている。また,最高裁によれば,専門職監督人が選任された事例における成年後見人等は,そのほとんどが親族ないし知人である[28]。したがって,私見のいう成年後見事務の縦型分掌形態(親族＝後見人,専門家＝監督人)は,既に実務上ほぼ定着した運用となっているといえるだろう。

内容的にみると,縦型分掌形態が取られた事案は,①本人の財産が多額で管理に適正を期す必要がある場合,②遺産分割協議,不動産売買等の法律行為が予定されており後見事務に専門的な知識が必要な場合,③財産管理を

[表6] 成年後見監督人等の選任総件数

	平成12年度	平成13年度	平成14年度	平成15年度
成年後見監督人	53件	80件	162件	133件
保佐監督人	3件	8件	6件	10件
補助監督人	2件	1件	3件	4件

[表7] 専門職監督人の選任割合　＊( )内は選任件数

	平成12年度	平成13年度	平成14年度	平成15年度
専門職監督人	65% (26)	75% (60)	88% (129)	89% (118)
親族監督人	35% (14)	25% (20)	12% (18)	11% (15)

[表8] 成年後見監督人等の選任内訳　＊法人にある( )内はリーガルサポート

	平成12年度	平成13年度	平成14年度	平成15年度
弁護士	18件	36件	46件	47件
司法書士	6件	15件	59件	31件
法人	1件 (1件)	3件 (1件)	17件 (12件)	38件 (37件)
その他	1件	8件	9件	8件
親族	14件	18件	16件	11件

III 「成年後見の社会化」の進展状況

巡って本人の推定相続人を中心に親族間紛争が現に発生している場合又は将来発生する可能性がある場合，④成年後見人等の財産管理について助言，指導が必要な場合，⑤遺産分割で成年後見人等と本人が共同相続人となっていて利益が相反する場合など[29]とされている。つまり，実務上，後見監督人等が選任されるのは，⑤の利益相反事例を含め，後見事務の内容として，高度の「法的専門知識」が要求される場合といえる。実際，専門職監督人の内訳を見ると，ほぼ，弁護士，司法書士，法人で占められており，しかも，法人の内訳は，そのほとんどが司法書士及び司法書士法人を構成員とするリーガルサポートである。したがって，現在の後見実務上，法定成年後見監督人制度は，主として，法的困難事案を対象として，親族後見人をサポートするために，法律家の専門職監督人を選任するという形で機能しているとみることができる。なお，この形態には，利用者にとって経済的なメリットもある。専門職後見人に対する報酬は，成年被後見人の資産から支出されるため（民法862条），後見人と監督人の双方を専門職に委ねると，本人の経済的負担も倍増する虞があるからである。

ところで，近時，「監査監督」と呼ばれる特殊な法人後見監督事例が登場している。これは，特定の家庭裁判所の運用による実務上の形態であり，民法上規定された仕組みではない。具体的には，親族後見事案で，リーガルサポートが成年後見監督人として選任されたケースを対象としており，家庭裁判所の指示に基づいて，当該成年後見監督人の職務を，原則として，年1回の親族成年後見人からの報告を監査することに限定する（ただし，この年1回の監査によって問題が発覚した場合には，家庭裁判所への報告とその指示により，通常の成年後見監督の形態に移行する）というものである。この形態には，数少ない専門法人の資源の有効活用や利用者の負担の抑制という経済的効果（職務の限定によって，費用及び報酬は，通常より，当然少額になると思われる）等，一定のメリットがあることは疑いない事実である。しかし，監査監督人も，少なくとも条文上は，通常の成年後見監督人としての義務及び責任（民法864条等）を負担しているはずであり，その運用には，なお多くの課題が残されているように思われる[30]。

(b) 横型分掌形態

専門職後見人の有効活用策としては，もう1つ，複数後見人制度を利用した横型分掌形態の採用が考えられる。

複数の成年後見人が選任される場合について，最高裁のデータ[31]に現れた事案を類型化すると，①複数親族分掌型（a型[32]），②親族・第三者分掌型（b－1型），③複数第三者分掌型（b－2型）という3つの類型を区分することができる。すなわち，①類型は，複数の親族が複数後見人として就任するタイプである。これに対して，②及び③類型は，親族以外の第三者が複数後見人として就任する類型（「第三者介在型」（b型）と呼ぶ）であり，そのうち，②は親族と第三者が複数後見人に就任するタイプ，③は複数の第三者のみが複数後見人に就任するタイプを指す。

「成年後見の社会化」の観点からは，私見のいう「横型分掌形態」であるb－1型はもとより，第三者後見人間の分業形態であるb－2型も含めて，第三者後見人が関与するb型全般の運用実態が注目されることになる。

まず，注目すべきは，複数成年後見人の選任件数が確実に増加している点である（[表9]）。もっとも，上述の縦型分掌形態の事案とは異なり，第三者後見人が関与するb型の割合は，5～6割程度を推移しており，全体の件数に注目する限り，一概に専門職後見人の役割の増大を見て取ることはできない（[表9]）。

しかし，b型の内容を詳しく分析すると，興味深い事実が浮かび上がってくる。

第1に，複数の専門職後見人が後見事務を分掌するb－2型の件数が増加傾向にある点である（[表10]）。最高裁によれば[33]，このタイプは，「本人

[表9] 複数成年後見人の類型別選任状況

	平成12年度	平成13年度	平成14年度	平成15年度
総数	108件	301件	361件	502件
複数親族分掌型 （a型）	68件 (62%)	113件 (42%)	184件 (53%)	152件 (44%)
第三者介在型 （b型）	42件 (38%)	156件 (58%)	164件 (47%)	195件 (56%)

[表10] 第三者介在型（b型）の内訳

	平成12年度	平成13年度	平成14年度	平成15年度
親族・第三者分掌型（b－1型）	39件	120件	139件	145件
複数第三者分掌型（b－2型）	3件	36件	25件	50件

と親族間の関係が疎遠で後見人の引き受け手がない場合」，「市町村申立てで本人の親族がいない場合」，「親族間に財産を巡る争いがあり，親族による身上監護にも問題がある場合」，「本人や申立人の意向に基づく場合」等に見られるというが，基本的には，これらはみな，「成年後見の社会化」に対するニーズが強く顕現する場面でもある。したがって，b－2型の件数の増加は，社会化の進展の指標の1つとして評価することもできるであろう。

　第2に，事務分掌の有無に関して，a型とb型との間で大きな差異のある点が注目される。複数成年後見人選任事案の全体で見ると，事務分掌がある場合とない場合との割合は，ほぼ4：6の割合で推移しており，事務分掌のない事案の方が多い(34)（[表11]）。ところが，専門職後見人が関与するb型に限定すると，逆に事務分掌がある方が多く，むしろ，こちらが基本形態と

[表11] 事務分掌の有無

	平成12年度	平成13年度	平成14年度	平成15年度
事務分掌有	45件（41%）	126件（47%）	132件（38%）	135件（39%）
事務分掌無	65件（59%）	143件（53%）	216件（62%）	212件（61%）

[表12] 複数成年後見人の類型と事務分掌の有無

	平成12年度		平成13年度		平成14年度		平成15年度	
分掌の有無	有	無	有	無	有	無	有	無
複数親族分掌型（a型）	13件	55件	18件（7%）	95件（35%）	21件（6%）	163件（47%）	13件（4%）	139件（40%）
第三者介在型（b型）	10件	32件	108件（40%）	48件（18%）	111件（32%）	53件（15%）	122件（35%）	73件（21%）

なっているように思われる（[表12]）。これに対して，複数の親族のみで後見を行う a 型では，全体での割合以上に，事務分掌のない方が多い。また，親族と専門家とによる横型分掌形態である b－1 型について，最高裁の分析では，親族後見人が日常的な後見事務，第三者後見人が専門性ないし複雑性の高い財産管理事務を分担することが多いと指摘されているが，専門職後見人が第三者後見人として関与する場合，専門能力の有効活用のために専門領域に応じた事務分掌を行うことが合理的であり，事務分掌の方法に関する実務の運用は，「成年後見の社会化」の視点からも評価できるものといえる。

4　法人後見人の選任状況

「成年後見の社会化」の視点からみて，法人後見人は，第三者後見人の中でも特に重要な類型に位置付けることができる。なぜなら，法人後見には親族後見では得られない，いくつかの重要なメリットがあるからである。具体的には，①長期継続可能性のある事案に対応しやすいこと，②事務の対象地が広範囲に及ぶ事案に対応しやすいこと，③後見事務担当者の交替が可能であること，④利用者，後見事務担当者の双方にとっての心理的効果（法人に対する信頼性や事務担当者側の心理的負担感の軽減），⑤障がい者施設等の入所者を対象とした集団的な後見開始申立への対応が可能であること等が指摘されている[35]。また，公後見人制度を欠く現状では，⑥個人後見人では対応の難しい，きわめて難易度の高い事案（利用者が触法精神障がい者の事案や親族等の干渉が激しい事案等）については，法人後見が最も現実的な対応策となるであろうし，⑦離島等，専門職の人数がゼロかそれに近い地域の場合[36]についても，専門的な後見サービスの供給主体として，少なくとも公後見制度を欠く，現状では，法人後見が最善の選択肢であると思われる。実際の選任理由としても，「本人が若年であり後見事務の長期化が予想されたこと」，「本人の財産の管理等を巡って既に親族間で紛争が発生しており，個人の成年後見人等ではその対応に苦慮することが予測されたこと」，「法人の担当者側にも，法人で受任することによって事務を効率的に行い，心理的負担感を軽減するメリットがあること」等が挙げられている[37]。

後見人としての現実の選任数はまだ少なく（平成17年度で179件），全体に

III 「成年後見の社会化」の進展状況

占める割合も微少（平成17年度で１％）であるが，その数は緩やかながら確実な右肩上がりとなっており，わが国の後見実務上，法人後見という形態が定着しつつあることが伺われる（[表３]）。また，注目すべき点として，後見監督人類型の中では，法人が大きな割合を示している（平成15年度の場合，全体の実に３割弱を法人監督人が占めている）ことがあげられる（[表８]）。この直接的な原因の１つは，現状で法人後見監督人の大多数を占めているリーガルサポートの性質（裁判所の運用によるが，リーガルサポートの会員である司法書士が成年後見人に就任するケースで，後見監督人を選任する場合，法人としてのリーガルサポート本体が就任するケースが少なくない）にあると思われるが，近時では，親族後見人や弁護士等の他職種の専門職後見人に対する監督人としてリーガルサポートが選任されるケース[38]もあるようであり，わが国における法人後見の機能として，監督人としての機能に注目する価値は十分にあるであろう。

また，もう１つの注目すべき点は，社会福祉協議会や福祉公社，その他の社会福祉法人等の，社会福祉を専門とする法人が，法人後見人として相当数機能していることである（平成15年度の場合，法人が成年後見人等，成年後見監督人等，任意後見監督人に選任された事例として最高裁が確認した110件のうち，その内訳は，リーガルサポート49件，社会福祉協議会36件，福祉公社３件，社団法人社会問題情報センター２件，その他社会福祉法人等20件となっている）。既述のように，法律専門職及び法律専門家団体の多くが監督人として機能しているのに対して，社会福祉関係の専門法人が「直接の後見人」として多数機能しているという事実は，今後の法人後見の担い手内部における分業ないし棲み分けの問題を考えていくうえで，重要な参考になるように思われる（ただし，この場合，成年被後見人と利益相反関係にある社会福祉法人等の選任は認めるべきでないことに留意する必要がある）。

5 市町村申立て[39]

「成年後見の社会化」の推進にとって，行政の協力体制の整備は必須条件の１つである。この行政の協力状況を示す具体的な指標として，市町村長による申立てに関するデータを分析することが有益であると思われる。

「成年後見の社会化」の進展と新たな立法課題——社会化の日独比較を含めて

　まず，実務上，市町村長の申立ては，民法上の申立権者である4親等内の親族がいないか，あるいは，親族がいても，音信不通の状況にある等，申立てを期待できない場合，もしくは，親族が申立てに非協力的である場合等に行われてきた[40]。したがって，このケースでは，近親者に後見人としての適任者がいないため，必然的に第三者後見人が選任される割合が高くなる。逆にいえば，このケースにおける利用者は，「成年後見の社会化」に対して最も強いニーズを持つ者たちということができるわけである。

　また，市町村長の申立事案は，行政や職能団体等の連携が最も要求される場面（成年後見の運用において最も地域的支援が重要となる場面）である。なぜなら，通常であれば近親者が多くの役割を果たす，利用者の成年後見に対するニーズの発見から具体的な申立手続への移行といった成年後見発動の最初期の時点から，行政や関連専門職等の関与が必要となるからである。以上のような点から，私見は，市町村長の申立事案の実態は，わが国における成年後見の社会化状況に関する縮図的意味を併せ持っていると考えている。

　具体的な分析として，まずは申立件数の推移を確認する。この点は，件数，及び，総申立件数に占める割合ともに，平成12年の導入以降，順調な右肩上がりの状況にある（[表13][表14]）。先に触れた市町村長申立事案の重要性を考えれば，平成17年度における666件という数字もまだまだ物足りない感は強いが，平成12年度に比べれば30倍近いの伸びを示しており，一定の評価はできるであろう。

　なお，平成17年の成年後見法学会の調査によれば，アンケートに回答した市及び区自治体の55.3％に当たる332団体が市町村申立てに関する要綱を既に作成済みであり，14.7％に当たる88団体が作成検討中となっている。また，平成16年度中に市町村申立てを検討した市区町村は245団体（回答団体の40.3％）にのぼっており，市町村申立ての実施に向けたインフラは，多くの

[表13] 市町村長申立て件数

	平成12年度	平成13年度	平成14年度	平成15年度	平成16年度	平成17年度
件数	23	115	258	437	509	666
割合	0.5%	1.1%	1.9%	2.5%	3.0%	3.3%

III 「成年後見の社会化」の進展状況

[表14] 平成16年度市町村申立て都道府県別データ（総計509件の内訳）

東　京	109	福　島	12	滋　賀	6	熊　本	3	岩　手	1
神奈川	76	静　岡	11	鳥　取	6	秋　田	2	福　井	1
大　阪	47	愛　知	11	岡　山	5	山　形	2	和歌山	1
埼　玉	23	広　島	10	栃　木	4	長　野	2	鹿児島	1
兵　庫	22	茨　城	9	三　重	4	愛　媛	2	奈　良	0
北海道	19	石　川	8	香　川	4	高　知	2	徳　島	0
千　葉	17	山　梨	7	長　崎	4	佐　賀	2	宮　崎	0
群　馬	14	岐　阜	7	新　潟	3	大　分	2		
山　口	14	京　都	7	富　山	3	沖　縄	2		
福　岡	14	宮　城	6	島　根	3	青　森	1		

＊（注４）『学会報告書』114頁［表１］のデータに依拠して作成した。

地域において，ようやく整いつつあることを伺わせる。もっとも，同学会による分析によると，市町村申立ての検討実績の有無は，人口20万人を境に実績率が高まるなど，人口規模による格差が大きいようである[41]。この点については，既述の第三者後見人選任に関する地域間格差と同様，今後の大きな検討課題となるように思われる。

　また，2006年4月1日に施行された高齢者虐待防止法が，養護者による高齢者虐待の通知を受けた市町村の取るべき措置の1つとして，老人福祉法32条による成年後見の市町村申立てを挙げるとともに，財産上の不当取引の被害を受けている高齢者又は受けるおそれのある高齢者について，適切に，老人福祉法32条による成年後見の市町村申立てを行うように規定したことは，今後の申立て件数の増加に大きく寄与する可能性をもたらす材料であるといえる（高齢者虐待防止法7条1項及び2項，9条2項，27条参照）。この意味で，高齢者虐待防止法の運用実態の把握は，成年後見法の観点からも非常に注目すべき課題である。

　次に事案の内容面について，最も注目すべき点は，身上監護目的での申立比率が非常に高い点である。後述するように，法定後見全体としてみると，制度利用の主たる動機は財産管理関連が約8割を占め，身上監護を主たる目的とする利用は，介護保険契約目的のものと併せても，2割程度に留まって

いる（[表17]）。

　ところが，市町村長申立事案に限定する限り，介護保険契約目的と併せた身上監護目的の割合が，直近の平成15年度では，全体の5割に迫る45％もの数値を示している（[表15]）。これと関連して，成年後見人等の供給母体として，身上監護の専門家である社会福祉士の選任割合が高いことも注目される。すなわち，平成15年度を例に取ると，社会福祉士の選任割合は，法定後見全体ではわずか2.2％にすぎない（[表3]）が，市町村長申立事案に限定すると10倍以上の26％の高率を示しているのである（[表16]）。

　ところで，既述のように，私見は，市町村長申立事案は成年後見の社会化の縮図であり，この事案における制度の運用を将来における社会化推進のためのモデルケースとして位置づけることができると考えている。この意味において，件数はともかくとして，ここで確認した現在の市町村長申立の運用の内容は，実は十分積極的に評価可能であると思われる。まず，現行制度の導入に際して，利用者の身上監護面の支援の充実が意図されていたわけであるが，市町村長申立事案では利用の動機が財産管理目的，身上監護目的それぞれ半数に近いバランスを示しており，この利用のされ方は，法改正本来の目的に沿ったものと評価できる。また，専門職後見人選任事案の多さ[42]と，専門職後見人の選任内訳のバランスの良さは，成年後見の社会化の肝である

[表15] 市町村長申立事案における申立動機の内訳

	平成12年度	平成13年度	平成14年度	平成15年度
財産管理・処分	－	98件 (64%)	171件 (58%)	263件 (47%)
遺産分割協議	－	3件 (2%)	6件 (2%)	29件 (5%)
訴訟手続等	－	2件 (1%)	4件 (1%)	10件 (2%)
介護保険契約	－	15件 (10%)	25件 (9%)	42件 (8%)
身上監護	－	34件 (22%)	86件 (29%)	208件 (37%)
その他	－	2件 (1%)	4件 (1%)	8件 (1%)

III 「成年後見の社会化」の進展状況

[表16] 市町村長申立事案における成年後見人等の内訳

	平成12年度	平成13年度	平成14年度	平成15年度
弁護士	3件	28件 (29%)	37件 (18%)	55件 (16%)
司法書士	8件	23件 (23%)	82件 (40%)	133件 (40%)
社会福祉士	1件	18件 (18%)	41件 (20%)	85件 (26%)
法人	5件	10件 (10%)	23件 (11%)	24件 (7%)
申立権のない遠縁の親戚	1件	7件 (7%)	4件 (2%)	10件 (3%)
知人	1件	5件 (5%)	6件 (3%)	9件 (3%)
その他	0件	8件 (8%)	13件 (6%)	16件 (5%)

第三者後見人の活用方法に大きなヒントを与えるものとなるであろう。さらに，これも既述のように，市町村長申立事案では事案の入り口段階から，成年後見の社会化を担う関係各機関が密接な連携を取る必要があることになるわけだが，少なくとも，最高裁によれば，現在の市町村長申立事案における関係各機関の連携はスムーズに稼働したケースが多いようである[43]。すなわち，最高裁の分析によれば，市町村長申立事案における成年後見人選任の経緯としては，申立時に市町村長が関係団体と事前に連携を図って候補者を推薦している事例も多く（平成13年度及び14年度は約半数，15年度で約31%とされる[44]），その他の場合でも，市町村と家庭裁判所が連携して事例に応じた成年後見人選任が行われている（先の専門職後見人の選任内訳のバランスの良さも，ここにその一因があると解される）。

このように，市町村長申立て事案は，将来の社会化のさらなる推進に対する重要なヒントを数多く含むものと解され，今後，より精密な分析が望まれるのではないだろうか。

[表17] 身上監護を動機とする申立ての割合

	平成7年度	平成12年度	平成13年度	平成14年度	平成15年度	平成16年度	平成17年度
介護保険契約	—	2.0%	2.2%	3.4%	3.8%	3.6%	3.4%
身上監護	7.0%	15.9%	16.7%	18.7%	17.4%	19.1%	16.9%
合計	7.0%	17.9%	18.9%	22.1%	21.2%	22.7%	20.3%

6　介護保険・支援費制度との連携

　介護保険導入に伴う介護サービスの契約方式への転換と成年後見の整備充実とは、わが国の社会福祉政策上、連動する課題であり、両者の連携状況は、「成年後見の社会化」の進展状況を測る指標として、重要な意義を持つ。ところが、成年後見の申立て動機の割合をみると、介護保険契約目的の申立ては、近年でもわずか3～4％程度の比率に留まっている（[表17]）。さらに、平成15年度には、支援費制度も導入され、知的障がい者に対する福祉サービスの受給方式も契約方式へと転換しているが、支援費制度移行に伴う福祉サービス利用契約を含む身上監護目的の申立ても、平成16年度で19.1％、17年度でも16.9％に留まっており、現行制度導入当初の数字（平成12年度で15.9％）と比較しても、さほどの伸びを示していない。結局、残念ながら、先に分析した市町村長申立事案とは大きく異なり、法定後見制度全体としてみると、介護保険、支援費の両制度と成年後見制度との連携はいまだ機能不全の状況にあるといわざるをえない。

　この原因としては、家族による事実上の契約締結代行や、家族を要約者、利用者を受益者とする第三者のためにする契約の利用といった、成年後見の迂回路の方が、実務上は多用されているという点が指摘されている[45]。しかし、家族の代行権限に関する法的根拠を全く欠く前者はもとより、後者の形態についても、受益の意思表示（民法537条2項）に対する意思能力を欠く利用者については、その権利発生について疑義が残る[46]といえ、やはり成年後見の活用が本筋というべきであろう。この点については、運用の改善が強く望まれるところである。

(19)　増加率を対前年度比で見ていくと、後見申立の増加率が、平成13年度が約25％、14年度が約37％、15年度が約13％、16年度はほぼ横ばい、17年度が約22％

であり，保佐申立の増加率は，平成13年度が約18％，14年度が約46％，15年度が約7％，16年度が約4％，17年度が約17％である。
(20) 平成11年改正時における，法定後見制度の枠組みに関する多元論と一元論の対立については，小林昭彦・原司『平成一一年民法一部改正法等の解説』（法曹会，2002年）56-59頁参照。
(21) 前掲大貫（注9）62頁参照。なお，西川浩之「リーガルサポートの成年後見人等養成のための研修」実践成年後見18号（2006年）45頁によれば，リーガルサポートの正会員数は平成18年3月31日時点で3765名である。
(22) 「座談会・成年後見の現況―施行5年目を迎えて―」臨床精神医学33巻9号（2004年）1091頁における，坂野征四郎判事の発言（『そして，東京の場合には後見人の受け皿がありまして，後見人候補者推薦名簿も多数載せたものを出していただいていますので，今のところ実績では全国平均より10％くらい高い25％以上が専門家を選任していると思います。』）参照。
(23) 前掲（注4）『学会報告書』108，118-119頁参照。なお，［表4］は，同書118頁の［表4］に依拠している。また，［表5］は，データのうち，平成16年度の認容総件数と都道府県別人口10万人あたりの認容件数については，前掲（注4）『学会報告書』115頁［表1］，高齢化率については『平成17年度版高齢社会白書』に依拠している。
(24) 第三者選任比率の上位10地域をみると，人口50万人以上の政令指定都市を抱えるのは，京都（1位），大阪（7位），福岡（10位）の3つであり，これに東京（3位）を加えても，必ずしも大都市を抱える地域が上位を独占しているとまではいえない（逆に，横浜市，川崎市という2つの政令指定都市を有する神奈川は27位と中位グループに留まっている）。なお，東京を除く首都圏に比べて，京阪神地区の第三者選任比率の高さは注目される。
(25) 出雲成年後見センターについては，前掲錦織・玉田（注11）参照。
(26) ［表6］［表7］［表8］は，最高裁判所事務総局家庭局が「続概況」（注4参照）として公表しているデータに基づく。ただし，［表7］［表8］における監督人の内訳は，［表6］における選任総数のうち，同局が内容を把握できた事件を対象として整理されているため，［表6］と［表7］［表8］の総数は必ずしもイコールとなっていない。また，複数の監督人が選任された事例があるため，［表7］と［表8］の総数もイコールとはならない。
(27) 成年後見監督制度の概要については，二宮周平「成年後見監督の意義」実践成年後見13号（2005年）4-13頁を参照されたい。また，この二宮論文を収録した実践成年後見13号は「後見監督の実際」を特集しており，成年後見監督の実務や課題点に関する多くの論文を掲載している。
(28) 続概況①145頁，続概況②196頁，続概況③106頁，続概況④173頁参照。
(29) 続概況④173-174頁。

(30) 以上について，前掲二宮（注27）13頁，松井秀樹「リーガルサポートにおける法人後見の現状」成年後見法研究2号（2005年）71-76頁参照。

(31) ［表10］［表11］［表12］のデータは，［表9］において示された複数成年後見人が選任された全事例の中から，最高裁が内容を把握しえた事件のみを統計の対象としているため，両者の総数はイコールとはならない。

(32) 最高裁によれば，a型は，「複数の親族が本人の財産管理及び身上監護にあたっている現状にあわせて選任する場合」，「本人の配偶者が高齢または健康に不安があるなどの事情により，配偶者に加えて本人の子又は兄弟姉妹等が配偶者を補佐するために選任される場合」等に見られるという。続概況②194頁参照。

(33) 続概況②195頁，続概況③104頁，続概況④171頁参照。

(34) 複数後見人の権限については，共同行使か事務分掌かを原則とする法改正を行うべきであるとの提言がある。須永醇「成年後見制度の解釈運用と立法的課題」成年後見法研究2号（2005年）19-20頁参照。

(35) 前田稔「法人後見の活用と任意後見契約」実践成年後見3号（2002年）23-24頁参照。なお，法人後見の意義や運用実態，運用上の課題点等については，前掲新井（注3）86-101頁，前掲松井（注30）71-76頁，田山輝明「成年後見人としての法人―日独比較研究・福祉サービス利用援助事業にも留意しつつ―」飯島紀昭・島田和夫・広渡清吾編『市民法学の課題と展望』（日本評論社，2000年）223-246頁，前田稔「法人後見の現状」家族〈社会と法〉20号（2004年）92-102頁，坂野征四郎「法人後見に関する東京家裁後見センターの現状と見通し」成年後見法研究2号（2005年）53-58頁，木下徹「品川区社会福祉協議会成年後見センターにおける法人後見」成年後見法研究2号（2005年）63-70頁，尾崎雄「法人後見受任団体の概況―「後見爆発」に備える法人後見の近況―」実践成年後見18号（2006年）17-24頁，川口純一「法人後見受任団体の課題と解決策―リーガルサポートの実践から―」同25-30頁，竹市啓二「多摩南部成年後見センターの現状と課題」同31-34頁，中尾哲郎「法人後見にかかわる一考察」同35-40頁等を参照されたい。

(36) 離島における成年後見支援の実例については，後閑一博「離島における地域生活支援」実践成年後見15号（2005年）62-66頁，渡辺忠嗣「小笠原における「暮らしの総合相談」―離島におけるリーガルサービスと公証人―」同67-71頁参照。

(37) 続概況②201頁，続概況④178頁参照。

(38) なお，前掲松井（注30）71頁は，支援費制度の開始に伴って急増した知的障害者の後見開始審判申立てにおいて，親族が成年後見人に，リーガルサポートが法人後見監督人に選任されるケースが増加していると指摘する。

(39) 市町村長の申立ての実情等については，実践成年後見4号（2003年）における，特集「市町村長の申立ての促進」所収の諸論稿を参照されたい。

(40) 市町村長申立ての運用については，実務上，大きな課題がある。市町村長申立ての数が低調であった最大の理由の1つとして，当初，厚生労働省が，市町村

III 「成年後見の社会化」の進展状況

長申立てを行う場合について「親族がいないか，いても協力を得られないとき」という解釈指針を，通達（平12・3・30厚生省障障11号，障精21号，老計11号）で示していた点が指摘されている。すなわち，市町村が，この解釈指針を「4親等内の親族の有無を調査し，その意向確認をしなければならない」と理解したため，市町村申立ては調査に時間のかかる，煩瑣な手続として敬遠されたというのである（前掲（注5），日弁連による「成年後見制度に関する改善提言」参照）。近時，厚労省はこうした批判を入れ，「市町村申立てに当たっては，市町村長は，あらかじめ2親等以内の親族の有無を確認すること」とする新しい通達（平17・7・29厚労省障0729001・障精0729001・老計0729001）を行っている。これによって，市町村の親族調査・確認の範囲は2親等以内となり，一応，その負担は軽減されたといえる。ところが，他方，厚労省は同じ通達において，この調査の結果，仮に2親等以内の親族がいないことが判明した場合であっても，「3親等又は4親等の親族であって審判請求をする者の存在が明らかであるときは，市町村申立ては行わないことが適当である」ともしており，依然として，市町村申立てを親族による申立てに対する補充的手段と位置づける基本姿勢を崩していない。しかし，成年後見制度の利用支援は，むしろ国及び地方公共団体の責務（高齢者虐待防止法9条2項，27条2項参照）と捉えるべきであり，市町村申立てのより積極的な運用が望まれるところである。なお，市町村申立ての補充性を厳格に貫き，これを抑制的・制限的にしか運用しないことの弊害は，家庭裁判所側からも指摘されていることが注目される（前掲坂野（注35）53-54頁参照）。

(41) 以上については，前掲（注4）『学会報告書』128-129頁参照。
(42) 元来，近親者の中に申立人候補者すら見つけることの困難な市町村長申立事案では，より負担の重い後見人候補者を近親者から見いだすことはほぼ不可能であり，必然的に，第三者後見人，とりわけ専門職後見人ないし法人後見人の選任割合が大半を占めることになる。
(43) もっとも，関係各機関の連携がスムーズに機能したからこそ，成年後見の申立て及び発動が行われたとも言えるわけで，申立て忍容事例のみを集めた最高裁の統計は，ある程度割り引いて評価する必要があるかもしれない。
(44) 続概況②199頁，続概況③109頁，続概況④176頁参照。
(45) たとえば，赤沼康弘「成年後見制度定着のための課題」ジュリスト1211号（2001年）61頁参照。
(46) 古い判例だが，受益の意思表示を第三者の権利発生の必要条件としたものもある。大判大正5年7月7日民録22輯1336頁参照。

IV 新たな立法課題と「成年後見の社会化」との関係

　施行後6年目を迎える現行制度の運用を通じて，既に種々の立法課題が提言されている。こうした提言に見られる現行制度の欠陥はきわめて多岐にわたっているが(47)，私見は，特に重要な立法課題として，「成年後見人等の医療同意権（代行決定権）」(48)，「成年被後見人等の死後の事務」(49)，「成年後見人等の監督者責任（民法714条）」(50)の3点を挙げることができると考える。
　そして，私見のみるところ，実はこの3つの難問は，全て等しく「成年後見の社会化」を背景として顕在化したものである。逆にいえば，「成年後見の社会化」を今以上に進展させていくためには，これらの難問を規律する明確なルールを立法によって導入すること（現行成年後見法の改正を含む，なんらかの立法措置）が必須であると思われる。
　ここでは，それぞれの問題点の詳細に深入りする余裕はないが，重要なことは，いずれの問題点とも，従来，親族後見が主体であったために潜在化していた法律問題が，「成年後見の社会化」の進展を通じて，第三者後見人（とりわけ，本人と親族関係を持たない専門職後見人や法人後見人）が登場したことによって，クリティカルな法律問題として顕在化したものと理解することができるという点である。
　まず，医療同意についていえば，わが国の医療現場での慣行として，成年の判断能力不十分者に対して，その近親者が，（明文上の法的根拠は欠くものの）少なくとも事実上の医療同意権者（代行決定権者）として機能してきた事情がある。このため，近親者が成年後見人等に選任されている限り，当該近親者は成年後見人等としての立場に基づいてではなく，まさに「近親者としての立場」によって，事実上の同意権を行使できてしまうため，少なくとも問題が顕在化する可能性は小さかったといえる。ところが，第三者後見人の場合は当然に事情が異なり，同意権の正当化は後見人としての権限の中に求めざるをえなくなる。かくして，成年後見人等の医療同意権の有無という，一般的な形で問題が定式化されることになったといえる。
　死後の事務に関しても，同様の事情を指摘できる。実は，成年後見の場合，

IV 新たな立法課題と「成年後見の社会化」との関係

もともと利用者の死亡による後見終了と成年後見人等の現実の職務完了との間には，必然的なタイムラグが存在している（たとえば，成年後見人の形式上の職務は，被後見人の死亡と同時に終了するが，現実には少なくとも，後見財産の相続人等への引渡義務が存続せざるをえない）。ところが，このタイムラグの存在は，現実社会において，「家族＝相続人＝死後の事務代行者＝生前の事務代行者＝成年後見人」という等号が完全に成立している限りは，法的問題として顕在化することがない。なぜなら，そこでは家族（の少なくとも誰か）が，利用者の生前及び死後を通じて（生前は成年後見人等として，死後は相続人として），利用者の財産に対する，何らかの法的な管理権限（少なくとも占有権限）を有しているからである。しかし，ここでも，法定相続人たる資格を持たない第三者後見人が登場してくると，死後の事務の少なくとも一部に対しては，「成年後見人としての権限」を付与しない限り，円滑な事務処理は困難になる。

さらに，監督者責任についても，この責任の根拠が沿革的には「家族の特殊性」に求められてきた事実を思い起こすならば，被後見人等と何らの家族関係のない第三者後見人に対してまで，単純に714条の責任を肯定してしまうことには強い疑念が生じることになるだろう（さらにいえば，政策論レベルの問題として，触法精神障がい者による加害行為の責任を，民法上の不法行為のルールによって「私人」に転嫁して足れりとすることには疑問がある）。

(47) 立法課題の詳細については，前掲（注５）の日弁連及びリーガルサポートの法改正提言のほか，前掲須永（注34）論文を参照されたい。
(48) この問題に関する私見の詳細については，上山泰「患者の同意に関する法的問題点」新井誠・西山詮編『成年後見と意思能力――法学と医学のインターフェース』（日本評論社，2002年）114-135頁，上山泰「医療行為についての同意」法学セミナー575号（2002年）54-56頁，上山泰「医療同意をめぐる解釈論の現状と立法課題」実践成年後見16号（2006年）43-52頁を参照されたい。このほか成年後見人等の医療同意権をめぐる問題点については，併せて，実践成年後見16号における「特集・医療行為と成年後見」所収の諸論文，及び，前掲須永（注34）論文等を参照されたい。
(49) この問題に関する私見の詳細については，上山泰「成年被後見人等死亡の場合の成年後見人等の地位と業務」実践成年後見10号（2004年）４-17頁を参照されたい。このほか死後の事務をめぐる問題点については，併せて，実践成年後見10

号における「特集・死後の事務」所収の諸論文，及び，東京家裁後見問題研究会『東京家裁後見センターにおける成年後見制度運用の状況と課題』判例タイムズ臨時増刊1165号（2005年）118-120頁を参照されたい。
(50) この問題については，前田泰『民事精神鑑定と成年後見法』（日本評論社，2000年）174-223頁に詳細な分析がある。また，私見の詳細については，上山泰「成年後見人等と民法714条の監督者責任—精神保健福祉法との関連も含めて—」家族〈社会と法〉20号（2004年）58-80頁を参照されたい。

V ドイツにおける社会化の現状

1 世話の件数

成年後見制度の先進国ドイツでは，現行制度を規律する世話法も，1992年1月1日にスタートした後，1999年（1998年世話法改正法は1999年1月1日より施行），2005年（2005年第二次世話法改正法は2005年7月1日より施行）と既に2回の法改正を経て，現在に至っている。

わが国の法定後見制度に相当する世話の件数は，現行世話制度が導入された1999年末の時点で既に43万件に昇っていたが，その後も爆発的とも言える増加を続け，2002年末には100万件の大台を超え，増加率こそ，やや鈍ったものの，2004年末まで，なお上昇を続けている（[表18] ただし，利用対象者の範囲については，行為能力の制限を原則的に行わないドイツ世話法の方が，現行の日本法よりも広いといえる点に留意しておく必要がある[51]）。2004年末の時点において，ドイツ全体では，人口1,000人あたり13.34人（全人口の約1.3%）が世話を利用している状態にある（ただし，ドイツでも，日本と同様，その利用率にはラントによって大きな差がある。たとえば，最も利用率の高いザールラントでは1,000人あたり18.3人であるのに対して，最も低いバーデン＝ヴェルテンベルクでは8.24人にすぎない）。

ドイツ世話法では，無資産者の費用及び報酬は全て国庫負担とされていることもあり，こうした世話件数の急激な膨張は，ただでさえ東西ドイツ統合等によって逼迫気味であった各ラントの財政を直撃し，世話に関する国費削減が重要な政策課題として意識される状況を生み出した。成年後見の件数の伸び悩みが問題となっているわが国の状況から見ると，きわめて皮肉な鏡像

ともいえるが，ドイツにおいては，各ラント政府を中心として，むしろ法定後見である世話の件数を合理的な範囲に抑制することを期待する声が強く，2回にわたる世話法改正[52]においても，世話件数の抑制が直接的な政策目的の1つとされていたのである。

[表18] ドイツにおける世話の件数[53]

1992年末	1993年末	1994年末	1995年末	1996年末
435,931	454,585	542,026	624,659	688,118
2000年末	2001年末	2002年末	2003年末	2004年末
924,714	986,392	1,047,406	1,100,626	1,157,819

2　ドイツにおける世話人の供給母体

ドイツ世話法では，後見裁判所による世話人選任について，明文上の優先順位がある点に留意する必要がある。まず，個人的（個別的）世話の原則から，適任の自然人の選任が優先されるべきことになるが（BGB1897条1項），なかでも，名誉職世話人（無報酬で世話を行う自然人の世話人。親族の場合が多いが，ボランティアの第三者のケースもある）が最優先とされ，専門職世話人（職業世話人）の選任は例外として位置づけられている（専門職世話人は適任の名誉職世話人がいない場合に限り，選任される。BGB1897条6項参照）。自然人では適正な世話が実現できない場合には，世話社団及び世話官庁による法人による世話（わが国の法人後見類型に相当）が認められることになるが（BGB1900条），この場合，まずは世話社団の選任が優先され，世話官庁の選任は，自然人による世話はもとより，世話社団による世話でも十分とはいえない場合に限って行われることになっている（BGB1900条4項参照。公後見制度である世話官庁による世話は，いわば成年後見の最後の砦として機能すべきことになる）。

本来であれば，日独の成年後見制度の運用状況を比較検討する場合，こうした両国の法制度上の差異はもとより，両国における介護保険制度等の関連制度の運用実態や，ボランティア活動に対する意識等の文化的背景の差異に至るまで，種々のファクターを考慮に入れる必要があることはいうまでもな

い。この意味で，両国データの単純な比較は，あくまで両国の運用実態の表面的な差異を概観するものにすぎない。

こうした留保を付けた上で，わが国の成年後見人の供給母体（[表2][表3]）と，ドイツにおける世話人の供給母体（[表19]）とを対照させてみると，それでも，いくつかの興味深い点が浮かび上がってくる。

まず興味を引くのは，親族後見人と専門職後見人との比率である。まず，わが国の直近の平成17年度のデータ（以下，比較対象とする日本のデータは，全て17年度のものとする）では，親族後見人の選任割合は77.4%，約8割弱となっている。これに対して，ドイツの5年間のデータでは，親族後見人の割合は，ほぼ安定して62〜64%程度で推移している。他方，専門職後見人の割合を見ると，わが国では，弁護士，司法書士，社会福祉士の合計値は19.2%であるのに対して，ドイツの専門職世話人（Berufsbetreuer）の割合も，21〜24%程度で推移している（ドイツの専門職世話人も，弁護士や社会福祉の専門家である）[54]。きわめて興味深いことに，専門職後見人の割合だけを取れば，日本の数値はドイツに近い水準に到達しているのである。むろん，既述のように，わが国における専門職後見人のマンパワーの基盤は今のところ非常に脆弱であり，成年後見人の絶対数がドイツと同水準となった時点で

[表19] ドイツにおける世話人の供給母体

	2000年	2001年	2002年	2003年	2004年
新規選任世話人数	184,121	205,266	208,491	215,914	218,254
専門職世話人	42,491 (21.07%)	46,060 (21.16%)	46,386 (21.41)	50,883 (22.59%)	55,521 (24.39%)
［うち弁護士］			[6,847]	[7,301]	[8,094]
親族世話人	125,658 (62.32%)	138,472 (63.62%)	138,773 (64.06%)	144,095 (63.98%)	142,006 (62.38%)
その他の名誉職世話人	15,105 (7.49%)	15,208 (6.99%)	15,143 (7%)	14,665 (6.51%)	14,295 (6.28%)
社団世話人ないし世話社団	14,646 (7.26%)	13,823 (6.35%)	13,834 (6.39%)	13,530 (6.01%)	14,003 (6.15%)
官庁世話人ないし世話官庁	3,472 (1.86%)	4,106 (1.89)	2,499 (1.15%)	2,045 (0.91%)	1,819 (0.8%)

Ⅴ　ドイツにおける社会化の現状

（すなわち，120万件超の成年後見が発動したと仮定した場合に），なお，その約2割を専門職後見人が支えることができるかについては疑問である。また，これも記述の通り，世話人選任の順位として，明文上，専門職世話人は名誉職世話人に劣後する地位にある。

　しかし，こうした点を差し引いたとしても，日独ともに，純然たる職業後見の比率は2割前後に留まっているという事実は，注目に値するものといえる。一定の結論を導き出すには，さらに他の欧米諸国のデータに対する比較検討等を待たねばならないが，わが国が潜在的に抱える成年後見需要を支えるためには，専門職後見人の基盤強化，人員強化を図るだけでは限界があることは，この比較からだけでも，ある程度伺われるように思われる。したがって，直近の現実的な政策課題として，専門職後見人の受け皿の拡充を図ることが重要なことは既述の通りであるが，これに加えて，少なくとも，ある程度ロングスパンの政策課題としては，やはり専門職後見人以外の第三者後見人（市民後見人）の受け皿作りが必要となってくるというべきであろう。

　そこで，次に問題となるのは，ドイツにおける親族世話人と専門職世話人以外の世話人の供給母体のウェイトの大きさである。わが国の場合，親族後見人（77.4％）と専門職後見人（19.2％）以外の成年後見人として残るのは，わずか3.4％（内訳は，知人0.5％，法人1％，その他親族外1.9％）にすぎない。これに対して，ドイツの場合，2004年のデータを例に取ると，親族世話人62.38％，専門職世話人24.39％であり，これ以外のいわば第三の領域の世話人の比率が13.23％（ただし，この第3の領域の比率は，2000年では16.61％，2001年では15.23％，2002年では14.54％，2003年では13.43％と，徐々に低下しており，その分，専門職後見人の比率が上昇する傾向も見受けられる）も存在している。このドイツの第3の領域における世話人の供給母体の内容を分析し，わが国でこれに相当する供給母体を探索し，あるいは，これを養成するという作業は，今後のわが国の成年後見制度の運用に関する政策課題として，一定の意義を持つのではないだろうか。

　ドイツにおいて，第3の領域の世話人が占める割合は，データのある5年間の平均で，約15％弱である。そして，その内訳は，当該5年間の平均で，親族世話人以外の名誉職世話人が約7％弱，社団世話人（協会世話人）ない

241

し世話社団（世話協会）が約6％，官庁世話人ないし世話官庁が約1％となっている（ただし，官庁世話の類型はかなり減少してきている）。

まず，親族世話人以外の名誉職世話人という類型は，いわゆるボランティアの世話人を意味しており，わが国では，近年，養成の必要性が主張され始めている市民後見人にほぼ該当するものとみてよいであろう。ドイツ並みの比率（約7％）が必要か否かはさておき，これを見る限り，将来的には，わが国でも一定数の市民後見人を確保する必要に迫られる可能性が高いだろう。

次に，社団世話人ないし世話社団[55]という類型は，わが国の法人後見の類型にほぼ相当する（ただし，社団世話人とは，世話社団の職員が個人として世話人となるケースを指すため，わが国の法人後見に厳密な意味で相応するのは，世話社団自体が世話人として選任されたケースということになる。なお，統計上，後者の世話社団による世話の数は，実はかなり小さい。たとえば，2004年を例に取ると，社団世話人ないし世話社団類型の14,003件中，13,621件までが社団世話人ケースであり，世話社団ケースは382件にすぎない）。ドイツではこれが7％程度の需要を引き受けているのに対して，わが国では，既述のように，総数自体は順調に増加しているとはいえ，いまだ全体の1％にも満たない状況にある。ドイツでは，世話法施行以前から世話人の活動に類似した社会奉仕活動を行っていた非営利団体（宗教団体等）が多数存在しており，これが世話法施行後の世話社団の主要母体の1つになったといわれている。これに対して，わが国の法人後見（及び，法人後見を担う法人＝法人後見受任団体）は，法制度的にも，社会的実体としても，平成12年の現行成年後見制度導入によって初めて出現したシステムといって過言ではない。その意味で，現状，法人後見の資源に関して，日独両国の間に大きな差があることは仕方ないといえるが，今後は，この格差を早急に埋めることが重要な政策課題となるのではないだろうか（もっとも，成年後見制度の性格上，法人後見を担う法人には，判断能力不十分者の支援主体としての適性が厳しく求められるべきであり，数あわせの粗製濫造というわけにはいかない点が悩ましいところではある）。

最後に，官庁世話人ないし官庁世話[56]という類型は，ドイツ型の公後見人制度であり，現在のわが国には全く欠けているものである。他の欧米諸国と比較しても，公後見人制度を完全に欠くわが国のスタイルは特異なものと

さえいうことができ，公後見人が担うべき比率はさておくとして，何らかの形でわが国にも公後見人制度を導入することは喫緊の政策課題といってよいだろう。

(51) たとえば，田山輝明「日本の成年後見制度の現状」成年後見法研究1号（2003年）34頁以下は，ドイツの世話人は，わが国の成年後見制度と地域福祉権利擁護事業とを包摂した範囲の事務を職務対象としているから，日独の成年後見制度を比較するためには，少なくとも，日本の地域福祉権利擁護事業を視野に入れる必要があると指摘する。

(52) 1999年の世話法改正の詳細については，上山泰「ドイツ世話法改正について―世話法改正法の概要―(上)(下)」法律時報71巻12号（1999年）74-79頁，法律時報72巻2号（2000年）54-60頁を，2005年の第二次改正の背景については，ヴェルナー・ビーンバルト（村田彰訳）「ドイツにおける世話法の12年間―経験に基づく報告―」成年後見法研究1号（2003年）28-33頁，クリスタ・ビーンバルト（上山泰訳）「世話法の改革論議」成年後見法研究1号（2003年）59-66頁を参照されたい。また，第二次改正の紹介として，黒田美亜紀「ドイツ成年者世話法の第二次改正について」成年後見法研究3号（2006年）3-10頁がある。

(53) 1992年から1996年の数値については，Jurgens/Kroger/Marschner/Winterstein, Das neue Betreuungsrecht, 4. Aufl., 1999, s. 3 に，2000年から2003年の数値については前掲（注6）文献に依拠した。

(54) ただし，日本と同様，ドイツでも，専門職世話人の選任比率はラントによって大きな違いがある。たとえば，2004年の場合，新規選任世話人中の専門職後見人の割合は，最小のザールラントでは16.37％にすぎないのに対して，最大のベルリンでは45.4％に昇っている。

(55) 世話社団の紹介としては，田山輝明『成年後見法制の研究』（成文堂，2000年）345-365頁，神野礼斉「ドイツにおける成年後見人の要請」実践成年後見18号（2006年）8-12頁がある。

(56) 世話官庁の紹介としては，前掲田山（注55）366-387頁がある。

VI　おわりに

本稿では，「成年後見の社会化」という視点を通奏底音として，最高裁のデータに基づき，わが国の成年後見制度の運用状況の評価を試みてきた。また，併せて，関連するドイツのデータを参照することによって，わが国にお

ける「成年後見の社会化」の達成度合について，若干の考察を行った。もとより，日独のデータ比較については，精緻な学問的考察には遠く及ばない，単なる印象批評であるにすぎない。しかし，それでも，今後のわが国の成年後見制度の運用に対する政策課題の一端は，明らかにできたのではないかと思われる。さらに言えば，わが国の現行成年後見制度は，施行後6年を経て，再び立法の季節を迎えたように思われる。成年後見をめぐる今後の議論は，解釈論のみならず，常に立法論を視野に収めたものとならざるをえないのではないだろうか。そうした来るべき立法論に対して，拙稿がいささかなりとも寄与できることがあれば，望外の喜びである。

労働者は消費者か？
――消費者契約規制と労働契約との関係に関する一考察――

丸山絵美子

I 検討課題
II ドイツにおける「労働者は消費者か？」を巡る議論
III 我が国の消費者契約法と労働契約に関する検討

I 検討課題

　本稿は，消費者契約規制と労働契約との関係，とりわけ両契約類型に対する民事特別ルールのあり方について検討を行うものである。かかる検討は，契約規制の基本原理と民事特別ルールのあり方一般について考察を進める手がかりの一つとなるものと考えている。以下，本稿における検討課題を明確化するため，消費者契約法12条と労働契約法立法の動向について説明することから始めよう。

　1　消費者契約法12条について
　(a)　消費者契約法12条は「この法律の規定は，労働契約については，適用しない。」と規定している。これは，消費者契約法2条1項「この法律において「消費者」とは，個人（事業として又は事業のために契約の当事者となる場合におけるものを除く。）をいう。」，2項「この法律において「事業者」とは，法人その他の団体及び事業として又は事業のために契約の当事者となる場合における個人をいう。」，3項「この法律において「消費者契約」とは，消費者と事業者との間で締結される契約をいう。」の文理解釈によれば，労働契約も消費契約に含まれるところ，労働契約における労働者保護はそのた

めの特別法に委ね，消費者契約法を適用すべきではないという判断から，適用除外規定を設けたものと一般に説明されている[1]。より詳細に，適用除外規定が設けられた理由と，消費者契約法12条において想定されている労働契約概念の具体的内容を確認していこう。

(b) 労働契約を消費者契約法の対象としないという方向性は，消費者契約法に関する立法作業の早い段階から示された。すなわち，平成10年1月に公表された第16次国民生活審議会消費者政策部会『消費者契約法（仮称）の具体的内容について――国民生活審議会消費者政策部会中間報告――』[2]（以下，『中間報告』という）では，「消費者」の定義に関し，「1 消費生活において，事業に関連しない目的で行為すること，2 自然人であること。」を要件とすることが適切であるとされ，また，消費者契約法（仮称）の適用対象とすることが適切ではない契約の具体例として雇用契約が挙げられていた。『中間報告』公表後，各界から示された疑問や指摘を踏まえ，さらなる審議を経た上でまとめられた，第16次国民生活審議会消費者政策部会『消費者契約法（仮称）の制定に向けて』（平成11年1月）[3]では，消費者と事業者とを区別する基準として，事業性（同種の行為を反復継続して行っていること）が挙げられ，「事業」とは営利・非営利，公益・非公益を問わない概念であることが確認されたが，消費者契約の範囲，適用除外となる契約等については継続検討の必要性が指摘されるにとどまった。その後，第17次国民生活審議会では，第16次部会報告を踏まえ，消費者契約法検討委員会を設置して具体的検討を行った。その報告書にあたる，第17次国民生活審議会消費者政策部会『消費者契約法（仮称）の具体的内容について』（平成11年11月）[4]では，消費者契約法における労働契約の位置づけが明確に打ち出された。まず，消費者契約法の適用範囲に関して，消費者が事業者と締結した契約を幅広く対象とするため，「消費者契約とは，例えば，当事者の一方（＝事業者）のみが，業として又は業のために締結する契約とすることが考えられる。」とされ，「業とは，営利を目的とした事業に限らず，自己の危険と計算によって，一定の目的をもって同種の行為を反復継続的に行うものを広く対象とする。社会通念に照らして客観的に事業の遂行とみることができる程度のものをいう。」と説明された。そして，「労働者が事業者の業に対して労務に服する契約（労

働契約）については，労働は他人（事業主）の業の中に位置づけられ，労働者が自己の危険と計算によらず他人（事業主）の指揮命令に服するものであることから，労働者が「業として」締結する契約とはみなさないが，消費者契約とはしない。また，労働者が労務に服するために必要な財・役務等を購入する契約は「業のために」締結する契約とはみなさない。」という説明が示されるに至った。注意すべき点としては，ここで労働契約が消費者契約とされないのは，購入・消費する立場か否かという観点からではないということである。報告書では，「消費者が事業者に財，役務又は権利の提供を行う契約についても，消費者契約法の対象とする実益がある」とされ，例えば，消費者が事業者に中古車を販売する契約も消費者契約に含まれるが，自然人が労務の提供を事業者に対して行う労働契約は，政策的に消費者契約法の射程に含めない方向性が打ち出されたことになる。

　(c)　そして，消費者契約法は，労働契約を消費者契約法の適用除外とする旨の規定を置くという立場を採用した。内閣府（当時の経済企画庁）の手による逐条解説書は，労働契約は文言形式的には消費者契約に該当するとした上で，これを適用除外とする理由について，次のような解説をしている。「労働契約なる概念は，資本主義社会における労使間の著しい経済的優劣関係とこれによる労働者の資本への隷属状態に着目してこれに規制を加えんとする労働者保護法規の発展とともに確立された契約概念であり，自由対等な人間間を規制する市民法上の契約概念たる民法における雇傭契約とは異なる角度から労使間の契約を把握する特殊な契約類型であり，その意味で労働契約は，消費者契約に含めることは適当ではない」。「労働契約の特殊性にかんがみてすでに労働基準法等の労働法の分野において契約締結過程および契約条項について民法の特則が定められている」ので消費者契約法の適用範囲に含めないということである。そして，ここでいう労働契約については，「労働契約は労務の提供に服することを約する契約であるが，自己の危険と計算とにおいて独立的に行われる両当事者の契約と異なり，両当事者間において，一方が自己の危険と計算によらずに他人の指揮命令に服し，他方が自己の危険と計算において他人を指揮命令下におく関係の契約である」と定義されている[5]。以上の説明から，適用除外の理由は，労働契約が民法の雇用とは

異なる角度から把握される契約（自由対等な市民像を前提としない契約概念）であること，および労働法分野において契約締結過程や契約条項を規制する民法の特則がすでに存在していること，にあることがわかる。さらに，逐条解説書は，いくつかの具体例を挙げて，労働契約概念と消費者契約法との関係について，考え方を示している。例えば，家内労働者や自営的在宅就労者が，委託者から物品を購入させられるような場合，実体のある委託関係であるか否か（実体がなければ消費者として保護されるが，実体があれば事業者として消費者契約法によっては保護されない），購入物品の用途が委託作業に主として限定されるかなどが問題とされるべきという。また，個人宅が直接家事使用人を雇う場合には，労働契約として適用除外となり（個人は事業者でもない），子供のために家庭教師を雇う場合は，家庭教師である学生が事業者となり，家庭教師を依頼する側が消費者となるから消費者契約法の適用可能性がある，とされている[6]。さらに，モニター・外交員登録契約については，実質が労働契約か委託関係かが問われ，業務上必要な物品を購入する契約については，委託関係がある場合，事業のための契約となり消費者契約法の適用はないが，実質が労働契約の場合には，従業員が営業用の背広・名刺を購入するケースと同様，消費者契約に含まれる，といった説明が展開されている[7]。

その他の解説書等では次のような説明がみられる。適用除外の理由として，消費者契約と労働契約とでは，その規制の理念・方法等において大きな違いがあり，両者を同一に規制するのは妥当ではないこと，労働契約については，従来から，一般私法とは異なる独自の規制分野が形成されており，労働契約の規制は基本的に労働法における解決発展に委ねるのが妥当であることを挙げ，労働契約とは労働基準法が適用される労務供給契約と解するのが妥当であるとする説明[8]，労働契約は，①労働力そのものの利用を目的とした人的・継続的な契約関係であり，②組織的で集合的処理が要請され，③契約内容に白地性と弾力性があり，④使用者が優越的地位にたちやすく労働者に従属性があるといった消費者契約とは異なる特徴を有することから適用除外とすることが適切であり，労働契約とは労働基準法が適用される労務供給契約と定義できるといった説明[9]である。

I 検討課題

いずれの説明も，概念定義的には労働契約が消費者契約法における消費者契約に該当することを肯定した上で，規制の際に掲げられる理念の違いや規制方法の違い，労働者保護は労働法に委ねるべきとの判断から，労働契約は消費者契約法の適用除外とされるとしている。もっとも，上述の通り，内閣府の逐条解説書とその他の解説書等で与えられている労働契約の定義には違いがみてとれる。また，内閣府逐条解説書において想定されている労働契約が，使用者に事業者性を要求する趣旨か否かは，一義的に明確ではない（個人宅が家事使用人を雇う契約を労働契約とする具体例からは，使用者の事業者性を問わない趣旨である可能性は高いが）。

2 労働契約法立法の動向

次に，近時の労働契約に関する立法に向けての動向に目を転じよう。近年の労働問題の多様化，労働条件や紛争の個別化を背景に，労働契約法制定の必要性が説かれるようになり，厚生労働省に設置された「今後の労働契約法制の在り方に関する研究会」が，平成17年4月にまず，『中間取りまとめ』[10]を発表した。そこでは，就業形態の多様化や労働条件の個別化，個別労働関係紛争の増加といった現象を背景に，労使間において対等な立場で労働契約を自主的に決定することが望ましいが，現行法や判例法理では不十分であり，労使の行動規範となる公正かつ透明なルールが必要であるとの認識の下，労使間の情報の質・量や交渉力における格差をも考慮した，実体的・手続的民事ルール（民法の特別法としての労働契約法）を立法すべきことが提案された。この『中間取りまとめ』に対して，寄せられた意見等[11]も参考とし引き続き検討が行われた後，平成17年9月15日に，今後の労働契約法制の在り方に関する研究会による『報告書』[12]が公表された。まず，『報告書』の総論では，労使自治，契約自由の原則を前提としつつも，労働者と使用者との間には情報の質及び量の格差や交渉力の格差が存在することに鑑み，実質的に対等な立場で労使が労働条件等を決定し紛争を解決できるよう，公正かつ透明なルールの設定が必要であるとして労働契約法制定の必要性が説かれている。法律の性格は，強行規定の他，手続規定や任意規定をも含んだ民事ルールであるべきとされているが，裁判所で斟酌されることが期待される

指針の活用といったことも提案されている。労働契約の定義については，少なくとも労働基準法上の労働者は含まれるものの，労働者を，事業に使用される者に限定するか否か，特定の者に経済的に従属している者を労働者に含めるか否かなどについては，今後も検討が必要とされている。総論部分において，労使委員会の活用についても前向きな提案が示された上で，具体的に，採用内定，就業規則，雇用継続型変更制度，権利義務関係，解雇，退職，有期雇用法制など労働契約にかかわる重要な問題について，一定の提案やあり得る方向性，さらに検討が必要な事項などが指摘されている。労働契約法（仮称）の制定に向けての動きは90年代初頭頃から本格化したと言われており[13]，法律案の提案としては，2001年の段階で，日本労働組合連合会が，『労働契約法案要綱骨子案』を作成・公表していた。また，今回の厚生労働省内部における研究会発足を受け，日本労働弁護団による『労働契約法制の立法提言にあたって』（2005年5月）や（財）連合総合生活開発研究所・労働契約法制研究委員会[14]報告書『労働契約法試案』（2005年10月）などが具体的な法文を提案・公表している。現在も，『報告書』に対する評価・意見が展開されており[15]，労働契約法（仮称）については，厚生労働省の労働政策審議会・労働条件分科会において，そもそも労働契約法制は必要かといった出発点に立ち返り，検討・議論が続けられている状況にある。

3 検討課題の確認と検討方法

さて，先に確認したように，消費者契約法12条において労働契約を適用除外とする理由として，労働契約と消費者契約とでは規制の理念が違うと言われていた。ところが，労働契約法の立法に向けて提示された『報告書』では，一見すると消費者契約法を立法する際に言及されていたものと同種の発想，情報格差と交渉力格差が強調されているようにみえる。また，消費者契約法12条において適用除外とされる労働契約概念については，内閣府の逐条解説書における定義の他，労働基準法の適用対象となる労働契約という定義も示され，今後は労働契約法（仮称）における労働契約の定義との関係も問題となる。このように，消費者契約法12条に関して現在行われている説明と労働契約法立法の動向をあわせみたとき，労働契約を消費者契約法の適用除外と

I 検討課題

することについて，その理由づけ及び適用除外とされる労働契約概念を整理する必要があることを確認できる。そして，民法，消費者契約法，労働契約法（仮称）における契約規制の基本理念の相違，各々の法律の相互的位置づけを検討しておくことは，今後の消費者契約法や労働契約法（仮称），その他の民事ルールの展開にとって有用な作業となり得よう。かかる検討をすすめるにあたって，本稿ではまず，「労働者は消費者か？」という問題に関するドイツの議論を参照する。というのも，ドイツでは，ドイツ民法典（Bürgerliches Gesetsbuch；以下，BGB という）の総則部分に消費者，事業者，消費者契約に関する一般的な定義が置かれ，その定義からすると文言的には労働者も消費者に含まれ得るところ，各種消費者保護規定について労働契約を適用除外とする規定は置かれておらず，また先の債務法現代化法によるBGB 改正によって，普通取引約款規制法（Gesetz zur Regelung des Rechts der Allgemeinen Geschäftsbedeingungen；以下，AGBG という）における労働契約の適用除外規定が削除された。そのため，「労働者は消費者か？」，「労働契約と普通取引約款規制との関係は？」，などについて熱心な議論が展開されている状況にあるからである[16]。このようなドイツ法の状況を確認した後に，先に示した検討課題について，若干の考察を加えてみたい。

（1） 内閣府国民生活局消費者企画課編『逐条解説　消費者契約法［補訂版］』（以下，『内閣府解説書［補訂版］』という）210頁以下（商事法務，2003年）。
（2） 国民生活審議会のホームページより入手可能。経済企画庁国民生活局消費者行政第一課編『消費者契約法（仮称）の具体的内容について：国民生活審議会消費者政策部会中間報告と関連資料』（大蔵印刷局，1998年）。
（3） 国民生活審議会のホームページより入手可能。経済企画庁国民生活局消費者行政第一課編『消費者契約法（仮称）の制定に向けて：国民生活審議会消費者政策部会報告と関連資料』（大蔵印刷局，1999年）。
（4） 国民生活審議会のホームページより入手可能。『内閣府解説書〔補訂版〕』248頁以下に掲載。
（5） 『内閣府解説書［補訂版］』210頁。
（6） 内閣府解説書では，家庭教師は事業者であるとするが，これは単純には判断できない。事業者といえるほどの生産手段や専門性を有しているか，相当程度の利益が獲得されているか，といった付加的要因にも着目して事業者性を判断していく必要があろう。
（7） 『内閣府解説書［補訂版］』211頁〜215頁。

251

（8） 落合誠一『消費者契約法』167頁～168頁（有斐閣，2001年）。
（9） 日本弁護士連合会消費者問題対策委員会編『コンメンタール消費者契約法』234頁～235頁（商事法務研究会，2001年）。
（10） 厚生労働省ホームページより入手可能。
（11） 『中間取りまとめ』に対しては，「自主的決定」と「公正かつ透明なルール」をいかに調和させるのかという問題提起，「合意」に関する検討不足，民法との関係の検討不足，理念に関する検討の必要性，使用者概念の定義に関する検討の必要性など理念・総論レベルから個別制度の内容まで様々な批判や意見が出された（「特集「今後の労働契約法制の在り方に関する研究会中間取りまとめ」を読んで」労働法律旬報（以下，労旬という）1600号4頁以下（2005年）など参照）。
（12） 厚生労働省ホームページより入手可能。
（13） 対談（野川忍／山本敬三）「労働契約法制と民法理論」季刊労働法（以下，季労という）210号95頁以下（野川発言）参照（2005年）。
（14） 筆者はこの委員会（主査・毛塚勝利教授）に参加する機会を得て，労働法の研究に携わる諸先生の議論から多くの刺激を受けることができたが，本稿で取り扱う問題は，消費者契約法と労働契約との関係，契約規制の基本原理や民事特別法相互間の関係に関する考察を主とするものであることをお断りしておく。
（15） 野川忍「労働契約法の意義　雇用契約法への展望」法律時報（以下，法時という）77巻12号72頁以下（2005年），特別座談会（荒木尚志／岩村正彦／中村慈夫／宮里邦雄）「探求・労働法の現代的課題　連載開始にあたって」ジュリスト（以下，ジュリという）1295号148頁以下（2005年），日本労働弁護団「「今後の労働契約法制の在り方に関する研究会」最終報告に対する見解」労旬1611号62頁以下（2005年）など。
（16） かかるドイツの状況を紹介・検討する先行業績として，根本到「ドイツ民法典の改正と労働契約法理」労旬1529号12頁以下（2002年），同「ドイツにおける労働契約法制の動向―改正民法典における約款規制に限定して―」日本労働法学雑誌（以下，労働という）102号90頁（2003年）。

II　ドイツにおける「労働者は消費者か？」を巡る議論

1　議論の端緒～一般的消費者概念の設定と AGBG における労働契約の適用除外削除

まず，ドイツにおいて「労働者は消費者か？」が，問われるに至る経緯をみることから始めよう。

ここで議論の中心となる消費者概念がドイツ法に登場したのは，消費者契

II　ドイツにおける「労働者は消費者か？」を巡る議論

約における不公正条項に関する EC 指令[17]がきっかけであった。同指令2条 b によると，消費者（consumer）とは，「自己の取引，営業又は職業の範囲外とみられる目的のために行動する自然人」であり，2条 c によると，売主または供給者（seller or supplier）とは，「自己の取引，営業または職業に関する目的のために行為する自然人もしくは法人をいう」とされている。同指令の定義によると，労働者は職業活動を行うため，消費者の定義には該当せず，また，同指令はそもそも労働契約を適用除外としていた。ドイツの立法者は，この EC 指令を国内法化するにあたって，AGBG の改正を行った。すなわち，EC 指令がいわゆる消費者アプローチを採用していることとの関係で，AGBG の中に，「約款」という観点ではなく，「消費者契約」という観点から，消費者保護に手厚い規定を盛り込む必要を生じ，AGBG24a条において消費者概念が定義されることとなった。AGBG24a条には，消費者（Verbraucher）とは，「営業活動にも独立職業活動にも帰せしめられ得ない目的で契約を締結する自然人」，事業者（Unternehmer）とは，「その営業活動又は職業活動の実施として行為する者」と定義された。AGBG24a条の定義によれば，EC 指令と異なり，労働者は<u>独立の</u>職業活動を行わないため，文言形式的には，労働者も消費者に含まれ得た。しかし，AGBG23条1項は「本法は，労働法，相続法，家族法及び会社法の領域の契約には適用されない。」と規定していたため，AGBG が労働契約に適用されないことは明らかであり，この時点では，「労働者は消費者か？」という問題が注目を集めることもなかったのである。

　ところが，2000年6月27日の通信販売法によって BGB の改正が行われ，その際に，BGB の総則部分に，消費者，事業者の概念定義規定が置かれるに至った（BGB13条，14条）。概念定義の内容は，AGBG24a条とほぼ同様のものであり，BGB13条には，「消費者とは，その営業活動にも独立職業活動にも帰せしめられ得ない目的で法律行為を行うすべての自然人」，BGB14条1項には，「事業者とは，法律行為の締結に際してその営業活動又は独立職業活動の実施として行為する自然人，法人又は権利能力ある人的会社である」と規定された。この時点で，AGBG を離れて，BGB に消費者及び消費者契約概念が存在することとなったが，この改正に関する立法理由において，

消費者契約と労働契約との関係に言及されることはなく，立法者は，「労働者は消費者か？」という問題を意識していなかったことがうかがわれる[18]。

その後も続くBGB改正作業では，各種消費者保護法のBGBへの統合が検討されることとなる。AGBGをBGBに統合する審議の過程において，当初の政府草案は，労働契約をAGBGの適用除外とするAGBG23条1項をそのまま，新BGB310条4項に引き継ぐ形を提案していた[19]。このような提案に対して，連邦参議院から，労働法に対する適用除外を維持することが今なお適切か否かを検討すべきである，との意見が表明された[20]。この問題提起に対し連邦政府は，AGBGにおける労働法の適用除外を廃止するとの見解に立った。その理由は，連邦労働裁判所（Bundesarbeitsgericht；以下，BAGという）は，これまでもBGB242条やBGB315条に依拠して，労働契約条件の内容規制を行ってきたが，判決の傾向は統一的なものではなく，そのことによる法的不安定が適用除外規定の削除によって除去されるべきであり，また労働法における契約内容規制の保護基準が私法のそれを下回るべきではないという点にある。もっとも，評価の余地の無い禁止条項（旧AGBG11条）は，労働法においては，強制的に無条件に適用されるべきではなく，労働関係の特別の必要性が考慮されるべきとも述べられていた。また，労働協約，経営協約，服務協約は，集団的討議を経ているのみならず，法規範性を有するものであるので，適用除外は維持されるべきものとされた[21]。このようにして，2001年11月26日の債務法現代化法によるBGB改正によって，AGBGは，労働法に対する適用除外を削除する形でBGBに統合された。現行BGB310条4項は「本章の規定は，相続法，家族法及び会社法の領域における契約並びに労働協約，経営協約及び服務協約には適用しない。労働契約への適用にあたっては，労働法において妥当する特殊性を適切に考慮しなければならない；305条2項及び3項は適用しない。労働協約，経営協約及び服務協約は，307条3項における法律の規定と同等とする。」と規定し，原則として旧AGBGの規制は労働契約にも及ぶこととなったのである。

さて，ドイツでは，一連のBGB改正作業において，AGBGの枠を飛び出して消費者概念が民法総則に定義され（2000年改正），また，労働契約が約款規制法理に服することとなったが（2001年改正），立法者によって明確に

論じられることがなかった問題，すなわち，BGB13条の消費者には労働者が含まれるか否か，労働契約が約款規制に服するとして，消費者契約のみに妥当する特別の約款規制ルール（旧AGBG24a条，現BGB305条3項）は労働契約にも適用されるのか，といった問題が債務法現代化法によるBGB改正の前後から研究者らにより意識され，議論されるようになったのである[22]。

2 労働者は消費者か？
(a) BGB13条と労働契約における労働者

BGB13条にいう消費者に労働者は該当するのか，が問われる時，例えば，労働者が，職場で着用するスーツを購入し，あるいは通勤のための車を購入する場合に，労働者が当該売買契約に関してBGB13条にいう消費者に該当することについて異論はみられない。問題は，労働契約一般，すなわち労働契約の成立，変更，終了の場面におけるあらゆる法律行為について，事業者たる使用者に対し労働者が消費者として性格づけられるか，である。労働者が労働契約において消費者に該当するか否かという問題は，後でみるように，①消費者が当事者とならない法律行為に対する高利率の遅延利息が労働契約に適用されるのか（BGB288条2項），②訪問取引における撤回権（いわゆるクーリング・オフ権）は自宅や職場で合意解約，変更契約等を行った労働者にも帰属するのか（BGB312条），③約款規制における消費者契約に対する特別ルールが労働契約にも妥当するのか（BGB310条3項），という問題に関連することとなるが，ここではまず，労働契約における労働者は一般にBGB13条の消費者に該当するのかという問題について，学説の議論を確認することから始めよう。

労働契約において労働者は消費者であるか，という問題に関しては，これを否定する見解（以下，否定説という）[23]と肯定する見解（以下，肯定説という）[24]とがほぼ拮抗する状況となった。まず，労働者は営業目的も独立的職業目的も有しておらず，非独立的職業目的のために労働契約にかかわる法律行為を行うので，文言形式的には労働者もBGB13条によって把握されることについては，学説上ほぼ異論はない[25]。肯定説は，このような条文の文言を重視し，BGB13条は消費目的を問わずに消費者を定義していることを強

調する（肯定説は，絶対的消費者概念を採用する立場と呼ばれることもある）[26]。

それに対して，否定説からは，次のような点が指摘される（否定説は，相対的消費者概念を採用する立場と呼ばれることもある）。消費者は事業者の反対概念であって，使用者の反対概念ではないこと[27]。また，従来の消費者概念の一般的定義（物や役務を消費するために購入する者）や労働契約と消費者契約の利害状況の違いから，労働契約に関し労働者を消費者として把握することは妥当ではないこと[28]。消費者概念は，AGBG24a条の内容を引き継ぐものであり，立法者は，BGB13条に労働者を含ませることを意図してはいなかったこと[29]。さらに，職業活動目的で行為をする者一般について消費者該当性を否定している EC 指令に合致した解釈をすべきであることを理由とする見解もある[30]。

しかし，労働者は事業者の反対概念ではないという否定説の主張に対しては，使用者対労働者，事業者対消費者という対概念を混同してはならず，これは機能的に区別されるべきであり，使用者は BGB14条にいう事業者に該当し，労働者は事業者の反対概念たる消費者に含まれ得るといった批判がなされている[31]。また，AGBG24a 条の承継と立法者の意図という点については，立法者は AGBG における労働法の適用除外を削除したので理由とはなり得ず[32]，むしろ，BGB474条や BGB310条 4 項，差止訴訟法（Unterlassungsklagengesetz；以下，UklaG という）15条に関する立法理由からは，立法者は消費者概念に労働者を含ませる意図であったという理解が示されている[33]。さらに，EC 指令に合致した解釈という主張に対しては，消費者に有利な指令からの逸脱は妨げられない以上，説得的な解釈論ではないという批判がある[34]。そして，消費者概念導入の意義・目的である交渉力の不均衡や経済的劣位などは労働者にも妥当することを引き合いに出して，労働者はBGB13条にいう消費者に該当するとの主張もなされている[35]。ただし，このような否定説批判に対しては，さらなる反論として，EC 指令は国内法による人的適用範囲の逸脱を許容するものではなく，BGB は消費者概念を拡大することで事業者概念を狭めている点に問題があるという指摘があり[36]，また保護目的の同等性という点に関しては，労働者保護には生存基盤確保の観点がかかわり，消費者保護と労働者保護を同じレベルで論じることはでき

ないという見解も示されている(37)。

　このように,「労働契約に関し労働者は消費者か？」という問題については，学説において見解が分かれている。もっとも，先に示した，BGB288条2項，BGB312条，BGB310条3項の適用・解釈問題については，肯定説，否定説から一義的にその適用の可否が導かれている訳ではない。以下，これらの条文を巡る議論状況の確認へと進もう。

(b) BGB288条2項と労働契約

　BGB288条1項は，「金銭債務は遅滞にある間はこれに利息をふさなければならない。遅延利息の利率はその年の基準利率に5％を上乗せして算出する。」と規定し，同条2項は，「消費者が当事者となっていない法律行為の場合には，有償債権についての利率は基準利率に8％を上乗せして算出する。」と規定する。遅延利息に関しBGBは，従来，区別なく5％の割合を定めていたが，支払遅延防止に関するEC指令(38)を受けた2000年改正後に，さらに債務法現代化法によっても改正され，現行の形をとるに至った(39)。

　労働者の消費者性を肯定する見解にあっては，消費者が当事者となっている法律行為であることを理由に，労働者・使用者間で問題となる遅延利息については，BGB288条1項が適用されることになる。しかし，否定説にあっても，労働関係において問題となる遅延利息に関しては，BGB288条2項ではなく，BGB288条1項の適用を認める見解は少なくない。そのような見解の多くは，理由として，支払遅延防止に関するEC指令は，対価と引き換えに物品の供給やサービスの提供が行われる事業者対事業者（又は公的機関）間の取引に，高い利率を許容するものであって，指令をBGBに取り込むに際し，立法者は「消費者が当事者となっていない法律行為」という文言を用いたが，これはEC指令の趣旨を変更する意図ではなかったことに言及する。すなわち，労働関係において問題となる債権について労働者は事業者でも公的機関でもないことから，事業者間取引で発生する有償債権とは言えず，EC指令に合致した解釈として，BGB288条2項は，労働関係において生じる債権には適用されないという解釈が唱えられている(40)。このような指令や立法者意思に合致する形での制限的解釈を支持するBAGの判決（BAG U. v. 23.2.2005, ZIP2005, 873）も登場している(41)。

(c) BGB312条の適用可能性——合意解約のクーリング・オフ？

　BGB312条は，「1項　消費者は，事業者と消費者との間の契約が有償給付を目的としかつ次の各号のいずれかに該当する場合には，355条による撤回権を有する。1号　消費者の職場又は私的住居における口頭の交渉により消費者が契約を締結した場合（以下，略）」と規定する。ドイツではいわゆるクーリング・オフ（撤回権）の要件・効果を定める一般規定が，BGB355条以下に設けられ，幾つかの消費者取引（訪問販売，通信販売，消費者信用取引など）に適用されることになっている(42)。「労働者は消費者か？」という問題との関連では，労働者が職場や自宅において労働関係に関する変更契約，合意解約を行った場合に，訪問取引に関するBGB312条を根拠に，その意思表示を撤回できるかという問題が設定されている。一連のBGB改正作業前にも，労働関係への撤回規定の類推を説く見解は存在したが(43)，BAGは，合意解約を労働者が撤回する可能性を否定してきた。この問題に関しては，労働者の消費者性を肯定する立場にあっても，そのままBGB312条による撤回を肯定している訳ではなく，全体的な傾向としては，いずれにせよ，同条の適用や類推適用を否定する見解が多い状況にある。現実にBGB312条が適用あるいは類推適用された場合の問題点（教示がない場合に撤回権が無期限に行使され得ることが法的不安定をもたらし労働法制に合致しないことや撤回の効果が労働契約には適合的ではないことなど）も指摘されている(44)。より具体的に，BGB312条の適用問題に関する学説をみてみよう。

　まず，労働者が消費者であることを否定する立場からは，BGB312条の直接適用も否定される（合意解約はBGB312条の対象とする有償給付を目的とする契約とは言えないことなども直接適用を否定する理由として挙げる見解もある）(45)。学説では，直接適用を否定した上で，さらに，類推適用の可否という形で変更契約や合意解約を撤回できるかも検討されている。類推適用も否定すべきという多数見解は，BGB312条以下の規定は立法者の考えによると営業所以外で行われる販売契約という特殊な販売形式に結びつくものであり，変更契約や合意解約はこのような販売領域に属さないこと(46)，またBGB312条で想定されているような不意打ち性は，職場における変更契約や合意解約の場面では通常は見受けられず，使用者からの解約に対しては労働

法制において労働者に相応の保護が与えられていること[47]などを理由に，類似の状況における規定の欠如はないので労働契約にBGB312条を類推する必要はないとする。

労働者の消費者性を肯定する諸見解にあっては，BGB312条に基づく労働契約の撤回可能性に関し，考え方が分かれている。幾つかの見解を紹介すると，例えば，Hümmerch/Holthausen は，BGB312条における有償給付要件との関係で，解雇補償金など金銭的給付を伴う合意解約や変更契約を念頭にBGB312条の適用を認める[48]。Schleusener は，合意解約が一般に有償契約であることを肯定し，契約交渉から逃れにくいという状況は労働関係にも存在するので，BGB312条の意義と目的から，使用者側の主導により合意解約が締結された事例においては，労働者はBGB312条に基づく撤回権を行使できるとする[49]。Gotthardt は，「特殊な販売方式」という概念は決定的意味をもたず，労働者による契約上保護に値する地位の放棄から有償給付性も根拠づけられるなどとして，基本的には撤回権の帰属を肯定するものの，労働者が職場で契約を締結する場面には不意打ち性がないとして，職場外での合意解約という事例類型に撤回を認めるという解釈を提示する[50]。Derlederも，劣位者保護に関する同種の要請を理由とする類推適用という枠組みで，BGB312条の類推を検討し，職場における合意解約や変更契約には不意打ちが伴う典型的状況がないものの，余暇行事や交通機関内での合意解約等にBGB312条の類推を認めるべき典型的状況があるという[51]。Reim は，事前の情報提供や助言獲得の機会を与えずに，突然，通常業務外（祝賀会やプライベートなど）で合意解約や契約変更の申し出を使用者が行い，労働者に決断を迫ったような場合に，BGB312条の撤回を労働者に認めるべきとする[52]。このように，合意解約等についてBGB312条の適用や類推適用の余地を認める見解に対し，想定されている特殊な販売方式への該当性も，不意打ち的状況も欠けているとして，Preis は，たとえ労働者が消費者であるとしても，BGB312条による撤回権は帰属せず，最も良い解決は，合意解約に対する相応な期間の撤回権が立法によって設けられることであると提案する[53]。Reinecke も，法体系的にBGB312条は合意解約の場面には適合的ではなく，解雇保護法（Kündigungsschutzgesetz；以下，KSchG という）4条やパートタ

イム及び有期法（Teilzeit-und Befristungsgesetz；以下，TzBfG という）17条とも合致せず，規定の成立史や教示モデルの内容，職場は合意解約の締結には当然の場所であることなどから，合意解約に対する BGB312条の適用を否定する(54)。

判決も BGB312条の適用には否定的なものが続いている。LAG Brandenburg U. v. 30.10.2002, NZA2003, 503 は，合意解約が処分契約であること，「特殊な販売」という体系的位置づけや BGB312条の成立史との不整合，KSchG 4 条や TzBfG17条との関係を理由に，BGB312条の適用を否定する。LAG Hamm U v. 1.4.2003; NZA-RR2003, 401 は，BGB312条は情報格差を埋めるという役割を果たすところ，合意解約の場面では，訪問販売と同様の情報格差はなく，教示が無かった場合に，撤回権が無期限に認められることは，KSchG 4 条や TzBfG17条と合致しないなどとして，やはり労働者への撤回権の帰属を否定する。さらに，BGB312条については，BAG の判決も登場している。BAG U. v. 27.11.2003, NJW2004, 2401 の事案は，原告が被告に介護ホームの清掃員として雇われていたところ，窃盗を行おうとしていたとして，被告から，被告の事務所において，特別の解約告知が嫌であれば，告知期間を伴った解約告知に応じ，解雇保護訴訟に関する権利を放棄するよう迫られ，原告はこれに同意して解雇されたものの，かかる同意は被告の強迫に基づくもので BGB123条により取り消し得ること，意思表示は BGB312条により撤回し得ること，被告によって事前に定式化された意思表示は BGB307条により無効となることなどを主張し，補償金の支払いを請求したというものであった。原審の LAG Mecklenburg-Vorpommern U. v. 29.1.2003 は，労働者は BGB13条にいう消費者であるが，BGB312条は特殊な販売方式を前提としており，そのような取引は存在せず，また職場での変更契約などの締結には不意打ち性が欠けているとして，BGB312条の適用を否定した。BAG は，BGB312条の撤回権につき，労働者が BGB13条にいう消費者に該当するか，合意解約は有償給付に関するものと言えるか，については判断を示す必要はないとした上で，BGB312条を労働法上の合意解約に適用することは体系的に問題があり，BGB312条は特殊な販売方式に対して適用されるべきものであって，労働契約はこれによって把握されず，教示を欠いた場合の無期限撤

II ドイツにおける「労働者は消費者か？」を巡る議論

回可能性も KSchG 4 条，7 条，TzBfG17条などに合致しない。また，BGB312条の規定の成立史も合意解約への適用に否定的なものであり，BGB312条の目的である不意打ちからの保護に匹敵するような状況は，職場における労働法上の契約終了に関する合意の場面ではみられないなどの理由から，BGB312条の適用を否定した[55]。

このように，BGB312条を労働契約に対し適用・類推適用することについては，学説においても全体的に否定的見解が多く[56]，適用や類推を肯定するにしても，その領域を限定的に解する見解が多かった。判決においても，BGB312条の適用や類推適用を否定する判決が相次いでいる状況にある（BAG U. v. 18.8.2005 juris データベースも否定の立場を示している）。

3　労働契約と普通取引約款規制
(a)　普通取引約款規制ルールの適用と労働契約の特殊性

旧 AGBG23条1項は，労働契約を AGBG の適用除外としていた。これは，「労働法の領域では，不当な契約条件からの弱い立場にある契約当事者の保護は，強行規定の密な網及び特別の集団的合意システムによって実現されている。この領域においても，さらに不当な契約条件からの保護を改善する必要があるように思われた場合には，労働法領域に対する特別の立法的措置が行われるであろう」という理由に基づくものであった[57]。しかし，その後，AGBG の諸規定に現れている基本思想の援用や規定の類推適用が労働契約に対して可能かが問題とされていった。学説では，AGBG の基本思想の援用，とりわけ AGBG 2 条，3 条から 6 条の法原理の妥当性については肯定する見解が多いようであったが，AGBG 9 条から11条については，見解の相違がみられる状況にあった[58]。BGB 改正前の BAG U. v. 13.12.2000, NZA2001, 723 は，BGB134条，138条，242条，315条に基づいて判決によって展開された労働法上の原理とその他の現行法規定によって労働者保護思考は十分に考慮されているので，AGBG を類推適用する実務的な必要性は明らかではないとし，AGBG を類推しなくても，BGB やこれまでの判例法理には，AGBG などにも表出している一般的法思考も含まれていることに言及していた。

このような状況が，債務法現代化法による BGB の改正によって変化し

261

た(59)。労働関係における労働者に対する保護基準を，私法の保護基準よりも下位においてはならないという目的に基づき(60)，旧AGBGにおける労働法の適用除外は削除されたのである。労働協約，経営協約，服務協約については，対等な地位にある労働組合と使用者との交渉において決定されるのみならず，法規範的効力を有することを理由に，BGB310条4項1文によって適用除外が維持されたが，経営協約については裁判所による公正規制（Billigkeitskontrolle）がこれまでも行われてきたところであり，経営協約，服務協約をも適用除外としたことに対して疑問を提起する見解はある(61)。また，BGB310条4項2文前段は，普通取引約款規制に際し労働契約の特殊性を考慮することを要求している。この点につき，立法者は，評価の余地のない禁止条項は無制限に適用されることにはならないということ(62)，教会労働法上の特殊性が考慮され得ること(63)を挙げるだけで，それ以上に明確には述べていない。学説においては，労働契約の特殊性として何が考慮されるべきかについて活発に議論されており，法的な特殊性が考慮されるにとどまるのか，事実的特殊性や慣習的な事実も考慮され得るのか，従前の内容規制状況と比較して変化が生じるのか，といった点について見解が分かれている(64)。より具体的には，違約罰に関する評価の余地のない禁止条項（BGB309条6号）(65)や条項を維持しての縮小適用禁止（BGB306条2項から導かれる）(66)について，労働契約の特殊性を理由にその適用が排除されるか否かなどが問題とされている。この問題にかかわる判決として，例えば，BAG U. v. 4.3.2004, BB2004, 1740は，予め使用者によって作成された労働契約における違約罰条項は，労働契約の特殊性の考慮から（BGB310条4項2文前段），ただちにBGB309条6号に基づき無効となるものではないが，当該条項が信義誠実の原則に反して労働者を不当に不利に扱うものである場合には，BGB307条1項1文により無効となるとしている。この判決は，当該事案との関係で，BGB310条4項2文前段において考慮されるのは法的特殊性にとどまるのか事実的特殊性も含まれるのかについては判断する必要はないとしたが，条項を維持しての縮小適用は，少なくとも当該事案においては行われない旨判示している。

さらに，BGB310条4項2文後段は，労働契約にBGB305条2項3項（約款

上の条項が契約内容となる要件を定める約款の組み入れ段階に関する規定）は適用されないとする。立法者は，これについて，使用者は証明法（Nachweisgesetz；以下，NachwGという）2条によって，契約の本質的条件を交付することに義務づけられているので，BGB305条2項3項の適用は不要であると説明する[67]。しかし，かかる説明に対しては，NachwGは，契約条件の有効要件を定めるものではなく，また，契約締結前や締結時における開示及びすべての契約条件の開示を確保するものでもないので，BGB310条2項3項と同じ機能を果たし得ないことが指摘されており[68]，立法者の判断を不可解と評する見解もある[69]。

その他，BGB310条4項3文によって法律の規定と同様とされる労働協約を基準として，対価規制を行うことが可能であるか否かについても議論されている[70]。

以上のように，債務法現代化法によるBGB改正によって，労働契約に対し普通取引約款規制が及ぶこととなったが，適用除外規定の内容の妥当性や労働契約の特殊性として何が考慮されるべきかに関しては議論が続いている状況にある。

(b) BGB310条3項の適用可能性～労働契約と消費者契約約款の規制

それでは，労働契約にBGB305条以下が原則として適用されることになったとして，AGBG24a条を引き継ぎ，消費者契約についての特別規定として置かれているBGB310条3項は労働契約にも適用されるのか。BGB310条3項は，「事業者と消費者間の契約（消費者契約）においては本章の規定は次の各号を基準として適用する：1号　普通取引約款は事業者によって作成されたものとみなす，ただし当該普通取引約款が消費者によって契約の中に組み入れられた場合はこの限りではない。2号　305c条2項，306条及び307条から309条までの規定並びに民法施行法29a条は，あらかじめ作成された契約条項が一回限りの使用を予定する場合であっても消費者があらかじめ作成された契約条項の内容に影響を及ぼすことができなかった場合には，当該契約条項に対しても適用する。3号　307条1項2項に定める不相当な不利益を評価する場合には当該契約締結に伴う事情も考慮する。」として，消費者契約に該当する場合には，消費者の保護を厚くしている。ここでは，やはり

「労働者は消費者か？」が問われることになる。肯定説にあっては，BGB310条3項の適用も肯定するという結論が示されるが，否定説がそのままBGB310条3項の適用否定に結びついている訳ではない。一方では，やはりBGB310条3項の適用も否定されるとする見解があるものの[71]，他方では，約款を用いた取引における，労働者の劣位性を理由に，BGB310条3項の類推適用を肯定する見解は少なくない[72]。

　労働契約に対するBGB310条3項の適用については，これを肯定するBAGの判決も登場している。BAG U. v. 25.5.2005, ZIP2005, 1699は，次のような事案であった。原告は，2002年1月4日から2002年4月30日まで，弁護士専門職員として，被告に雇われていた。労働関係は被告によって事前に定式化された雇用契約を基礎に締結された。この雇用契約書には，次のような条項が含まれていた。「10条（除斥期間）　契約当事者は，雇用関係から発生するあらゆる請求権を，弁済期から6週間以内に書面によって行使しなければならず，かつ相手方がこれを拒絶する場合には，4週間以内に訴求しなければならない」「11条(f)本合意における一ないし複数の定めが無効であったり，無効となる場合でも，その他の点に関する合意は影響を受けない。契約当事者は，信義誠実の要請の枠内において，その経済的効果に可能な限り近い有効な規定を補充することに義務づけられる。……（略）」。原告は，2002年4月9日から30日まで病気のため働くことができなかった。原告は，この期間に対応する賃金を2002年5月14日に書面で請求したが，被告は2002年6月にこれを拒絶した。原告は，2003年8月に，支払いを求めて訴えを提起し，請求の可否，とくに，相手方が拒絶した場合に4週間以内に訴求しなければ請求権が失われるという条項に基づく請求権の失効について争われた。原審は原告の支払い請求を認容。被告が上告。BAGは，契約条項に基づく請求権の失効について，BGB305条1項，310条3項2号に基づいた検討をせずに，BGB242条違反であることを理由とした原審の判断について破棄差戻とした。BAGの判決理由のうち，約款規制にかかわる主要な点をまとめると次の通りである。まず，契約条項10条が，透明性の要請に反するものではなく（BGB307条1項2文），またBGB309条13号，7号に違反するものでもないことを確認した上で，4週間という訴えの期限を定める条項は，BGB305条1

Ⅱ　ドイツにおける「労働者は消費者か？」を巡る議論

項1文にいう多数の契約のために事前に定式化されたもので原告に対し被告が一方的に設定したもの（普通取引約款）に該当する場合には，法定の消滅時効から不当に不利に逸脱するものと評価され，BGB307条1項1文に基づき無効となり，法定の消滅時効期間が補充されるべきこと（BGB306条2項）を確認する。そして，当該雇用契約が，普通取引約款ではない場合には，BGB310条3項2号に従って，BGB306条，307条から309条の適用が問題となる。すなわち，労働契約が，BGB310条3項2号にいう消費者契約か否か，が問題となるところ，BGB14条の事業者に被告は該当し，労働契約締結において原告はBGB13条の消費者の要件を満たす。BGB13条の「消費者」は法技術的な上位概念にすぎず，消費目的は要求されておらず，立法者は，消費者の定義を，一般的な言語慣用から解放し，独自の概念規定を選択した。その意義は，消費者性に焦点をあてる規範の関係からその都度明らかとなる。BGBの総論部分における体系的位置づけに基づいてBGB13条はあらゆる種類の法律行為に適用される。EGBGB29，29a条，30条からもこれと異なる結論は導き出されない。BGB13条の成立史も労働者を消費者に分類することを支持する。AGBG23条1項の適用除外が労働法には及ばなくなったことにより，消費者概念は意味内容が変化した。BGB310条3項は，適用除外とされていない。立法者はUklaG15条に関し，労働契約に抽象的司法コントロールが及ぶことを阻止するために，労働法を適用除外としている。消費者概念には，抽象的に確定された意味は付与されず，消費者性に焦点を当てるそれ以外の規範のみが説明を与えることができる。消費者概念の労働者への拡大は，是認できないような帰結をもたらすものではないということは，BGB312条に関するBAGの判決（BAG U. v. 27.11.2003）によっても示されている。判決によれば，撤回権にとって決定的なのは，訪問販売取引の問題であって，消費者概念ではない。BGB288条2項も労働関係には適合的ではない（BAG U. v. 23.2.2005）。消費者にかかわる保護規定の公正な適用が，主として地位のレベルではなく，具体的に問題となる規範において行われるとすれば，労働者が消費者に含まれることを妨げるものとはならない。法律上の指示又は体系的目的論的理由から異なることが明らかとなる場合にのみ，消費者保護規定の労働関係に対する適用は見合わされることになる。BGB310

条3項は，労働契約にも適用される。その場合，予め作成された契約条項の内容に消費者が影響を及ぼすことができないという基準が労働契約においても有用となる。特別規定や労働法の特殊性も問題とならない。むしろ，労働契約規制の保護レベルが私法のそれを下回ってはならないという立法者の目的には，BGB310条3項の基準に基づいて約款規制を行うことが合致する。本件雇用契約10条は，一回限りの使用を予定されたものであれば，BGB306条，307条から309条の適用は，原告が予め定式された条項内容に影響を及ぼし得たかどうかに左右される（BGB310条3項2号）。影響を及ぼし得た場合には，条項は有効である。原審の見解に反して，BGB242条違反は問題とならない。BGB138条1項違反もない。原審は，本件雇用契約が原告の契約に対してのみ設定されたのか，あるいは少なくとも3回以上は利用が予定されているものなのか，確定していない。多数回利用を予定されていない場合には，原告には影響を及ぼす可能性があったのかが問題となるのである，と判示した。

以上のように，BGB310条3項に関しては，労働契約への適用あるいは類推適用を認める学説が多く，登場しているBAGの判決も，BGB310条3項の適用を肯定する解釈を示している。

3　小　括

債務法現代化法によるBGBの改正をきっかけに噴出したドイツにおける「労働者は消費者か？」を巡る議論は，立法者意思の不明確さが各所で指摘されているように，立法時の熟慮・説明不足と映る側面もある。しかし，ここで行われている議論は，民法，約款規制法理，消費者契約法制，労働契約法制の相互関係を考える上で興味深い素材を提供している。労働契約領域の特殊性を理由にAGBGの適用対象外とされていた労働契約が，一般私法より保護基準が下回ることの回避という判断から，適用範囲に含まれることとなり，しかし，やはり労働契約の特殊性の考慮は要求され，協約は適用除外とされているという現行BGBの法状況。約款規制の中でも消費者契約に焦点をあてたBGB310条3項の適用が，利害状況の同等性等から労働契約についても肯定される傾向にあること。かつてのBAGの判決は，AGBGの類推

II ドイツにおける「労働者は消費者か?」を巡る議論

適用を否定していたが，AGBG に表出している思想や目的は BGB や判例法理によって考慮され得ることを示していたこと。撤回権（クーリング・オフ）については，想定されている取引類型・典型的状況の違いから労働契約への適用や類推適用は否定される傾向にあるが，労働契約における合意解約等に特有の撤回権を立法論として提案する見解はあること。以上の諸点から，労働契約と消費者契約には，不当条項規制の必要性などにおいて一定の共通性が認められるが，その一方で，労働契約にはその特徴（集団的規律など）に応じた法制が必要とされること，またクーリング・オフ的制度については，一般的な消費者契約とは異なり，労働契約では関係維持の方向（変更合意や合意解約の撤回）において機能させ，かつ労働法上の規定と調和させることが問題となるといった違いがあることがわかる。また，ここで検討した普通取引約款規制や消費者保護関連の規定が，ドイツでは現在すべて BGB の中にとり込まれていることは，その是非は別として，民法の基本思想，民法の深化を考える上で興味深い一つのあり方を示している。

(17) Rechtlinie 93/13/EWG v. 5.4.1993, ABlEG Nr. L95, S. 29; なお，本文において，EC 指令，BGB, AGBG を訳出するにあたっては，前出注(16)の根本論文の他，石田喜久夫編『注釈ドイツ約款規制法［改訂普及版］』（同文館，1999年），岡孝編『契約法における現代化の課題』（法政大学出版局，2002年），半田吉信『ドイツ債務法現代化法概説』（信山社，2003年），河上正二「消費者契約における不公正条項に関する EC 指令（仮訳）」NBL534号31頁以下（1993年）を参考とした。
(18) BT-D., 14/2658, S. 6, 47f.; BT-D., 14/3195, S. 32.
(19) BT-D., 14/6040, S. 12.
(20) BT-D., 14/6857, S. 17.
(21) BT-D., 14/6857, S. 53-54.
(22) ドイツにおける「労働者は消費者か?」，あるいは「労働契約と普通取引約款規制」に関する公表論文等は相当な数にのぼる。本稿は，執筆の時点において，収集が可能であった資料に基づいており，関連文献すべてに網羅的に依拠できていないことをお断りしておく。
(23) Manfred Löwisch, Zweifelhafte Folgen des geplanten Leistungsstörungsrechts für das Arbeitsvertragsrecht, NZA2001, 465, 466; Jacob Joussen, Arbeitsrecht und Schuldrechtsreform, NZA2001, 745, 749; Bauer/Kock, Arbeitsrechtliche Auswirkungen des neuen Verbraucherschutzrechts, DB2002, 42, 44; Stefan Lingemann, Allgemeine Geschäftsbedingungen und Arbeitsvertrag, NZA2002, 181, 184; Martin

Henssler, Arbeitsrecht und Schuldrechtsreform, RdA2002, 129, 134; Ivo Natzel, Schutz des Arbeitnehmers als Verbraucher?, NZA2002, 595, 597; Andreas Fiebig, Der Arbeitnehmer als Verbraucher, DB2002, 1608, 1610; Schnitker/Grau, Klauselkontrolle im Arbeitsvertrag, BB2002, 2120; Bauer/Diller, Nachvertragliche Wettbewerbsverbote: Änderungen durch die Schuldrechtsreform, NJW2002, 1609, 1610; Reinhard Richardi, Leistungsstörungen und Haftung im Arbeitsverhältnis nach dem Schuldrechtsmodernisierungsgesets, NZA2002, 1004, 1009; Wolfgang Hromadka, Schuldrechtsmodernisierung und Vertragskontrolle im Arbeitsrecht, NJW2002, 2523, 2524; Georg Annuß, Der Arbeitnehmer als solcher ist kein Verbraucher!, NJW2002, 2844, 2846; Manfred Löwisch, Festschrift für Herbrt Wiedemann, 2002, S. 313, 316; Linus Zeller-Müller, Auswirkungen der Schuldrechtsreform auf die Inhaltskontrolle von Arbeitsverträgen und auf Aufhebungsverträge, 2004, S. 139; Antje Schlodder, Der Arbeitsvertrag im neuen Schuldrecht, 2004, S. 171; Jochen Mohr, Der Begriff des Verbrauchers und seine Auswirkungen auf das neugeschaffene Kaufrecht und das Arbeitsrecht, AcP204, 660, 691. usw.. なお, Manfred Lieb, AGB-Recht und Arbeitsrecht nach der Schuldrechtsmodernisierung, Festschrift für Peter Ulmer, 2003, S. 1231, 1235 は，消費者／事業者という二分法ではなく，労働契約を第三の領域として位置づけた上で，各規定の適用を検討している。なお，直接参照し得なかった否定説の文献として，Däubler, Däubler/Dorndorf, AGB-Kontrolle im Arbeitsrecht, 2004, Einleitung Rn. 62. に記載のものがある。

(24) Burkhard Boemke, Höhe der Verzugszinsen für Entgeltforderungen des Arbeitnehmers, BB2002, 96, 97; Hümmerich/Holthausen, Der Arbeitnehmer als Verbraucher, NZA2002, 173, 178; Michael Gotthardt, Der Arbeitsvertrag auf dem AGB-rechtlichen Prüfstand, ZIP2002, 277f., ders., Arbeitsrecht nach der Schuldrechtsreform Neue Rechtslage für bestehende Arbeitsverträge ab 1. 1. 2003, 2Aufl., 2003, Rn. 20; Gerhard Reinecke, Kontrolle Allgemeiner Arbeitsbedingungen nach dem Schuldrechtsmodernisierungsgesetz, DB2002, 583, 587; Peter Wedde, Schuldrechtsmodernisierungsgesetz-Auswirkungen auf das Arbeitsrecht, AiB2002, 267, 269; Thomas Lakies, Inhaltskontrolle von Vergütungsvereinbarungen im Arbeitsrecht, NZA-RR2002, 337, 343; Axel Aino Schleusener, Zur Widerrufsmöglichkeit von arbeitsrechtlichen Aufhebungsverträgen nach § 312 BGB, NZA2002, 949, 951; Uwe Reim, Arbeitnehmer und/oder Verbraucher?, DB2002, 2434, 2435; Ulrich Preis, Aebritsrecht, Verbraucherschutz und Inhaltskontrolle, NZA2003, 19, 24; Dieter Reuter, Die Integration des Verbraucherschutzrechts in das BGB, Reform des deutschen Schuldrechts, 2003, S. 99, 109; Thomas B. Schmidt, Der Arbeitnehmer-Verbraucher-Zwischenbilanz eines Paradigmenwechsels, Festschrift für Horst Ehmann, 2005, S. 167; Thüsing/Leder, Neues zur Inhaltskontrolle von Formulararbeits-

verträgen, BB2004, 42, 43; Herbert/ Oberrath, Arbeitsrecht nach der Schuldrechtsreform-eine Zwischenbilanz,. NJW2005, 3745; Däubler, Fn. 23, Einleitung Rn. 72. usw. なお，直接参照し得なかった否定説の文献については，Däubler, Fn. 23, Einleitung Rn. 61. 参照。

(25) 異なる見解としては，Joussen, NZA2002, 749.
(26) Boemke, BB2002, 97; Hümmerich/Holthausen, NZA2002, 175f.; Wedde, AiB 2002, 279; Schleusener, NZA2002, 950; Reinecke, DB2002, 587; Reim, DB2002, 2435; Gotthardt, ZIP2002, 278, ders., Arbeitsrecht nach der Schuldrechtsreform, Rn. 11, 16; Lakies, NZA-RR2002, 343; Preis, NZA2003, 23; Schmidt, FS Ehmann, S. 160.
(27) Löwisch, NZA2001, 466, ders., FS Wiedemann, S. 316; Joussen, NZA2001, 749; Mohr, AcP204, 691f..
(28) Bauer/Kock, DB2002, 43; Lingemann, NZA2002, 184; Henssler, RdA2002, 134; Natzel, NZA2002, 595f.; Richardi, NZA2002, 1009; Hromadka, NJW2002, 2524; Löwisch, FS Wiedemann, S. 316; Mohr, AcP204, 691.
(29) Bauer/Kock, DB2002, 43f.; Fiebig, DB2002, 1609f.; Annuß, NJW2002, 2846; Zeller-Müller, Fn. 23, S. 129-132; Mohr, AcP204, 692f.; Schlodder, Fn. 23, S. 167-171, 178.
(30) Lingemann, NZA, 2002, 184; Mohr, AcP204, 671ff..
(31) Wolfgang Däubler, Die Auswirkungen der Schuldrechtsmodernisierung auf das Arbeitsrecht, NZA2001, 1329, 1333; Hümmerich/Holthausen, NZA2002, 177; Lakies, NZA-RR 2002, 343; Gotthardt, Arbeitsrecht nach der Schuldrechtsreform, Rn. 19; Preis, NZA2003, 23; Schmidt, FS Ehmann, S. 161f.
(32) Hümmerich/Holthausen, NZA2002, 176f.; Schleusener, NZA2002, 950; Reim, DB 2002, 2436; Gotthardt, Arbeitsrecht nach der Schuldrechtsreform, Rn. 14; Schmidt, FS Ehmann, S. 163.
(33) BT-D., 14/6040, S. 242f.; BT-D., 14/7052, S. 190; Däubler, NZA2001, 1333; Hümmerich/Holthausen, NZA2002, 176ff.; Schleusener, NZA2002, 950; Reinecke, DB 2002, 587; Reim, DB2002, 2436; Gotthardt, Arbeitsrecht nach der Schuldrechtsreform, Rn. 13; Preis, NZA 2003, 23f; Schmidt, FS Ehmann, S. 163-168.
(34) Hümmerich/Holthausen, NZA2002, 174, 177; Schleusener, NZA2002, 950; Reim, DB2002, 2435f.; Schmidt, FS Ehmann, S. 161.
(35) Wedde, AiB2002, 279; Reim, DB2002, 2435; Reinecke, DB2002, 587.
(36) Mohr, AcP204, 671-673.
(37) Zeller-Müller, Fn. 23, S. 135-138.
(38) Richtlinie 2000/35/EG v. 29. 6. 2000, ABl. EG Nr. L200 S. 35.
(39) 現行 BGB288条については，半田・前出注(17)185頁以下参照。
(40) Joussen, NZA2002, 749; Bauer/Kock, DB2002, 46; Henssler, RdA2002, 135; Wil-

fried Berkowsky, Was ändert die Reform im Arbeitsrecht, AuA2002, 11, 15; Natzel, NZA2002, 597; Fiebig, DB2002, 1610; Richardi, NZA2002, 1009; Bauer/Diller, NJW2002, 1610; Zeller-Müller, Fn. 23, S. 140f.; Mohr, AcP204, 693f.; Schlodder, Fn. 23, S. 174f.. usw.; Auch Vgl., Peter Derleder, Der Konsument seines Arbeitsplatzes—Zum Verhältnis von Verbraucherrecht und Arbeitsrecht—AuR2004, 361, 365.；ただし、労働者の消費者性を否定しておきながら、指令に合致した解釈により、BGB288条1項を適用するとの解釈は、消費者性を否定したことにおける一貫性を損なうことや支払遅滞防止に関する指令は労働債権への高利の適用を禁止してはいないことなどから、妥当ではないとの批判はある（Reinecke, DB2002, 587; Weede, AiB2002, 270; Reim, DB2002, 2437; Gotthardt, Arbeitsrecht nach der Schuldrechtsreform, Rn. 18, 187; Preis, NZA2003, 24）。

(41) Vgl. ZIP2005, 873, 876.

(42) ドイツにおけるクーリング・オフに関する一般規定は、BGBの債務関係法の中に、契約解除権と並んで規定されている。現行BGB355条以下の概要と消費者に撤回権が付与される各種消費者取引については、青野博之「消費者法の民法への統合　解除の効果と撤回の効果の比較を中心に」岡孝編『契約法における現代化の課題』131頁以下（法政大学出版局、2002年）、拙稿「ドイツ消費者信用契約における撤回・返品制度」クレジット研究30号76頁以下（2003年）、半田・前出注(17)341頁以下など参照。なお、ドイツではクーリング・オフ制度も契約交渉過程における非対等性の補償、実質的自己決定の確保という観点から説明されることが多い（拙稿・クレジット研究30号84頁参照）。

(43) Stephan Lorenz, Arbeitsrechtlicher Aufhebungsvertrag, Haustürwiderrufsgesetz und undue influence, JZ 1997, 277.

(44) Zeller-Müller, Fn. 23, S. 262f..

(45) Zeller-Müller, Fn. 23, S. 264ff.; Vgl. Rieble/Klumpp, Widerrufsrecht des Arbeitnehmer-Verbrauchers?, ZIP2002, 2153, 2159.

(46) Bauer/Kock, DB2002, 45; Henssler, RdA2002, 135; Eckert, Eckert/Wallstein, Das neue Arbeitsvertragsrecht, 2002, Beck, S. 85; Rieble/Klumpp, ZIP2002, 2159; Zeller-Müller, Fn. 23, S275ff.; Manfred Lieb, FS Peter Ulmer, 1238f; Mohr, AcP204, 693; Schlodder, Fn. 23, 176f..

(47) Henssler, RdA2002, 135; Eckert, Fn. 46, S. 85; Zeller-Müller, Fn. 23, S275ff.; Lieb, FS Ulmer, 1238f; Mohr, AcP 204, 693; Schlodder, Fn. 23, 177f.; Rieble/Klumpp, ZIP2002, 2159f..

(48) Hümmerch/Holthausen, NZA2002, 178.

(49) Schleusener, NZA2002, 951ff..

(50) Gotthardt, Arbeitsrecht nach der Schuldrechtsreform, Rn. 210-217.

(51) Derleder, AuR2004, 365f..

II　ドイツにおける「労働者は消費者か？」を巡る議論

(52)　Reim, DB2002, 2438; Vgl. Alexander Wolff, Aufhebungs-und Abwicklungsverträge Neue Spielregeln?, AuA2003, 15, 17.

(53)　Preis, NZA2003, 30.

(54)　Gerhard Reinecke, Vertragskontrolle im Arbeitsrecht nach der Schuldrechtsreform, NZA2004, 27, 36.

(55)　Thüsing/Leder, BB2004, 42ff.; Herbet/Oberrath, NJW2005, 3752 は，このような BAG の判断に対する支持を表明する。

(56)　Auch Vgl., Christiane Brors, Das Widerrufsrecht des Arbeitnehmers, DB2002, 2046; Gaul/Otto, Das Widerrufsrecht bei Aufhebungsverträgen, DB2002, 2049; Reuter, Reform des deutschen Schuldrechts, S. 109f.

(57)　BT-D7/3919, S. 41.

(58)　労働契約への AGBG 類推適用に関する従来の学説の状況については，Zeller-Müller, Fn. 23, S. 83f. 参照。

(59)　現行 BGB305条以下については，半田・前出(17)376頁以下参照。

(60)　BT-D., 14/6040, S. 242; BT-D., 14/7052, S. 189.

(61)　Hromadka, NJW2002, 2525; Derleder, AuR2004, 367; Reinhard Singer, Arbeitsvertragsgestaltung nach des Reform des BGB, RdA2003, 194, 197.

(62)　BT-D., 14/6857, S. 54.

(63)　BT-D., 14/7052, S. 189.

(64)　学説の状況については，Gotthardt, ZIP2002, 280; ders., Arbeitsrecht nach der Schuldrechtsreform, Rn. 236; Preis, NZA 2003, 26; Schlodder, Fn. 23, 218.; Zeller-Müller, Fn. 23, S. 111; Herbert/Oberrath, NJW2005, 3745f.. など参照。

(65)　裁判例及び学説の状況は，Reinecke, NZA2004, 32f.; Thüsing/Leder, BB2004, 42ff.; Herbert/Oberrath, NJW2005, 3746. に詳しい。また，BAG U. v. 21.4.2005 NZA 2005, 1053 も参照。

(66)　学説の状況は，Preis, NZA2003, 28 に詳しい。

(67)　BT-D., 14/6857, S. 54.

(68)　Gotthardt, ZIP2002, 280, ders, Arbeitsrecht nach der Schuldrechtsreform, Rn. 248; Hromadka, NJW2002, 2525; Joost, FS Peter Ulmer, S. 1200ff.; Eckert, Fn. 46, S126; Schlodder, Fn. 23, S. 204; Dorndorf, Däubler/Dorndorf, AGB-Kontrolle im Arbeitsrecht, 2004, § 305 Rn. 35ff..

(69)　Eckert, Fn. 46, S. 125.

(70)　BGB307条3項1文にいう法律規定からの逸脱を理由とする内容規制と法規定の補充は，通常，対価に対しては行われない。労働契約については，BGB310条4項3文を根拠に，協約を下回る対価規制が可能となったとする見解（Däubler, NZA2001, 1334f.; Lakies, NZA-RR2002, 344 usw.）はあるものの，現行法によっても対価規制はできないとする見解（Gotthardt, ZIP2002, 282; Annuß, BB2002, 460;

271

Hromadka, NJW2002, 2526f.; Joost, FS Peter Ulmer, S. 1209; Henseler, RdA2002, 136; Preis, NZA2003, 32; Singer, RdA2003, 198; Reinecke, NZA2004, 29; Zeller-Müller, Fn. 23, S. 119f.; Schlodder, Fn. 23, 212ff.; Herbert/Oberrath, NJW2005, 3749. usw.）が通説的地位を占める。
（71） Bauer/Kock, DB2002, 45; Lingemann, NZA2002, 184; Annuß, BB2002, 461; Zeller-Müller, Fn. 23, S. 142f.
（72） Schlodder, Fn. 23, S. 198ff.; Henssler, RdA2002, 135; Lieb, FS Peter Ulmer, S. 1237; Derleder, AuR2004, 367.

Ⅲ 我が国の消費者契約法と労働契約に関する検討

1 消費者契約法の基本理念を巡る議論[73]

　消費者契約法制定の背景として，規制緩和[74]が進行する中，消費者に自己責任を求めるための環境整備が必要になったと言われることが多い。もっとも，従来から指摘されていたように[75]，規制緩和という背景がなくても，消費者契約法の必要性は説かれていたのであり，トラブル増加などその他の要因とともに，公的規制の縮減による民事ルールの充実，「事前規制から事後規制へ」という主張が，具体的な立法を後押ししたものと理解できる。

　かかる規制緩和論との関係で，消費者契約法の基本理念についても，自己決定・自己責任を前提とした環境整備のための最低限の民事ルール策定といった論調が，国民生活審議会の報告書等においてみられた。しかし，消費者契約法の立法過程ではそのような論調だけがみられた訳ではない。例えば，河上正二教授は，消費者契約法（仮称段階）によって追求される理念には，「当事者の自己決定の尊重や公正な自由市場の環境整備のみならず，経済的弱者保護と被害の適切な救済への要請に応えることもまた，等価値で含まれているというべきである」という指摘を行い[76]，また，潮見佳男教授は，消費者契約法（仮称段階）における不当条項規制に関し，交渉力格差の是正ないし自己決定支援の枠内での「不当性」判断とするのか，それとも，経験不足・経済的立場の弱さなどに着目し，福祉社会実現のための弱者たる消費者支援に位置する「不当性」判断とするのかという問題があるが，後者の観点の不当性判断を組み込むことに躊躇すべきではないといった見解を示して

いた(77)。

　実際に立法された消費者契約法は、基本理念としては、情報・交渉力の構造的格差の存在に着目して消費者利益を擁護することを目的としており、そのこととの関連では、実質的に対等な立場で個別に交渉された契約条項にも消費者契約法の不当条項規制が及ぶかといった問題が議論されている(78)。規定の内容に関しては、民法でも処理できたものを確認した部分と従来の民法（民法理論）では処理しにくものを創設した部分とが含まれているという理解が示されつつ(79)、「民法の継続形成」として捉えていく可能性(80)や近時の公序良俗論や契約構造論の考察から民法理論の消費者契約への浸透という図式も示されている(81)。いかなる「民法」、あるいは「民法理論」を想定するかによって、消費者契約法と民法との関係についての説明の仕方も変わってくる。また、どのような方向で、消費者契約法や民法・民法理論を展開させるべきかは、さらに検討を要する状況にある。

2　労働法の基本理念を巡る議論

　労働法の基本理念にかかわる議論としては、労働契約と雇用契約とを峻別すべきか否か、に関する労働法学における議論を挙げることができよう(82)。いわゆる峻別説は、従属労働を規制して生存権理念を実現する労働法（労働契約）と契約自由の原則が妥当する民法（雇用契約）との違い強調する立場である(83)。それに対し、いわゆる同一説は、民法と労働法に規制理念の違いがあるとしても、雇用も労働者の従属性を前提としており、契約類型の点においては違いはないという見解である(84)。峻別説に対しては、規制理念の違いを契約類型の違いに敷衍しすぎたきらいがあるとの評価もなされている(85)。おそらく、民法の雇用契約として法性決定され得る契約が、各種労働法の適用対象にも該当すると把握することは妨げられず、ただ、各種労働法や労働契約法理の適用対象たる労働契約の射程は、各法律の定義や規定及び法理を支える規制理念によって画されることになると理解できるのではなかろうか(86)。いずれにしても、労働者の従属性に着目する労働法と対等な市民像を前提とする民法とでは、その規制原理に違いがあるとの理解が支配的であるように見受けられる。

273

また，従来，労働法学においては，労働者の従属性の強調と不可分的に，生存権優位の思想が労働法の基本思想として掲げられてきた[87]。この点に関しては，生存権理念をも包摂した「人間の尊厳」の理念（憲法13条から導かれる）を中核に措定し，「人間の尊厳」理念の諸側面のうち，自己決定の理念の重要性を強調する西谷敏教授の見解[88]も展開されている。西谷教授の見解は，自由競争原理に則った形式的自己決定・自己責任を主張するものではなく[89]，実質的な意味での自己決定を問題とし，かつ自己決定のために法的規制が後退することには慎重な姿勢を示されている（例えば，生命・健康にかかわる領域で自己決定が制約される可能性があるという）[90]。

さて，労働契約法制の在り方に関する研究会によって示された方向性は，一見すると，規制緩和論を背景とする自己決定確保のための最低限の民事ルール設定といった発想と通じるようにも見受けられる。ただし，『報告書』で示されている方向性に関しては，雇用関係の長期化・安定化が目指されているのであって，規制理念，理念と具体的提案との関係は不明確であるという分析も行われている[91]。雇用関係の安定化・柔軟化が必要であるという立場に立ったとしても，どのような基本理念の下でそれを図っていくかは別の問題であり，基本理念の違いは個別具体的規範内容の違いに結びつき得るものである。新たな労働契約法制における基本理念の問題は，今後も労働法学において議論・展開されていくであろうが，民法学にとっても，無視し得ない重要性を有している問題である。

3 消費者契約法と労働契約の関係，民事特別ルールのあり方

消費者契約法12条における適用除外規定に対して，どのような評価がなされているか。消費者契約法の立法前の段階において，山下友信教授は，労働契約も消費者契約として位置づけ，消費者契約法の不当条項ルールにより労働者の利益を保護する余地があることを指摘しつつ，消費者契約法の射程距離を自制することも十分合理的な立法政策的判断であると説明していた[92]。消費者契約法施行後，適用除外とした立法理由に対し大内伸哉教授は，労働契約の特殊性を強調しすぎることは適切ではなく，経済的従属性に着目した規制において共有し得る側面もあること，労働契約に対する契約法的な規制

III 我が国の消費者契約法と労働契約に関する検討

が必ずしも十全なものではなく，消費者契約法の規定内容が参考となり得る場面があることを指摘している[93]。また，西谷教授は，労働契約における締結過程に関する法的規整は十分ではなく，消費者契約法の態度には疑問の余地があるが，法解釈上は消費者契約法の趣旨が労働関係に類推適用されるべきであろう，と述べる[94]。さらに，特許法35条の改正前に，旧特許法35条の意義と立法課題を検討する山本敬三教授は，職務発明の承継問題も労働契約に含まれるので消費者契約法は直接適用されないことになるが，使用者と従業員との間に構造的格差があることは否定できず，構造的な格差があるゆえに特別な内容規制を行う必要があるという消費者契約法の趣旨は，職務発明の承継についても尊重することが要請される，と説明していた[95]。このように，労働契約に対し消費者契約法が直接適用されないとしても，消費者契約において契約締結過程及び契約内容の規制が必要とされた同等の状況は労働契約にも見いだされること，消費者契約法の趣旨や基本思想を労働契約においても援用・斟酌していくべきことが指摘されている。なお，西谷教授は，労働法の存在意義に関し，労働者の従属性は唯一の収入源たる労働にかかわり，市民（消費者や借家人）の従属性とは同一次元でとらえることはできないとされ[96]，また労働契約に対する消費者契約法の趣旨の類推やクーリング・オフと同様の発想に基づく事後的な撤回権の承認を提案されている[97]。このことから，労働契約において消費者契約並の手当ては当然なされるべきであるが，労働契約に対してはさらなる要素（生存権保障）からの規制の必要性も付け加わるという理解が示されていることになろうか。

　民事特別ルールの形成と民法との関係という観点では，古典的民法・民法理論を固定的に念頭に置くだけではなく，深化した民法理論，民法の継続形成といった議論も視野に入れつつ，消費者契約や労働契約をどのように位置づけていくかが問題となろう。この点については，潮見教授の提起されている「規律原理の統合が可能か」という問題提起が重要であり[98]，民法・民法理論の中に，消費者契約法，労働契約法は包摂され得るが特別法という形で各々の特徴に沿った制度化が行われるという図式を描くのか，理念的には相容れない民法と特別法の存在という図式を描くのかが，問われることになる。実質的自己決定の回復というコンセプトに基づく民事特別法が，民法の

275

一部であるという理解は成り立ちやすいが，生存権保障や弱者保護の理念に基づく特別法をも民法の継続形成として位置づけていくことが可能か，といった問題に関しては，私法の規制原理(99)に立ち返ったより一層の検討を必要とする。

以上のような議論状況を踏まえた上で，消費者契約法12条における労働契約の適用除外に対して一言しておこう。消費者契約と労働契約には同じく情報力・交渉力格差が見いだされるとしても，介入が必要となる場面や必要となる手当ての内容に違いがあり(100)，使用者と労働者集団（代表）との間で形成される集団的規律と個別契約との関係も問題となることから，基本的には適用除外とし，労働契約にはそれに適合的な契約法制を立法するという我が国の方向性は支持されてよい。ただ，具体的制度が十分ではないが，利益状況に共通性が見いだされる場面では，相互に，思想や趣旨の援用，法的思考の参照に躊躇すべきではなく(101)，また，消費者契約法の適用除外とされている以上，検討されている労働契約法には，他の契約領域における契約規制を下回ると評されないよう，十分な手当がなされるべきであろう。そうであれば，消費者契約法において労働契約が適用除外とされる理由は，規制理念が大きく違うということではなく，場面によっては同種の規制目的が妥当する利益状況は存在し得るが，問題が発現する典型的状況や必要とされる手当・手法に違いが見られるので，別の法律で処理するという政策的判断をしたと説明すべきであろう。

次に，消費者契約法12条の労働契約に該当するか否か（消費者契約法の適用除外とされるか否か）の判断については，まず，他人の指揮命令下で労務に服する者は，「労働契約それ自体」に関しては労働契約法制（法理）によって保護されるので消費者契約法の適用除外とされるという観点から，一定の判断が可能である。例えば，モニター契約においてモニター商品を購入させられる場面を考えた場合，たとえモニター契約自体が労働契約に該当しても，「物品の購入契約」は「労働契約それ自体」ではなく，購入者は，事業者性を獲得していない限り，消費者契約法の保護対象となる（従業員が職場用のスーツを購入する場面で消費者として保護されるのと同様である）(102)。また，内閣府逐条解説書の説明では，使用者に事業者性が要求されるか否かが

III 我が国の消費者契約法と労働契約に関する検討

曖昧であることを指摘した。これは、事業者性を有する者を個人が雇う（例えば、個人宅が、便利屋業者を、家族の指揮命令下での家事手伝いのために雇う）という場面で問題となり得る（ここでの労務は便利屋業の一貫として提供されているが、家事遂行自体にかかる費用等は雇い主である個人が負担して作業を指示している場合である）。この契約は民法の雇用契約の要素を有し得るが、他人の指揮下で労務に服する者でも、消費者契約法にいう事業者として契約している場合には、消費者契約法にいう労働契約の労働者ではないとして適用除外が及ばないと解するか、あるいは、消費者契約法にいう労働契約の使用者には事業者性が要求されると解することにより、雇い主である個人が消費者契約法によって保護される余地を認めるべきであろう。その一方で、検討されている労働契約法（仮称）においては、一定の要件を満たす自営業者が労働契約法（仮称）による保護を受ける可能性はあり[103]、また、使用者に事業者性が問われるか否かは、労働者性の判断基準（労働者概念に含意される従属性の意義や程度）とともに、新たな労働契約法制においては、規制理念との関係において詰められるべき問題となろう（仮に、規制理念として使用者と労働者との間の交渉力・情報格差を強調するのであれば、個人が近隣者を子守として雇うような事例にまで、果たして典型的な格差を語り得るかが問題となり、また、仮に、労働者の生存権保障に立脚するような規定が設けられた場合、事業者性を有しない者にかかる要求をなし得るか、などが問題となり得るからである[104]）。

　労働契約規制や消費者契約規制の基本理念、契約規制のあり方に関する本稿の検討はあまりにも不十分であり、検討すべき課題は山積みであることを自覚しつつ、契約規制の基本原理と民事特別法のあり方を考えていく序説として、本稿をひとまず閉じることとする。

(73) 消費者保護と契約理論の関係については、消費者契約法制定に向けての議論が始まる前から検討されており、従来の議論の蓄積の上に消費者契約法の理念に関する検討も行われたが、紙幅の関係からも本稿ではごく限定された範囲の議論の紹介となっている。従来の議論状況については、大村敦志「契約と消費者保護」『民法講座別巻 2』〔契約法から消費者法へ、所収〕73頁以下（有斐閣、1990年）参照。

(74) 規制緩和と消費者保護との関係については、根岸哲「規制緩和と消費者保護」

277

消費者情報252号2頁(1994年)、清水誠「規制緩和と消費者」法時67巻8号71頁(1995年)、長尾治助「サービス取引の規制緩和と消費者保護」立命館法学239号1頁(1995年)、「特集・規制緩和と消費者」経済法学会年報16号(1995年)、本間重紀『暴走する資本主義』(花伝社、1998年)、「消費者の立場から規制緩和を考える」(山本豊教授インタビュー)月刊司法書士312号4頁、313号2頁(1998年)、『「消費者契約法と規制緩和に関する基本問題」報告書』(財団法人安田火災記念財団、1999年)、「規制緩和と消費者法(上)(中)(下)」NBL678号、679号、684号(1999～2000年)、『私法としての消費者契約法』(財団法人損保ジャパン記念財団、2004年)、近藤充代「消費者の権利と法制度改革」日本の科学者35巻4号15頁(2000年)、松本恒雄「規制緩和時代と消費者契約法」法学セミナー549号6頁(2000年)など参照。

(75) 小塚荘一郎「消費者契約法の位置づけ」NBL678号8頁(1999年)、討論「規制緩和と消費者契約法(中)」(山本豊発言)NBL679号37～38頁、野々山宏発言・NBL679号38～39頁、河上正二「総論」『消費者契約法―立法への課題―』別冊NBL54号1～2頁(1999年)。

(76) 河上・前出注(75)7頁。

(77) 潮見佳男「不当条項の内容規制―総論」『消費者契約法―立法への課題―』別冊NBL54号119～135頁(1999年)。

(78) 潮見・前出注(77)139頁以下、山本敬三「消費者契約立法と不当条項規制」NBL686号28頁以下(2000年)、同『民法講義Ⅰ総則［第2版］』278頁以下(有斐閣、2005年)、山本豊「消費者契約法(3)」法学教室(以下、法教という)243号63頁(2000年)参照。

(79) 座談会(落合誠一／河上正二／潮見佳男／高橋宏志)「消費者契約法の役割と展望」ジュリ1200号4頁(潮見発言)(2001年)、山本敬三「消費者契約法の意義と民法の課題」民商法雑誌(以下、民商という)123巻4＝5号505頁(2001年)。

(80) 潮見発言・前出注(79)4頁。

(81) 小粥太郎「不当条項規制と公序良俗論」民商123巻4＝5号583頁(2001年)。

(82) 本田淳亮『労働契約・就業規則論』1頁以下(一粒社、1981年)、片岡昇『現代労働法の展開』246頁以下(岩波書店、1983年)、中山和久「労働者・使用者概念と労働契約」『本田淳亮先生還暦記念 労働契約の研究』31頁(法律文化社、1986年)、萬井隆令『労働契約締結の法理』12頁以下(有斐閣、1997年)、村中孝史「労働契約概念について」『京都大学法学部創立百周年記念論文集第三巻』485頁(有斐閣、1999年)、大内伸哉「労働法と消費者契約」ジュリ1200号90頁(2001年)、柳屋孝安『現代労働法と労働者概念』375頁以下(信山社、2005年)参照。

(83) 片岡・前出注(82)246頁以下、萬井・前出注(82)26頁以下。

(84) 下井隆史『労働契約法の理論』3頁以下(有斐閣、1985年)。

(85) 柳屋・前出注(82)402頁。

(86)　大内教授は，労働契約の特殊性は契約類型の面ではなく，労働者の従属性に着目して実際に労働法上の規制システムに組み入れられているという点に求めるのが妥当とされている（大内・前出注(82)90頁）。また，幾代＝広中編『新版　注釈民法(16)債権(7)』1頁以下〔幾代通〕（有斐閣，1989年）も参照。
(87)　片岡・前出注(82)46頁以下，西谷敏『労働法における個人と集団』（以下，『個人と集団』という）6頁以下（1992年，有斐閣）参照。
(88)　西谷『個人と集団』71頁以下，同『規制が支える自己決定』（以下，『自己決定』という）151頁以下（2004年，法律文化社）。
(89)　労働法学においては，経済合理性に沿った方向に労働関係も向かうべきことを主張する一群もあると言われている（野川発言・前出注(13)105頁参照）。
(90)　西谷『個人と集団』85頁以下，同『自己決定』400頁以下。
(91)　野川／山本発言・前出注(13)106頁以下。
(92)　山下友信「消費者契約法諸規定の位置づけ」『消費者契約法―立法への課題―』別冊NBL54号235頁以下（1999年）。
(93)　大内・前出注(82)90頁以下。
(94)　西谷『自己決定』384頁以下。
(95)　山本敬三「職務発明と契約法」民商128巻4＝5号503頁以下（2003年）。
(96)　西谷『個人と集団』64頁以下，86頁
(97)　西谷『自己決定』378，384頁。
(98)　潮見発言・前出注(79)7頁以下。
(99)　山本発言・前出注(13)100頁以下の整理が非常に参考となる。
(100)　例えば，消費者契約法4条が着目する「勧誘」による契約締結という場面は労働法では殆ど問題とならず，採用・変更・終了の場面における十分な情報下での真の自己決定確保が問題となる。また，労働契約では関係を維持する方向での手当が重要となる。
(101)　契約関係の変更法理など労働法における議論は，継続的契約関係の検討一般に示唆を与えるものであろう。
(102)　『内閣府解説書［補訂版］』214〜215頁参照。
(103)　『報告書』参照。労働者概念に関する議論は，前述の労働契約・雇用契約に関わる各文献の他，川口美貴「労働者概念の再構成」季労209号133頁（2005年），大内伸哉「従属労働者と自営労働者の均衡を求めて―労働保護法の再構成のための一つの試み」『中嶋元也先生還暦記念論集　労働関係法の現代的展開』47頁以下（2004年，信山社）など参照。
(104)　新たな労働契約法制の適用対象や各種規定は，その基本理念との関係で，整合的な説明を与え得るものである必要があり，複数の目的・理念が掲げられる場合でも具体的規定との関係で，理念・目的との対応関係の説明は必要となろう。

※　脱稿後，「特集　労働法の未来と労働契約法制のあり方」労旬1615=16号，道幸=小宮=本久=紺屋他『職場はどうなる労働契約法制の課題』（明石書店，2006年），「特集　新たな労働法制への課題」ジュリ1309号，「特集　労働契約法制をめぐる議論と問題点」季労212号，山川隆一「新しい労働契約法制を考える」法教309号，中田裕康「契約解消としての解雇」『継続的契約と商事法務』（商事法務，2006年），とりわけ労働契約概念については，和田肇「労働契約法の適用対象の範囲」季労212号，島田陽一「労働契約法制の適用対象者の範囲と労働者概念」労旬1615＝16号に接した。

　また，ドイツ法関連文献として，Frank Zundel, NJW2006, 1237; BAG U. v. 7.12.2005 NZA2006,423 などに接した。

貸金業規制法43条「みなし弁済」の適用要件である18条1項の「直ちに」の意義

平 出 慶 道

は じ め に
I　貸金業規制法制定に至る経緯
II　貸金業規制法の制定
III　貸金業規制法43条の「みなし弁済」の適用に関する判例の変遷
IV　貸金業規制法43条「みなし弁済」の適用要件である18条1項の「直ちに」の意義

は じ め に

　貸金業規制法43条は，利息制限法が定める利息の制限額を超える利息を債務者が任意に支払った場合に，同条の要件を充たすときは有効な利息の債務の弁済とみなす旨（みなし弁済）を規定している。その要件の一つとして，「同法18条1項の規定により同法18条1項に規定する書面（受取証書）を交付」することを要するが，同法18条1項は，「貸金業者は，弁済を受けたときは，その都度，直ちに，」受取証書を交付すべきものとしている。そこで，一般に行われている銀行振込による弁済の場合について，「直ちに」の意義が問題となる。
　本稿は，貸金業規制法の規定に至る経緯にまで立ち帰って，同法の制定と出資取締法の改正の意義を検討し，これに基づいて，この「直ちに」の意義に関する判例の変遷とその解釈について，考察しようとするものである。
　なお，類似の語句の使い分けが問題となるが，「金銭の貸付けを行う者」（出資取締法5条1項），「金銭の貸付けを行うことを業とする者」（同法同条2項），「貸金業（金銭の貸付け又は金銭の貸借の媒介等で業として行うもの）（貸

金業規制法2条1項）を営む者（同法42条の2第1項），「貸金業者（登録を受けて貸金業を営む者）」（同法2条2項）は，それぞれ区別される。

I　貸金業規制法制定に至る経緯

(1)　現行の新利息制限法は，昭和29年に制定された。利息制限法は1条1項において15％（元金100万円以上についてのみ論じる）を超える利息は無効とする一方，1条2項において任意に支払われた制限超過利息は返還を請求することができないものとされた。昭和29年に新利息制限法の制定と合わせて出資取締法が制定され，同法5条において，金銭の貸付を行う者が年（365日）109.5％（日歩30銭）を超過する利息契約をした時は，刑罰が科されることになった。この両法律を合わせると，出資取締法の制限利率109.5％を超過する利息契約は，違法無効であるが，利息制限法所定の15％を超過しても，出資取締法の限度内であれば，債務者が「任意」に支払ったときは，利息の弁済として有効になるという結果になり，15％～109.5％の間の金利は，「有効である」ということの法的意味が不明瞭であることも含めて，これを「グレーゾーン」と称された。

(2)　最高裁大法廷昭和37年6月13日判決（民集16巻7号1340頁）において，利息制限法の規定の文言に忠実に文理解釈し，同法1条1項所定の利息を超過した場合でも，債務者が任意に弁済したのであれば，弁済として有効であり，超過相当分を元金に充当したり，返還請求をすることは認められない旨を判示した。しかし，もともと学界等においては，「利息制限法1条1項で無効としているものを2項で有効としているのは不当な立法である」との強い批判があったことから，この37年の最高裁判決に対しては，批判的な意見が多かったようである。このような批判を反映してか，最高裁大法廷昭和39年11月18日判決（民集18巻9号1868頁）は，「利息制限法超過利息を債務者が任意に支払ったとしても無効な支払いであるから，支払った超過利息は残元金に充当される」旨を判示して，利息制限法1条1項を厳格に適用し，同条2項を制限的に適用する方向に動いたのである。

この最高裁の論理は，利息制限法1条2項は，超過利息を任意に支払った

ときは，債務者は「返還を請求することができない」と規定しており，元金充当は返還請求ではないから，必ずしも利息制限法１条２項の文理に反しないというものである。これに対しては，この判例を前提とすると，超過利息を元金充当の計算をして，元金が完済になってしまう場合の過払請求はできないことになってしまうが，これでは，残元金が残っている者と残元金が残っていない者との間で不公平が生じてしまうと言う批判がなされた。

その後，最高裁大法廷は，昭和43年11月13日判決（民集22巻12号2526頁）において，任意に支払った超過利息は残元本に充当され，これにより計算上元本が完済となったときは，その後に支払われた金額は，債務が存在しないのにその弁済として支払われたものに外ならないから，不当利得の返還を請求することができるものとした（以下「43年最高裁判決」という）。

さらに，最高裁第三小法廷昭和44年11月25日判決（民集23巻11号2137頁）は，制限超過の利息・損害金を元本とともに一度に任意に支払った場合にも，その支払いにあたり充当に関して特段の意思表示がない限り，利息制限法の制限に従った元利合計額を超える支払額は，債務者が不当利得として返還請求できるものとした。

(3) 43年最高裁判決は，利息制限法１条２項を空文化した。これを「判例による法改正作業」と評する者もいるが，司法による「立法」は極力限定的でなければならないことは当然である。しかしながら，裁判所による「法の不適用」ないし立法的解釈も例外的に許されない訳ではない。特に法の用いる文言についての解釈は，社会的経済的実態に即してなされるべきである。

一部には，利息制限法１条１項所定の利率を超過した利息は「暴利」であり，「悪」であると言う見解もあり，43年最高裁判決はかかる見解に立つものと評する者もいる。しかしながら，43年最高裁判決の結論は，貸金業を規制する法律が制定されていない当時における，法の不備に対処するために取られたやむを得ないものであったと評しえよう。

昭和37年，39年，43年の最高裁判決のいずれの事案も，金利100％前後という事案であるから，かかる暴利でも債務者が「任意」に支払えば返還を請求し得ず，有効な利息の弁済となるというのでは行き過ぎではないか，という考えが判決の背景に存したのではなかろうか。利息の支払いに「任意性」

がなく強制に基づくものと認定し得れば，超過利息の支払いは無効であって，その返還を請求しうることになろうが，かかる認定は一般に困難であろう。極端な場合を除いては，貸主の取立の態様から借主の支払いの任意性を判断し，または借主が無理なく支払える状態にあったか否かによって，借主の支払いの任意性を判断することも一般に困難である。しかも，金利の制限については利息制限法１条１項が存するに過ぎず，同条２項により任意に弁済した超過利息について返還を請求し得なくなる上限についての制限は設けられていなかった。従って，15％を超えていても，たとえば40％までなら返還請求ができなくなるというような立法による対応がなかったため，年100％のような暴利を無効とするためには一律に同法１条２項を空文化するよりほかはなかったとも言えよう。

さらに，43年最高裁判決が出される前から，いわゆる「サラ金」の取立問題が社会問題となっていた。しかし，当時，金融業者の取立行為に対する規制法が存在しなかったため，悪質な金融業者を締め上げるためには，民事的な対抗手段として，過払利息の元本充当・返還請求を認めることによって，高金利の強硬取立から債務者を保護しようとしたものと評価しうる。

II　貸金業規制法の制定

(1)　昭和58年に貸金業規制法が制定され，貸金業に対する行政的規制が設けられ，貸金業者による悪質な取立行為も規制されるようになった。この法律制定の画期的意義は，貸金業の存在意義を正当に評価し，資金需要者等の利益の保護を図るとともに，貸金業者の業務の適正な運営を確保して，その合理的な企業経営を可能ならしめようとしたことにある。即ち，貸金業規制法は，貸金業というものは，いわゆる高利貸しとして，資金の需要につけ込んで庶民を食い物にする悪徳な金融業ではなく，銀行から低金利で必要に応じて金融を受けることができないために，事業経営に窮している中小零細企業に対して，或る程度高利であっても，短期の運転資金としては十分に採算が合い，その融資によって事業経営を可能ならしめる金融業として合理的な存在理由を有する企業であることを認めた。さらに，銀行営業と異なり，融

資先の倒産による貸倒の危険が高く，貸付資金の調達方法としても，預金の受入れが認められる銀行と異なり，困難が伴うことを認めて，貸金業者の登録による行政的規制を強化すると共に，登録を受けた貸金業者に対しては，利息制限法1条1項の特則を設けて，一定の要件の下に，制限超過利息の支払いを有効な利息の債務の弁済とみなすものとした（貸金業規制法43条）。

(2) 中小零細企業が，例えば，年27.84％の金利で500万円の融資を受ける場合に，2ケ月の短期融資であれば，利息の総額は4.64％の232,000円に止まり，企業にとって十分に採算の合いうることになろう。企業にとっては，予測に反して2ケ月では返済しえなくなる場合もありうるが，その場合には，月2.32％の金利を任意に弁済して，貸金契約を更新し，元本の返済について猶予を求めるか，または，元本500万円と利息制限法4条1項により賠償額の予定として認められる年21.9％（15％×1.46）（月1.825％）の割合による遅延損害金の支払を貸金業者から請求されるか，そのいずれかを企業は選択するよりほかはない。

貸金業者からの融資が企業金融である場合に止まらず，消費者金融である場合にでも，事情は同様である。住宅取得資金として貸金業者から長期にわたって数千万円の融資を受けるということは，考えられないことである。住宅取得資金であっても，銀行から住宅貸付を受けられる迄のつなぎとして，貸金業者から1〜2ケ月融資を受けることは考えられるが，かかる短期融資であれば，例えば月2.32％であても，場合によってはやむを得ないものとして我慢し得よう。ボーナスによる返済を見込んで，海外旅行，高価品購入，医療費等に当てる短期融資を貸金業者から受けることも予想しうることであるし，貸金業者の合理的な利用方法ともいえよう。しかし，見込み違いから予定通りに返済しえなくなる場合も生じうる。かかる場合にも，消費者は企業金融についてと同様に，貸金業者の定める金利を任意に弁済して，元本の返済について猶予を求めるか，元本とともに利息制限法4条1項により認められる遅延損害金の支払を貸金業者から請求されるか，そのいずれかを選択するよりほかはない。

企業金融か消費者金融かいずれであっても，貸金業者による支払請求の方法は，悪質，不穏当なものであってはならない。取立行為については貸金業

規制法によって厳格な規制が行なわれているが（同法21条），特に消費者に対する取立行為についての規制は厳格に守られなければならない。融資を受けたが返済しえない債務者の救済としては，民事調停，特定調停，破産，民事再生のごとき手続によって再起をはかるよりほかはない。貸金業者が貸付債権について早期の清算を要する場合にも，同様である。但し，貸金業者は特定調停手続きによる調停の申立をすることはできない。

(3) 登録を受けた貸金業者に対する規制としては，貸付契約を締結したときは，遅滞なく，一定の事項を記載した書面を相手方に交付しなければならないとし（17条），弁済を受けたときは，その都度，直ちに，一定の事項を記載した受取証書を弁済した者に交付しなければならないとして（18条1項），貸付契約の内容を具体的に相手方に明示させると共に，弁済金が利息，賠償金又は元本へどのように充当されるかをも明示させるものとした。さらに，貸金業規制法の制定に呼応して同じ昭和58年に行われた出資取締法の改正により，同法5条1項は，従来通りに，金銭の貸付けを行う者が年（365日）109.5％を超える割合の利息の契約をしたときは処罰するものとするほか，あらたに，同法5条に規定を追加し，金銭の貸付けを行う者が業として金銭の貸付けを行なう場合には，年（365日）109.5％よりも低い割合の利息の契約をしたときも，一定の割合を超えるときは処罰するものとして，処罰の対象となる利率を引き下げて，貸金業者に対する規制を強化した（同法5条2項）。

その割合は，経過措置により，四段階にわたって引き下げられ，当初は年73.0％とされたが，昭和61年には年54.75％，平成3年には年40.004％となったが，平成12年には出資取締法の改正により年29.2％を超える割合による利息の契約をしたときとされて，現在に至っている。この29.2％とは，利息制限法1条1項による元本10万円未満の場合の上限利率20％につき，同法4条1項により賠償額の予定として認められる1.46倍にあたる29.2％と同率である。

(4) 貸金業規制法の制定当初においては，利息として任意に支払った額が利息制限法の制限を超える場合に，出資取締法5条2項の規定と相俟って，貸金業規制法43条が有効な利息の債務の弁済とみなすことにより，容認する

ことになった利率は妥当な範囲を超えるものであった。また，利息制限の基本法たる利息制限法は，制限利率を市中金利に連動するように改正し，長期融資と短期融資とでは利率を変えるように改正すべきである。しかし，消費者金融のみならず企業金融にも一律に適用される現行利息制限法を前提とする限り，現行出資取締法5条2項が一律に規定する29.2％の利率を容認することになる現行貸金業規制法は，利息制限法の利率の定め方のように，元本の多少に応じた利率の定め方を採用し，かつ，貸倒れによる回収不能のリスクを勘案して，利率を改正すべきである。従って，元本が多額の場合の利率は，或る程度低くすべきであるが，少額の場合の利率は，ほぼ，妥当な範囲を規定するものといえよう。しかしながら，基本法たる利息制限法の改正を，まず，早急に行うべきである。

さらに，出資取締法の規定する上限金利を大幅に引き下げれば，信用リスクの高い消費者は，消費者金融を利用しえなくなったり，場合によっては悪質な違法業者に頼らざるを得ないという最悪の結果を生じることになるという危険にも配慮しなければならない。

現行法のもとでは，登録を受けた貸金業者が，貸金業規制法による規制を遵守しながら，29.2％以下の金利で資金の貸付を行っている限り，かかる貸金業は健全なものであって，庶民を食いものにするいわゆる悪徳高利貸とは基本的に異なることを理解すべきであろう。何が何でも，お金を借りる消費者の味方となって，消費者に有利になるように貸金業規制法を解釈するのが善であり，正義であるという観念は誤ったイデオロギーである。

(5) 出資取締法の改正により，処罰の対象となる利率を引き下げて，貸金業者に対する規制を強化するにとどまらず，貸金業規制法は，平成15年の改正により，登録の有無にかかわらず，貸金業を営む者が業として行う金銭消費貸借契約において，年（365日）109.5％を超える割合による利息の契約をしたときは，その消費貸借契約自体を無効とする旨を規定した（同法42条の2）。

従って，その割合を超えないときは有効と認められるが，年29.2％を超えるときは，金銭の貸付けを行うことを業とする者は処罰されるのみならず（出資取締法5条2項），年109.5％を超えるときは，利息の支払いのみならず，

貸付元本の返済を請求することもできず，貸付元本相当額を不当利得として返還請求することも，不法原因給付として認められないことになりうる。

しかし，貸金業規制法は，登録を受けた貸金業者が出資取締法5条2項の規定に違反しないときは（貸金業規制法43条2項3号）債務者が利息として任意に支払った金額が，利息制限法1条1項に定められた利息の制限額を超える場合であっても，貸付契約締結の際に遅滞なく貸金業規制法17条の書面を相手方に交付している場合（同法43条1項1号），又は同法18条1項の規定により同法18条1項に規定する書面を弁済した者に交付している場合には（同法43条1項2号），制限超過部分の支払いは有効な利息の債務の弁済とみなすものとして，利息制限法の特則を設け，貸金業規制法の規制を適正に遵守する貸金業者の合理的な企業経営を可能ならしめようとして，かかる貸金業者の保護育成をも図っている。

このように見てくると，貸金業規制法43条1項2号の規定する「18条1項の規定により18条1項に規定する書面を交付した場合」という条文は，貸金業規制法が制定された趣旨に則り，貸金業者が遵守すべき，かつ，遵守しうる適正な手続を規定したものとして解釈されなければならない。

III 貸金業規制法43条の「みなし弁済」の適用に関する判例の変遷

(1) 昭和58年に貸金業規制法が施行され，その後，平成2年に同法43条の「みなし弁済」の適用について最高裁において初めての判断がなされた。

最高裁第二小法廷平成2年1月22日判決（民集44巻1号332頁）は，「債務者が貸金業者に対してした金銭の支払が法43条1項又は3項によって有効な利息又は賠償金の債務の弁済とみなされるには，契約書面及び受取証書の記載が法の趣旨に合致するものでなければならない」と判示し，この判決に関する瀧澤孝臣調査官の解説は，「本判決が特に「法の趣旨」を云々するのは，契約書面及び受取証書の記載が貸金業規制法17条1項各号，18条1項各号及び大蔵省令所定の記載事項を網羅していること，また，その記載が事実と寸分違わず一致していることを要するという杓子定規な解釈・適用ではなく，事案に即した幅のある弾力的な解釈・適用を容認する趣旨に窺われるが，そ

III 貸金業規制法43条の「みなし弁済」の適用に関する判例の変遷

の具体的な判断基準は明らかでない」としている（法曹会編『最高裁判所判例解説　民事篇　平成2年度』55頁）。

(2)　この判決を受けて，東京高裁平成9年6月10日判決（判例時報1636号52頁）は，「債務者に交付されるべき貸金業法17条1項所定の契約書面及び同法18条1項所定の受取証書が法の求める要件を充足しているか否かを判断するに当っては，当該契約の内容又はこれに基づく支払いの充当関係が不明確であることなどによって債務者が不利益を被ることになってはならないという法の趣旨に合致するか否かという実質的な観点を踏まえて検討することを要する」という判断を示した。即ち，法17条書面・法18条書面の必要的記載事項の一部が白紙となっていても，「実質的な観点を踏まえて検討すると，本件証書写しにこれらの受領に関する記載を欠くからといって，債務者である第一審原告に不利益をもたらすものということはできない。」と認められる場合は，貸金業法43条「みなし弁済」の非適用とはならない，ということである。このことは，この東京高裁判決は，法17条書面の要件については，杓子定規な判断ではなく，「債務者の不利益となるか否か」という観点に立って柔軟に判断すべきであることを示している。また，この東京高裁判決は，口座振込の方法による弁済の場合の法18条書面の交付について，「①貸金業法18条2項の規定は，口座振込の方法による弁済の場合，弁済者が同条1項の書面交付を請求しない限り，これを交付しなくとも刑罰を科されないというにとどまり，右書面を交付しなくとも，みなし弁済規定適用の利益を享受することができるとまで規定しているものではない。そして，②同法43条1項2号は，前記書面の交付を同法43条1項適用のための積極要件として規定しており，これについて何等の除外事由を設けていない。また，③弁済直後に受取証書が交付されてはじめて，債務者はこれを手掛かりに法律上負うべき債務の内容を具体的に把握することができ，債権者に対する権利主張が可能となるものであるところ，そのような機会があったにもかかわらず債務者から任意に弁済がされるところに，みなし弁済を肯定する実質的根拠があるものと考えられる。以上の事柄を考慮すると，預金口座への入金を通常知り得る時点で，その都度，直ちに所定の受取証書を債務者に交付ないし送付することを要するのであって，右交付等のない限り，右規定の適用を受け

ることはできないものと解すべきである。」という判断を示した。

　(3)　最高裁第一小法廷平成11年１月21日判決（民集53巻１号98頁）は，18条書面を一切交付していない事案について，貸金業法43条１項によるみなし弁済の効果を生ずるためには，債務者の利息の支払が「貸金業者の預金又は貯金の口座に対する払込みによってされたときであっても，特段の事情のない限り，貸金業者は，右の払込を受けたことを確認した都度，直ちに，同法18条１項に規定する書面（……）を債務者に交付しなければならない」という判断を示した。

　(4)　最高裁第二小法廷平成16年２月20日判決（平成15年(オ)第386号，平成15年（受）第390号）（民集58巻２号475頁）は，銀行振込による弁済の事案において，法43条の「みなし弁済」の適用につき，「貸金業者の業務の適正な運営を確保し，資金需要者等の利益の保護を図ること等を目的として，貸金業に対する必要な規制等を定める法の趣旨，目的と，上記業務規制に違反した場合の罰則が設けられていること等にかんがみると，法43条１項の規定の適用要件については，これを厳格に解釈すべきものである。」とし，法18条書面について，「利息の制限額を超える金銭の支払が貸金業者の預金口座に対する払込みによってなされたときであっても，特段の事情のない限り，法18条１項の規定に従い，貸金業者は，この払込みを受けたことを確認した都度，直ちに，18条書面を債務者に交付しなければならないと解すべきである（最高裁平成８年(オ)第250号同平成11年１月21日最高裁第一小法廷判決参照）。そして，17条書面の交付の場合とは異なり，18条書面は弁済の都度，直ちに交付することを義務付けられているのであるから，18条書面の交付は弁済の直後にしなければならないものと解すべきである。」という判断を示している。更に，「上告人による本件各弁済の日から20日余り経過した後に，被上告人から上告人に送付された本件各取引明細書には，前回の支払についての充当関係が記載されているものがあるが，このような，支払がされてから20日余り経過した後にされた本件各取引明細書の交付をもって，弁済の直後に18条書面の交付がされたものとみることはできない（なお，前記事実関係によれば，本件において，その支払について法43条１項の規定の適用を肯定するに足りる特段の事情が存するということはできない）。」と判示して，18条書面の交付時期に関

する一つの指針を示した。従って，当該最高裁判決においても，平成11年1月21日最高裁第一小法廷判決と同様，18条書面の交付時期に関して，「直ちに」を日数に置き換えて一義的に定めることはせず，依然として，事案に応じた柔軟な判断が可能なことを示していると共に，「弁済の直後に」と強調しつつ，「払込を受けたことを確認した都度，直ちに」として確認に要する時間的余裕を認めている。

(5) 最高裁第二小法廷平成16年2月20日判決（平成14年（受）第912号）（民集58巻2号380頁）は，「18条書面は，弁済を受けた都度，直ちに交付することが義務付けられていることに照らすと，貸金業者が弁済を受ける前に，その弁済があった場合の法18条1項所定の事項が記載されている書面を債務者に交付したとしても，これをもって法18条1項所定の要件を具備した書面の交付があったということはできない」として，18条書面の交付は弁済後でなければならないことを明らかにした。

しかしながら，貸金業者が18条1項所定の事項を記載した書面と共に銀行振込用紙を支払期日に先だって債務者に送付した場合に，債務者がその振込用紙を用いて銀行振込みを行い，銀行から振込金の領収証の交付を受ければ，その時点で，債務者は貸金業者から18条1項所定の受取証書の交付を受けたものと解しうる。なぜなら，債務者は18条書面に添付された振込用紙を用いて銀行振込を行うときは，その振込金が利息，賠償金又は元本へどのように充当されるか等，18条1項所定の事項を了知し，貸金業者のために受領する銀行から領収証の交付を受けることになるからである。

(6) 最高裁第二小法廷平成16年7月9日判決は，法43条「みなし弁済」適用について，「法18条1項は，貸金業者が，貸付けの契約に基づく債権の全部又は一部について弁済を受けたときは，その都度，直ちに，18条書面をその弁済をした者に交付しなければならない旨を定めている。そして，17条書面の交付の場合と異なり，18条書面はその弁済の都度，直ちに交付することが義務付けられているのであるから，18条書面の交付は弁済の直後にしなければならないものと解すべきである（最高裁平成16年2月20日第二小法廷判決参照）。前記のとおり，被上告人は，前記各弁済を受けてから7ないし10日以上後に上告会社に対して本件各領収書を交付しているが，これをもって，

上記各弁済の直後に18条書面を交付したものとみることはできない（なお，前記事実関係によれば，本件において，上記各弁済について法43条1項の規定の適用を肯定するに足る特段の事情が存するということはできない）。従って，貸付け31から33までについても，法43条1項の規定の適用要件を欠くというべきである。これと異なる原審の前記の判断には，判決に影響を及ぼすことが明らかな法令の違反がある。」とし，基本的には，Ⅲ(4)の平成16年2月20日最高裁第二小法廷判決を踏襲している。ここで注意すべきは，この平成16年2月20日最高裁第二小法廷判決が「支払がされてから20日余り経過した後にされた本件各取引明細書の交付をもって，弁済の直後に18条書面の交付がされたものとみることはできない」としているのに対して，本判決は，「各弁済を受けてから7ないし10日以上後に上告人株式会社Y_1に対して本件各領収書を交付しているが，これをもって，上記各弁済の直後に18条書面を交付したものとみることはできない」としていることである。単純に文言を比較すると，18条書面の交付の時期について，適用要件を欠くとされる日数が「20日余り経過」から「7ないし10日以後」に短縮されたかの如くに見える。しかしながら，この平成16年2月20日の最高裁第二小法廷判決の事案が銀行振込による弁済であるのに対して，本判決の事案は手形決済による弁済であり，事案の性質を異にするのであり，単純な比較を行うべきではない。

Ⅳ　貸金業規制法43条「みなし弁済」の適用要件である18条1項の「直ちに」の意義

(1)　これらの最高裁判決は，いずれも，銀行振込による弁済の場合や手形決済による弁済の場合にも，受取証書の交付を要し，交付の時期については，現金入金の場合，銀行振込の場合，手形決済の場合とで，貸金業規制法に別段の定めがされていないから，いずれの場合にも18条1項の規定にしたがい，弁済後直ちに受取証書の交付を要するものとしているが，銀行振込の場合について「振込を受けたことを確認した都度，直ちに」とするものもある。

問題は，18条1項の「直ちに」交付しなければならないという場合の，「直ちに」の意味である。「直ちに」とは，本来の意味では，「時間的間隔がまったくないこと」を言っている。

IV　貸金業規制法43条の「みなし弁済」の適用要件である18条1項の「直ちに」の意義

　債務者は，弁済のときに弁済と引換えに受取証書を受領しなければ，後になって受取証書の交付を要求しても貸金業者が応じない危険があり，ひいては債務者が受取証書を所持していないことを奇貨として，貸金業者が債務者の弁済の事実を否認して，債務の二重払いを請求するという不当な結果が生じる危険がある。従って，私法上は，受取証書の交付と弁済を同時履行の関係にたたせて，債務者に受取証書を交付せしめることについて保障を与えることが必要となり，その実効性を確保するために，18条1項と48条4号は刑罰による間接強制をもって，あらかじめ特定された店舗における現金入金の場合に，直ちに受取証書を交付すべき義務を貸金業者に課しているのである。かかる趣旨からすると，18条1項にいう「直ちに」とは，本来の意味の通り「時間的間隔が全くないこと」と解するのが合理的である。

　(2)　III(4)の最高裁平成16年2月20日判決は，受取証書の交付時期について，現金入金の場合と銀行振込の場合とで区別していないから，現金入金の場合について「直ちに交付しなければならない」とする18条1項を，銀行振込の場合にそのまま適用するなら，債務者が銀行振込をしたときと「同時」か「時間をまったく置かない」直後に，貸金業者は受取証書を交付しなければならないことになる。しかしながら，銀行振込の場合には，貸金業者の銀行口座に弁済の送金が着金してから，銀行から貸金業者に入金の事実が報告され，貸金業者はそれから受取証書を作成して，郵便で発送という手続を取らざるを得ないのであるから，弁済とまったく時間的間隔を開けずに受取証書を交付するということは，物理的に絶対的に不可能なことである。従って，現金入金の場合も銀行振込の場合も区別なく「直ちに」受取証書を交付することを要求している判決は，銀行振込の場合には不可能なことを要求しているのであって，結果的には「銀行送金の場合には貸金業規制法43条のみなし弁済の適用を否定していることになる」のである。

　最高裁平成11年1月21日判決が，銀行振込の場合でも，振込みを確認する都度，直ちに，18条書面を交付すべきであるとして，初めて銀行振込の場合にも18条書面の交付を要すると判示したが，本判決は18条書面の不交付の事案であって，18条書面の交付が「直ちに」の要件を充たすかが問題となったものではない。しかし，「振込を確認する都度直ちに」と判示して，確認に

293

要する時間的余裕を認めている点に着目すべきである。

　Ⅲ(4)の最高裁平成16年2月20日判決は，上記の最高裁平成11年判決を引用すると共に，「支払がされてから20日余り経過した後にされた本件各取引明細書の交付をもって，弁済の直後に18条書面の交付がされたものとみることはできない」と判示している。本件では，20日以内に交付された18条書面については，43条1項の「みなし弁済」の適用があるか否かに関する判断を示していないが，かかる場合にその適用の余地があることを認め，実態に即した弾力的な解釈を容認する態度を示すものとして，注目すべきである。

　(3)　債務者が現金を持参する方法により弁済する場合と異なり，債務者が銀行振込等の方法により弁済する場合については，当該弁済をした者の請求があった場合に限り，貸金業者は18条1項の受取証書を交付しなければならないものとされている（18条2項）。このような区別が設けられたのは，債務者が銀行振込の方法により弁済した場合には，債務者が予め弁済すべき金額を知っており，銀行振込をすれば銀行から直ちに領収証が交付されるからである。

　予め貸金業者から18条1項の事項の記載のある書面に振込用紙を添付して交付を受けている場合に，債務者がその振込用紙で振込むときは，債務者は直ちに18条1項の受取証書の交付を受ける必要はない。

　しかし，貸金業者にとっては，特定店舗において債務者から現金による弁済を受けた場合には，弁済を受ける都度，直ちに，18条1項の受取証書を交付することが可能である。しかしながら，債務者が銀行振込の方法により弁済した場合には，債務者から銀行振込の手続を受け付けた金融機関は，貸金業者に対してその旨のデータを送信してくるのであるが，貸金業者がこれを受信するのは債務者が振込手続を行った数日後（電信の扱いの場合は最短で1日から2日後）である。従って，まず，貸金業者は，債務者が振込手続を行ったとの事実を認知するまでに時間を要する。次に，貸金業者が金融機関から受信するデータには，カタカナ表記による債務者の氏名，振込年月日，振込金額，銀行名及び支店名しか出ていないことから，貸金業者においては，債務者の特定に時間を要し，また，これに伴い，振込手続のなされた金額・日付が約定に従ったものであるか否かを判断するのにも時間を要する。実務

IV 貸金業規制法43条の「みなし弁済」の適用要件である18条1項の「直ちに」の意義

においては，債務者が金銭消費貸借契約時とは異なった名義をもって振込手続を行い，約定弁済額とは異なる金額を振り込み，あるいは約定弁済期と異なる期日に振込手続を行うということがよくあるが，この場合には，債務者の特定，弁済の金額・日付が約定に従ったものであるか否かを判断するのにより一層の時間を要することは言うまでもない。さらに，貸金業者が，銀行振込の方法により弁済した多数の債務者に対する法18条書面の交付という大量な事務手続を処理するためには，郵送という手段によらざるを得ない。従って，この場合の法18条書面の交付には，法18条書面を郵送してからこれが債務者に到達するまでの時間を要する。このように，債務者が現金を持参する方法により弁済した場合と銀行振込の方法により弁済した場合とでは，法18条書面の作成及び交付に要する時間が自ずと異なるのである。だからこそ，それぞれの場合に対応して法18条1項と同条2項という別々の規定が設けられたものと考えられる。そして，平成11年1月21日最高裁第一小法廷判決は，争点とはなっていなかった法18条書面の交付時期という問題についても，法18条1項との整合性という観点から触れたものと解されるが，上記のような差異が存することから，「払込みを受けたことを確認した都度，直ちに」としたものと解される。ここで「払込みを受けたことを確認した都度」とは，「貸金業者において債務者を特定した上で，その弁済の金額・日付が約定に従ったものか否か判断することが可能となった都度」を指すことは言うまでもない。こうした状態に至らなければ，貸金業者は法18条書面を作成することができないからである。

　(4)　福岡高裁平成16年6月17日判決は，それにもかかわらず，債務者が銀行振込の方法により弁済した場合における18条書面の交付時期について，次のように判示している。「18条書面は，弁済の都度，直ちに交付することを義務付けられているのであるから，18条書面の交付は弁済の直後にしなければならないものと解すべきである（最高裁平成15年(オ)第386号，同年（受）第390号平成16年2月20日第二小法廷判決参照）。（中略）被控訴人は，多数の顧客による入金データの処理からD型書面の作成発送に至るまでの事務処理には必然的に一定の日数を要するとし，そのために合理的に必要とされる期間内に交付される限り，18条1項所定の「直ちに」の要件を充足する旨主張する。

しかし，銀行振込の方法による返済について18条書面の交付が必要とされる（18条2項）一方で，18条書面を交付すべき時期については銀行振込みによる方法の場合とその他の場合とで別異の取扱いを許容する規定はないのである。したがって，被控訴人の上記主張は，銀行振込みによる返済の場合において通常伴うべき被控訴人内部の事務処理の都合のみを前提とするものであって，法18条1項所定の「直ちに」の解釈に関する主張としては採り得ない。」

　貸金業規制法43条1項2号が任意に支払った場合の「みなし弁済」の要件として，債務者保護の要請から，「第18条第1項……（中略）……の規定により第18条第1項に規定する書面を交付した場合」と規定し，18条1項の規定は，「貸金業者は，……弁済を受けたときは，その都度，直ちに，……書面を……交付しなければならない。」と規定していることから，文言解釈上は，「直ちに」18条書面を交付しなければならないと判断するに至ることも無理からざる面もあろう。しかし，みなし弁済の要件について，43条1項2号が現金を店頭に持参する方法により弁済する場合と，銀行振込み等の方法により弁済する場合とを区別することなく，一律に，18条1項の規定によりその都度，直ちに，18条1項の書面を交付すべきものと規定したのは，明らかに立法の誤りであった。

　なお，上記判決理由中「銀行振込の方法による返済について18条書面の交付が必要とされる（18条2項）」と述べられているが，18条書面の交付は，銀行振込の場合にも，有効な利息の債務の弁済とみなされるための要件ではあるが（43条1項），18条2項は，銀行振込みの場合には，弁済者からの申し出がある場合に受取証書の交付を義務付けているだけである。

　前述のように，貸金業規制法は，徒に貸金業者を規制するために設けられた法律ではなく，貸金業の存在意義を正当に評価し，資金需要者等の利益の保護を図るとともに，貸金業者の業務の適正な運営を確保し，合理的な企業経営を可能ならしめようとするものである。銀行振込等の方法により弁済する場合には，文字通り直ちに弁済者に18条書面を交付することは不可能を強いるものであるから，みなし弁済を認めないというに等しい。従って，ここにいう「直ちに」とは，債務者を保護するために，「業務を適正に処理して

IV 貸金業規制法43条の「みなし弁済」の適用要件である18条1項の「直ちに」の意義

いれば18条書面の交付が可能になる直後に」の意義と解釈すべきである。

　従って，福岡高裁平成16年6月17日判決のように，貸金業者の主張は，銀行振込による返済の場合において通常伴うべき貸金業者内部の事務処理の都合のみを前提とするものであって，法18条1項所定の「直ちに」の解釈として採り得ないとするのは，いかがなものか。全国の多数の顧客による振込に対応するためには，振込期日を基準として整理し，個々の顧客の振込金額を確認し，利息への充当額，遅延の場合には遅延損害金への充当額，元本への充当額，残元本額などを整理した受取証書を作成し，全てを一斉に印刷して，個々の顧客に送付しなければならない。期日に遅延した振込については個別に対応するしかないが，ある程度まとめて印刷して発送するよりほかはない。

　立法に誤りがあるときは，合理的な解決を得るために，規定の文言についての解釈は，社会的経済的実態に即してなされるべきであって，かかる解釈をなすことは，裁判所の責務である。

参考文献

一　貸金業規制法制定時関係
　(1)　大森政輔「貸金業規制法43条と利息制限法(上)(下)」NBL284号8頁以下，285号32頁以下（昭和58年）
　(2)　大森政輔「貸金業規制法43条について」判例時報1080号3頁以下（昭和58年）
　(3)　森泉章「貸金業規制法43条の『みなし弁済規定』の意義」判例時報1081号3頁以下（昭和58年）
　(4)　小田部胤明「貸金業法43条の要件と立証」判例時報1081号11頁以下（昭和58年）
　(5)　大河純夫「貸金業規制2法の成立と金利規制問題(一)(二)」法律時報55巻9号48頁以下，11号102頁以下（昭和58年）
　(6)　小田部胤明「貸金業規制法と利息制限法」ジュリスト807号6頁以下（昭和59年）参照。
　(7)　竹内昭夫「消費者金融における金利規制の在り方」『消費者信用法の理論』338頁以下（有斐閣　平成7年）

二　最高裁第二小法廷平成2年1月22日判決（民集44巻1号332頁）に関する論文等
　(1)　滝澤孝臣　ジュリスト959号92頁以下（平成2年）
　(2)　森泉章　判例時報1361号204頁（判例評論382号42頁）以下（平成2年）
　(3)　鎌野邦樹　ジュリスト979号98頁以下（平成3年）
　(4)　石川利夫　ジュリスト980号（平成2年度重要判例解説）75頁以下（平成3年）

(5)　中山幾次郎　判例タイムズ762号（平成2年度主要民事判例解説）66頁以下（平成3年）
　　(6)　瀧澤孝臣　法曹時報44巻1号225頁以下（平成4年）
　　(7)　瀧澤孝臣　最高裁判所判例解説民事篇（平成2年度）44頁以下（平成4年）
　　(8)　東法子　手形研究465号12頁以下（平成4年）
　　(9)　小宮山澄枝　金融法務事情1581号218頁以下（平成12年）
三　最高裁第一小法廷平成11年1月21日判決（民集53巻1号98頁）に関する論文等
　　(1)　佐久間邦夫　ジュリスト1158号114頁以下（平成11年）
　　(2)　森泉章　判例時報1682号208頁（判例評論488号46頁）以下（平成11年）
　　(3)　飯塚和之　NBL690号60頁以下（平成12年）
　　(4)　川神裕　判例タイムズ1036号（平成11年度主要民事判例解説）81頁以下（平成12年）
　　(5)　佐久間邦夫　法曹時報53巻5号1433頁以下（平成13年）
　　(6)　佐久間邦夫　最高裁判所判例解説民事篇（平成11年度(上)）39頁以下（平成14年）
四　最高裁第一小法廷平成11年3月11日判決（民集53巻3号451頁）に関する論文等
　　(1)　近藤崇晴　ジュリスト1162号131頁以下（平成11年）
　　(2)　竹屋芳昭　判例時報1691号199頁（判例評論491号37頁）以下（平成12年）
　　(3)　上田誠一郎　ジュリスト1179号（平成11年度重要判例解説）61頁以下（平成12年）
　　(4)　近藤崇晴　法曹時報52巻8号2476頁以下（平成12年）
　　(5)　近藤崇晴　最高裁判所判例解説民事篇（平成11年度(上)）213頁以下（平成14年）
　　(6)　平城恭子　判例タイムズ1036号（平成11年度主要民事判例解説）79頁以下（平成12年）
五　最高裁第二小法廷平成16年2月20日判決（民集58巻2号380頁）及び最高裁第二小法廷平成16年2月20日判決（民集58巻2号475頁）に関する論文等
　　(1)　塩崎勤　金融法務事情1707号70頁以下（平成16年）
　　(2)　大村敦志　金融法務事情1716号71頁以下（平成16年）
六　その他の関係論文
　　(1)　井上五郎「制限超過利息等の支払と貸金業法43条」小川英明＝中野哲弘編『現代民事裁判の課題⑤貸金』351頁以下（平成2年）
　　(2)　鍛冶勲「貸金業法43条の適用をめぐる法律問題」判例タイムズ777号44頁以下（平成4年）
　　(3)　小田部胤明＝阪岡文夫『貸金業規制法43条（三訂増補版）』211頁以下（平成10年）
　　(4)　松井英隆「貸金業法43条のみなし弁済」中田昭孝編『現代裁判法大系①金銭貸借』159頁以下（平成10年）
　　(5)　鎌野邦樹『金銭消費貸借と利息の制限』295頁以下（平成11年）

Ⅳ　貸金業規制法43条の「みなし弁済」の適用要件である18条１項の「直ちに」の意義

(6)　長尾治助『判例貸金業規制法』23頁以下（平成11年）
(7)　小野秀誠『利息制限法と公序良俗』326頁以下（平成11年・信山社）
(8)　難波孝一「貸金業法43条に関する判例の動向」薦田茂正＝中野哲弘編『裁判実務大系13金銭貸借訴訟』41頁以下（昭和62年）
(9)　田中京助「貸金業法43条１項の適用要件の審査とこれに関する裁判例の概観」調停時報134号29頁以下（平成８年）
(10)　森泉章編著『新・貸金業規制法』318頁以下（平成15年）
(11)　鎌野邦樹「利息制限法・貸金業規制法の今日的課題」千葉18巻１号111頁以下（平成15年）
(12)　鎌野邦樹・判例時報1612号192頁（判例評論465号30頁）以下（平成９年）
(13)　小野傑　金融法務事情1477号６頁以下（平成９年）
(14)　長尾治助　リマークス17号47頁以下（平成10年）
(15)　神前禎　ジュリスト942号115頁以下（平成元年）
(16)　大蔵省銀行局内貸金業関係法令研究会編『一問一答貸金業規制法の解説』（昭和58年・金融財政事情研究会）
(17)　最高裁事務総局民事局篇『貸金業関係事件執務資料』（民事裁判資料159号）（昭和60年）
(18)　最高裁事務総局民事局篇『消費者関係法執務資料』（平成13年）
(19)　大河雅弘「貸金業法43条（みなし弁済）の功罪とその考察(上)(下)」NBL616号52頁以下，618号43頁以下（平成９年）
(20)　滝澤孝臣　金融商事判例1188号１頁（平成16年）
(21)　吉野正三郎　銀行法務21　631号４頁以下（平成16年）
(22)　田中幸弘　NBL783号４頁以下（平成16年）
(23)　角田美穂子　法セ593号114頁以下（平成16年）
(24)　消費者金融連絡会編　経済学で読み解く消費者金融サービス―規制と消費者保護を考える―53頁以下（平成16年・金融財政事情研究会）

後記
本稿は，㈱SFCGに提出した意見書に若干の修正を加えたものである。
本稿の執筆に当たっては，あさひ・狛法律事務所の吉田麗子弁護士の多大な協力を得た。

（2005年12月20日脱稿）

転リースと民法613条

弥 永 真 生

I 転リース関係の転貸借関係との類似性
II 民法613条と転リース関係への類推適用の可能性
III リース契約の賃貸借契約としての性質
IV 規定損害金と民法613条

　本論文は，転リース関係に対する民法613条の適用あるいは類推適用の可能性について検討するものである。ここで，転リースとは，リース事業者と(原)ユーザーとの間で締結されたリース契約の目的物であるリース物件を(原)ユーザーが，転リース料の支払を受けて，さらに第三者(転リースのユーザー)に使用収益させることをいう。

　以下，Iにおいて，転リース関係における当事者間の利害関係は，転貸借関係における当事者間の利害関係とパラレルに考えることができることを示し，IIにおいて，民法613条の趣旨を探り，つづいて，かりに，リース契約が賃貸借契約ではないと解しても，いわゆる転リース関係に対して民法613条の類推適用があると解すべきことを示す[1]。リース契約は賃貸借契約であると解することができるとすると，当然に，民法613条の適用があることになるが，IIIにおいてリース契約には賃貸借契約の性質が認められると解すべきことを述べる。そして，IVにおいて，転リース料のみならず，いわゆる規定損害金についてもリース事業者(原リースのレッサー)が転リースのユーザーに対して，直接請求することができる場合がありうることを示す。

転リースと民法613条

I 転リース関係の転貸借関係との類似性

第1に，転リース関係においても，転貸借関係と同様，リース事業者と原ユーザー間の法律関係および原ユーザーと転リースのユーザー間の法律関係が存在し，転リースのユーザーから原ユーザーへのリース料の支払義務および原ユーザーからリース事業者へのリース料支払義務が認められる。すなわち，転貸借の場合と同様，転リースの場合には，転リース料を受領するという形で原ユーザーはリース物件から収益を得ていると評価できる。

第2に，原則として，民法上，無断転貸は（原）賃貸借契約の解除事由にあたるのと同様（612条），無断転リースは（原）リース契約の解除事由にあたるものとリース契約には定められている。このことは，原則として，賃貸人あるいはリース事業者の承諾があってはじめて，転貸借または転リースによって収益することが賃借人または原ユーザーには認められるということを意味する。

第3に，承諾ある転貸借の場合には，転借人保護の観点から，賃借人が賃料を払わないことのみで賃貸人は契約を解除することはできず，転借人に通知したにもかかわらず，転借人によって第三者弁済がなされない場合に初めて解除することができると解するのが多数説であるが(2)，承諾ある転リースの場合にも，転リースのユーザー保護の観点から，同様に解すべきであると考えられる(3)。

 （1） 東京地判平成17・5・27（平成14年(ワ)第25191号）（未公刊）は，「民法613条1項前段は，賃借人が転借人に対して有する転借料や転借物の滅失毀損による損害賠償債権は賃貸物自体又はその使用の対価ないし変形と考えられることに鑑み，賃借人が無資力の場合に賃貸人を保護する規定の趣旨と解されるところ，本件原リース契約書及び本件各転リース契約書の」本件原リース契約および本件各転リース契約が賃貸借の性質を有することを前提とした条項およびリース事業者の事前の承諾なしに第三者に転貸することや保管場所を変更したり，用途を変更することや，ユーザーの地位および権利を第三者に譲渡することを禁止する条項は，「かかる民法613条1項前段と趣旨を同じくするものと評価でき，その意味で本件転リース契約に民法613条1項前段が適用ないし類推適用することには合理性

があると評価することができる」としたうえで，本件転リース契約は典型契約としての賃貸借契約とは異なる非典型契約であるとして，民法613条1項前段の類推適用を認めている。

　なお，この判決文の入手については，山川萬次郎弁護士のご協力をいただいた。ここに記して感謝の意を表したい。

（2）　椿寿夫＜判批＞法律時報35巻7号（昭和38年）87頁，星野英一『借地・借家法』（有斐閣，昭和44年）375頁以下，鈴木禄弥『借地法〔改訂版〕下』（青林書院，昭和55年）1193頁，石田喜久夫『現代の契約法』（日本評論社，昭和57年）155頁，原田純孝「賃借権の譲渡・転貸」『民法講座5』（有斐閣，昭和60年）374頁，篠塚昭次「613条」『新版注釈民法(15)〔増補版〕』（有斐閣，平成8年）288頁など。また，吉田克己「転貸借」『民事法Ⅲ』（日本評論社，平成17年）172－173頁。もっとも，判例（最判昭和36・12・21民集15巻12号3243頁，最判平成9・2・25民集51巻2号398頁。また，最判昭和37・3・29民集16巻3号662頁）は反対。

（3）　前掲東京地判平成17・5・27の事案においては，原告であるリース事業者もこのように主張している（判決書8頁［3　争点及び争点に関する当事者の主張の(1)原告のエ］）。

Ⅱ　民法613条と転リース関係への類推適用の可能性

1　民法613条の趣旨と解釈

　民法613条は賃貸人の利益を保護するために特に設けられた規定であると説明されており[4]，転借人が賃借人に対して賃料を払っているのに賃借人が賃貸人に対する義務を履行しないような場合に賃貸人が転借人に直接，賃料等を請求することができるようにするためであり，かつ，その方が便利であると，立法過程においては説明されている[5]。そして，転借人は賃貸人に直接，賃料を支払うことによって，賃貸人による先取特権（民法314条）の可能性を減殺することができるということも認識されていた[6]。

　また，民法613条の解釈として，賃貸人は賃借人に催告することなく，転借人に対して支払いを求めることができると解する立場が有力であるのみならず[7]，近時では，転借人が賃貸人・賃借人の両方から請求を受けた場合には，賃貸人に支払うべき義務を負うとする見解が有力になっており[8]，これは，賃料が賃貸借の目的物あるいはその変形物[9]あるいは果実であると考えられるからであると推測される。

2 民法613条の転リース関係への適用あるいは類推適用の可能性

Iで検討したように，転リース関係における転リースのユーザーとリース事業者との関係と典型的な賃貸借関係における転借人と賃貸人との関係との間には本質的な差がない。また，（原）リース契約をかりにリース事業者がユーザーに金融の便宜を供与するものと位置づけることができるとしても，転リース契約における（原）ユーザーと転リースのユーザーとの間の関係は危険負担や修繕義務を原ユーザーが負わないという点を除けば，典型的な賃貸借契約の特性を備えており，少なくとも（原）ユーザーが転リースのユーザーに金融の便宜を供与するというものではないと考えられる[10]。

① 立法趣旨からの分析

613条は，適法な転貸借の場合には，賃貸人は転借人が目的物を使用収益することを受忍しなければならないことを前提としており，そこで，賃貸人の保護のために，民法613条が設けられているということができるが[11]，民法613条の趣旨について，民法の起草者の1人である梅博士は，「賃借人は賃貸人に対して其義務を尽さす而も転借人は賃借人に対して其義務を履行すること稀なりとせさるへし此場合に於ては賃借人唯り利益を専にして賃貸人は大に損害を被るの虞あり而して其所有物は転借人之か使用収益を為し以て之物に関する利益を収むるものなり是れ豈に衡平と謂ふへけんや是に於てか本条は賃貸人に与ふるに転借人に対する直接の権利を以てせり」（原文は旧字体およびカタカナ）と説明している[12]。

適法な転リースの場合にも，リース事業者は転リースのユーザーによる物件の使用収益を認めなければならないのであるから，転貸借における賃貸人と同様の保護がリース事業者に与えられるべきであると考えることが整合的である。

また，613条の趣旨は，賃借人が賃貸人に対する義務を履行しないにもかかわらず，転借人からの転借料を自分のものとすることは衡平ではないという価値判断に基づいているのであるから，転リースがなされた場合にも，同じことがいえるはずである。

さらに，梅博士の説明や法典調査会における議論[13]からは，613条は，賃貸借の目的物から生ずるキャッシュ・フローであることに注目して，賃貸人

の転借人に対する直接請求を認めるものと理解することができる。そうであるとすれば、転リース料はリース物件から生ずるキャッシュ・フローであるから、転リースに613条を適用または類推適用することが首尾一貫する。リース契約が賃貸借契約ではなく金融取引であるという解釈をとっても、担保の目的物の利用についてリース事業者は契約上——転リースを原則として禁止するという形で——コントロールを及ぼすことができる権利を有しており[14]、賃貸借の目的物からの転貸借によるキャッシュ・フローと担保物（とりわけ、使用によって減価するような種類の物）の賃貸借によるキャッシュ・フローとの間に差を設けるべき合理的な根拠はみあたらない。

なお、Ⅲ1でみる最判平成7年4月14日民集49巻4号1063頁は、「各月のリース物件の使用と各月のリース料の支払とは対価関係に立つものではない」としているが、リース期間全体にわたるリース物件の使用とリース料全体とは対価関係に立つと考えられるし、かりに、リース事業者は、原リースのユーザーに対して、リース料の支払債務とけん連関係に立つ「未履行債務」を負担していないとしても、転リースのユーザーとの関係では、リース物件を使用収益することを容認しているのであるから、転リースのユーザーはリース事業者に対して支払を拒めないと解することが、民法613条の趣旨に合致する。

以上に加えて、Ⅰでみたように、原則として、賃貸人またはリース事業者の承諾があってはじめて、賃借人または原ユーザーは、転貸借または転リースによって収益することが認められるのであり、そうであれば、賃借人または原ユーザーが賃料あるいはリース料を支払わない場合に、転借人あるいは転リースのユーザーに対して直接請求することが賃貸人またはリース事業者に認められるとしても、賃借人または原ユーザーにとって不当であるといえないと考えられよう。

② 利益衡量

転リース料が原リース料よりも多い場合には、原リース料に相当する額の支払義務が課されるのであれば、民法613条を適用あるいは類推適用することによって、転リースのユーザーが格別の不利益を被ることはないし、原ユーザーも不利益を被るものではない。すなわち、転リースのユーザーは、

リース事業者に支払ったリース料を控除した額を原ユーザーに支払えばよく，原ユーザーは，その限りにおいて，リース事業者に対するリース料支払義務を免れると考えられるからである。

　むしろ，とりわけ，本件のように，償却性資産をリース物件とする場合には，リース料にリース物件の価値が化体していく面があり，転リース料の相当部分がこれにあたると考えられるので，リース事業者が転リースのユーザーに対して，原リース料相当額を請求できる[15]とすることが衡平である。とりわけ，Ⅰで論じたように，転リースのユーザーがリース事業者に対して原リース料（転リース料の方が少ない場合には転リース料）相当額を支払う場合には，リース契約の解除を認めないとすることが適切であるから，そのように考える以上，原リース契約の存続中であっても，リース事業者が転リースのユーザーに対して，少なくとも原リース料（転リース料の方が少ない場合には転リース料）相当額を請求できると解さないと不都合が生ずる。

(4) 梅謙次郎『民法要義　巻之三』（有斐閣，大正元年）661頁。また，民法613条の立法趣旨をめぐる比較的詳細な研究としては，加賀山茂「民法613条の直接訴権《action directe》について」阪大法学102号（昭和52年）65頁以下，103号（昭和52年）87頁以下が公表されている。

(5) 法典調査会『民法議事速記録　四』（商事法務研究会，昭和59年）404頁，409頁参照。

(6) 法典調査会・前掲注(5)404頁参照。

(7) 星野・前掲注(2)370頁，鈴木・前掲注(2)1195頁など。

(8) 水本浩「613条」『新版基本法コンメンタール民法Ⅱ』（日本評論社，昭和52年）276頁，加賀山・前掲注(4)103号95頁，104頁以下，石田穣『契約法』（青林書院新社，昭和57年）238頁，原田・前掲注(2)366頁など。

(9) 償却性の資産，とりわけ，使用によって価値が減少するような資産については，賃料は当該資産の減価に対応する部分を含む。

(10) 少なからぬ場合（前掲東京地判平成17・5・27の事案もそうであるが）においては，リース契約締結基準に照らして，リース物件のリースを受けることを希望する者との間でリース契約を締結できない場合に，リース事業者リース料の支払をより確実になしうると考えられる者を（原）ユーザーとしてリース契約を締結し，（原）ユーザーに実際にリース物件を使用する者に対する転リースを認めているようである。したがって，経済的な実態としては，原ユーザーが転リースのユーザーの信用を補完し，これを前提にリース事業者が転リースのユーザーに金

融の便宜を供与するという面を転リースは有していることが少なくない。そうであれば，リース事業者が転リースのユーザーに対して，転リース料を請求できる場合があるという結論には実質的な不都合はないと考えられる。

(11) 法典調査会・前掲注（5）404頁，406頁，409頁。
(12) 梅・前掲注（4）656頁。
(13) 法典調査会・前掲注（5）406頁。
(14) これは，ユーザーの保守・管理・使用状況がリース物件の耐用年数等に影響することに鑑みたものである。
(15) 民法613条の解釈としては，転借人は，転借料と賃借料とのより低いほうの額を支払えばよいという見解が有力である（篠塚・前掲注（2）289頁）。なお，原田・前掲注（2）377頁も参照。

III　リース契約の賃貸借契約としての性質

ファイナンス・リース契約の法的性質をめぐってはさまざまな見解が主張されてきており[16]，ユーザーからの中途解約を認めないこと，物件の滅失・毀損の危険をユーザーが負担すること，物件の瑕疵につきリース事業者は責任を負わないことなどを内容とするファイナンス・リース契約の契約条項に照らして，ファイナンス・リース契約の実質はユーザーに対する金融（信用供与）であるという見解も有力である[17]。

1　裁判例の評価

最高裁判所の公刊裁判例は，ファイナンス・リース契約に金融の便宜を供与するという性格があることは認めているものの，ファイナンス・リース契約に賃貸借契約としての性質が含まれていることは否定していない。たとえば，最判昭和57年10月19日民集36巻10号2130頁は，リース契約は「リース業者が自己の所有する物件を利用者に利用させるという内容を有する」としており，リース事業者がユーザーに対してリース物件の使用収益を可能ならしめることを内容とする契約（賃貸借契約またはそれと類似の契約）の側面を有することを認めている。

また，最判平成5年11月25日金融法務事情1395号49頁は，物件の引渡しの有無にかかわらず，ユーザーはリース料の支払いを免れることができないと

いう結論を導くためにファイナンス・リース契約の実体は、「ユーザーに対する金融上の便宜を付与する」ものであるとしているが、このような結論を導くためには、物件の引渡しはリース料支払義務発生の前提であるが、故意または過失により借受証を交付したユーザーは信義則違反があるためリース料支払いを拒めないと解すれば十分であり（東京地判昭和52・3・31下民集28巻1〜4号374頁、東京高判昭和61・7・17金融・商事判例751号5頁など）[18]、最判平成5年11月25日が賃貸借契約としての性質を否定したと解するのは適当ではない。実際、リース物件の購入代金支払い時にリース事業者がユーザーへの物件の引渡しがないことを認識していれば、リース料の支払を求めることはできない（札幌地判昭和58・2・22判タ496号116頁）、あるいは、物件の引渡しが遅延しまたは履行不能となった場合にもリース事業者は一切の責任を負わない旨のリース契約中の条項は物件の引渡しがない場合にユーザーがリース契約を解除することを許さない趣旨とは解されない（前掲東京地判昭和52・3・31）とする裁判例が存在する。

　また、最判平成7年4月14日民集49巻4号1063頁は、「いわゆるフルペイアウト方式によるファイナンス・リース契約……は、リース期間満了時にリース物件に残存価値はないものとみて、リース業者がリース物件の取得費その他の投下資本の全額を回収できるようにリース料が算定されているものであって、その実質はユーザーに対して金融上の便宜を付与するものであるから、右リース契約においては、リース料債務は契約の成立と同時にその全額について発生し、リース料の支払が毎月一定額によることと約定されていても、それはユーザーに対して期限の利益を与えるものにすぎず、各月のリース物件の使用と各月のリース料の支払とは対価関係に立つものではない」と判示しているが、この判決は、会社更生法103条1項の規定は、双務契約の当事者間で相互にけん連関係に立つ双方の債務の履行がいずれも完了していない場合に関するものであるところ、「いわゆるフルペイアウト方式によるファイナンス・リース契約において、リース物件の引渡しをしたリース業者は、ユーザーに対してリース料の支払債務とけん連関係に立つ未履行債務を負担していない」とした点で意義を有するものである。すなわち、「フルペイアウト方式のファイナンス・リース契約」においては、リース事

III リース契約の賃貸借契約としての性質

業者は，リース料の支払債務とけん連関係に立つ「未履行債務」を負担していないと判断することによって，更生会社の他の債権者とリース事業者（リース債権者）との利益のバランスを図ったものである。

したがって，フルペイアウト方式によらない場合には，単なる金融上の便宜の供与にはとどまらないと考えて，最判平成7年4月14日の射程範囲外であると解する余地があるのみならず，当該事件の解決として妥当な結論を導くために[19]，金融上の便宜の供与という点を強調したにすぎず，リース事業者がユーザーに対して（賃貸借契約上認められるような）債務を全く負っていないということまでをこの判決は述べているわけではないと理解するべきである。

最高裁判所の判断の対象とならなかった（あるいは，最高裁判所の判断が公刊されていない）事案においては，賃貸借契約としての性質が強調されているものも少なくなく，紛争の争点ごとに判例が採用するファイナンス・リース契約の性質論は異なっていると解する方が自然である[20]。すなわち，リース事業者が物件を引き上げた場合にはユーザーにはリース料支払義務がないとされ（東京地判昭和61・2・19金融・商事判例757号40頁），サプライヤーからリース会社がリース物件である医療機器を買取り，これを借主にリースする方法でのファイナンス・リース契約において，右物件の売買契約が意思表示の瑕疵を理由に取消された場合に，リース事業者がリース契約に基づいてユーザーから受領したリース料は，目的物件の使用による利益というべきものであるから，民法545条1項および2項の類推適用により，売買契約の取消に基づく利得返還義務（実質的には原状回復義務）の内容としてサプライヤーに返還されるべきである（東京地判昭和61・10・30判時1244号92頁）とされているが，リース事業者はユーザーに対する金融を行っているにすぎないのであるとすると，少なくとも後者の結論は説明できないように思われる。

2 考　察

物件を購入するための資金を有する商人も，節税目的からファイナンス・リースを利用するのが今日では一般的であり，ファイナンス・リースは「資

産の所有に随伴する便益と危険が実質的にユーザーに移転された賃貸借」であるとみるのがユーザーの認識に合致していると考えられる[21]。そして，リース業者がリース物件を自己の債務の担保に供する可能性があることも考慮するならば，ファイナンス・リース契約をユーザーに対する融資とユーザーによるリース事業者に対する物件への担保設定とは同視することはできないし，リース契約には利息制限法の適用もないとするのが裁判例（東京高判昭和57・4・27判時1048号107頁）であり，これは，ファイナンス・リース契約が単なる信用供与契約とは異なる性質を有することの証左の1つである[22]。

　また，少なくとも，フルペイアウトではないファイナンス・リースあるいは物件の耐用年数よりもリース期間が短いリースにおいては，リース事業者は，リース期間経過後に物件を再リースあるいは売却することによって収入を得ることを合理的に期待しており，それは，典型的な賃貸借契約と共通している。また，フルペイアウト方式によっているとされるファイナンス・リースについても，再リース等による収入が期待されているという指摘もある[23]。すなわち，物件の滅失・毀損の危険をユーザーが負担する旨の約定がなされていても，物件の価値（価格）の騰落のリスクおよびチャンスはリース事業者に留保されていると一般的に考えられるのであって，資産の所有に随伴する危険の大部分がかりにユーザーに移転していると評価できても，資産の所有に随伴する便益はリース事業者に帰属しているという評価が可能な場合が多い（この点で，所有権留保付割賦販売や担保付貸付とは一線が画される）[24]。

　そもそも，民法601条は，「賃貸借は，当事者の一方がある物の使用及び収益を相手方にさせることを約し，相手方がこれに対してその賃料を支払うことを約することによって，その効力を生ずる」と定めており[25]，ファイナンス・リース契約もこの定義をみたすものと考えられる。すなわち，ファイナンス・リース契約に金融の便宜を供与するという面があるとしても，リース期間中には，リース事業者に物件の所有権が帰属しているのみならず，買取オプションがユーザーに与えられている場合を除き，ユーザーに所有権が残るという点で所有権留保付割賦販売などとは大きく異なり，リース事業者

III　リース契約の賃貸借契約としての性質

は物件について単なる担保権を有しているにすぎないとはいえないので，リース事業者が物件の使用および収益をユーザーにさせていると評価できよう。また，リース料は賃料とはいえないのではないかという見方もありえようが，リース事業者が物件を引き上げた場合にはリース料を請求することはできないことに鑑みると，リース料には，少なくともリース物件をユーザーが使用・収益することを妨げないことの対価が含まれており，したがって，賃料と呼んでよいのではないかと思われる。しかも，リース料の中には，保険料その他の費用が含まれているのみならず，近年では，廃棄・リサイクルなどとの関連で，リース事業者が負担するコストも含まれていると考えられ，リース料をユーザーに対する貸付金の分割弁済にすぎないと評価するのはやや乱暴な議論である。そして，民法601条の文言からは，賃貸人による滅失・毀損の危険負担や修繕義務の負担は，賃貸借契約において本質的要素ではないと解することが自然であろう。むしろ，契約が解除された場合に，ユーザーがリース事業者に対して物件を返還する義務を負うという点で賃貸借契約の本質的な要素の１つをみたしていると考えられる。もし，賃貸借契約の性質を有しないのであれば，このような義務の定め方は不自然である。

　以上に加えて，ファイナンス・リース契約の契約書においては，ファイナンス・リースを賃貸借として法律構成しており，契約の当事者は契約に別段の定めがない限り，賃貸借に関する民法の規定の適用を期待しており，契約自由の原則に照らし，――公序良俗違反や強行法規違反があるとは考えられない以上――少なくとも，「契約当事者間では」，賃貸借に関する民法の規定の適用を排除すべき理由はないのではないかとも考えられる（３も参照）。

3　サブリース契約をめぐる裁判例のアプローチとの整合性

　以上に加えて，いわゆるサブリース契約について，最高裁判所は，一貫して，サブリース契約は建物の賃貸借契約であるとして，借地借家法の適用を認めている[26]。サブリース契約では，転貸借について賃貸人が包括的な承諾を与えていること，賃料自動増額条項が存在すること，「賃料保証」などの用語が使用されていること，賃貸借期間が長期にわたること，敷金が高額であること，建物の管理を賃借人が行うこと，建築や建築資金の借入れに賃

借人が関与していることなどの特徴が認められることが多く，サブリース契約の一定の類型について賃貸借契約とは異なる種類の契約であるとして借地借家法の適用を否定する見解も有力であったにもかかわらず[27]，最高裁判所は契約書の文言を尊重している。

　サブリース契約においても，ファイナンス・リース契約においても，賃貸人あるいはリース事業者の契約期間総体としての収益が確保されるように契約が締結され，賃借人あるいはユーザーとの間でリスク負担（配分）がなされている[28]という点では相違がない。すなわち，契約の文言上，賃借人あるいはユーザーが負担しているリスクは共通しており，サブリース契約を賃貸借契約と法性決定するのであれば，ファイナンス・リース契約も賃貸借契約の側面を有すると考えないと，首尾一貫しない。たしかに，サブリース契約においては，賃貸人が毀損・滅失の危険を負担するという相違はあるが，これは，実質的には付保によってカバーできるリスクであり，賃貸借契約であるか否かを判断する上での決定的要素とはいえない。むしろ，サブリース契約の文言上は賃借人が空室や転貸借における賃料水準のリスクを負うものとされていたのであって，ファイナンス・リースにおいて，本件のように，転リースがなされる場合の原ユーザーが負っているリスクとサブリースの賃借人が負っているリスク（それも，付保によって回避することが現実的でないリスク）との間には共通点が認められる。

　したがって，サブリース契約が賃貸借契約であると性質決定されるのであれば，ファイナンス・リース契約も賃貸借契約の面を有すると解することが首尾一貫する。

(16)　来栖三郎『契約法』（有斐閣，昭和60年）295頁，庄政志「リース契約の法的性質論」『リース取引法講座（上）』（金融財政事情研究会，昭和62年）50頁以下など参照。

(17)　神崎克郎「リース」『現代契約法大系（5）』（有斐閣，昭和59年）289頁など。また，片岡義広「ファイナンス・リース契約に関する全裁判例の概要と問題点の整理研究」リース1982年9号4頁参照。

(18)　江頭憲治郎『商取引法〔第4版〕』（弘文堂，平成17年）190頁。

(19)　最判平成12年3月9日判時1708号127頁は，年会費の定めのある預託金会員制ゴルフクラブの会員が破産した場合において，破産宣告時に年会費支払義務とい

Ⅲ　リース契約の賃貸借契約としての性質

う未履行債務が会員にあっても，契約解除によって相手方に著しく不公平な状況が生じるときは，破産法59条1項の破産管財人による会員契約の解除が認められないとしたが，これは，実質的には，ゴルフクラブの利用権は年会費とのみ対応しているわけでないからであり，このような法律構成が可能であれば，最判平成7年4月14日も同じような法律構成で解除を認めなかった可能性もあったのではないか。

(20)　伊藤進「判例におけるファイナンス・リースの法的性質，有効性および成立の問題」『リース取引法講座(上)』(金融財政事情研究会，昭和62年) 337頁参照。たとえば，建物や土地のリース契約が賃貸借契約の性質を有しないとすると，借地借家法の適用がないことになるが，そのような解釈は適当ではないという評価もありえよう。

(21)　江頭・前掲注(18)188頁，植田勝博「ユーザーからみたリース契約の問題点」金融法務事情1101号(昭和60年) 25頁。

(22)　なお，ドイツにおいてはファイナンス・リースを賃貸借契約であると解する見解が判例・多数説のようである(平野裕之「西ドイツにおけるリース取引法」『リース取引法講座(上)』(金融財政事情研究会，昭和62年) 494頁以下参照)。

(23)　中野芳彦「リースは，どのような契約類型として捉えるべきか」『講座　現代契約と現代債権の展望　6』(日本評論社，平成3年) 103－104頁。

(24)　加藤雅信「リース取引の当事者」『リース取引法講座(上)』(金融財政事情研究会，昭和62年) 114頁は，リース契約終了時に物件に残存価値がある場合には，賃貸借という要素が「社会経済的な視点からも加味されなくてはならない」と指摘する。

(25)　サブリースとの関係で，道垣内弘人「不動産の一括賃貸と借賃の減額請求」ＮＢＬ580号(平成7年) 27頁参照。

(26)　最判平成15・10・21民集57巻9号1213頁，最判平成15・10・21判時1844号50頁，最判平成15・10・23判時1844号54頁，最判平成16・11・8判時1883号52頁など。

(27)　下森定「いわゆるサブリース契約における賃料減額請求の可否」法律のひろば1999年9月号16頁以下，同「サブリース契約の法的性質と借地借家法32条適用の可否」金融法務事情1563号(平成11年) 6頁以下，1564号(平成11年) 46頁以下，1565号(平成11年) 57頁以下，野村豊弘「サブリース契約」『新借地借家法講座　第3巻』(日本評論社，平成11年) 366頁以下など。また，加藤雅信「不動産の事業受託(サブリース)と借賃減額請求権」NBL568号(昭和60年) 19頁以下，569号(昭和60年) 26頁以下も参照。

(28)　野村・前掲注(27)375頁参照。

IV 規定損害金と民法613条

1 規定損害金について，民法613条の適用ないし類推適用があるか

ファイナンス・リース契約における規定損害金には損害賠償額の予定という法的性質があると考えられており，規定損害金は，残リース料を基礎に一定の方式にしたがって計算した中間利息を残リース料から差し引いたものであると理解できる[29]。

IIで示したように，613条は，賃貸借の目的物から生ずるキャッシュ・フローであることに注目して，賃貸人の転借人に対する直接請求を認めるものと理解することができる。そうであるとすれば，転リース料はリース物件から生ずるキャッシュ・フローであるから，転リースに613条を適用または類推適用することが首尾一貫する。

そこで，このような賃料についての議論が，リース契約における規定損害金にあてはまるのかを考えてみると，ユーザーが規定損害金を支払うべきとされるのは，主として，①リース物件の滅失毀損が生じた場合および②ユーザーに一定の債務不履行が生じて，レッサーが契約を解除した場合であるが，転リースがなされ，少なくとも，①の場合には，その規定損害金はリース物件から生ずるキャッシュ・フローの変形物（実質的には残リース料の変形物）なので，転リースのユーザーが原リースのユーザー（＝転リースのレッサー）に規定損害金を支払うべきときに，リース事業者（原リースのレッサー）が転リースのユーザーに対して直接請求することができると解することが理論的であるし，この場合には原リースのユーザーもリース事業者（原リースのレッサー）に対して規定損害金を払わなければならないはずなので，民法613条を適用ないし類推適用することには，利益衡量上も，問題はないと考えられる。

他方，たしかに，②の場合において，転リースのユーザーには解除原因となる債務不履行があるが原リースのユーザーにはそのような債務不履行がないときには，規定損害金について，民法613条を適用ないし類推適用されるという解釈がつねに妥当するとは考えにくい。なぜなら，リース事業者（原

リースのレッサー）は，この場合，（債権者代位権などに基づいて）転リース契約を解除することはできず，解除するか否かは原リースのユーザー（＝転リースのレッサー）が判断することであるし，原リースのユーザーはリース事業者（原リースのレッサー）に対して規定損害金を支払わなければならない状況にないのであるから，原リースのユーザーが原リースのレッサーに負っている債務と転リースのユーザーが転リースのレッサーに負っている債務との間に同質性がないからである。しかし，原リースのユーザー（レッシー）にも債務不履行があって，規定損害金をリース事業者（原リースのレッサー）に対して支払わなければならない状況にあるときは，同一のリース物件から生ずるキャッシュ・フローである規定損害金について，民法613条の適用ないし類推適用により，リース事業者（原リースのレッサー）が転リースのユーザーに直接請求できると解することには利益衡量上の問題はないし，また，①の場合との均衡からも，そのように解することが適当であると解する余地がある。賃料が損害賠償請求権に変形したことのみによって，民法613条の適用ないし類推適用が直ちに排除されると解するのは必ずしも適当ではないと考えられる。

2　原リースのユーザーに債務不履行が生じた時以後の転リース契約の帰趨

　原リースのユーザーに解除原因となる債務不履行があった場合であっても，リース事業者（原リースのレッサー）は，承諾ある転リース契約のユーザーに対して当然にはリース物件の返還を求めることはできないと解される。転借人が賃貸人に対する対抗力を有している転貸借の場合には，賃借人の債務不履行があっても，転借人に対して履行を催告するなどして，転借人に弁済の機会を与えない限り，賃貸人は転借人に原賃貸借の解除を対抗することができず，賃貸人は転借人に対して賃貸借の目的物の返還を求めることができないと解するのが通説である[30]。そして，承諾ある転リースの場合にも，契約当事者の合理的意思としては，原リースのユーザーの債務不履行があっても，転リースのユーザーがリース料を支払いつづければ，原リースの事業者はリース物件の使用を転リースのユーザーに認めるものと考えられるし

(東京地判平成17・5・27（注（1）参照）の事案においても，原告（リース事業者）は，これを前提として，転リースにユーザーに対してリース料の支払を催告した後，リース料の支払がなかったため，解除を行なっている），転リースのユーザーにとっても，だれがレッサーであるかは重要ではなく，通常は，リース物件の使用を継続できることが有利である。したがって，原リースのユーザーにつき，解除原因となる債務不履行があった時以後，少なくとも，リース事業者（原リースのレッサー）が転リースのユーザーに対してリース料の支払を請求した場合には，転リースのユーザーは，リース物件を継続して使用できるという期待を有することが合理的であるから，転リースのユーザーがリース料を原リースのレッサーに支払う限り，原リースのレッサーは，原リース契約を解除しても，信義則上，原リース契約の解除によって転リース契約が消滅することを転リースのユーザーに対して対抗することができず，したがって，リース物件の返還を請求することができないと解すべきであろう。

　このような結論を法的に構成するならば，承諾ある転リースにおいて，原リースのユーザーにつき，解除原因となる債務不履行があった時以後，少なくとも，リース事業者（原リースのレッサー）が転リースのユーザーに対してリース料の支払を請求した場合には，原リースのレッサーと転リースのユーザーとの間に，リース契約が成立すると構成し，あるいは成立しているものと同視できると説明することが自然である[31]。

　したがって，原リースのユーザーにつき，解除原因となる債務不履行があった時以後は，（従前の）転リースのユーザーに対し，リース料の支払を請求することができること（民法613条）はもちろんのこと，（従前の）転リースのユーザーに解除原因となる債務不履行があったときは，（従前の）原リースのレッサーは（従前の）転リースのユーザーに対して，リース契約に基づき，当然に規定損害金の支払を求めることができると解される。

3　まとめ

　原リースのユーザーに解除原因となる債務不履行が生じた時（＝原リースのレッサーが原リース契約を解除することができることとなった時）以後，転

IV 規定損害金と民法613条

リースのユーザーもリース料の支払を怠った場合に原リースのレッサーが転リースのユーザーに対して規定損害金の支払を直接請求することができるかという問題については，1で考察したように，民法613条の適用ないし類推適用によって，直接請求できると解する余地もある。

しかし，むしろ，**2**で示したように，承諾ある転リースの場合に，原リースのユーザーに解除原因となる債務不履行が生じた時（＝原リースのレッサーが原リース契約を解除することができることとなった時）以後に，原リースのレッサーが転リースのユーザーに対してリース料の支払を請求したときには，原リースのレッサーと転リースのユーザーとの間にリース契約が成立している，少なくとも，成立しているのと同視できるため，転リースのユーザーもリース料の支払を怠ったときには，そのリース契約に基づいて，（従前の）原リースのレッサーが（従前の）転リースのユーザーに対して規定損害金の支払を（直接）請求することができると説明することが最も自然である。

(29) 巻之内茂「規定損失金・規定損害金とは何か」山岸憲治ほか『リース取引』（商事法務研究会，昭和60年）251頁以下，松田安正『〔改訂版〕リースの理論と実務』（商事法務研究会，平成13年）50頁以下，戸部秀明「規定損害金・規定損失金・残リース料」山岸憲司＝片岡義広＝内山義隆（編）『新版　リース・クレジットの法律相談』（青林書院，平成15年）101頁など参照。

(30) 広瀬武文『借地借家法』（日本評論社，昭和25年）228頁，星野・前掲注（2）376頁，鈴木禄弥『借地法〔改訂版〕　上』（青林書院，昭和55年）575頁，広中俊雄『不動産賃貸借法の研究』（創文社，平成4年）322頁，篠塚・前掲注（2）288頁，上原由紀夫＝宮崎淳「34条」『コンメンタール借地借家法〔第2版〕』（日本評論社，平成15年）255頁など。また，原田・前掲注（2）373－375頁参照。

(31) 星野・前掲注（2）377頁，鈴木・前掲注（2）1200頁，広中・前掲注(30)326頁，原田・前掲注（2）376－377頁および328頁注(11)に掲げられた文献など参照。

手形無因論の相対化——プラントル理論の紹介と検討——

庄 子 良 男

I　問 題 提 起
II　ドイツの手形無因論とフランス手形法の有因論
III　手形の無因性の検討——基本的行為と補助的行為の関係の中での分析
IV　交付合意と原因債権とからの手形債権の独立性——無因性と非付従性
V　原因関係の当事者間の抗弁
VI　第三者に対する抗弁
VII　結　語

I　問 題 提 起

1　現在，ドイツの手形法学においては，伝統的な手形無因論を前提に，手形授受の当事者間では，原因関係と手形関係の間に明示または黙示の交付合意（Begebungsabrede）という第三の契約を認め，それによって原因関係上の抗弁を手形債権に対する人的抗弁となしうる根拠，あるいは，手形債務の履行によって原因債務も消滅する根拠などを説明しようとする解釈が広く行われている。ドイツ連邦通常裁判所の判例も，この交付合意論に立って，原因関係に基づく抗弁を対抗しうる根拠を，手形授受の当事者間で手形交付の際に合意された目的をとおして無因債権の行使が正当とされない点に求め，手形債権者は原因関係から帰属する以上の権利を手形に基づいて請求してはならないとの解釈を確立している。拙稿「手形法における交付合意論の機能と限界—ドイツ連邦通常裁判所の判例理論—」（拙著『ドイツ手形法理論史』

下巻（信山社，平成13年）969頁－1012頁，『現代企業法学の研究・筑波大学大学院企業法学専攻創立十周年記念論集』（信山社，平成13年）381頁―423頁）においては，以上の概要を明らかにするとともに，交付合意の内容をどのように捉えるかについてはドイツの学説上も解釈が分かれていること，しかし少なくとも判例のとる交付合意論の解釈は，手形債権の無因性を認めつつ，手形権利行使のレベルではこれを原因債権と同視する手形権利行使有因論ともいうべきものに帰着すること，そしてその解釈は結論的にわが国の解釈論とも類似するものであること，などを指摘した。

2 本稿は，私の前稿を補足する意味において，ピア・プラントルの論文「手形の無因性」（Pia Prantl, Die Abstraktheit des Wechsels, 1989 本文中の頁で出所を示す）を紹介して若干の考察をすることを目的とする（プラントル論文を含むこの問題に関するわが国の文献の詳細は，拙著・前掲993頁注3参照。なお，拙著『手形抗弁論』（平成10年，信山社）376頁注2）。著者はその「序文」の中で，手形債権は通常の民事債権から化体性（Körperlichkeit）と流通性（Fungibilität）とによって区別されるにもかかわらず，ドイツの通説・判例は無因性に手形の特徴的なメルクマールを認めている。だがこの概念は，手形と原因関係における諸問題の解決を促進するよりも阻害するものであり，自明で無害なものと並んで，端的に誤りであるものと解釈学的に支持し難いものを含んでいる。むしろ手形債権と原始（原因）債権の間に手形のカウザ（原因）をなす交付合意の存在を認めることが無因性の闇に光を当てる最初の一歩であり，適切な分析により背後の価値判断を明らかにしたならば無因性のドグマはそれほど重大なものではなく結局バラバラに分解されるのではないか（S.17），とくにフランス法における有因手形と対するとき手形の無因性は相対化されるのではないかと述べている（S.18）。プラントルは，手形債権の無因性は手形法から直接生ずるより以上のことを意味しないとしたウルリッヒ・フーバーの問題意識を引き継いで，無因性について独自の分析を展開しているが，その問題提起は，従来手形無因論を前提として手形抗弁論を展開してきた私見を含むわが国の手形法学にも再考を迫るものと考えられる。

I　問題提起

3　プラントルの右論文は全六章本文121頁からなるが，予めその内容を概観すれば，以下のとおりである。まず第一章「判例・学説による手形の無因性の意味内容」(S.20-S.44)では，ドイツの手形無因論の現状とフランス手形法の有因論について分析する。第二章「歴史」(S.45-S.60)では，ドイツとフランスの両国間に解釈論の差異をもたらした歴史的経緯を概観する。第三章「手形の無因性からの訣別？」(S.79-S.88)では，手形行為と原因行為を補助的行為と基本的行為の関係とみて，同様の関係に立つ民法上の諸制度である抵当権や保証，担保土地債務・譲渡担保などの典型担保と非典型担保の諸場合の分析をとおして，これらの補助的行為は，いずれもカウザに対する関係（有因か無因か）と主たる行為に対する関係（付従か非付従か）によって特徴づけられるとし，手形債権の性質決定についても，同様の視点から分析すべきことを提案する。続いて第四章「交付合意と原因債権からの手形債権の独立性，すなわち，無因性と非付従性」では，交付合意と原因債権とからの手形債権の独立性を無因性と非付従性の両面から分析し，手形債権はカウザである交付合意から無因であるとともに，原始債権から非付従であること，そしてこの非付従性は付従性に近い従属性（付従性の代用物）を導く交付合意によって緩和されうることを明らかにする。第五章「原始関係の当事者の抗弁」(S.89-S.107)では，原因関係の当事者間で対抗されうる手形法17条の人的抗弁（直接抗弁）には，交付合意の瑕疵と原始債権の瑕疵とが問題となるが，交付合意の瑕疵は不当利得の抗弁権（BGB821条）をとおして手形債権に対抗され，原始債権の瑕疵は交付合意によって許される場合に始めて手形債権に対して対抗されうると主張する。最後の第六章「第三者に対する抗弁」(S.108-S.121)では，手形法17条の抗弁排除はカテゴリー的・絶対的なものであり，無因性にも非付従性にも基づくものではなく，また，悪意の抗弁は直接抗弁にほかならないとの解釈を主張している。

　以下，プラントルの叙述に沿ってその内容を概観し，そのうえで若干の考察を加えることにする。

II　ドイツの手形無因論とフランス手形法の有因論

1　ドイツの判例・学説においては，手形の無因性の概念のもとに，①原因債権と並ぶ新たな債権としての手形債権の独立性（独立存在），②手形債権の無類型性（具体的な契約類型からの解放）と金額約束の有効性，③カウザが無効でも手形債権は有効であること（カウザについては，不要説のほか，原因関係とみる説，交付合意とみる説がある），④原因債権からの独立性（非付従性）（原因債権が無効でも手形債権は有効であること，別々の譲渡可能性），⑤手形の第三取得者に対する抗弁の排除，などが理解されている（S.20-S.28）。その効果については，ａ．単なる立証責任の転換とみる説（手形債権者は手形債権の有効性だけを主張・立証すれば足り，原因関係からの抗弁は債務者が立証責任を負うとする。形式的無因性），ｂ．不当利得の抗弁権（BGB821条）をとおしてのみ原因関係からの抗弁が手形債権に主張されうるとの説（交付合意の瑕疵の場合と原始債権の瑕疵〔カウザを原因関係とみるか交付合意とみるかで異なる〕の場合とで理論構成に差異を生ずる），あるいは，ｃ．BGB242条の信義則違反または権利濫用の抗弁権を介してのみ抗弁を対抗しうるとする説（不当利得の抗弁権では主張できない原因関係の留置権の抗弁権や同時履行の抗弁権などの延期的抗弁権を主張する場合），ｄ．契約的な目的決定からの抗弁のみを対抗しうるとの説（交付合意による目的決定をとおして原因債権に対する抗弁を手形債権に対抗しうる）などの解釈が導かれている（S.29-S.38）。これにより，手形の無因性は共通の思想ではあるが，その意味内容は多岐に分かれているとする。無因性が独立性や無類型性と同列に置かれる限りでは，概念の二義性というにとどまるが，しかし無因性（abstract）が無原因（kausallos）と同列におかれるや否や，問題の解決よりも隠蔽する帰結が導かれる，とプラントルは指摘している。

2　フランスでは，①19世紀には手形債権と原因債権は同一とみられたが，1901年の破棄院判決以来手形債権の独立性が認められている，②資金（provision）（補償関係たる原因債権と同一物ではない）についてフランス商法116条

3項は「資金の所有権は法律上当然に為替手形の承継的所持人に移転される」と定め、資金債権がつねに手形所持人に属するとして手形との不可分的結合を認めるが、手形の有効性は資金から完全に独立しており、資金債権が無効でも手形債権は有効である (S.41)、③しかし手形が有効であるためには、そのカウザとして有効な原因関係が必要であり（フランス民法1131条「原因なき債務または虚偽の原因・違法の原因に基づく債務はいかなる効果ももちえない」）、原因関係の瑕疵は直ちに手形の瑕疵となる、④その結果、原因関係からの抗弁は延期的抗弁を含めてすべて手形債権に対して対抗されうる、⑤原因関係からの抗弁の立証責任は手形債務者に負わされる、などのことが認められる (S.38-S.42)。これらの特色は手形の有因性を示すものであるが、フランスでも、無因性の概念は、ａ．手形の無類型性、ｂ．手形債権の独立性（独立存在）、ｃ．立証責任の転換、ｄ．抗弁排除（抗弁対抗不能原則 règle de l'inopposabilité des exceptions）などの現象を指して用いられている。しかし原因なしに有効であり不当利得の抗弁権によってのみ争われうるようなドイツ的な無因債務は認められていない (S.43-S.44)。

3　歴史的発展

(1)　ドイツの解釈学においては、アイネルト（Einert）、リーベ（Liebe）を経て、トェール（Thöl）が、手形債務は金額約束であり原因関係から切り離されていることが抗弁権という独特の権利をうみだすと主張した。この無因的手形債務の有効性を前提に、ベール（Bähr）は、厳格な形式のみによって無方式単純合意（nudum pactum）を（原因の如何を問わず）独立の債務として基礎づけるローマ法のスティプラーチオに遡り、無因的債務負担契約たる「承認」（Die Anerkennung als Verpflichtungsgrund）の理論を展開する。無方式単純合意には、訴権がなく抗弁権を生じたにすぎないが、やがて提訴可能性が認められ、無因性の効果をもつ厳格な方式債務は意義を失うに至る。その歴史的過程にもかかわらず、ベールは無因性のドグマに固執し、スティプラーチオの形式性の代わりに、無因債務の負担に向けた私的自治に基づく当事者意思だけが無因債務を基礎づけるものと主張した。その成果はドイツ民法780条以下（無因的債務約束・債務承認）、812条 2 項（「契約によってなした

債務関係の承認または不承認は給付とみなす」）に結実する。それらの規定は，手形債権がドイツ民法780条以下の意味で無因であることを意味し，手形抗弁理論が821条（「法律上の原因なくして債務を負担した者は債務の免責の請求権が時効により消滅した場合でも履行を拒絶できる」）・812条２項という確実な基礎の上に展開されるという利益を保証した（S45-S.55）。

　(2)　これに対してフランスの解釈学では，16世紀まではドイツと同じ展開を有したが，債務負担原因を示さない債務証書（cautio indiscreta）の解釈をめぐりドイツとは違う道をたどる。すなわち，フランスでは，形式の遵守ではなく有効なカウザが無方式単純合意の提訴可能性を正当づけるに至り，いわばカウザが形式の機能を引き受けた。これを前提としたフランス民法1132条（「契約はそこに原因が示されないときであっても有効である」）は，カウザの立証責任の転換を意味すると解されている。一般にフランス民法1108条（「合意の有効性にとり，（次の）４つの条件が本質的なものである。すなわち，債務を負担する当事者の同意，契約を締結する当事者の能力，契約の内容を形成する一定の目的，債務における適法な原因。」）・1131条（「原因なき債務，または虚偽の原因，または不法の原因に基づく債務は，いかなる効果も持ち得ない。」）・1132条は無因的出捐行為を禁じたものと解されており，手形もまた，厳格な形式を要し正当づけとしてのコーズを必要としないにもかかわらず有因と解されている。19世紀フランスの解釈学では，手形債権は資金債権の形式的なヴェールにすぎないと解されたが，手形中へのこの資金債権の化体が，1132条の債務証書と手形との同列性を認識し無因論から離反する出発点となった。この解釈は今日まで影響を及ぼしている。抗弁排除の問題はジュネーブ手形法条約に至るまで明文の規定を欠いており，商事裁判所も学説もその解釈学的把握に成功しなかった。実務の必要から生まれた抗弁排除は，債権債務のローマ法的伝統とは厳密な意味で調和しえなかったからである（S.55-57）。

　(3)　ジュネーブ統一手形法によっても，ドイツとフランス両国間の手形民事法の問題をめぐる解釈の不一致は解決されなかった。同条約第二付属書16条（「振出人が満期において補償を提供する義務を負うか，所持人がこの補償を求める特別の権利を有するか否かの問いは，統一手形法をとおして影響を受けない。同じことは，手形振出の基礎にある法律関係が関わるあらゆるその他の問題につ

いても妥当する。」）は，この問題は条約の対象外とされたことを示す。しかし統一法は国際条約であると同時に国内法秩序に編入されるから，解釈の不一致はすでに作業計画に織り込み済みである。第二付属書16条は賢明といえる自己抑制であり，統一手形法の性質は，比較法的視野をもちつつ国内法の解釈道具による手形民事法的な諸問題の解決を禁じるものではない（S.60），とプラントルはいう。

Ⅲ 手形の無因性の検討
——基本的行為と補助的行為の関係の中での分析

1 原因関係の枠内における手形の意義—手形の交付契約と交付合意

a．手形の交付契約は補助的行為として原因債務の履行のために交付される。債権者が手形債権から満足を得ると原因債権も消滅する。しかし手形という新たな債権により支払を行うことは原因契約からは導かれない（S.61）。したがって手形が特定の原因債務の履行の手段として交付されるものであることは，原因関係と手形関係の間に結ばれる当事者間の合意によって定められる必要がある。これが交付の合意と呼ばれるものである（S.64）。

b．交付合意の独立性　交付合意なしには，手形は原因債権とのつながりを欠き，経済的に無意味なものとなる。それは「売買契約と一緒に，または，手形法的な交付契約の際にまたはその後に，明示的または—大多数の場合そうであるように——黙示的に行われうる（S.64）。」「過去においては，交付合意は，pactum de cambiando（手形を振り出すことについての合意），pactum de contrahendo cambio（振り出されるべき手形についての合意），Wechselschluss（手形予約）とも呼ばれた。個別の内容を形成することは，当事者の自由である。大部分の場合，交付合意は，手形債務を基礎づける債務を負担する債務法的な債務負担契約であるか，または，手形債権が原始債権に奉仕すべきことに合意する単なる目的合意である（S.64）。」交付合意は，履行の合意であり，金銭給付による履行と並んで，手形債権もまた原因債務の履行の道具となるという合意を含む。これによって原因行為には包含されなかった別の債務が導入される。その限りでは履行合意は（原因行為の中に

ある履行の要素に加えて担保の要素が加わる）担保合意に比較しうる（S.66）。なお，履行のために基礎づけられた手形債務は履行の道具にすぎず，変更された原始債務の履行ではないが，売買契約の履行に代えてする手形の交付は，変更された売買契約の問題であってこれとは異なる。交付合意は，原因契約からは導かれなかった新たな手形債務を導くものであって，一方では原因契約から，他方では手形交付契約から，区別されなければならない（S.67）。

　ｃ．手形交付契約のカウザ　このように交付合意は，原始契約と手形法的交付契約を結びつけるが，交付合意と原始関係のいずれが手形の不当利得法的に重要なカウザをなすかの問題は，原因行為の決済の中に補助的行為が介在し，直接・間接二つの出捐目的が存在するすべての補助的行為と共通する（S.67-S.68）。そこでプラントルは，以下それらの分析をとおして手形の無因・有因，付従・非付従の問題を考察する手がかりを得ようとする。

 2　手形以外の補助的行為における無因性と付従性
　ｉ．法定担保権との並行性　ａ．抵当権（BGB1113ff.）は，原因債権なしには成立せず（所有者土地債務となるBGB1163, 1177Abs.1）譲渡も設定もされえない（BGB1153, 1154）。しかし原因関係は履行を目指すものであって担保を目的としておらず，抵当権設定の物権的合意からも，なぜ抵当権によって債権が担保されるべきかは明らかとならない。したがって抵当権設定を正当づけるカウザは，抵当権を設定するという当事者の合意（pactum de hypothecando）である。抵当権合意は土地負担の直接目的であり，被担保債権は間接目的である（S.68-S.69）。ｂ．質権（動産質BGB1204ff.・権利質BGB1273ff.）の場合も同様である。質権設定は原因関係の結果ではなく，質権を設定することの合意（pactum de pignore dando）の結果であり，この合意が無因的な質権設定契約のカウザである。したがって抵当権の場合と同様に，質権設定の合意は直接目的，被担保債権は間接目的として現れる（S.69）。ｃ．保証（BGB765ff.）も同様に債権担保を目的とする。保証債務のためには主たる債務の存在が標準となり，保証人は主たる債務者に帰属する抗弁権を行使できる（BGB768Abs.1.S.1）。法定の物的担保権と同様に保証では，被担保債権は保証の間接目的であるが，保証の直接目的（保証すること

の合意）は保証契約自体に含まれており，その点で物的担保権とは異なる。保証は一般の債務負担契約と同様に有因である（S.70-S.71）。ｄ．法は主たる法律行為と補助法律行為の関係を補助的権利の付従性によって規律している。間接目的とそれに関連するすべての問題は，付従性の範囲に属する。主たる債権の瑕疵のない存続は BGB812条以下の意味での給付目的ではない。直接目的だけが不当利得法的に重要な目的であり，抵当権や質の場合は「抵当権を設定することの合意」「質権を設定することの合意」がこれにあたる。保証の場合はカウザが保証契約自体の中に含まれている（S.72）。

　結局，法定担保権には二つのカテゴリーが妥当し，付従性が担保する権利と被担保債権の関係を決定し，無因性または有因性が担保する権利とそのカウザの関係を決定する。カウザは被担保債権ではない（S.72）。

　ii．法定されていない担保権（非典型担保）との並行性　ａ．担保権として類型化されていない担保土地債務（Sicherungsgrundschuld），譲渡担保（Sicherungeübereignung），債権譲渡担保（Sicherungsabtretung）には，付従性はない（S.72）。ｂ．当事者間に担保の合意がなされて始めて担保権となる。ｃ．したがってこれらの選択された補助的行為の基礎にも，生まれながらの補助的行為（法定担保）の場合と同様，被担保債権と担保合意という二つの法律行為がある。担保行為の直接目的は，担保権のための債務法的基礎をなす担保合意であり，間接目的は，担保されるべき原始債権である。法定担保権では直接目的に対する関係が無因性で，間接目的に対しては付従性を意味するのに対して，非典型の物的担保では，一方はカウザなしに有効で無因であり，他方はその存続において被担保債権に従属しておらず非付従的である（S.74）。ｄ．担保合意は，法定担保権の場合もそうでない場合も，被担保債権において意図されていなかった担保権の基礎づけを正当づける。法定担保の場合には，法律上の付従性のゆえに，担保権と担保される原始債権のつながりを創ることは必要でないが，非典型担保の場合には，担保合意が担保権と被担保債権を結びつける（S.74）。担保合意において当事者は，非典型担保における付従性の欠缺を，非付従性を相対化する適当な合意をとおして補充する。その限りで担保合意は，カウザであると同時に付従性の代用物であるという二重の性格をもつ（S.75）。したがって原始債権と非典型担保権の

関係は，もっぱら非付従性の問題であり，この関係では無因性は意味をもたない。

要するに，法定担保権についてもそうでない担保権についても，無因・有因と付従・非付従という二つの分類概念が妥当する。

iii．損害担保契約・債務承認・債務約束　a．損害担保契約はある者が一定の危険を引受けることを約束する契約であるが，保証と同様に有因であり，非付従的である。しかもその非付従性は，譲渡担保などとは異なり，被担保債権が損害担保契約への影響をもたないほどに決定的であり，付従性の代用物は考えられない（S.76）。b．これに対して無因的債務承認（BGB780）は不当利得返還請求をなしうるので，有因的債務承認と同様，承認されるべき債権と切り離されていない。当事者が原因関係は問題とならないというように承認または約束したときは，損害担保契約であり，債務が存在する限りで債務を承認または約束するときは，確認契約が問題となる。したがって債務約束・債務承認の合意は，有因で付従的（確認契約の場合）であるか，有因で非付従的（損害担保契約の場合）である（S.77-S.78）。

以上の考察から，補助的行為は，カウザに対して無因か有因か，主たる行為（被担保債権）に対して付従か非付従かという二つの関係から特徴づけられる。手形債権についても無因と付従，無因と非付従，有因と付従，有因と非付従，の性質決定を考えうる（S.78）。そこでプラントルは，手形についていかなる組合せが妥当であるかの検討に進む。

IV　交付合意と原因債権とからの手形債権の独立性
―――無因性と非付従性

1　交付合意からの手形債権の無因性　手形債権のカウザである交付合意は，証券には含まれない（S.79）。カウザは具体的な契約を特徴づけ類型化するが，手形債権は一定のカウザと結合されておらず，売買契約の履行のためにも消費貸借の担保のためにも用いられ，具体的目的と関係づけられていない（S.81）。手形法的な交付契約は，カウザから切り離されてしかも有効であるから，無因契約である。同様に手形債権は無因債権である。しかし債

Ⅳ 交付合意と原因債権とからの手形債権の独立性——無因性と非付従性

務負担契約は通常有因であるから，その例外をなす無因的な手形債権の正当づけがどのように導かれるかが問題となる。歴史的にみると，もともとは債務法において個別の契約類型の定数制限が妥当し，個別の厳格に確定された方式行為が，債権者に訴権と請求権を与えた。典型的な方式行為はスティプラーチオであり，その特別の形式が守られるや否や契約は有効となり，請求権が成立した (S.83)。カウザは当初債権の原因ではなく給付を保持するための理由にすぎなかったが，やがて形式の代わりにカウザが，債権の有効性の正当づけとして認められるに至る。しかしこの私的自治へと導くカウザの自立と並んで，従来と同様に厳格な方式契約が存在する。すなわち，ドイツ法では，処分契約（物権行為）が，その有効性がただ法律的に規定された処分の構成要件の厳守にのみ基づく類型化された方式行為として観念された。方式行為は有効なカウザを必要とせず，方式行為自体が十分な有効性の資格とされる (S.84)。手形法的な交付契約は，まさにこのような方式契約である。手形において形式は，形式を必要とする民法の諸契約におけるとは全く別の役割を演じている。民法では，形式は急ぎすぎることからの保護または立証の保護に役立つのに対して，手形では，カウザではなく特別の形式が法律効果を惹起する。この意味で手形法的な交付契約は，債務契約類型の定数制限時代からのスティプラーチオ類似の残存物である。スティプラーチオがその基礎にある無方式単純合意に提訴可能性を与えたように，手形債権は原因債権に代替性を与え，手形訴訟における提訴可能性を与える。「手形法的な交付契約は，すべての考えうるカウザがその基礎にありうる契約である。それは類型化された契約であるが，一定のカウザをとおしては類型化されない。手形の特質は，カウザから独立した無因的な行為類型としてのその形式化にある (S.85)。」

2 原因債権からの手形債権の非付従性　手形債権と原因債権の関係は，付従性のメルクマールを示していないので，非付従的である (S.86)。それゆえ付従性に近い従属性を作出することは，もっぱら当事者の課題である。手形債権はそれが履行に奉仕すべき原因債権に一方的に従属してはいない。手形は，ただ補助的行為としてのみ考えられるというように類型化された補

助的行為ではない。その限りで手形は，質権や保証から区別され，担保土地債務・譲渡担保・債権譲渡担保に等しい（S.87）。「しかし合意により作られた従属性は，付従性の代用物にすぎない。手形債権はたんなる合意によっては付従的とはならない（S.88）。」手形の付従・非付従の問題は，無因・有因の問題とは違い，一義的に法律から回答されなければならない。手形はつねに非付従的である。

3　以上の分析から，プラントルは，「手形は無因的であるのみならず非付従的である」（S.88）と結論している。

V　原因関係の当事者間の抗弁

1　これまでプラントルとともにみてきたような手形債権の無因性と非付従性は，基礎となる法律関係からの手形債権の独立性を導くものであるが，しかしその独立性は絶対的なものではない。手形債権のカウザをなす交付合意の瑕疵に基づく抗弁と，交付合意をとおして手形債権と結びつく原因関係の瑕疵に基づく抗弁が，それぞれ手形債権に対して対抗されうる。

2　交付合意の瑕疵に基づく抗弁
ⅰ．交付合意の瑕疵の原因　交付合意の無効・取消または不存在の場合である。無効事由には，契約における意思表示の不合致（BGB155）・当事者の行為無能力（BGB107ff.）・公序良俗違反（BGB138Abs.1）などがある。交付合意の取消により交付合意ははじめから無効であったとみなされるほか，取消しうることを知りまたは知りうべかりしときは，交付合意の無効を知りまたは知りうべかりし場合と同一に扱われる（BGB142Abs.2）。交付合意の内容によっては，留置権（BGB273）や同時履行の抗弁権（BGB320）も可能である（S.89）。
ⅱ．抗弁構成要件としての不当利得の抗弁権（BGB821）　ドイツ民法821条（「法律上の原因なくして債務を負担した者は債務からの免責を求める請求権が

時効により消滅した場合でも履行を拒絶できる」）は，債務者が，彼の債権者が要求するものを与えた後直ちに812条以下によって不当利得返還請求しうる場合に，抗弁権を与えている。812条2項（「契約によってなした債務関係の承認または不承認は給付とみなす」）では，給付の約束も812条以下の意味における給付とみなされる。同条以下の不当利得返還請求権は，法律上の原因なしに締結された無因的法律行為を前提とする。したがって有効でない交付合意のゆえに手形の交付契約のカウザを欠くときは，821条の不当利得の抗弁権が生ずる（S.90）。手形債権が無因だとしても，瑕疵が全く重要でないほどには，カウザから独立していない。そのカウザの重要性については812条以下が規定している。不当利得返還請求権は，無因的な処分行為にも無因的な手形債務負担行為にも（付従か非付従である点で処分行為と異なる面をもつが，無因性に関する限りでは）等しく妥当する。要するに「手形法的な交付契約が交付合意の欠缺または瑕疵により不当利得返還請求されうる限りでは，債務者は，債権者に対して不当利得の抗弁権を821条によって行使することができる（S.91）。」

3 原始債権の瑕疵に基づく抗弁

ⅰ．原始債権の瑕疵の原因　原因債権は，完全に無効であるか，有効だが権利滅却的抗弁権または延期的抗弁権をとおして妨げられうる。すなわち，交付合意と同様の多種多様な理由から有効でなくなる。有効な原因債権もまた，不法行為の抗弁権（BGB853），権利濫用の抗弁権（BGB242），瑕疵担保（解除・減額）の抗弁権（BGB478），留置権の抗弁権（BGB273）または同時履行の抗弁権（BGB320）を対抗されうる。このように原始債権の瑕疵は，交付合意の瑕疵よりも頻繁かつ重要である。しかしこれらの瑕疵の手形債権に対する一般的な抗弁構成要件は存在しない。ドイツ民法821条は原始債権に対して非付従的である手形債権の関係を規定していないからである。しかし手形債権の非付従性は，原因債権からの究極的分離を意味しない。したがって抗弁対抗は自動的にではないが，特別の抗弁構成要件をとおして行われる。それを導くのが交付合意であり，交付合意が原因関係の瑕疵に関する特別の抗弁構成要件をなす（S.91-S.92）。

ii．抗弁構成要件としての交付合意

　a．当事者の合意による非付従性の緩和　交付合意に基づいて当事者は，手形債務の履行が原因債務を消滅させるなど非付従的な手形債権と原因債権とが相互に影響しあうことを合意し，それによって非付従性を相対化しうる。この意味で交付合意は私的自治に基づいて付従性の代用物たる機能を果たす。むろん原因債権の無瑕疵性を条件とすることにより手形債権の非付従性を一般的に否定するような合意は許されない（手形法1条2号）(S.93-94)。

　b．明示または黙示の当事者意思　当事者は手形債権と原因債権の相互依存を明示的に合意しうる。たとえば，債権者は履行のための手形の交付に合意し，債務者は一定の瑕疵の抗弁権を放棄しうるし，当事者は手形引受が同時に引き渡された仕事を契約上の義務として承認することを意味することを合意しうる。しかし明示的な合意は，まれな例外であり，より頻繁に生ずるのは，合意が黙示的に妥当するものとみなす特別の事情から生ずる場合である。具体的な事情から，債務者の手形引受が先給付を意味し，債務者には債権者に対して同時履行の抗弁権がア・プリオリに禁止される効果が生じうる。また，手形引受は，その額が争われた原始債権の承認でありうる (S.94)。

　c．標準化された契約類型としての交付合意　通常，交付合意の内容は明示されないままに手形が交付されるが，差し支えない。「交付合意の内容は，意図された履行目的によって確定される。交付合意の中で合意された一定の原始債権の履行のための手形の交付は，交付合意の最も重要な内容を構成する。交付合意は，法律に規定はないが，商人の取引により生み出された取引上典型的な契約であり，手形の特別性と債権の履行に役立つ利用とが，交付合意を類型化している (S.95)。」交付合意の「類型化は，それゆえ原因債権と手形債権の相互依存の種類と程度にも関係する。既存の原始債権の枠内で履行のために手形債権の基礎づけが合意されると，それによって当然に二つの債権の間の相互依存が合意される。一般的には履行目的の合意と，個別的には相互依存とを，交付合意が設定する (S.95)。交付合意は，法律外で類型的な契約の種類として結晶されたものであり，取引によって一定の明確に確定された内容が付与されるゆえに類型化されている。原始債権と手形債権の相互作用（手形債権に対する原因債権からの抗弁の主張もそれに属する）が交

付合意の典型的な内容なので，契約における特別の言及と指摘は必要ではない。交付合意は，構造上典型的な行為目的である履行目的を包含する。それは標準化されている。抗弁の相互的な効果波及の到達範囲は，交付合意の契約に内在している。」(S.96)。

交付合意は，その内容を手形の機能から受け取る。手形の履行目的が交付合意中に具体化されている結果，手形債権の機能から対抗可能な抗弁の範囲が明らかになる (S.96)。

d．抗弁構成要件としての交付合意　このように交付合意を把握すると，「原因債権に対する抗弁がそもそもそしていかなる範囲で手形債権に対して許されるかは，直接交付合意から」生じ，「交付合意と並んで追加的な抗弁構成要件は存在しない (S.96)。」

続いてプラントルはこの立場から，手形授受の当事者間で原因関係からの抗弁を基礎づけるために，従来，判例・学説上主張されてきた解釈論を逐一批判的に検討してゆく。ドイツの理論の現状の紹介としても参考となる。

第一に，原因債権に対する抗弁をBGB273条（留置権たる履行拒絶権）により妥当させる解釈があるが，手形債権に対する抗弁はすでに交付合意から生ずるから，留置権の上に抗弁を基礎づけるこの解釈は重要な価値評価を隠蔽する許されない重複であるという (S.97)。

第二に，BGB242条（信義則違反または権利濫用の抗弁権）も，原因債権からの抗弁を一般的に手形債権に及ぼさせるのに適切ではない。この説はBGHの旧説と同様に，手形債権者が原因関係から彼に帰属するよりも多くの権利を手形から主張しようとする限りで手形債権者の許されない権利行使を認め，原因関係に対するすべての抗弁を手形債権に対しても認めている。しかしいかなる範囲で手形債権の行使が許されないのかは，ただ交付合意から生じるのであり，交付合意自体が抗弁に影響を及ぼす基礎である (S.97)。

第三に，手形に対する原因関係の瑕疵に基づく抗弁の到達範囲は交付合意から明らかになるので，BGB821条（不当利得の抗弁権）によりそれを基礎づける構成も必要ではない。抗弁が有効な交付合意から生ずるか，それとも交付合意が無効で821条の効果を伴うか，という二つの正当な選択肢が対立している (S.98)。したがって原始関係の瑕疵が交付合意を無効にし，その結

果欠缺したカウザについて BGB812条以下，したがって821条への道が開かれることをとおして不当利得の抗弁権を基礎づけるすべての試みは失敗する (S.98) とプラントルは言う。そのような試みである以下のような解釈は，いずれも妥当ではないとする。すなわち，a．BGB812条1項1文第1選択肢の給付不当利得から履行拒絶権を導く解釈として，①同158条（条件付法律行為）により原因債権の抗弁不存在を有効な交付合意の解除条件とみる擬制的な構成は不要である (S.98)。②同139条（法律行為の一部無効は全部を無効にする）により，原因行為の無効の場合に交付合意の無効を導くために，両者を統一的な法律行為とみることは必要でない (S.99)。③同726条（組合は目的の到達または不能により終了する）を類推し，担保契約における目的停止を直接の権利滅却原因とみる解釈を交付合意に適用する解釈があるが，組合の規定は無因有因，付従非付従という分類基準になじまない (S.99)。④原因関係が交付合意の取引基礎であり，原因債権の瑕疵または欠缺の場合は，カウザとしての交付合意が脱落するという見解も拒否すべきである。原因関係が交付合意の基礎とみなされるならば，無因性と非付従性の区別が無意味となり，交付合意の意味が見失われる (S.99)。また，b．812条1項2文第2選択肢の給付目的の不発生による不当利得返還請求権は，交付合意が手形債権の基礎づけへと義務づける場合も，単なる目的合意である場合も，いずれも許されない。この不当利得返還請求権は，その対象と履行されるべき目的が非付従である場合には，後退しなければならない (S.100)。

以上のことからプラントルは，ただ交付合意のみが原始関係からの抗弁に手形債権に対抗する効果を付与できると述べている。

ⅲ．抗弁として重要な交付合意の内容

a．ドイツ連邦通常裁判所は，原因債務の履行のためにする手形の契約的な目的決定から「直ちに」債権者は彼に原因関係から帰属する以上の権利を手形に基づいて主張する権利はないと結論したが，しかし履行合意の内容から手形関係へのすべての履行拒絶権の一般的影響を導くことは極めて不適切である。それは無因性ではなく非付従性に反する。非付従性の原則が否認されるならば，原因関係からのすべての抗弁が手形債権に対抗されることになる。そのような結果には，少なくとも最も重要な給付拒絶権とその手形債権

への効果を詳細に分析したうえでなければ到達できない（S.101）。
　　b．履行道具としての手形　履行のために交付された手形の中心にあるのは履行機能である。したがって「決定的なのは，原始債権に対するいかなる抗弁が手形債権に作用し，それによって手形債権が履行道具として無意味になるかということだけである。手形債権の独立した非付従的存在から出発するときは，それの許容が手形を履行の道具として無意味にするような抗弁だけが許される。これが交付合意の標準化された内容である。それゆえ問題は，原始債権に対して存在する抗弁にもかかわらず履行目的が達成されうるものであるかということである。この問いが肯定されるならば，手形債権に対する抗弁は許されないし，逆もまた成り立つ（S.102）。」
　　c．若干の重要な抗弁　①原因（原始）債権が無効・不存在の場合，手形債権者は，交付合意に従い手形を利用してはならない。手形を利用するときは，手形債務者は原因債権の無効を対抗しうる。原始債権が履行によりすでに消滅した場合も同様である（S.102）。②手形債務者が売買契約の形成権（解除権）を有するにすぎないときは，BGB770条2項（保証人の弁済拒絶権）の準用により手形債権に対する抗弁を生じない。債務者は形成権を行使せず浮動状態におくときは，そこから抗弁を導くことはできない（S.103）。③割賦販売法に基づく給付拒絶権を手形債務者が原始債権に対して有するときは，これを手形債権に対しても主張できる。金融つき割賦販売が問題となるときは，手形の交付は当事者の意思に従って消費貸借契約からの償還請求権に奉仕する。この債権に対して契約締結上の過失の抗弁または信義則違反の抗弁が存在するときは，手形債務者はその抗弁を手形債権に対しても対抗しうる（S.103）。④買主が瑕疵担保に基づく解除または減額の抗弁権をBGB478条1項1文によって有するときは，買主は売主の手形債権に対しても同条の瑕疵担保の抗弁権を対抗しうる（BGHの確定判例）（S.104）。これに対しては，現金で支払えば債務者に同条の抗弁権は帰属しないから，その抗弁権は手形にも対抗されないと解すべきであると説く見解もある（カナリス，ツェルナー）が，しかし「手形の交付は履行ではなく履行の試みにすぎない。それは手形債権者を究極的に満足させるものではない。売買契約はまだ完全には清算されていないからBGB477条（除斥期間）に規定された制限は，必要ではない。

478条は，手形債権に対しても貫徹する。交付合意は，原始契約からの給付の瑕疵を是認しない（S.105）。」要するにプラントルは，売買契約における瑕疵担保の抗弁は手形にも対抗しうるとのBGHの解釈を支持する。⑤延期的な給付拒絶権は，給付を永久に妨げるものではなく，延期するだけの抗弁権である（S.105）。このうちBGB320条の同時履行の抗弁権は，原因関係の内部で債務者に先給付義務がない場合にのみ債務者の抗弁となる。債務者に先給付義務がある場合には問題となりえない。それゆえ交付合意によって同条は手形債権にも適用されるというように解されなければならないかどうかは，手形の交付をとおして先給付がなされるべきか否か，債権者自身がすでに給付した場合にのみ手形が行使されるべきか否かという問題に還元される（S.106-S.107）。BGB273条の留置権についても，以上と同様，先給付ないし先給付義務の存否が問題となる。

  4　以上により，交付合意の瑕疵は，不当利得の抗弁権をとおして，原始債権の瑕疵は，交付合意がそれを許す場合に，それぞれ手形債権に対して対抗される。「交付合意からは，原始債権に対するすべての抗弁が手形債権に対抗されるということは導かれない（S.107）。」

VI　第三者に対する抗弁

  1　手形法17条　手形法17条は，手形債務者は交付合意と売買契約をとおして結ばれているゆえに一定の手形債権者に対して主張しうる抗弁を，あらゆるその他の手形債権者に対する関係で排除している。BGB404条（「債務者は債権譲渡人に対して債権譲渡の時点で有したすべての抗弁を新債権者に対抗しうる」）も同じ問題を規定するが，内容的には正反対である。同条は債権譲渡の一般規定だが，手形法17条は，手形債権の手形的譲渡のための特別規範である（S.109）。

  2　手形法17条の制限としての悪意の抗弁（exceptio doli）　a．原則例外

関係の不存在　手形法17条但書の悪意の抗弁によって，手形債務者は手形債権者に対して，その者の前者に対して有した人的抗弁を対抗しうるものと一般に解されている。しかしプラントルは，そのように解すべきではないという。すなわち，悪意の抗弁は，手形債務者と旧手形債権者の間の人的な法律関係に基づくのではなく，手形取得者の権利濫用的態度にのみ基づくオリジナルな抗弁である。それは引継がれた抗弁ではなく，権利濫用という新たな抗弁構成要件に基づく独立のものであり，手形取得者と手形債務者の間の特別の関係に基づく人的・直接的抗弁である。そのようなものとして悪意の抗弁は手形法17条の適用範囲に入り，後者たる手形債権者に対しては排除される。手形法17条の同義反復的な後半部分は，同条の原則から生じないような何ものも含んでいない。一般原則の制限として定式化された悪意の抗弁は，例外ではなく，原則の確認である（S.110-S.111）。

　b．善意の基準の不存在　手形法17条は，すべての人的抗弁を，人的関係が存在する以外の手形債権者に対しては例外なく排除するが，善意の基準を規定していない。

　プラントルは，法律に規定のない排除可能な有効性の抗弁について，手形取得者に悪意・重過失のないことが保護の基準と解されていることに関連して，そもそも保護の基準を設定していない手形法17条を最初から適用しなかったことは正当であるとする。そして，有効性の抗弁には17条が人的抗弁に与えているような広範な保護は要求されないから，レヒツシャインが本拠とする16条2項への道は自由であった。今日支配的な抗弁理論は，そのレヒツシャイン原則に即した方向づけをとっている点で，まさに有効性の抗弁というその核心問題のために一貫しており，説得力がある（S.112），と述べている。

3　手形法17条と手形債権の無因性

　a．手形法17条により手形取得者は，自己自身にも手形の有効性にも関しない抗弁を対抗される危険から保護される。それは手形の代替性（流通性）に役立つ。b．通説は，流通能力を本質的に保証するのは手形の無因性であり，手形の流通性は17条の抗弁排除から導かれると解し，無因性と抗弁排除

を同一の現象と解している。しかし無因性と抗弁排除，すなわち流通能力を結びつけることには賛成しがたい（S.113）。c．なお，処分行為（物権行為）の無因性は流通能力に寄与するが，そこには抗弁排除は存在しないから，無因的手形債権との間に平行性はない（S.113）。

　d．無因性と抗弁排除の差異　プラントルによれば，無因性は抗弁排除とは違う二つのものである。次のような例を挙げている。①債務者Aと債権者Bが売買契約を締結し，Aが履行のために手形引受をなすべき旨の交付合意に基づいて，Aが手形を引き受けBが手形債権者となってそれをCに裏書した場合，Cの請求に対して，Aは手形法17条のゆえにAB間に有効な交付合意は成立しなかった（BGB821）とは主張できない。Aは支払わなければならない。②AとBが売買契約をし履行のために手形債権を基礎づける。Bが手形債権を裏書によらずBGB398条の指名債権譲渡の方法でCに譲渡し，それと並んで手形証券を授与する。CがAに手形の支払いを求めるときは，AはCに対してもBに対する交付合意欠缺の抗弁（BGB821）を援用できる。③BがCに裏書禁止手形を譲渡すると，Cは通常の指名債権譲渡の方法でのみ譲渡しうる。完全に無因的な手形ではあるが，手形法17条は適用されない。結局，譲渡人が指名債権譲渡の方法で譲渡すると，無因的手形は無因性を失わない。無因性と抗弁排除の欠缺は，きわめて十分に相互に調和させられる。したがって手形は，流通能力を無因性にではなく抗弁排除に負っている（S.115）。

4　手形法17条と手形債権の非付従性
　a．最も厳格な非付従性のもとでは，直接当事者間でも原始債権からの抗弁は対抗できず，抗弁はア・プリオリに排除されるから17条による第三取得者のための抗弁排除の基礎自体が欠ける。しかし非付従的な手形においては，基礎となる法律行為から究極的には分離されておらず，交付合意に基づいて，原因関係からの抗弁の許容性が生ずる。付従性からと同様，非付従性からも，抗弁は導かれる（S.116）。
　b．非付従性と抗弁排除の差異　プラントルによれば，非付従性もまた抗弁排除とは別のものである。次の例を挙げている。①BGB398条以下（指名

VI 第三者に対する抗弁

債権譲渡）による手形債権の譲渡　裏書禁止手形は，指図手形と同様に非付従的であるが，抗弁排除はない。したがって抗弁の許容性は付従的権利に遡られる必要はない。②抵当権　抵当権には付従性があるが（BGB1113），いわゆる流通抵当権として流通能力が付与されている（BGB1138, 1137）。抵当権の善意取得の規定は，債権についても（所有者に1137条により帰属する債務者個人の）抗弁権についても妥当する結果，付従性を規定する1137条は取引安全を図る1138条により弱められている。抗弁対抗を受けない抵当権の取得として示される1138条は，問題の性質上抗弁排除を規定する。債権者が自己の債権の証明のために土地登記簿における登記を援用できない保全抵当権については，1185条2項により1138条は適用されない。ここでは付従性は，公示原則のゆえに後退することはない。この流通抵当と保全抵当の比較は，付従的権利は流通能力がありうるが，ある必要はないことを示している。流通能力があるか否かは，法律が付従性の厳格な実行を優先させるか，それとも善意取得の可能性によってそれを緩和するかによる。帰責可能的に惹起されたレヒツシャインの原則は，摩擦のない取引を保証できるにすぎない。付従性も，取引能力を決定的に妨げる限界には突き当たらない。③土地債務（BGB1191Abs.1, 1192Abs.1）は非付従的である。分離土地債務（die isolierte Grundschuld）では，抗弁はもともとの債権者に対しても存在しないから，抗弁が第三取得者に対して排除される必要はない。非付従的な担保土地債務の場合，抗弁権の対抗を受けない善意取得による担保合意に基づく抗弁排除が1157条2文により保証される。担保合意からの抗弁は，土地債務に向けられるから（BGB1157Satz.1），抗弁が取得者に知られているか，土地登記簿または土地債務証券から明らかになるときは，取得者に対抗されうる。そのことは，非付従性は，それだけでは担保合意からの抗弁があらゆる新債権者に対抗されうることから保護するわけではないことを意味する。帰責可能的に惹起されたレヒツシャイン原則が決定的である（S.117）。

　c．代替性（流通性）と抗弁排除　以上見てきたように，流通能力は，付従か非付従かの問題に関係なく，「もっぱら第三者に対する抗弁排除の可能性とその範囲にかかっている（S.117）。」そして，「第三者に対する抗弁排除を規定する諸原則は，一般的には帰責可能的に惹起されたレヒツシャイン原

則に遡られなければならない。」しかし手形法17条は「手形法16条2項に住所をもつレヒツシャイン原則を超えて，帰責可能的に惹起されたレヒツシャイン原則を考慮せずに，流通性の最高限度を達成するために，第三取得者への一定の抗弁の無制限の不許容性を規定している。」したがって「手形法17条はレヒツシャインの特別の場合を規定しているものではない（S.118）。」プラントルは「手形法一七条の背後にレヒツシャイン原則があるのではないとすれば，この規定は，手形が，債務が文言に従って形成されている方式契約（Formalkontrakt）であるという原則に基づいているように思われる（S.118）。」と述べている。このように原因関係からの抗弁について，さもなければ手形にも妥当するレヒツシャイン原則から離反させられたことは，単純に「これらの抗弁が手形固有の関係の外に立つ」ことを示している。原因関係からの抗弁を手形法17条は，この原則の一貫した適用において第三者に対する関係で排除するのである（S.118）。

しかしこのことは，強行的にそうでなければならないことを意味するわけではない。担保土地債務のためにも，原始関係に関する担保合意からの抗弁は，担保土地債務の外にあり，これと原則的には何の関係もないが，第三取得者に対する右抗弁の許容性のためには，BGB1157条（抵当権に対する抗弁権の登記の有無による存続と排除）の2文に法典化されたレヒツシャイン原則が妥当する。手形法17条に相当する規範は担保土地債務には存在しないから，それはレヒツシャイン原則以上の取引保護を必要としない。しかし「手形においては違う。ここでは手形法17条がいずれにせよ人的抗弁について流通能力の最高程度を作っている。手形法17条のラディカルな抗弁排除は，無因性または非付従性の本質から必然的に出てくるのではなく，規範における実定的な規定から出てくる。それはレヒツシャイン原則とは関係がなく，それ以上に及んでいる。手形法17条の明示的規定のゆえに，人的抗弁のためにはレヒツシャイン原則は妥当しない（S.118）。」

5　無因性と非付従性と並んで，前者たる手形債権者との直接の関係からの抗弁の排除が手形債権の第三のクリテリウムとなる。この抗弁排除だけが，手形法16条2項の規定と並んで，手形の極めて大きな流通能力を保証してい

る。これがプラントルの結論である。

VII 結　語

1　以上においてプラントルの無因論についてみてきた。改めてその骨子をまとめると，次のとおりである。第一に，手形債権と原因債権との間に手形のカウザ（原因）をなす交付合意の存在を認めること，第二に，手形は交付合意との関係では無因だが，原因債権との間では非付従的であること，第三に，手形法17条の人的抗弁には，交付合意の瑕疵と原因債権の瑕疵とが問題となるが，前者は不当利得の抗弁権を介して手形債権に対抗され，後者は交付合意によって許される場合にはじめて手形債権に対抗されうること，第四に，手形法17条の抗弁排除はカテゴリー的・絶対的なものであり無因性にも非付従性にも基づくものではなく，また，レヒツシャインの特別の場合を規定したものでもないこと，悪意の抗弁も直接の人的抗弁の一種であること，などである。これらを前提として，以下に若干の考察をしたい。

2　まずプラントルのドイツの学説中における位置づけが問題となる。ドイツの通説が手形無因論を前提ないし一貫させる手段として交付合意論を位置づけてきたのとは反対に，プラントルの立場は，手形の無因性を否定しないものの可能な限り無因論の妥当範囲を限定する方向で交付合意および人的抗弁の解釈論を展開し，それによって無限定に無因論を肯定する通説とも，実質的に無因論を否定する立場とも異なる，新たな方向を目指した点に特色がある。その基本的な問題意識と結論は，手形法に規定するより以上には無因性を認めるべきではないとしたフーバーによる無因性批判論（拙著「フーバーの手形抗弁理論」『手形抗弁論』372頁以下，その無因性批判の問題点については423頁－432頁，ほかに479頁注13，参照）を引き継いでそれをさらに発展させたものといえるが，フーバーにおいては，交付契約無効の抗弁によって手形所持人は無権利者となるがその人的抗弁は手形法17条によって切断されると解したため，さまざまな矛盾に逢着したのに対して（前掲『手形抗弁論』435頁以下，454頁以下，参照），プラントルは，手形債権の無因性を認め，17

条の人的抗弁である原因関係の瑕疵に基づく交付合意からの抗弁も交付合意自体の瑕疵に基づく抗弁も，いずれも原因関係の直接当事者である手形所持人を無権利者にはしないと解することによって，フーバーの矛盾を克服している。さらに，プラントルが有効性の抗弁理論（新抗弁理論）を支持することによって（S.112），交付契約欠缺の抗弁を有効性の抗弁とみて，帰責可能なレヒツシャインの観点から悪意重過失なき手形取得者の保護を図ろうとする立場に立つことを示唆した点は，これを17条の人的抗弁とみて17条によって第三取得者の保護を図ろうとしたフーバーの見解とは著しく相違する。プラントルの本論文はフーバーの解釈を直接批判してはいないが，しかしほんらい新抗弁理論は，無因的手形行為の有効な成立を争う事由を有効性の抗弁と構成し，無因性による抗弁制限の妥当範囲を手形法17条に限定することを主張して，権利外観理論の妥当範囲を制限し，無因論の復権を図ったものとも評価できる。その意味では，プラントルの立場は，有効性の抗弁を支持することによって無因論の立場を維持しようとしているともいえる。このようにみてくると，プラントルは，ウルマー，フーバー以来の無因性批判論を承継しつつこれを発展させているのであるが，他方，手形理論の立場としては，フーバーがウルマー（ウルマーの手形理論については前掲『手形抗弁論』416頁以下，421頁注75，422頁注79）から受け継いだ創造説と契約説の結合理論（前掲『手形抗弁論』412頁。ウルマーとフーバーの比較検討については，前掲416頁－421頁）および有効性の抗弁否定説をいずれも捨てて，手形債務負担を交付契約かつ方式契約と把握する立場をとっており，それによって，リーベ（方式行為説），トェール（交付契約説）以来の伝統的な手形理論および抗弁理論に連なっているものと認めうるのである（拙著『ドイツ手形法理論史』906頁以下，参照）。

　3　プラントルの交付合意論の中心的な意義は，手形無因論を相対化した点に認められる。この相対化は，一方では，手形債権と原因債権の間に交付合意という独立の契約を介在させることにより，手形債権のカウザ（原因）は原因関係ではなく交付合意であり，手形債権はこの交付合意から無因性を有し，原因関係からは非付従性の関係にあるとして，原因関係からの無因性

を否定した点にあり，他方では，人的抗弁の制限は手形法17条からカテゴリー的に導かれるものとして，人的抗弁制限と無因性（および非付従性）とは無関係であるとした点に現れている。前者は，無因性の妥当範囲から原因関係を排除し，交付合意との関係だけに縮減したものであり，後者は，無因性の機能を不当利得の抗弁権という構成を導く点に制限したものである。従来の一般的な無因性理解では，原因関係からの無因性によって手形債権が原因債権とは別個独立の権利として構成されていることが，手形債権の譲渡に伴い人的抗弁を自動的に切断せしめるものと解されてきたから，このプラントルの見解は，これに正面から反対する問題提起をしたものとして注目すべきものである（手形の無因性に関するわが国の論文としては，上柳克郎「手形債権の無因性—ヴィーラントの手形学説に関する一考察—」会社法手形法論集（有斐閣，昭和55年，初出昭和28年）363頁，「手形の無因性に関する覚書」前掲（初出昭和53年）386頁，同「手形の文言性」前掲（初出昭和39年）344頁，小橋一郎「手形の無因性」手形法小切手法講座1（昭和39年）41頁，前田庸「手形権利移転行為有因論」鈴木竹雄先生古稀記念・現代商法学の課題中（有斐閣，昭和50年）885頁，平出慶道「手形債権移転行為の相対的有因性」石井照久先生追悼商事法の諸問題（有斐閣，昭和49年）429頁など，参照。最近のものとして，伊沢和平「手形行為と善意者保護のあり方」（竹内昭夫編『特別講義商法Ⅱ』有斐閣，平成7年）100頁，福瀧博之「手形行為とその原因関係」竹内編・前掲117頁，永井和之「手形行為の無因性と文言性」現代手形法小切手法講座2（成文堂，平成12年）27頁，柴崎暁『手形法理と抽象債務』（新青出版，平成14年）がある）。

4 手形債権が原因債権から非付従的であり，交付合意から無因であることの論証については，プラントルは，手形行為と原因行為を補助的行為と基本的行為の関係とみて，同様の関係に立つ民法上の典型担保や非典型担保などの諸制度を取り上げ，それらが基本的行為との関係では付従または非付従の関係にあり，抵当権の合意や担保の合意などとの関係では無因または有因の関係にあることを明らかにしたうえで，それらとの比較対照から手形の特徴を分析することによって，その結論を導いている。とくに手形は，無因性の点で物権行為の無因性をとるドイツ法上の抵当権・質権と共通だがこれら

が付従的である点で異なること，有因で非付従の保証債務や債務承認，損害担保契約とは異なること，しかし無因で非付従である点で担保土地債務や譲渡担保，債権譲渡担保などと共通性をもつこと（ここではカウザをなす担保合意が非付従性を緩和する機能を果たすこと）を明らかにして，手形の法律関係の構造と性質を解明する手がかりとした点は，きわめて新鮮で示唆的である。そして，それを基礎として，付従か非付従か，無因か有因かは，権利の流通性とは関係がなく，権利の流通性は人的抗弁制限の制度にかかっていると指摘する点もまた，注目すべき指摘である。プラントルは，手形を無因・非付従と捉える立場をとるが，フランスの有因的手形制度においても手形の流通性に支障がないことに言及することにより，国内法の如何によっては，有因・付従の手形理解もまた，手形法17条のもとでは十分に成り立つことを示唆している。プラントルの解釈の結論に対する賛否の問題とは別に，プラントルの方法そのものが，手形制度の解釈の可能性を拡大していると考えられる。

5 プラントルは，手形法17条の規定を，人的関係に基づく抗弁の絶対的切断を定めたものとみて，同条但書の悪意の抗弁を手形債務者と手形所持人の直接の人的関係から生ずる独立の抗弁と解している。それによって人的抗弁には，①交付合意の瑕疵に基づく不当利得の抗弁権，②交付合意を通して主張される原因関係の瑕疵の抗弁，③悪意の抗弁，の三種類があることを明らかにしている。いずれも直接抗弁ではあるが，①と②は手形債務者と原因関係の当事者である手形所持人の間での直接抗弁であるのに対し，③は手形債務者と第三者との間に成立する直接抗弁である点に差異がある。いずれにせよ，プラントルによれば，すべての人的抗弁は，当事者間でしか主張できない，いわゆる生来的人的抗弁であることになる（わが国では融通手形の抗弁につき生来的人的抗弁とみる説がある，大隅健一郎「融通手形の抗弁」法律時報34巻10号76頁，永井和之「手形法17条」（平出慶道＝神崎克郎＝村重慶一編『手形・小切手法』）（青林書院，平成9年）283頁）。プラントルは，このように人的抗弁が当事者間でしか対抗できず，第三者に対しては絶対的に対抗できないことを手形法17条が規定したと解することによって，抗弁制限と無因性と

は関係がないと主張している。この立場からは，従来，取得者の害意の意義をめぐって展開されてきた解釈論が，悪意の抗弁の構成要件である権利濫用の要件を満たすかどうかの問題にそのまま置き換えられることになるのかどうか，必ずしも明らかではないが，おそらく肯定されるのではないかと思われる。すなわち，満期において債務者が当該抗弁を主張することが確実であるとの認識をもちつつあえて手形を取得することが権利濫用の要件を満たすものと思われる（河本一郎「手形法における悪意の抗弁」民商法雑誌36巻4号61頁以下，大隅健一郎＝河本一郎『注釈手形法小切手法』（有斐閣，昭和52年）215頁）。そのように考えると，悪意の抗弁を権利濫用を要件とするとプラントルが言っている実質は，従来の解釈論の内容と変わらないものと解される。

6　以上のようなプラントルの解釈は，形式論理的には成立しうる見解であるが，必ずしも無条件には賛成できないというよりも，むしろ根本的な疑問があるように思われる。すなわち，プラントルのいうように手形行為の無因性が交付合意からの無因性であることに同意するとしても，手形行為が無因であり，交付合意の成否や内容の影響を受けないとすれば，手形権利は文言どおり抗弁の制約を受けない完全な権利として成立し存在するのであるから，そのような権利が譲渡されれば，手形外の法律関係に基づく抗弁は，交付合意に関するものであれ原因関係に関するものであれ，いずれも自動的に切断される。この意味で手形法17条の規定は，当然のことを定めた注意規定であって，規定がなかったとしても無因な手形債権の譲渡によって人的抗弁切断の効果は当然に生ずるのではないか，すなわち，手形の無因性こそが，交付合意によって導かれる原因関係からの抗弁が第三者に対して当然に切断されることの根拠ではないか，ということである。プラントルの考えでは，17条がなければ，人的抗弁の制限じたいが存在しない。しかも人的抗弁の第三者に対する絶対的排除という17条の根拠じたいは，何ら説明されていないのである。プラントルが否定する通説の手形無因論による人的抗弁制限の基礎づけは，手形法17条の根拠を求める問いに対するひとつの回答にほかならないが，プラントルのいう，人的抗弁制限は手形法17条があるからだという説明は，タウトロギーであり，問いに答えるに問いをもってしたものにすぎ

ない。当事者間での原因関係からの抗弁の対抗を交付合意によって基礎づけるのと同程度に，人的抗弁の絶対的排除（17条）の根拠が説明されなければならない。後者の基礎づけを放棄した交付合意論は，不完全な無因論にほかならず，それはプラントル自身の前提とも矛盾するように思われる。

　学説史的にみると，手形債権が無因的に構成されたのは，もともと手形裏書を債権譲渡と捉えると，何びとも自己の有するより以上の権利を他人に譲渡できないとのローマ法における抗弁承継の原則のゆえに，人的抗弁制限の基礎づけができなかったからである。抗弁によって債権は直接制約される結果，債権譲渡とともに抗弁も承継される。この結果を克服するために手形の無因性が認められ，それによってそれまですべての抗弁は手形債権を直接制約する物的抗弁であったのが，手形外の原因関係からの抗弁は，手形権利を制約しない手形外の人的抗弁となった。その結果，無因的な手形債権は，抗弁承継の原則に抵触することなく，譲渡によって当然に手形外の人的抗弁の制限を導くことになったのである（拙著『手形抗弁論』171頁，261頁以下，拙著『ドイツ手形法理論史』下巻851頁以下の「プロイセン手形立法史の概観と考察」参照）。このように考えると，手形法17条を基礎づけているのは手形の無因性にほかならず，17条のゆえに無因性と無関係に抗弁切断の効果が導かれるのではない。プラントルの理論では，手形の無因性は交付合意との関係に縮減されているが，その無因性こそが17条の基礎であることは否定できないのではないかと思われる。

　プラントルは，手形法17条の基礎には手形の方式行為性があるとも述べている。もともと方式行為はリーベによって無因的手形権利の基礎づけのために展開された思想であって無因論との関係が深いが（拙著『ドイツ手形法理論史』861頁—876頁，889頁など，拙稿「フリードリッヒ・リーベの手形法学序説」21世紀の企業法制・酒巻俊雄先生古稀記念（商事法務，平成15年）429頁），プラントルの言及は簡単なものにとどまるため論評を控える。

　7　プラントルは，交付合意について，それは，特定の原因債務の履行のために手形が交付されるべきこと，手形債権に対して対抗される原因債権からの抗弁の範囲，手形の支払いによって原因債務が消滅することなど，手形

債権と原因債権の相互依存の関係を定めるものであり，手形行為の前後に，明示または黙示に行われると述べている。そして原則的形態である黙示の交付合意の場合，交付合意は，標準化された契約類型として，履行目的の合意と二つの債権の相互依存の定めを含むと述べている。しかし，そのような説明によっても，交付合意の内容は，必ずしも明確ではない。通常の黙示の交付合意の場合には，結局，原因契約の趣旨や目的から当事者の合理的意思を推測するほかはないのではなかろうか。プラントルは，交付合意という独立の法律行為の存在を認め，それを原因関係からの抗弁を許す特別の抗弁構成要件と位置づけているが，抗弁構成要件自体が必ずしも明確ではない。そのため，原因関係からの抗弁を，非付従性を理由にすべて否定することになるのか，それとも，抗弁対抗を許すために交付合意についての合理的な意思解釈を行うのかが明らかではない。立証責任の原則からは，原因関係からの抗弁を主張するための前提となる有効な交付合意の立証は，手形債務者が負うと解されるが，黙示の合意の場合には，何を立証すべきなのかが，必ずしも明らかでない。そもそも交付合意によって特定の抗弁の放棄が明示的に合意された場合は別として，黙示的な交付合意のゆえに対抗が許されない人的抗弁というものがありうるのか。プラントルが交付合意との関係で重要な抗弁として取り上げている原因関係の無効・不存在などの人的抗弁は，いずれも対抗可能とされており，原因関係に対する同時履行の抗弁権は，手形の先給付義務の存否に依存するとして，いずれも対抗を認めており，制限される抗弁はほとんどないように思われるが，しかし交付合意からは原因債権に対するすべての抗弁が対抗されることは導かれない，とも説かれている。要するに，債務者による交付合意の立証によってはじめて原因関係の瑕疵が抗弁として主張できるのか，交付合意による禁止が債権者により立証されない限りいかなる抗弁も対抗できるのかにより，許される抗弁の範囲は，狭くも広くもなりうると考えられる。

8　以上の問題を明確にすることを前提としたうえで，交付合意論をわが国にも導入しうるかの問題であるが，確かに手形無因論を手形行為全体に及ぼす契約説の立場をとるときは，わが国でも，交付合意によって原因関係と

手形関係を結びつける実益があるであろう。これに対して二段階行為説の立場では、必ずしもそうとはいえない。すなわち、手形債務負担行為については、原因関係を含む手形外の関係から無因であるといえば足り、交付合意は、手形権利移転行為との関係でのみ問題となるというべきであろう。しかし手形権利移転行為について有因論をとると、原因関係が無効であるかまたは消滅するときは、手形権利移転行為も無効であるかまたは消滅することになるから、原因関係からの抗弁はすべて手形債権に対する抗弁となる。その結論は、ドイツの判例のとる交付合意論や、フランス法の有因的な手形におけると同様であるが、ここでは手形債権と原因債権の有因的関係が問題になるというよりも、手形権利移転行為の成立要件の中に原因関係の成立要件が包含されてしまうのであるから、そこに重ねて交付合意のようなものを容れる余地はないというべきであろう（手形債権の無因性を認めつつ、手形授受の当事者間では手形債権と原因債権の同一性を認めるべきであることについては、拙著『ドイツ手形法理論史』下巻911頁―914頁、991頁）。

　なお、プラントルは交付合意を手形予約と同視している（S.64）。二段階行為説の立場でも手形予約の概念は今も用いられているが（鈴木竹雄『手形法小切手法』（新版・前田庸補訂）（有斐閣、平成4年）237頁、平出慶道『手形法小切手法』（有斐閣、平成2年）355頁、前田庸『手形法小切手法』（有斐閣、平成11年）285頁）、将来振り出されるべき手形の内容や目的を定める手形予約は、手形行為が行われた後は、原因関係の中に解消されて消滅すると解すべきであろう。

　9 最後に、ドイツの交付合意論は、手形無因論を前提としつつ、権利行使の段階では、手形権利行使有因論とも言うべき内容となっており、フランス法に著しく接近していることについては以前に述べたとおりであるが、プラントルの論文においても、フランス法への接近の姿勢が明確に見出される。すなわち、プラントルは、手形債権が、フランスではプロヴィジョンから、ドイツでは交付合意から、それぞれ無因と解されることに法律構成上の平行性を認めるとともに、手形が原因債権との関係においてフランスで有因、ドイツで無因と解されている点の差異に対しても、それをむしろ共通性の認識

のうえに位置づけている。すなわち，手形の無因性を交付合意との関係に限定して，これをフランス法における資金の地位と平行に位置づけるとともに，ドイツにおいて従来原因関係との間に無因性が問題とされてきたのを付従性か非付従性かの対立問題に置き換え，非付従性は交付合意により緩和されると解することをとおして，両者を機能的に接近させるべきことを試みている。また，手形法17条に抗弁切断の唯一の根拠を求め，無因性から切り離そうとしている点にも，ドイツの伝統的無因論を限定しようとする意思が感じられる。フランスとの緊密な結びつきの時代を反映するドイツの法律学の新たな努力を示すものであろうか（わが国のフランス手形理論の詳細な研究として，柴崎暁『手形法理と抽象債務』前掲）。

10 以上，プラントルの目指した手形無因論の相対化について考察してきた。わが国でも，二段階行為説が，手形無因論を手形債務負担行為に限定して手形権利移転行為には否定することで，手形無因論を相対化している（平出・前掲，前田・前掲）。手形行為の全体的無因論もまた，原因関係からのすべての抗弁を直接手形債権の行使に対抗しうると解して，無因性を実質的に制限している（上柳博士，河本博士をはじめ通説）。手形関係全体を有因的に解釈する見解（伊沢・前掲）すら主張されている。これらの傾向は，すべてひとつの方向，すなわち，手形のみによる権利行使の可能性と手形抗弁制限の基礎づけを目指して展開されてきた手形無因論をその本来の妥当領域に限定しようとする方向を目指すものであって，見解の対立を蔵しつつも，手形法学が目指している結論の方向であるということが言える。

株式買取請求権制度における『公正な価格』の意義
——シナジー分配の問題を中心として——

柳　明　昌

I　はじめに
II　わが国におけるシナジー分配をめぐる議論とその検討
III　アメリカ法におけるシナジー分配をめぐる議論
IV　わが国への示唆と今後の課題

I　はじめに

1　問題の所在

　会社法上，合併の対価は存続会社の株式に限られず，現金を対価とするいわゆる交付金合併が認められる（会社法749条1項2号参照）。吸収合併が行われる場合に，消滅会社の少数株主が現金を対価として締め出される場合，反対の株主は消滅会社に対して自己の有する株式を「公正な価格」で買い取ることを請求することができる（会社法785条1項2項）。この場合，合併に反対でない株主でさえ，存続会社において投資を継続できなくなる可能性がある。いかなる要件のもとで交付金合併が有効かについては議論の余地があるものの，締め出される株主にとっては「公正な価格」による株式の買取りが重要な救済の一つとなりうる[1]。

　しかしながら，「公正な価格」の意義について条文は規定しておらず，その内容は一義的に明確ではない。この点については，反対する株主の中には，合併そのものには賛成であるが，合併の結果，対価として交付される財産の割当てには不満足である者が存在しうることから，商法にいう「承認ノ決議ナカリセバ其ノ有スベカリシ公正ナル価格」（旧商法408条ノ3第1項）によ

351

る買取りではなく，合併による企業価値の増加を適切に反映した価格による株式の買取り，つまり，「承認ノ決議ナカリセバ其ノ有スベカリシ」という部分を削除し，合併による企業価値の増加，すなわちシナジー[2]を適切に反映した価格を意味すると一般には説かれている[3]。

　旧商法上，反対株主は「承認ノ決議ナカリセバ其ノ有スベカリシ公正ナル価格」で買い取ることを請求できるとされ，「承認ノ決議ナカリセバ」という条件が付されていたが，この趣旨は，実質的にみれば，株式の買取りを請求する株主が合併に反対，つまり退出の選択をした場合には，合併を前提とした価格による買取りは禁反言の法理により否定されるということである。とすると，合併比率に反対するだけの株主や，組織再編行為における対価の柔軟化により自ら退出の選択をしていない株主については，「合併に反対するのだから合併から生じる利益に与かることはできない」という理由は妥当しないことになる。

　しかし，このことから直ちに，交付金合併においてシナジー分配が認められるべきことには直結しない。規定ぶりからは，禁反言の法理によってシナジーを含めることは禁止されないというだけであって，積極的にシナジーまで買取り価格に含めるべきかどうかはまた別問題であると考えられる。その意味で，何が公正な価格であるかについては，シナジーを理論的にいかに基礎づけるかという問題とともに，会社法における株式買取請求権制度の趣旨に照らして再構築されねばならないと考えられる。

　学説では，シナジーを含めるべきであるという見解が有力に主張されるが[4]，問題となるのは，シナジーを含めるべきとする法理論的な根拠にある。現金交付合併によって締め出される株主を保護する必要があるというにとどまらず，なぜシナジーまで分配されねばならないかである。というのは，交付金合併により締め出される株主は，財産権＝株式が剥奪される時点でその価値を補償されれば足りるのであって，合併から生じるシナジーまで分配する必要はないという考え方もありうるからである。

　会社法上，「公正な価格」とされた趣旨が，合併によるシナジーを含める趣旨であると解釈することは，確かに，規定ぶりの変更の経緯に照らせば合理的であり，また立法者の意図するところであろう。そして，「公正な価格」

I はじめに

の概念は非常に抽象的かつ多義的であり，そのような解釈も十分に成り立つ。しかしそのような理解は，理論的にも，また実際問題としてもなお検討すべき課題があるように思われる。

第一の問題は，シナジーとして何を考えるか，そしてそれをシナジーとして考慮すべきかである。シナジーは，各当事会社の企業価値を超える部分[5]であるが，源泉としては，規模の経済等による合体から生じる積極的な価値の増加と，交付金合併におけるような少数派株主を締め出すことによって管理コスト等が減少することによって生じる価値の増加とがある[6]。果たして，双方ともにシナジーとして考慮すべきことになるのであろうか。いかなる場合に，いかなる根拠で，シナジーが考慮されるべきことになるのであろうか。

シナジーの「分配」が最終的には問題となるとしても，企業価値増加分を算定する以上，算定の基礎となる要素がある程度特定されざるを得ず，そうだとすると，分配以前に「シナジーが何であるのか」が問われるであろう。もし何らかの要素が特定できるのであれば，合併があってはじめて生じる増加なのか，それとも，合併から生じるように見えるけれども，もともと消滅会社に存在していた要素からの価値の顕在化（すなわち，継続企業価値）とみるべきかが問題となる。

第二の問題は，シナジーを分配すべきとする法理論的な根拠が何であるかである。「公正な価格」にシナジー分を含むことで，おかしな合併をチェックする機能を果たすとか，合併がフェアになされるように買取請求権のチェックが働くという機能面からの指摘ではない根拠の明確化が求められる。

第三の問題は，合併から生じる価値の増加分であるシナジーを買取価格に含めるべきとしても，それは予測どおりシナジーがプラスになる場合であって，合併によって企業価値が減少する場合（いわゆるマイナスのシナジーの場合）にどう考えるべきかである。合併の当事者が企業価値の増加が見込めないのであれば，合併はなかったであろうという想定は，合併が企業収益を増加させることの証明にはならない。

第四の問題は，企業価値が減少する場合には，企業価値が増加する場合とは異なり，現行商法と同様，「承認ノ決議ナカリセバ」の価格になるのかど

353

うかである(7)。買取り請求を行う株主の反対する理由が一様でないことは想定できる。しかし，合併が収益の増加を生じさせることを前提とするか，収益を減少させることを前提とするかにより，「公正な価格」が区々に分かれると，制度趣旨が曖昧になるばかりか，合併という同一の経済現象に起因するにもかかわらず，観念的には買取価格が株主間で異なる結果を生じさせる。確かに，合併は成功するか，失敗するかのいずれかであるから，最終的には一つに決まることであるが，それでは後知恵による決定となり，株主の反対の理由を考慮しようとした趣旨と矛盾する可能性がある。

第五の問題は，シナジー分配の方法である。もしシナジーを考慮することにした場合，将来要素を考慮に入れ，合併後に生じるであろう新たな価値増加分を予測して，これを合併前の各企業価値の割合等の一定割合で分ける方法が提示される。確かに，各企業の貢献を精確に特定し割当てることは事実上不可能であり，合併前の企業価値という便法によらざるを得ない面があることは否定できない。しかしながら，合併後に生じる企業価値の増加分を当事会社の企業価値に割当てるというのがシナジー分配の本来の姿かという疑問が生じる。便法によらざるを得ないこと自体シナジーの要素は立証不能で，操作の余地を残すことを示すものと考えられるし(8)，合併の場合に企業収益が増加するという一方的な仮定をおき，シナジーを便宜的な方法で当事会社に配分する方法は，曖昧な要素を二重に含むように思われる。

以上に述べたような問題意識に基づき，シナジー分配の意味を考えていくことになるが，次のようなエピソードをあらかじめ紹介することが有益であろう。この仮想事例の中にシナジー分配をめぐる議論の本質があると考えられる。この事例における多数株主の行動を問題だと考えるなら，その問題は何であるのか。

「今あなたはとうもろこし畑を所有する会社の少数株主であり，多数株主と取締役会のメンバーが『われわれはこの資産を有効利用していない』とあなたに告げたとする。われわれはもはやこの資産をとうもろこし畑として利用すべきではない。いまや株価はたったの1ドルでしかない。われわれはそれをほぼ同額で買い上げ，分譲するか，開発してビルを建てそれを譲渡するか，賃貸することができる。そして，多数株主はそれに続ける。

I　はじめに

「それはいい考えだ。少数派を締め出しましょう。われわれがその価値を全部取得できます。少数派の株式価値は，とうもろこし畑としての財産価値を反映した買取価格にしましょう。」（マンハッタン島の中央部に巨大なとうもろこし畑を所有する会社）[9]

2　本稿の課題および構成

本稿では，「現金を対価とする吸収合併」の場面を想定して検討する。株式買取価格の決定にあたり，シナジーを考慮するというのはどういう意味なのか。また，シナジーを考慮することの意味を再構成できないかを中心課題として分析・検討を進める。

以下では，これらの疑問を解明するため，まず，IIにおいて，わが国における議論状況を概観し，次にIIIにおいてアメリカにおける議論状況を分析する。アメリカ法を取り上げる理由は，結論の先取りとなるが，州会社法や判例は，合併から生じるシナジーを公正な価格に含めることに少なくとも積極的ではないからである。アメリカではシナジーを含めることに積極的ではないのに対し，なぜわが国ではシナジーを含む趣旨の会社法改正となるのか，彼我の違いを解明することが有益であると考える。そして，州会社法や裁判所の考え方を分析した上で，理論的な観点からの検討を試みる。最後に，会社の事業機会・会社の情報に基づく場合には少数株主にもシナジー分配に与ることを認めるべきことを明らかにするとともに，わが国への示唆を提示して，まとめとする。

(1) 組織再編行為における対価の柔軟化とシナジー分配の関係につき，江頭憲治郎「会社法制の現代化に関する要綱案の解説」商事法務部編集部編『会社法制現代化の概要』54頁（商事法務，2005）［組織再編行為等におけるシナジー分配の問題は，要綱案が組織再編行為における対価柔軟化を認めることから，より顕在化する］参照（以下，『現代化概要』として引用）。もちろん，交付金合併による少数株主の締め出しについては，株式買取請求権制度に行き着くまでに，合併そのものの効力を争う余地があるのではないかという問題（「正当な事業目的」が必要か，「著しく不当な決議」にあたる場合の合併承認決議の取消の問題）があるし，さらに，株式買取請求手続には反対株主の救済として実効性に欠ける面があることは否定できず，その意味で手続き面での改善の余地がありうるかもしれないが，

355

さしあたり，交付金合併で締め出される株主にとっては，株式買取請求権を行使して「公正な価格」による買取りを請求することが最も現実的な対応であろう。
（2） シナジー（相乗）効果というとき，狭義には，当事会社の物的・人的経営資源が協働することにより，合併前の企業価値の合計額を上回る価値増加分を意味するものとして使われるが，ここではより広く，少数株主を排除することによる費用削減要因等に基づく「企業価値の増加」一般をシナジーと呼び，必要に応じてその源泉を分けて議論する。
（3） 会社法の趣旨説明として，相澤哲編著『一問一答・会社法』（商事法務，2005）221頁（Q191），相澤哲＝細川充「〈新会社法の解説（15）〉組織再編行為［下］」商事法務1753号46頁（2005），江頭・前掲注（1）『現代化概要』54頁参照。
（4） 江頭憲治郎『結合企業法の立法と解釈』（有斐閣，1995）289頁注（35）参照。なお，上柳克郎他編『新版注釈会社法(5)』［宍戸善一教授執筆］（有斐閣，1986）292－293頁において，宍戸教授はシナジー分配を否定する立場を表明されていた。
（5） 江頭・前掲注（4）272頁，同『株式会社法』（有斐閣，2006）761頁，神田秀樹「合併と株主間の利害調整の基準―アメリカ法」鴻常夫先生還暦記念『八十年代商事法の諸相』（有斐閣，1985）334頁，原秀六『合併シナジー分配の法理』（中央経済社，2000）1頁参照。
（6） 江頭・前掲注（4）260頁，272頁，藤田友敬「企業再編対価の柔軟化・子会社の定義」ジュリスト1267号105頁（2004），田中亘「組織再編と対価柔軟化」法学教室304号77頁，81頁（2006）参照。
（7） この点につき，弥永真生『リーガルマインド会社法（第10版）』408頁（有斐閣，2006），田中・前掲注（6）80頁，長島・大野・常松法律事務所編『アドバンス新会社法』（商事法務，第2版，2006）780頁は，正のシナジーと負のシナジーが生じる場合とで異なる前提に基づく買取価格となる結論を支持する。このような見解に対する論理的観点から問題を指摘するものとして，藤田・前掲注（6）110頁参照。なお，校正の段階で，山本真知子「新会社法における株主の株式買取請求権」山本為三郎編『新会社法の基本問題』（慶應義塾大学出版会，2006）76－78頁［懐疑的］に接した。
（8） 本稿の目指す方向は，すでに法制審議会会社法（現代化関係）部会第23回会議（平成16年6月2日開会）において，ある委員から述べられた意見と共通する（議事録参照）。若干長くなるが引用する。「……（中略） 恐らく争点というか論点となっておりますのは，それが本当のシナジーなのか，それとも株価の操作等によって生じた価格変動なのかということが渾然一体となってしまうところに問題の本質があるのだと思いますが，……（中略） ここに「公正な価格」と書いてあるもののそこのところの判断の中身で，例えば時価が著しく高騰しているような場合であれば，その原因と理由とが主張立証された中で価格の決定が行われるということにならざるを得ないのではないかというふうに思います。……」。本稿は，

この指摘にみられる方向性を妥当なものとして受け入れつつ，アメリカ法の検討を通じて具体的に裏づけるとともに，何を主張立証すべきなのか，またその理論的意味について議論を深めることを目的とする。

（9） See Symposium: Delaware Appraisal after Cede & Co. v. Technicolor, 17 Bank & Corp. Governance L. Rep. 631, 633（1996）.

II　わが国におけるシナジー分配をめぐる議論とその検討

1　シナジー分配の根拠

わが国の学説において，一般に相乗効果（シナジー）が発生するにもかかわらず，商法の規定にいう「決議ナカリセバ其ノ有スベカリシ公正ナル価格」のみを交付された買取請求株主は，シナジーの分配に与れないことになるが，果たしてそれでよいかという問題は，夙に指摘されていた[10]。会社法において「決議ナカリセバ其ノ有スベカリシ」が削除された趣旨はシナジー分配を認める点にあると説明されているが，ここで検討すべきは，買取請求株主がシナジーの分配に与るべきとする法理論的な根拠にある。この点について，第一に，支配・従属会社の合併比率の公正に関しては，「従属会社少数株主は，支配会社が合併を決定したことにより，好むと好まざるとにかかわらず従属会社の株主の地位を喪失するのであるから，その合併から生ずるシナジーを支配会社に独占させるのは，従属会社少数株主にとり不公正だと思われるからである」とする説明がなされる[11]。この説明をより分析的にみると，①従属会社の少数株主が自ら退出を選択していないこと，②多数派がシナジーを独占することの二つをもって不公正と判断されている。

この点について，①②に関する次のような問題を考えておく必要があるように思われる。まず，②についてであるが，多数派がシナジーを独占することを問題とするとき，合併により正のシナジーが生じることを前提とするが，結果的に負のシナジーが生じる場合には，支配会社が正のシナジーを独占することにはならないから，何が公正であるかはまた別の判断がありうるということになると，異なる前提に基づく二つの算定方法の問題をどう考えるかの問題に帰着しそうである。次に，①については，自ら退出を選択していな

いのであるから，合併を前提とした価格，すなわちシナジーの分配に与ることは禁反言の法理によって否定されなくなったという点は，既に商法及び会社法の条文の規定ぶりの変更の箇所で確認したことであるが，自ら退出を選択したのではないことを理由に，合併から生じる利益に与れないことは不公正であるという結論に直ちに結びつくのかについては，先にみた，シナジーについての操作の余地を排除し，立証が可能かという点とともに，なお慎重な検討を要するように思われる。そしてこの点について検討する場合，実質的な理由を提供する次の第二の考え方がひとつの参考となる。

第二の考え方は，マネジメント・バイ・アウト（MBO）に対して向けられるのと同様の批判に基づき，シナジーを多数派株主が独り占めするのは不当であるというものである。MBOについては，好調な業績を反映して株価が高騰しているうちに会社を公開した後，とりわけ市場に起因する外在的要因のためにわずかの期間に業績が悪化したため，経営再建を理由に市場の安い価格で買取る（非公開化（going-private）），そしてまた業績が回復したら株式を高く売り出すということができることになると，実現可能性はともかく，このサイクルを短期間に繰り返すならば，多数派株主は自己に有利なタイミングを選択できることになりそうである。つまり，右に見たようなタイミングの選択如何によって経営陣に濫用的に使われる可能性があることは否定できない。しかしながら，例えば，不動産バブル後の不動産価格を考えたとき，現在の値下がりした価格で評価すべきなのか，それとも住宅需要が旺盛なりし数年前の時点での価格に基づいて評価すべきなのかについて，いかなる価格であれば公正であるかについては議論の余地がありうる[12]。合併のタイミングを多数株主に有利になるように濫用的に操作したという場合を除き，公開，非公開，公開・・というプロセス自体は非難できないように思われる。

第三は，親会社（多数株主）の子会社（少数株主）に対する受任者としての義務を引き合いに出すことでシナジーの分配を基礎づける考え方[13]である。この考え方は，複数の信託を受託している場合の受益者になぞらえて，親会社と子会社とを共同事業と位置づけた上で，単一の経営陣がその事業を管理し，会社の株式を所有する株主個人に究極的な責任を負うとする。そして投資機会についても企業価値に応じて分配する義務を負うと構成する。し

Ⅱ わが国におけるシナジー分配をめぐる議論とその検討

かし,この考え方に対しては,「ファンド」の規模に比例して利益が分配されるべきとの見解は,論理的ではあるが唯一の考え方ではないこと,シナジーを分配するには精確に当事会社の貢献を測定しなければならないが,様々なシナジーの源泉があることを考慮すると困難であること,シナジーはマイナスになることもあることを認識することは重要であり,少数派株主の持分は合併前が最低ラインであるとの前提は公正でもなければ賢明でもないとの批判[14]が向けられる。特に,最後の批判は重要であり,少数派株主が利益の一部に与るべきというなら,期待された利益が上がらないリスクも負担すべきであろう。また,親会社の取締役あるいは多数派株主が,子会社の少数株主に対して義務を負うことは,会社の取締役に対する義務及び責任の問題と法律構成するわが国の会社法学においては,なお議論を詰める必要がありそうである。

　第四に,合併による収益増加に各当事会社がどの程度貢献したかを算定することにより,シナジー分配を認めることにすると,シナジーの源泉を,支配株主や経営陣が多数の投資持分を所有することで利益最大化のインセンティブを高めるというエージェンシー・コストの減少に求める場合や,少数派を排除することによる経営効率性の向上に求める場合には,合併前後で事業の性質そのものには変化がなく,少数派が排除されることによって収益が増加するのであり,少数株主がシナジーの分配に与れることが公正といえるかは議論の余地があろう[15]。確かに,エージェンシー・コストの減少により会社の利益となるが,少数株主はエージェンシー・コストを反映した価格で株式を購入したといえるし,当該コストは締め出し(合併)前に存在するものと考えられるからである。

　以上に見たように,立法趣旨に照らせば少数派株主がシナジーの分配に与るべきことが意図されていることは明確であるが,それを理論的にいかに基礎づけるかについては,必ずしも十分に解明されていないように思われる。

2　シナジー分配の意味

　会社法において消滅会社の株主にシナジーが分配されるべきと考えた場合,「シナジー分配」とは,法的にはいかなる意味をもつのであろうか。シナ

ジーを考慮すべき場合に、買取請求手続の中でそれが算定に含まれていないと判断されるならば、これを含めた価格で買い取ってもらえることになるのであって、その意味では、シナジー分配は常に要求されるのかという問いはあまり意味をもたない。重要な意義はむしろ次の点に認められる。すなわち、多額の現金流出を伴う結果となる株式買取請求に備える存続会社にとって、合併を実現するために消滅会社の株主にプレミアムを支払うならば、それは買収会社から消滅会社株主への富の移転であり、会社資産の浪費に当たるという株主からの主張の余地を残すところ、「公正な価格」がプレミアムを含むことを許容する趣旨であり、しかもその算定が合理的であるならば、そういう主張を回避できるという意味をもちうるということである。

3　シナジー分配の方法

(1)　合併により生じるシナジーを分配しようとすると、直ちに、それをいかなる方法・基準に基づいて行うかという難問に直面する。この点について、「合併等の適正な対価の算定作業は、合併比率に応じたシナジーの配分が問題ないとすれば、論理的には、①従来型の合併比率等の決定、②シナジー等の合併の効果全体を反映した全体の株式価値の決定、③合併比率等に応じた株式価値の配分」に分解できるとか、現実的に運用可能なルールとして、合併当事会社の合併直前の企業価値に応じて分配する以外に方法はありえないとされる[16]。各当事会社の貢献分を精確に測定することは実際には不可能であるから、このような便法によらざるを得ない面があることは否定できない。しかし、そうだとすると、シナジーの主張がかなり恣意的になされるという問題が生ずる。

(2)　合併後に生じるシナジーは正の場合だけではない。合併によって負のシナジー（企業価値の減少）が生じることも珍しくなく、そのような現実を認識しなければならない。そこでより問題となるのは、正のシナジーが生じる場合と負のシナジーが生じる場合の算定方法との関係である。この点について、株式買取請求における公正な価格とは、組織再編行為がなければ有したであろう公正な価格と、その組織再編行為により生じるシナジーなどを適切に反映した公正な価格との、いずれか高い額を意味するという見解[17]が示

されている。

　このような解釈については、株式買取請求権制度にいう評価のための基準日との関係が問題となろう。上場株式の評価は「合併時」の時価を基準とするが[18]、もともと従来の株式買取請求に関するわが国の裁判例は、「承認ノ決議ナカリセバ其ノ有スベカリシ」という文言を無視して、とにかく事案に適した公正なる価格を算定しており[19]、基準日を柔軟に設定する傾向があることが指摘される。企業価値が増加する正のシナジーが生じる場合にはそれを反映した公正な価格であり、企業価値が減少する負のシナジーが生じる場合には合併がなければ有したであろう価格であるとする解釈論は、前者については「合併前」、後者については「合併後」とするものであり、事案ごとに基準をずらして公正さを確保しようとするわが国の裁判例と調和的かもしれない。しかしながら、第一に、事案に適した公正なる価格を確保するために基準（前提）を動かすならば、株式買取請求権制度の趣旨が曖昧になることは避けられない。第二に、将来キャッシュ・フローを基礎として企業価値を計算するときには「基準日設定」はあまり意味をもたないかもしれないが、法的な効果と関係する点として、利息計算（会社法786条4項）の意味を曖昧にしてしまうという問題がある。支払うべき買取価格とその利息の計算は、株式買取請求権の趣旨をどう理解するかと関係する。そして、第三に、合併により企業価値が増加すればシナジーが分配され、それが減少しても合併前の企業価値で買い取ってもらえるのであれば、合併を機縁としてタダで賭けをすることが可能になり、そうだとすると株主側の機会主義的な行動を許すことになるのではないかという実務上の懸念が現実味を帯びてくることになろう[20]。

4　シナジー算定の具体的な基準

　「公正なる価格」がシナジーの分配を考慮したものであるとした場合、いかなる要素に基づいてシナジーを算定すべきか。シナジーとして将来要素を考慮に入れ、合併後に生じる新たな価値増加分を合理的に予測する作業が必要不可欠となる。株式買取請求手続では、最終的には、申請人となる者の立場を代弁する鑑定人と被申請人となる者の立場を代弁する鑑定人との間の異

なる評価が争われることになり（会社法798条2項，870条4号），裁判所が両者のいずれが説得的であるかにつき，評価のための算定方法およびインプット・データの妥当性を判定することになるであろう。ここで，合理的なシナジーの算定について申請人・被申請人の間で評価が分かれる場合，一体，裁判所はいかなる基準に基づき決定するのであろうか。裁判官による「公正な」の判断に全面的に委ねることになるとしても，一定の判断枠組みあるいは判断基準が必要となるであろう。その意味では，経済界で一般に受け入れられている評価方法というだけでは，鑑定人の間で評価が分かれる場合を想定すると，具体的にいかなる要素を評価等式に取り込むかに関する裁判所の判断のための指針とはなりえないであろう。

では，具体的に，いかなる要素がシナジーとして評価に取り込まれることになるのか。この問いに対して，「公正」という基準だけで十分に答えることができないことは明らかである。少なくとも，合併から生じるシナジーを基礎づける要素が十分に証明され，申請人らの恣意的な主張が排除される場合であればシナジーの分配を認めてもよいと思われるが，果たしてそのような将来予測は可能であろうか。この問題を考えるためには，より具体的な事案ごとに検討することが有益であろう（Ⅲ「アメリカ法の分析」を参照）。

(10)　江頭憲治郎『結合企業法の立法と解釈』（有斐閣，1995）289頁注（35）。シナジー分配を主張する立場として，上村達男「会社の設立・組織再編」商事法務一687号13頁（2004）参照。さらに，藤田友敬「企業再編対価の柔軟化・子会社の定義」ジュリスト1267号106頁以下（2004）では，シナジーが生じる源泉に分けて分析が試みられている。

(11)　江頭・前掲（注10）272頁。

(12)　See Dooley, FUNDAMENTALS OF CORPORATION LAW 660（1995）.

(13)　わが国においてこの考え方が正面から採用されているわけではないが，神田秀樹「合併と株主間の利害調整の基準—アメリカ法」鴻常夫先生還暦記念『八十年代商事法の諸相』（有斐閣，1985）355頁において，「株式買取請求権制度は忠実義務理論の中に位置づけて理解されるべきではないか」との指摘がなされている。
See also Brudney & Chirelstein, Fair Shares in Corporate Mergers and Takeovers, 88 Harv. L. Rev. 297, 313-14, 317, 318-325（1974）.

(14)　Lorne, A Reappraisal of Fair Shares in Controlled Mergers, 126 U. Pa. L. Rev. 955, 970-77（1978）.

(15)　For a useful comment on this problem, see Dooley, supra note 12, at 650-51;

Hamermesh=Wachter, The Fair Value of Cornfields in Delaware Appraisal Law, 31 J. Corp. L. 119, 144-145 (2005).

(16) 藤縄憲一＝田中信隆「(新会社法の実務上の要点(7)) 組織再編行為―対価の柔軟化，簡易組織再編行為，略式組織再編行為―」商事法務1724号21頁 (2005)，長島・大野・常松法律事務所編『アドバンス新会社法』(商事法務，第2版, 2006) 781頁参照 (以下，『アドバンス』として引用)。

(17) 藤縄＝田中・前掲注 (16) 20頁，弥永真生『リーガルマインド会社法 [第10版]』(有斐閣, 2006) 408頁，田中亘「組織再編と対価柔軟化」法学教室304号80頁 (2006) 参照。

(18) この点について，相澤哲編著『一問一答・会社法』(商事法務, 2005) 221頁参照。

(19) このような裁判例の分析について，河本一郎＝今井宏＝中村直人＝菊池伸＝中西敏和＝堀内康徳『合併の理論と実務』(商事法務, 2005) 548頁 [河本教授発言] 参照。

(20) このような実務上の懸念について，座談会「会社法制の現代化に関する要綱案の基本的な考え方」商事法務部編集部『会社法制現代化の概要』(商事法務, 2005) 122－123頁 [武井一浩弁護士発言]。ここでの問題は，撤回の制限とは関係がない。そもそも撤回が制限されようが，正のシナジーが発生して買い取りから利益を得ることがあろうが，従前より悪くなることはないからである。また，「すでに10年以上続くゼロ金利時代に「年6分」という高利は，まさに亡霊といわざるを得」ず，審理中は年6分の利息がつくことから，「今まであまり利用されてこなかった株式買取請求権であるが，投資回収手段として見直す価値はありそうである」との指摘がみられる。長島・大野・常松法律事務所『アドバンス』(注16) 7－8頁および701－702頁参照。もちろんこの問題に対しては，理論的な観点から根本的な異論もありうるところである。See Easterbrook & Fischel, The Economic Structure of Corporate Law 139 (1991). パレート最適を実現するという意味において，株主の状態が悪くならないことを確保する趣旨であり，これが最終的には効率性を確保することになるとする。

III　アメリカ法におけるシナジー分配をめぐる議論

1　株式買取請求権の基本的な考え方

株式買取請求手続において，株式評価の算定のための基準日について，例えば，デラウエア州会社法では合併が効力を生ずる日 (Del. § 262 (b)(h))，ニューヨーク州会社法では株主総会の承認の前日 (N.Y. § 623 (h)(4) after 1982

Amend）という違いはあるものの，株式買取請求手続は株式という株主の財産権を奪うことへの対価の支払い手段であるというのが一般的な理解[21]である。株式の買取りを請求することにより，株主は自己の望まない別の財産の受け取りを強制されずにすみ，この権利は「合併阻止権の放棄の代償」として与えられる。このように，株式買取請求権は，「奪われる財産」の価値を補償するものと位置づけられるため，論理必然的に「合併時点で奪われたものは何か」を確定することが重要な課題となる。そして，何が奪われたかについては，「事業の実体（operative reality）」や「事業の性質（the nature of the enterprise）」を考慮した上で，その継続企業価値（going-concern）が何であるかの確定が問題となり，ここでシナジーの算定の基礎となる要素というものが，財産権剥奪の時点，すなわち合併時点で締め出される株主の属する会社の「事業の実体」や「事業の性質」に含まれるかに焦点が合わせられることになる。

　シナジー分配は，判例では，「公正な価格」の決定において主として次の二つの点で争われる。第一は，純資産価値法，収益還元法，株式市価法のいずれを採用するかという評価算式の問題である。ただ，純資産価値方式は，継続企業価値の算定を前提とした場合には採用されないか，採用される場合でもかなり低いウエイトが与えられるにとどまる。実際，合併において，シナジーの算定の基礎となる要素が問題となる場合には，収益還元法（DCF法）のもとで「事業の実体」「事業の性質」を考慮した算定がなされるケースがほとんどである（裁判例参照）。以下では，シナジー分配の問題を考える素材として，合併から生じる企業収益の増加に係る要素のうち，いかなる要素がどのように考慮されることになるのかに照準を合わせて検討していく。

2　州会社法，ALI，ABA の立場
(1)　シナジー分配に否定的な立場

　シナジー分配を否定するのがデラウエア州会社法の立場である。デラウエア州会社法262条(h)は，「吸収合併……の遂行又は期待から生ずる価値の要素を除く株式の公正な価格を……決定して評価しなければならない。そのような公正な価格を決定するにあたり，裁判所は，関連するすべての要素を考慮

III アメリカ法におけるシナジー分配をめぐる議論

しなければならない」と規定する。シナジー分配との関連でいえば，公正な価格の決定にあたり，関連するすべての要素を考慮することが求められるが，合併の実現や期待から生じる価値要素は株式買取価格の決定から明確に排除される。合併から予測される価値増加・減少分が除かれるべき以上，わが国の会社法が許容しようとするいわゆるシナジーを考慮することを否定することが本来の趣旨であったことは条文上明らかである。

(2) シナジー分配に肯定的な立場

これに対し，最近は，一定の条件の下に将来要素を考慮することを認める傾向にある。まず，ニューヨーク州会社法は，「取引の性質，会社や株主に与える影響などを考慮すべき」(N.Y s. 202 § 9) ことを求めており，その意味で，デラウエア州法にいう除外事由をはずしている。つまり，すべての関連する事由を考慮することを要求しており，合併後の要素が評価に含まれるべきことを意味する[22]。

1984年模範会社法（Model Business Corporation Act）では，公正な価格の意義について，それが不公正でない限り，合併を期待した値上がり・値下がりを評価から除外することを規定するほか，公正な価格の決定方法については沈黙していた。しかし，改正模範会社法では，「公正な価格」は買取りが要求されることになった取引ごとに同様の事業において一般に受け入れられた評価の概念及び技術に基づいて決定されるべきであるとし，合併を前提とした評価要素の除外条項を削除している（RMBCA13.01(4)(i)(1999)）。このような方法を採用する趣旨については，次のような例を挙げながら，関連する重要な要素を考慮に入れる趣旨であると説明される[23]。もし会社資産として商業用一等地に未開発の不動産を所有するならば，当該土地に相当する商業用地として不動産を評価すべきであるが，現実の取得者による計画や特別の利用に基づく価値を含めるべきではないとされる。当該事例がわが国でいうシナジーを含める趣旨であるといえるかは大いに疑問であるが[24]，取得者の計画に基づく場合にはシナジーを否定する立場を明らかにしている点で注目される。

ALI § 7.22 は，「公正な価値は，買取請求を生じさせる取引ごとに同様の事業において一般に受け入れられた評価の概念及び技術に基づいてなされる

365

べき」((a)) とした上で，支配従属関係のある合併において，「企業結合から生じることが合理的に予想される利益について，それをシェアすることが不合理である場合を除き，裁判所は比例的にシェアすることを認めてよい」((c)) と規定する。ALI の考え方も，買取価格の決定にあたり，広く関連する要素を価格に取り込む趣旨であり，不合理であると考えられる場合を除き，シナジーは含められることになろう。

以上のようにみると，デラウエア州会社法を除き，最近は，関連する要素を広く価格に含める傾向にあることがわかる。ここで検討しておくべき問題は，最近の傾向として，なぜ関連する要素を広く考慮に入れ，公正な価格に含めるようになったのかという点にある。この点については，実質的な理由を明らかにする ALI 及びニューヨーク州会社法の立場が参考になる[25]。

まず，ニューヨーク州会社法であるが，1982年改正前は，「公正な価値」を評価する際に合併後の要素を考慮することについて，会社の行為や提案から直接または間接に生ずる価値上昇・価値下落を明示的に排除することにより，「公正な価値」を評価する際に合併後の要素を考慮することを禁止していた（§623(h)(4)）。裁判所は，公正な価値について，合併時点において，事案ごとに，純資産価値，収益価値，市場価値のそれぞれに重みを変化させて平均することによって算定した[26]。しかし公正な価値の決定が「会社の行為に関する事業の実体を反映」したものにするため，株式の評価についてより広範かつ柔軟な事案ごとの対応を可能にするよう改正した（会社法§623(h)）。具体的には，裁判所は，買取りを生じさせる取引の性質並びに会社及び株主に与える影響，同様の環境のもとで同様の取引を行う会社の価値を決定するため，対象証券を金融市場で評価する際の一般的な概念・方法，および関連するあらゆる要素を考慮しなければならない（623(h)(4)）。関連するすべての要素という文言を追加し，合併から直接・間接に生ずる値上がり・値下がりを除外するという文言を削除することによって，合併後の要素を評価に取り込むことを意図している。しなしながら立法者は，改正にあたり，従来の3つの評価手法を放棄することを求めず，合併の時点で，既知あるいは証明可能な合併後の実現や期待から生じる将来価値の要素を考慮することにより，むしろこれらのアプローチに一つを追加することを意図している[27]。

シナジーを含む合併後の評価の要素が含まれることになるが，その趣旨は，事案ごとに関連する要素を広く考慮し，「事業の実体」を正確に反映した価値とすることにある。

次に，ALIの立場を見てみよう。公正な価値を決定するにあたり，独立当事者間における取引とそれ以外の取引[28]に分けた上で（§7.22(b)(c)），前者については取締役会が承認した価格が公正な価格であると推定されるとする一方（(b)），後者については，意思及び能力のある特定の買収者が会社に対して提示するであろう最高価格を重視することを求め，その判断に際しては，合併から生じることが合理的に予想される利益の持分比例分配額を含むべきことを要求する（(c)）。このALIのアプローチは，一定の利益相反状況を規制する機能を有すると理解できる（a conflict of interest approach（利益相反アプローチ））。少数派の持分について一定価格での買取りが留保されることにより，事前のエージェンシー・コストを減少させる機能が期待される。とりわけ，会社と株主の関係が終了間近になると，当事者間での協力関係はうまく行かなくなってしまうため，これに対する配慮が必要となる（いわゆる"final period" or "end-game" problem）[29]。親会社・子会社間の合併においても，もはや将来の継続的な関係を考慮に入れることなく，最後の局面で多数株主が自己利益の最大化を図るインセンティブをもつことになるため，これに対する規律づけとして株式買取請求権制度が設計されるべきことになる。

3　デラウエア州裁判所の考え方

既にみたように，デラウエア州会社法の規定ぶりは，合併から生じるシナジーを否定すると読むのが素直な解釈といえる。しかし，このような解釈に対しては，少数派保護として問題があるとの批判がある。つまり，会社の行為を予期した値上がり・値下がりを除く取引直前の価格を基準とすることは，多数株主が事業の方向を変更し，少数株主がこれを拒否し，退出の機会を与える場合に適合的であるが，少数株主が選択の機会をもたず，強制的に締め出されることになると，取引後にだけ顕在化するであろう収益増加のために，評価における除外事由は少数株主の抑圧となりうるというのである[30]。歴史的にみれば，合併に反対したのだから合併を前提とした収益増加に与るこ

とは禁反言の法理により認められないというのが除外事由規定の趣旨であり，批判の前半部分はその通りであろう。しかし，次にデラウエア州裁判所の見解において明らかにするように，締め出される株主が「取引後にだけ顕在化する収益増加」のすべてに与れないことになるのかについては検討の余地がある。デラウエア州裁判所において，262条(h)にいう除外規定をどう解釈するかについては解釈論上の争いがある。そして，この解釈論上の争いは，シナジー分配についてどう考えるかの考察に有益な示唆を与える。以下では，「シナジー分配」に関係する部分に絞ってデラウエア州裁判所の考え方をみていくが，主として，現在の裁判所の考え方を確立するまでの基礎をなすと考えられる，その意味で重要な先例的意義のある判決を取り上げる。具体的には，(1) Weinberger 事件判決，(2) Technicolor 事件判決，および(3) Weinberger 事件判決および Technicolor 事件判決の枠組みを個々の事案に適用するその後の判決に分けた上で，「合併後の収益増加」と考えられる要素のうち，いかなる要素が算定の基礎から除外され，いかなる要素が締め出される株主の株式買取価格に反映されるべきかの基準を探ることにする。分析の結果，要素振分けのルールが明らかになれば，Ⅰはじめに，において紹介したエピソードに対する一応の回答が得られることになろう。

(1) Weinberger 事件[31][32]

本件は，UOP 社の多数株主たる Signal 社の完全子会社と UOP 社との現金交付合併により締め出された UOP 社の原告・少数株主が，合併の取消または損害賠償を求めて訴訟を提起したものである。原告は，本件の合併条件である一株21ドルの価格は公正を欠き，少なくとも一株26ドルの価値がある等の点を主張した。本件では，株式買取請求における価格決定が直接に問題となったわけではないが，合併の公正性を基礎づける要件の一つである「価格の公正」の判断についての裁判所の見解がシナジー分配の問題に関係する。

裁判所は，買取請求手続きにおける価値の基本的な考え方は，株主から奪われたもの，すなわち継続企業価値の比例的持分の対価が支払われるべきというもので，それが合併によって奪われる株式の真実の価値を意味するとした上で，価格の公正性の判断について，評価の方法は株式買取請求手続きと

Ⅲ　アメリカ法におけるシナジー分配をめぐる議論

同様であるとして，大要，次のように述べる。これまでのデラウエア州裁判所の採用してきた純資産価値・市場価値・収益価値の三つを一定の重みづけで平均して株式の価値を決定する，いわゆるブロック・メソッドは，いまや時代遅れであり，それが排他的な株式の評価方法と考えるべきではない。株式買取請求手続における株式の評価は，デラウエア会社法262条(h)の除外事由の解釈に服しながら，よりリベラルなアプローチ，すなわち経済界において一般に受け入れられ，裁判手続上も承認されている評価手法が採用されるべきである。いまや，262条の要請は「すべての関連する諸要素」を考慮の上，公正な価値を決定するところにあり，合併の実現や期待から生じる操作可能な要素（speculative elements）だけが除外される，すなわち合併を前提としたまったく根拠のないデータや思惑による不確実な収益予想を排除するという極めて狭い例外を定めたものであると読むべきである。このように解するなら，合併時点で操作の余地がなく，既知あるいは証明可能な将来要素，たとえば「事業の性質（the nature of the enterprise）」については考慮してよい。

　本判決は，事業の性質のような将来要素を考慮する余地を認める一方，それは合併時点で既知あるいは証明可能であることを要求する。この趣旨は，関係者による恣意的かつ操作の余地のあるデータ等の使用を排除することに求められるであろう。そうだとすると，残る問題は，「合併時点で既知あるいは証明可能な要素」とはいかなる要素であるか，さらに，それは「合併から生じる収益価値」と同義か否か，それとも「合併前にすでに生じている要素を前提とした継続企業価値」とみるべきかが問題となろう。後者の問題についての見方の違いは，次のような形で現れる。すなわち，「合併から生じる収益価値」においては，まずシナジーを測定して，例えば合併時の企業価値を基準として比例分配することになるのに対し，「合併時点で生じている要素を前提とした継続企業価値」では，将来の収益を予測する場合でも，算定の基礎となる要因は特定されており，便宜的な方法でシナジーを割り振る必要はなくなる。これらの問題は，Weinberger事件判決以降の事案の積み重ねの中で，ルールとしてより明確化されていくことになる[33]。

369

(2) Technicolor IV事件[34][35]

　Technicolorの多数株主であるMAFは，一株23ドルの現金公開買付等により買収先として魅力のあるTechnicolorの支配権を取得した後（1982.12.3），MAFの完全子会社をTechnicolor（存続会社）と合併させ（1983.1.24），MAFの所有する株式以外の普通株式には現金23ドルを支払うことで締め出した。これに対し，Technicolorの少数株主とその名義人であるCede&Coは約28ドルが公正な価格であることを主張した。双方とも，DCF法という同一の評価方法を採用することについては争いがない。

　Technicolorの評価に関する事実としては次の点が重要である。すなわち，MAFとTechnicolorとの間で合併の合意がなされたとき（1982.10.29），TechnicolorのCEO兼取締役会議長であるKamermanは，採算が合わず，将来の成長が期待できない既存の事業部門をこれまで通り運営する計画を維持していたのに対して，MAFの支配株主であるPerelmanは，買収者としてTechnicolorの経営方針を一部修正し（10.29から1.24までの間にKamerman計画に従わないという戦略的な決定を行っている），不採算部門，成長の期待できない部門については，Technicolorの支配権を取得するや否や解体・売却を進めたことが認定されている。結果的に，Perelman計画はキャッシュ・フロー改善を実現したことも認定されている。

　右のような事実関係において，Perelman計画とKamerman計画のいずれを合併時点での評価のための要素とするかが争われた。申請人であるTechnicolorの少数株主は，Technicolorのための新しい事業計画と戦略は，合併合意の日と合併期日の間に「展開，採択，実施されており，操作の余地はない」と主張し，他方，被申請人であるTechnicolorは，Technicolorの議長であるKamerman計画に基づいて実施される戦略によるべきことを主張した。

　原審[36]は，買収者である多数派によって加えられた価値増加は，二段階合併の第一段階と第二段階の間に経営陣を刷新するか，資産内容を変更することにより生み出され，その意味では，「合併がなければ生じないであろう価値」であるから，正確には，合併により反対株主から奪われたとはいえないとして，少数株主が合併時点で分配に与る権限を有する継続企業価値には属しないと述べる。原審は，合併（one-step merger）と二段階合併（two-step merger) という合併方式の差異にかかわらず，評価の手続きは同一であるべきであり，Weinberger 事件判決は，「合併がなければ（but for the merger) そのような将来要素は存在しないであろう場合でない限り」において将来要素を考慮してよいと読むべきであるとする。本件では，少数株主は，Perelman の新しい事業計画の実現・期待によって増加する価値に与る権限はないと結論づけた。

デラウエア州最高裁は，少数株主に完全な救済を与えようとする Weinberger 事件判決の趣旨を踏まえながら，合併期日において operative reality，すなわち，本件でいえば Perelman 計画に従って評価すべきであり，合併契約の時点と合併との間になされた新しい事業戦略を除外するのは誤りであるとした。株式の買取価格から除外される唯一の要素は，「合併の期待や実現から生じる」「操作可能性のある要素（speculative elements)」であり，合併の第一段階と第二段階の間で多数派の変動後に増加した価値（value added）は合併時点での継続企業価値に属するもので操作可能性はなく，その価値は買取価格に含める必要があると論じた。

(3) Technicolor IV 後の事件

Weinberger 事件及び Technicolor IV 事件以降，裁判所は，両者のアプローチを基本的な判断枠組みとして踏襲しながら Technicolor IV の正しい適用のあり方，すなわち「事業の実体」「事業の性質」が何であるかを事案ごとに判断している。その意味で，Technicolor IV より後の事件は事例判断を追加するものとして準則を明確化する際の参考になる。以下では，事案を簡略化した上で問題として定式化する。

(i) 事案

① Gonsalves v. Straight Arrow Publishers, Inc., 701 A. 2d 357, 1997 Del. LEXIS 369（Del. 1997)

現金公開買付で支配権取得（1985.11）された後に現金交付合併（1986.1.8）が行われる場合で，被申請人たる会社の業績が，1981年 $458,600，1982年 $698,000，1983年 $2,255,000，1984年 $804,000，1985年 $3,470,000 とする。また，被申請人たる会社の再建計画が軌道に乗り出

したのが1985年下半期であるとする。このように業績変動が著しい場合，合併時点における「事業の実体」「事業の性質」をどう考えるべきか。さらに，被申請人には役員報酬過払いの事実があるが，合併後の相当な報酬を基準としたコスト・パタンに基づいて買取価格を決定すべきか。

② Grimes v. Vitalink Communications Corporation, 1997 Del. Ch. LEXIS 124（Del. Ch 1997), aff'd ,Del. Supr., 708 A. 2d 630（1998).

NSC社がVitalinkに対する公開買付の後，略式合併により少数株主を現金交付合併で締め出した。Vitalinkは最新かつ先端的なルーター販売（①内部開発，②別の製造者とのOEM契約）という事業の現代化を目指し，二つの戦略に着手していたが，合併時点では実行可能なルーターを開発できていなかったし，OEM契約を確保してもいなかった。この場合，Vitalinkの評価に当たり，ルーター販売についての売上げ予測を買取価格に含めるべきか。

③ Onti, Inc., v. Integra Bank, et al, 751 A. 2d 904, 1999 Del. Ch. LEXIS 130（Del. Ch 1999)

多数株主が現金交付合併（第一合併）により少数株主を締め出した後で，合併後に存続する会社を多数派が100パーセント所有する公開会社と合併させたが，多数株主は，第一合併を行う前からこれら後続する二つの合併を計画していた場合，後続する合併を前提としてそこから生じる収益増加は考慮されるか。

④ MPM Enterprise v. Gilbert, 731 A. 2d 790, 1999 Del. LEXIS 205（Del. 1999)

プリンタ等の製造販売を行うデラウエア州の会社MPMの株主がCooksonとの合併に（1995.5.2）おける対価の公正性を問題としたのに対し，会社側は，1994年にMPMに対してなされた相対的に低い買付の申出価格を公正な価格とすることを主張した。会社側の主張は認められるか。

⑤ Paskil Corporation v. Alcoma Co. & Okeechobee LLC, 747 A. 2d 549, 2000 Del. LEXIS 117（Del. 2000)

クローズト型投資ファンドの少数株主が，多数株主の完全子会社との交付金合併により締め出された場合，投資物件の公正な価値をどのように計算するか。申請人たる少数株主は，時価での評価を受け入れるが，所有する株式

の買取価格の算定にあたり，投資物件の資産価値の上昇に伴う将来の税負担，および，通常，投資物件の売却に要する資産売却関連費用（販売手数料，弁護士費用等）を減額することに異議を唱えた。どう考えるべきか。

⑥ Allenson et al v. Midway Airlines Corporation, 789 A. 2d 572, 2001 Del. Ch. LEXIS 89（Del. Ch 2001）

財務状態が著しく悪化し，相当な資本注入が行われなければ破産を回避できない状況にある会社に対し，特定の第三者がただ一人投資しようとする。ただし，そのためには，多数株主が会社への貸付金を放棄し，会社に新たな資本注入を行う等，有利な条件を会社に提供するという条件が満たされなければならなかった。このような会社再建策についての合意がなされた後に合併により当該会社から締め出される少数株主の保有する株式価値をどのように算定すべきか。合併時点で，債権者の譲歩をほとんどゼロで評価すべきか，それとも意味あるものとして公正な価値算定に当たり考慮すべきか。

⑦ Prescott Group Small Cap, L. P., v. Coleman Company, Inc., 2004 Del. Ch. LEXIS. 131（2004）

Sunbean 社は，1998年3月30日に27.50ドルの対価で Coleman 社支配権を取得し（第一段階），第二段階での合併において同額を対価とする合併（第二段階）を行うはずであった。しかし，第一段階での支配権取得の後，証券取引法上の開示義務違反のため，合併は延期され，2000年1月6日に合併が行われた。この間，会社の株価は9.31ドルに値下がりした（合併対価の値下がり）にもかかわらず，ほぼ2年前になされた合併条件はそのまま維持された。Sunbean 社の株価の値下がりは一時的な現象かどうか（Coleman 社は18ヶ月のうちに価値のほとんどを失ったといえるか）。なお，その間の財務データは，5600万ドル-9700万ドル（1996—97），3700万ドル（1998），1.55億ドル（1999）であった。

(ii) 裁判所の考え方—ルールの抽出

①から⑦までの事件について，合併時点で「事業の実体」「事業の性質」を考慮した場合，株式の買取価格にいかなる要素が含まれることになるか。①事件について，まず，1985年の収益と過去5年間の収益のいずれが「事業の性質」を反映するのかが問題となるが，デラウエア州の過去の例では，1

年間の収益をベースに算定することは稀であるものの，1985年が合併後の成長を示す前兆であるとみることもでき，さらに，合併後に生じる要素でも，計画が合併時点で事実上効果をもっているものであれば，必ずしも排除されるものではないとする。他方，合併後の正当な報酬を基準とした費用に基づいて価格を決定すべきとの主張に対しては，合併後の経営計画に同一の経営陣が維持されることになる場合には，買取りを請求する反対株主は，合併後の正当な役員報酬に基づく算定を求めることはできないとした。②事件では，計画自体は多数株主の支配権取得以前から存在していたが，売却しようとする製品を今後入手する必要があり，将来の販売について操作の余地を残し，著しく条件付であり成功が不確定であったとして，継続企業価値に将来計画を含めることを否定した。③事件では，多数株主が公開会社の取締役会議長であるという事実，二つの相次ぐ合併は最初の合併の時点で計画されていたという事実から，合併の準備は万端整っており，その意味で操作可能ではなく，買取請求を生じさせる締め出し合併の6ヶ月経過後になされた公開会社との合併を前提とした買取価格の算定を認めた。④事件では，MPMに対しなされたベンチャー・キャピタル等からの買付申出価格を公正な価格の判断に含めるべきか否かについて詳細に述べており，シナジー分配の問題を考える上で有益である。MPMの継続企業価値を評価するのにDCF法が最善であることを認めた上で，MPMの主張のように，現実世界の価値を考慮すると（バイサイド分析），MPMの継続企業価値を評価するというよりも，「特定の購入者の視点」から価値を算定することになり，MPMの継続企業価値を正確に反映しないであろうとする。対等な当事者間での交渉に基づく合併価格は公正な価格の一つの強い兆表であるが，買取請求においては，その交渉価格が，「特定株主にとって」の会社の価値というより，会社の継続企業価値を示す証拠がなくてはならず，会社の売却から導かれる売却価格は，シナジー効果が除外される限りにおいて考慮されてよいと述べる。⑤事件では，資産売却の結果生ずる課税は，合併そのものではなく，購入価格を超える資産価値の上昇によって生じ，税負担そのものが繰り延べられるだけであり，合併時点で株主の比例的負担に帰すべきものである。州法や連邦法を適用して，合併時点での税額を計算できるから，合併時点で操作可能ではなく既知

である。これに対し、資産売却に伴う費用は資産売却が生ずる場合に発生するのみで、発生済みコストの繰り延べではないし、定量化が難しく（会計的な処理にもなじまない）、会社ひいては株主に費用負担させるべきではないとした。⑥事件では、当事者間で法的拘束力ある合意がなされており、その意味で操作の余地はなく、現実的な基礎を有していることは認められるが、会社および多数株主は、合併前あるいは合併時点で譲歩を実現する権限を有しておらず、会社の継続企業価値に含めるべきではないとした。そして計画が実現され、価値が現実に増加している（value added）場合には算定の基礎とされるべきであるが、このように解する根拠として、「少数株主がリスクを負担する状態になった以上、値上がり利益も享受できるべき」ことが指摘される。⑦事件では、第一段階と第二段階との間に公正な企業価値が増加したかの判断は困難を伴い、かりに将来成長するとの見込みを前提としてもそれを定量化することは難しい。もっとも、二段階合併が完了するまでに提出された専門家の算定結果を踏まえると、最も合理的な結論は、保守的ではあるけれども、第二段階での企業価値は第一段階での公正な価値と変わらないとした。

4　アメリカ法の分析

アメリカ法における買取請求の基本的な考え方[37]は、財産権の収用における補償とのアナロジーに求められ、合併が効力を生ずる時点で株主の保有する財産価値を補償する、言い換えると合併によって奪われる価値に対する補償であり、その意味で買収者によって新たに創造される価値というのは、本来、消滅会社の価値には含まれない。会社に割合的な持分を有する株主が買収によって創造される価値の分け前に与れないのは論理必然の結果となる。

合併時点で奪われる財産の価値を補償するというのが趣旨であるから、奪われた価値は何であるか、つまり合併時点での会社の価値を見極めることが求められることになる。「合併時点での会社の価値」とは、会社の資産に属すると性格づけられる要素を基礎として算定するのであり、買収者自身が独自に創造する価値というのは、消滅会社の価値ひいては株主の価値とは評価されない。特定の買収者による商業用不動産の利用による価値を含めないと

いうのは，その情報が買収者に属する資産とはなりえても，その時点での保有者の資産とはいえないからである。このように財産が奪われる時点での価値を算定することになるから，合併時点での「事業の性質」をどう理解するかが鍵となる。デラウエア州における事件の分析から導き出せる準則（ルール）は，合併時点で，ある要素が「operating reality」であるとか，「value-added」「effectively in place」であれば買取価格に含めるべきというものである。

合併の実現や期待から生じる価値の増加あるいは減少は考慮してはならないという規定の意味は，デラウエア州裁判所の考え方に示されるように，将来の価値増加を一切認めないという趣旨ではない。この点，Weinberger事件判決は，「恣意的で操作の余地のあるデータ」等を排除する趣旨に狭く解釈すべき立場を明らかにしたが，裁判所の準則の定式化にみられるように，それは合併時点で，ある要素がvalue-addedであるとか，operative realityであるとか，effectively in placeであるときに考慮されるというのが実態であり，純粋に将来の事象を含めるのはかなり限定的である。デラウエア州裁判所でシナジー分配が問題となる事案は二段階合併に関するものが多いが，合併契約締結前に新しい事業計画の実行を開始したような場合には，消滅会社の少数株主は新しい事業計画に基づいて評価される会社の利益に与る権限があると考えられる。一見すると将来要素とは，文字通り合併から将来生じる要素のようにも思えるが，そうではない。最終的には，一定の評価算式を前提として（評価方法の問題ではない），個々の事案において，企業収益の増加を生じさせる要素が，合併の効力が発生する基準日で消滅会社の「事業の実体」として性格づけられるかという事実の評価の問題に帰着することになる。

5　アメリカ法におけるシナジー分配ルールの理論的基礎

アメリカ法におけるシナジー分配というとき，その内容の正確な理解が必要不可欠である。シナジーを「合併による企業価値の増加」と定義するとき，それは特定の第三者にとっての価値増加ではないし，合併により将来生じる要素をもとの企業価値に応じて分配するという内容でもない。合併の効力発

Ⅲ　アメリカ法におけるシナジー分配をめぐる議論

生日＝基準日において，奪われる財産価値を補償する趣旨で，株主が所有する会社に属する資産の価値を算定することを意味する。アメリカ法におけるシナジー分配というのは，少なくともデラウエア州裁判所の考え方を要約するなら，合併時点における会社の資産を基礎として継続企業価値を算定することを意味する。ここで「会社の資産」の内容，より具体的には，何が「operative reality」「value-added」「effectively in place」であるかを事案ごとに判断することになる。では，この準則の理論的な意味は何であろうか。

　第一に，投資機会のように，会社が排他的な権利を有する財産の一種としての「会社の内部情報」や「会社の機会」（corporate opportunity）と考えられる場合があり，理論的には，何が「会社の排他的権利」「会社の機会」といえるかの問題に帰着する。情報という形での隠された事業機会として消滅会社に属すると評価できる場合には，消滅会社の少数株主は持分割合に応じてシナジー分配に与れるというべきであろう。そして，特定の情報が消滅会社に属するかについては，独立当事者間の取引か否か，内部者により情報の非対称性が悪用される場合か否かを考慮して判断されるべきである[38]。

　また，operative reality や value-added という準則が問題となるのは，そういう積極的な会社の資産あるいは権利と性格づけられる場合だけではない。消極的な費用の負担ということも，それが合併時点での「会社のもの」といえるかに照らして判断されることになろう。さらに，近い将来における競争環境の激化（例えば，アナログからデジタルへの切り替え費用等）が売上げに影響を及ぼすことが，ある業界において顕著になるとき，それが合併という偶然の事情によって有利に判定されるべきではないから，この要素も買取価格の算定に当たり，考慮されるべきことになろう[39]。このように積極面であれ，消極面であれ，関連するすべての要素を考慮のうえ，基準日時点で奪われるもの，つまり会社の価値を基準とする株式の価値を算定することになる。将来の合併によって生じる価値を，バックワードして一定の合理的な方法で当事会社に割当てるというのではなく，合併時点で会社に属する資産であれば，それを基礎となる要素として継続企業価値を算定するという予測を行うのである。本来会社資産に属し，それを基礎として営業を継続すれば有したであろう継続企業価値が，合併という偶然の事象によって奪われるべき

377

ではない，これが準則の正当化根拠と考えられる。

　第二は，とりわけ二段階合併の場合を考えると，この準則が経済的にみて公正（economic fairness）であるという点に求められる。*Allenson* の指摘するように，二段階合併において，合併前に買収者が支配権を取得し，合併計画を一部前倒しで実現しているような場合，消滅会社は実質的には合併に伴うリスクを負担しており，そうであるなら収益増加にも与れることが公正に適うというわけである。

　シナジー分配のあり方について，右のように理解するなら，Ⅰはじめに，で紹介した「とうもろこし畑」の仮想事例について答えを導くのは困難ではない。ここでは，多数株主が会社を支配しており，二段階合併と類似の状況が生じている。多数株主は会社の土地のあるべき利用方法を合併に先立ちて検討しており，多数株主自身ではなく，会社の機会に属する情報とみるべきであり，そうだとすると，締め出される少数株主は，会社の機会に属する情報＝会社の資産であることを前提とした価格による買取りを請求できることになろう[40]。

　　(21)　See generally 8 Delaware Code Annotated, § 262 Notes（Analogy to Eminent Domain）(2005)（連邦あるいは州により財産権が収用の対象となる場合の処理が参照される）and also Francis I. duPont & Co. v. Universal City Studio, Inc., 343 A,2d 629（Del.Ch.1975）; Kaye v. Pantone, Inc., 395 A.2d 369（De. Ch. 1978）; Weinberger v. UOP, Inc., 457 A.2d 701, 713（De.1983）．

　　(22)　For this explanation, see Cawley v. SCM Corp,. 72 N. Y. 2d 465, 471, 534 N. Y. S. 2d. 344, 347, 530 N. E. 2d. 1264, 1267（1988）．

　　(23)　See Model Business Corporation Act（1999），Official Comment to § 13. 01．

　　(24)　後に検討するように，合併後に生ずるシナジーと性格づけるよりは，消滅会社自身の財産に属する価値部分における合併後の顕在化と見るべきであろう。その意味で，この価値増加は本来消滅会社自身，ひいては消滅会社の株主に与えられる価値と見るべきであろう。

　　(25)　RMBCAは，除外事由について十分に意味のある先例が形成されてこなかったことを理由としてあげるにとどまる。See Model Business Corporation Act , Official Comment to § 13. 01（2. fair value）．

　　(26)　See Matter of Endicott Johnson Corp, v. Bade, 37 N. Y. S. 2d. 585, 587, 376 N. Y.S. 2d 103, 338 N. E. 2d. 614（1975）; Klurfeld v. Equity Enters, 79 A. D. 2d. 124, 137, 436 N. Y. S. 2d.303（1981）．

(27) See Cawley v. SCM Corp,. 72 N. Y. 2d 465, 471, 534 N. Y. S. 2d. 344, 347, 530 N. E. 2d. 1264, 1267 (1988).
(28) より具体的には，1）会社と支配株主との間の取引，2）取締役等の役員が利害関係を有する支配権の移転を含む取引，3）多数株主が当事者となる取引の3つの類型である。
(29) See generally Dooley, FUNDAMENTALS OF CORPORATION LAW 649 (1995).
(30) See O'Neal & Thompson, OPPRESSION OF MINORITY SHAREHOLDERS AND LLC MEMBERS § 5.32 (Valuation in Appraisal Statutes) (2005).
(31) Weinberger v. UOP, Inc., 457 A. 2d 701 (Del. 1983).
(32) 一般には，ケースブック等においても，Weinberger事件判決が重要な位置を占めるものとして紹介され，実際その通りであるが，基本的な枠組みはそれまでの裁判所の考え方にすでに示されていた。

Tri-Continental Corporation v. Stanley Battye, Central States Electric Coporation et, 74 A. 2d71, 1950 Del. LEXIS 23, 31 Del. Ch. 523 (1950) は，親会社が子会社である「レバレッジのある資本構成」を採用する閉鎖型投資会社である事案において，買取請求権の趣旨について，価値の基本概念は「株主が奪われることになる継続企業価値への持分割合に応じた株式の本源的価値」であり，価値の算定に合理的と考えられるすべての要素が考慮されねばならないとの一般論を述べ，より具体的には「会社の事業の性質」を考慮し，少数株主にとって有利な要素と不利になる要素で，合併期日に既知であるか，あるいは消滅会社の将来見込みを明確化させる他の事情を考慮すべきであるとする。合併期日における「会社の事業の性質」を考慮した評価をすべきことが明らかにされている。

Tanzer v. International General Industries,Inc.,, 402 A. 2d 382, 1979 Del. Ch. LEXIS 329 (Del. Ch. 1979) は，親会社（IGI）を同じくする消滅会社となる完全子会社と存続会社となる81パーセント子会社との合併の事案で，存続会社の少数株主Tanzerが現金交付合併における対価が不公正である旨，すなわちTanzerは，IGIに生じる合併後のキャッシュ・フローの改善（合併により長期資金が調達が促進される）が買収価格に含められていないことは不適法であると主張した。裁判所は，第一に，デラウエア会社法262条はシナジー効果の分配を禁じていること，第二に，たとえシナジー効果が認識されるとしても，少数株主に与えられるプレミアムがシナジー効果を含むとしても十分でないという証拠が提出されていないことを理由として会社の提示した価格が公正ではないといえないとした。

(33) しかしながら，本判決以降，株式買取請求手続きにおいて，それぞれ鑑定人を擁する申請人と被申請人との間で，一定の評価算定方式を前提として，「事業の性質」を考慮の上，いかなる要素をデータとしてインプットすべきかをめぐり，異なる「公正な価格」が提出されるようになり，最終的に買取価格が確定するまでかなりの期間を要するという副次的な問題を生じさせる結果となった。株式買

取請求による救済の不十分性を示すものの一つとして，買取請求手続に多くの年月を要することが指摘される。See Aronstam, Balotti & Rehback, Delaware's Going-Private Dilemma:Fostering Protections for Minority Shareholders in the Wake of Siliconix and Unocal Exploration, 58 Bus. Law. 519, 547 Fn. 212（2003）; Thomas, Revising the Delaware Appraisal Statute, 3 Del. L. Rev. 1, 22（2000）によると，合併後数年を要することが指摘される。また，合併後3年から7年かかるケースも珍しくなく（Hamermesh=Wachter, The Fair Value of Cornfields in Delaware Appraisal Law, 31J. Corp. L. 119, 144 & Fn 102（2005）によると，Weinberger判決以降のデラウェアにおける買取請求手続に要する平均年数は12.5年とされる），手続きに要する期間は平均で727日あるいはほぼ2年という。See Reid, Dissenter's Rights: An Analysis Exposing the Judicial Myth of Awarding Only Simple Interest, 36 Ariz. L. Rev. 515, 520, 525 & Fn. 69（1994）。今後わが国においても同様の問題が生じる可能性は十分に考えられるであろう。

(34) Cede & Co. v. Technicolor, Inc., 684 A. 2d 289, 1996 Del. LEXIS 386（Del. 1996）。

(35) Cavalier Oil Corporation v. William Harnett, 564 A. 2d 1137, 1989 Del. LEXIS 325（Del. 1988）では，CavalierによるEMSIの略式合併において，EMSIのHarnettによって不法に事業機会がEMSIに利用されたが，これが奪取されていなかったならばEMSIの収益はより増加し，結果的に合併時点での株式価値は高くなっていたであろうことが主張された。直接の争点は，買取請求手続の中で，会社機会の奪取に関する主張を問題とすることができるかに関する。裁判所は，Weinbergerのアプローチに依拠しながら，買取手続きにおける公正な価格とは，株主から奪われる会社の継続企業価値持分割合に応じて補償することにあり，その場合にはすべての関連する要素を考慮すべきであり，会社機会の奪取に基づく請求についても，立証に成功し，すべての事実に照らして合理的かつ公正といえるならば，株主が被る損害も含まれるとした。

Kahn v. Household Acquisition Corporation, 591 A. 2d 166, 1991 Del. LEXIS 117（Del. 1991）では，「公正な価格」の算定にあたり，合併の消滅会社となる航空会社Wienに与えられる政府補助金が考慮されるべきかが問題とされた。アラスカの辺境地域で郵便・貨物運送サービスの提供が行われ，これに対しては補助金が支払われることになっていたが，これは定期的に，運送人とCAB（Civil Aeronautics Bard）との交渉を経た後に支払われ，過去5年間の実績では，営業利益の3-4%を占めていた。当該補助金についての予備的合意がなされた1980年12月2日，Wienの主要株主であるHouseholdとの合併期日が同年12月16日，実際に補助金額が決定したのが翌年1981年1月28日であった。裁判所は，Weinbergerの枠組みに依拠して，買取価格の決定は経済界で一般に受け入れられている方法で評価すべきであり，資産からもたらされるすべての関連する要素を考慮に入れるべきであるとする。本件では，補助金の取り扱いについて，Wienのコントロールを超えて

おり、著しく不確定要素に基づくもので実現が保証されるものではないから、信頼に値する予測に関する要素にはならないとした。

　Rapid-American Corporation. v. Hurris, Securities Limited, Cede&Co, 603 A. 2d. 796, 1992 Del. LEXIS 30（Del. 1992）では、公開会社コングロマリット Rapid の非公開化関連取引において少数株主から買取請求がなされたもので、純収益および営業利益の99パーセントは、所有する3つの子会社からのものである。少数株主は会社レベルでの支配プレミアムを含む価格による買取を主張したところ、裁判所は、「事業の性質」を考慮する積極的な義務があり、有望な3つの子会社に100パーセント出資を行う Rapid は、その本質的な価値として、会社レベルで、その構造の経済的実態を反映する継続企業価値として評価される必要がある。子会社の100パーセントの持分を保有するという理由から、親会社に帰属する価値を反映した支配プレミアム分、企業価値を増加させることは適当であるとの判断を示した。

(36)　Cede & Co. and Cinerama, Inc., v. Technicolor, Inc., 1990 Del. Ch. LEXIS. 259 (1990).

(37)　3. における事案及び裁判所の見解の分析は非常にラフであることを認めざるを得ないけれども、アメリカ法におけるシナジー分配の準則（ルール）の枠組みを浮かび上がらせるには十分であると考える。

(38)　For a useful analysis, see Coffee, Transfers of Control and the Quest for Efficiency : Can Delawave Law Encourage Efficient Transactions while Chilling Inefficient Ones?, 21 Del. J. Corp. L 359, 412-417 (1996); Hamermesh=Wachter, supra note 33, at 146-147, 164.

(39)　この点については、In re United States Cellular Operating Company, 2005 Del. Ch. LEXIS. 1, 19-21（Del. Ch. 2005）の事案および裁判所の考え方に依拠している。

(40)　See Hamermesh=Wachter, supra note 33, at 146-147. さらに、この計画が真に洗練された会社の機会といえるならば、合併による締め出しまで当該計画を実行に移さなかった支配株主（経営者）に対する忠実義務（誠実義務）違反の主張が認められるとする。See Id, at 148.

IV　わが国への示唆と今後の課題

1　わが国への示唆

(1)　わが国への示唆を考えるにあたり、アメリカ法における準則（ルール）とわが国における準則との違いを整理しておくことが有益であろう。まず、シナジーとは何かについて、わが国においても、アメリカにおいても合

併から生じる企業価値の増加（相乗効果）と理解されるが，アメリカでは，将来における価値増加として顕在化する場合でも，実際には価値増加を生じさせる要素を特定し，それが合併の効力発生日において消滅会社の operative reality といえるかが問題とされる。デラウエア州の裁判所は，操作の余地を残す要素か否か（speculative/non-speculative elements）を準則とするもの，value-added or effectively in place であるかを準則とするものがあり，卒然と読む限り，双方の要素は両立しがたいようにもみえる。すなわち，操作の余地がない場合でも，その意味で立証が十分可能である場合でも，合併前の時点では，必ずしも value-added or effectively in place とならない場合はありうるからである（Ⅲ3⑶⑥事件参照）。しかしながら，結論的には，少なくとも将来要素としてシナジーの問題として捉えられる要素が operative reality として「会社の機会」あるいは「会社の資産」といえるかが基準となると解することができる。挿入するデータ等の操作の余地を排除しようとすると，実際には両者の結論は大きく異ならないであろう。次に，負のシナジーが生じるという問題についてであるが，わが国では負のシナジーの場合には「合併ナカリセバ」の価格，正のシナジーの場合には「合併を前提とした価格」という考え方が有力に主張されるが，アメリカでは，合併の効力発生日における，合併から生じる操作の余地のある要素を除いた価格という基準で一貫する。最後に，シナジーの分配方法であるが，わが国では，将来に生じる利益の増加分を算定し，これを当事会社の企業価値に応じて分ける方法が提唱されるが，アメリカでは，将来要素と考えられるものが合併時点で operative reality として消滅会社の価値の算定に含まれるかが問題となる。

⑵　わが国における考え方とアメリカ法における考え方の違いをどう評価するかであるが，最終的には，株式買取請求権制度の趣旨をどう考えるかという難しい問題に行き着く[41]。締め出される株主から奪われる価値をどう考えればよいか。合併に反対する株主については，禁反言の法理から「合併ナカリセバ」の価格となるが，現金交付合併で締め出される株主については，「存続会社における投資の継続」の機会が奪われたから「合併を前提とした価格」という考え方がありうる。しかし，後者の場合には，投資を継続した場合にどうなるかという結果の予測が不可避的に入り込む。ここでの準則と

Ⅳ わが国への示唆と今後の課題

して、操作の余地を残すか否かで考慮できる要素を区別することも考えられるが、裁判所における最終的な価格決定を想定すると、実際問題としては、デラウエア州裁判所の採用する何が消滅会社の operative reality といえるかが判断基準となると考えられる。

(3) これまでのアメリカ法との比較法的考察を踏まえるとき、わが国におけるシナジー分配のあり方についてどのように考えるべきであろうか。シナジー（相乗効果）を「合併により生じる企業価値の増加」と理解するとき、どのような原因で生じるかを特定できる場合と、特定できない場合の二つがありうるが、実際にはシナジーの額の確定には困難が伴うから、後者の場合が多いであろう。もっとも、後者の場合には、合併がなされる場合、そもそもシナジーが生じるという一方的な前提をおきつつ、合併当事会社の企業価値に応じて分けるという二重に不確かな基準によらざるをえないという問題がある。少なくとも、シナジーが生じる要素を特定できない場合には、アメリカにおける最も緩い speculative/non-speculative の基準に照らしても、操作の余地をかなり残し（立証からは程遠い）、買取価格に含めることについては慎重とならざるをえないように思われる。では、シナジーを生じさせる要素を（少なくとも）一定程度特定できる場合はどうであろうか。この場合、当該要素の存在から生じる価値増加を立証できるならば、speculative/non-speculative の基準に照らして算定の基礎に含められることになり、最終的にこれをどのように分配するかが問題となる。わが国の議論では、シナジーを生じさせる要素を特定することは困難であることを前提として、当事会社の企業価値に応じて分ける方法が主張されるが、アメリカ法では、シナジーを生じさせる要素が合併時点において operative reality といえるならば消滅会社の価値ひいては株式の価値に含まれると考えられる。この点、シナジーを生じさせる要素を特定できる以上、当該要素が消滅会社に属するか、あるいは消滅会社以外の第三者（存続会社等）に属するかを判定すべきであり、後者の場合には、「奪われた価値の補償」理論や、「経済的公正性」の理論に照らせば、消滅会社の株式の買取価格に含めるべきではないという結論になろう。

以上を要するに、シナジー分配というのは、合併から生じる企業価値の増

加＝相乗効果を合併当事会社のもとの企業価値に応じて分けるというよりは，合併が効力を生じる時点で何が消滅会社の operative reality となる要素であるかを発見・特定する作業を意味すると考えられるのではなかろうか。少なくとも，買取請求権が行使され，申請人の鑑定人と被申請人の鑑定人との間で評価が分かれるとき，裁判所がどちらの評価を採用するかを決定する際には，そのような要素の振分けが重要となると思われる。

2　今後の課題

　アメリカ法における準則（ルール）は，「事業の実体」を反映する要素が合併時点で消滅会社の資産に属すると考えられる場合に，「会社の機会」の理論や「経済的な公正性」を理由として，企業価値の増加にあたる価値を消滅会社の株式の買取価格に含めるというものである。しかしながら，他方で，例えば，ALI の立場のように，親会社・子会社間の合併など利益相反が類型的に問題となる場合には，これを規制するため，政策的な見地から，特定の買収者が会社に対して提示するであろう最高価格を重視することを求める立場が存在する。この点の評価については，第一に，実際にどの程度多数派が詐欺的な手段による取引を行うか，第二に，効率的な取引を過度に抑制することなく，多数派の恣意的な行動を抑えることができるかが鍵となろう。また，事前の観点からは，少数株主にシナジーを含む公正価格での買取りを補償することが資本コストを下げる（エージェンシー・コストの抑止が資本コストを減少させ，資金調達を行う会社にとって効率的となる）など，効率性を高める要因になることを指摘する論者もいる。これらの問題は，事後の観点からみて，何が公正であるかを考えるのみならず，事前の観点からみて，いかなる準則が効率性を高めることになるかを検討する必要があることを示している。その意味で，本稿における比較法的な考察は，アメリカ法におけるシナジー分配の意味及び裁判規範としての準則を明確化したにとどまっており，「合併時点で奪われる財産価値の補償」について，アメリカ法の準則のように，合併時点における消滅会社の事業の実体を基準に算定すべきなのか，それとも合併から生じる企業価値の増加分，とりわけ特定の第三者による評価まで算定の基礎とすべきなのかの判断は，事前・事後の観点，あるいは効率

性・公正性に関する理論的な検討の成果をさらに踏まえる必要がある。

 (41) 株式買取請求権制度の趣旨をどう理解するかについての見解は分かれる。See Kanda & Levmore, The Appraisal Remedy and the Goals of Corporate Law, 32 UCLA. L. Rev. 429, 463 (1985).

敵対的企業買収と予防策・防御策
――わが国の近時の法状況にみられる理論的課題――

徳 本 穰

I　序
II　わが国の近時の法状況にみられる理論的課題
III　結　び

I　序

　今日，本稿の検討課題である敵対的企業買収と予防策・防御策[1]をめぐっては，わが国において，多くの法状況がみられる。例えば，そうした例として，ニッポン放送事件，ニレコ事件，日本技術開発事件等において，裁判所により一連の決定が下されたこと[2]，経済産業省の企業価値研究会により「企業価値報告書」（以下，これを単に「報告書」と表現する）が発表されたこと[3]，経済産業省と法務省により「企業価値・株主共同の利益の確保又は向上のための買収防衛策に関する指針」（以下，これを単に「指針」と表現する）が発表されたこと[4]，予防策や防御策の導入を容易にする効果のある規定を含む新会社法が成立したこと，その他の関連する法令の改正が検討されていること，自民党の企業統治に関する委員会により「公正なM＆Aルールに関する提言」が発表されたこと[5]，証券取引所における対応がみられること[6]，2005年の株主総会において予防策の導入が大きな争点とされたこと[7]，機関投資家からの対応がみられること[8]，経済団体やステークホルダー等からの反応がみられること[9]等，実に多くの法状況が，ほぼ同時並行的に進行してきた。また，最近では，阪神電鉄，TBSをめぐる動向が注目を集めてきた。

こうした敵対的企業買収と予防策・防御策をめぐる法状況は、わが国においては、比較的新しい状況であり、これらの全体を鳥瞰すると、本来、統一的であることが望ましいと思われる各法状況の内容が必ずしも整合的であるとは思われないことや、比較法的にみた場合に現在のわが国の法状況よりもさらに望ましいと思われる法状況があると思われること等、そこには、多くの理論的課題があるように思われる。幸い、筆者は、2005年10月9日に、九州大学法学部において開催された日本私法学会第69回大会において、そのワークショップB「敵対的企業買収－予防策及び防御策の法的検討」の担当者として、司会及び報告を行う機会に恵まれた(10)。そこで、本稿は、基本的に、このワークショップにおいて、筆者が行った報告の内容を基礎にしている(11)。

＊ 本稿は、筑波大学法科大学院の創設及び筑波大学大学院企業法学専攻の創立15周年を記念して、執筆されたものである。筑波大学法科大学院の庄子良男先生は、2006年3月末日をもって定年退官なされるが、庄子良男先生には、公私にわたり御指導を賜ってきた。この場を借りて、深く感謝の意を申し上げる次第である。
（1）本稿において、防御策とは、敵対的企業買収において、対象会社の支配をめぐる争いが始まった後に、対象会社により、その支配の移転・変動等を阻止すべくなされる措置を意味し、予防策とは、そうした支配をめぐる争いが発生する以前に、将来の敵対的企業買収に備えて、あらかじめ、一定の条件が調えば、そうした効果が発生するように、対象予定会社がしておく措置の意味で用いている。なお、本稿では、これらの予防策と防御策をまとめて、対抗措置と表現する。
（2）ニッポン放送事件については、商事法務1726号47頁（地裁決定、同異議申立事件決定）、1728号41頁（高裁決定）、ニレコ事件については、商事法務1734号37頁（地裁決定）、1735号44頁（異議申立事件地裁決定、高裁決定）、日本技術開発事件については、商事法務1739号100頁をそれぞれ参照。
（3）2005年5月27日に発表された経済産業省企業価値研究会による「企業価値報告書」を参照。なお、筆者は、現在、企業価値研究会の委員を務めているが、本稿の内容は、筆者の個人的意見に基づくものであることを付言しておく。
（4）2005年5月27日に発表された経済産業省と法務省による「企業価値・株主共同の利益の確保又は向上のための買収防衛策に関する指針」を参照。
（5）2005年7月7日に発表された自民党総合経済調査会の企業統治に関する委員会による「公正なM＆Aルールに関する提言」を参照。
（6）証券取引所における対応には、様々なものがみられるが、例えば、2005年4月21日に発表された東京証券取引所による「敵対的買収防衛策の導入に際しての投

資者保護上の留意事項について」を参照。また，近時は，いわゆる黄金株をめぐる対応がみられる。
(7) 2005年の株主総会の動向については，例えば，三苫裕＝玉井裕子「六月総会会社における企業買収防衛策の導入とそのあり方」商事法務1737号30頁を参照。
(8) 機関投資家からの対応にも，様々なものがみられるが，例えば，2005年4月28日に発表された厚生年金基金連合会による「企業買収防衛策に関する株主議決権行使の判断基準」を参照。
(9) 経済団体やステークホルダー等からの反応にも，様々なものがみられるが，各種の報道記事を参照。
(10) このワークショップの概要については，日本私法学会「私法」第68号144頁に掲載されている。なお，このワークショップでは，筆者は，司会及び報告を行ったが，「敵対的企業買収―予防策及び防御策の法的検討」というテーマは，理論的な課題に加え，実務的な課題もとりわけ多く有していることから，筆者の他に，中村・角田・松本法律事務所の松本真輔弁護士にも御協力をいただき，主として，実務的観点から報告を行っていただいた。この松本弁護士による報告については，松本真輔「敵対的買収をめぐるルールに関する実務上の課題」（商事法務1756号41頁）を参照。
(11) このように，本稿は，基本的に，日本私法学会ワークショップにおける筆者の報告を基にしており，そのため，本稿の執筆にあたって参考にした文献は，主として，ワークショップのテーマと関わりのあるもので，ニッポン放送事件決定からワークショップの開催までに刊行された文献である。これらの文献の内，注の中で特に引用しているもの以外の文献として，例えば，家田崇「支配株式の取得規制と敵対的企業買収への防御策」私法67号199頁，石綿学＝小林卓泰＝青山大樹＝内田修平「日本型ライツ・プランの新展開―買収防衛策をめぐる実務の最新動向―（上・下）」商事法務1738号30頁，1739号91頁，猪木俊宏「「日本版ライツ・プラン」の事例分析―平成17年上半期に導入された「日本版ライツ・プラン」―」金融法務事情1745号12頁，上村達男「証券取引所の自主規制機能」証券アナリストジャーナル43巻7号38頁，牛島信『敵対的買収　防御の基準』（実業之日本社，2005年），江尻隆＝佐藤正孝「買収防衛対策への法的判断を検証する―ニレコ地裁・高裁仮処分決定の意義」ビジネス法務5巻9号10頁，大杉謙一「敵対的企業買収―ニッポン放送株争奪劇が提起した問題―ニッポン放送の新株予約権発行をめぐる法的諸問題」金融法務事情1733号13頁，同「ニッポン放送・ライブドア事件が提起した証券取引法・会社法上の問題について」証券アナリストジャーナル43巻7号28頁，太田洋「日本技術開発の株式分割差止仮処分命令申立事件―東京地裁平成17年7月29日決定とその意義―」商事法務1742号42頁，同「ニッポン放送新株予約権発行差止仮処分申立事件決定とその意義（上・下）」商事法務1729号24頁，1730号9頁，大塚章男「総会前に知っておきたいM＆A防衛対策一覧」ビ

ジネス法務5巻7号41頁、大塚和成「買収防衛策と「企業価値」の意義―ニッポン放送事件およびニレコ事件を題材にして―」金融法務事情1749号77頁、沖隆一=今井和男「信託型ライツプラン導入にあたっての実務上の留意点」金融法務事情1744号23頁、河野玄逸=北川恵子「M＆A時代に求められる企業防衛ルール―ニッポン放送仮処分事件で示された最新の司法判断―」銀行法務21 647号24頁、神田秀樹監修『敵対的買収防衛策～企業社会における公正なルール形成を目指して～』（経済産業調査会，2005年），神田秀樹=日下部聡=村田敏一=武井一浩「企業買収防衛策をめぐる法的論点と実務上の対応―「企業価値研究会」における検討を中心として―」商事法務1731号4頁、北村雅史「EUにおける公開買付規制」商事法務1732号4頁、日下部聡「企業社会における公正なルール形成を目指して―企業価値報告書と指針策定の問題意識」商事法務1734号4頁、黒沼悦郎「取締役の投資家に対する責任」商事法務1740号17頁、近藤弘康「企業価値報告書における企業価値，買収防衛策の経済合理性に関する考え方」NBL813号19頁、坂本延夫「コーポレート・ガバナンスと経営者支配―ステークホルダー・モデル論―」比較法雑誌39巻1号177頁、佐山展生監修=藤田勉著『新会社法で変わる敵対的買収』（東洋経済新報社，2005年），清水俊彦「ポイズンピルと司法判断」金融法務事情1746号104頁、清水俊彦=猪木俊宏「ニレコ・ポイズンピル差止めの衝撃―東京地決平成17・6・1（商事法務1734号37頁）」NBL812号122頁、清水真『新しい敵対的買収防衛―徹底検証・ライブドアVSニッポン放送・フジテレビ―』（商事法務，2005年），新谷勝「新株予約権の不公正発行と差止仮処分の発令―ニッポン放送対ライブドア事件―」金融・商事判例1222号54頁、末岡晶子「EU企業買収指令における敵対的買収防衛策の位置づけとTOB規制」商事法務1733号34頁、末永敏和=四宮章夫『企業防衛法務と戦略―敵対的買収に備えて―』（民事法研究会，2005年），髙村隆司「敵対的企業買収―ニッポン放送株争奪劇が提起した問題― ToSTNeT取引と公開買付」金融法務事情1733号18頁、武井一浩「企業価値報告書・買収防衛指針と買収防衛策の実務―買収防衛策の法的インフラ整備―（上・中・下）」商事法務1735号16頁，1736号3頁，1737号43頁、同「企業価値研究会における買収防衛策の法的インフラ整備」商事法務1731号51頁、武井一浩=中山龍太郎=高木弘明=石田多恵子「条件決議型ワクチン・プラン」の設計書（上・中・下）―新会社法・買収防衛指針等を踏まえた買収防衛策の一標準形―」商事法務1739号85頁，1743号42頁，1745号39頁、竹平征吾「希釈化型ポイズン・ピルの適法性―司法の役割とその限界―」商事法務1729号32頁、多田克行「「企業価値・株主共同の利益の確保又は向上のための買収防衛策に関する指針」および企業価値研究会「企業価値報告書」の解説」企業会計57巻8号81頁、田村詩子「米国会社・証券取引法判例研究 取締役会による敵対的買収防衛策と株主保護」商事法務1743号56頁、戸田暁「米国法を中心とした公開買付制度の検討」商事法務1732号13頁、中沢構「ニレコ新株予約権発行差止仮処分決定について」判例タ

イムズ1181号116頁，長谷川俊明『敵対的企業買収への対応Q＆A』（経済法令研究会，2005年），葉玉匡美「新会社法の特別解説―議決権制限株式を利用した買収防衛策―」商事法務1742号28頁，早川勝「M＆Aにおける取締役の義務と責任」商事法務1740号25頁，日置純子「日本のM＆A市場における公正なルール形成を目指して―企業価値報告書および買収防衛策に関する指針の解説―」金融法務事情1744号9頁，藤原俊雄「ベルシステム24新株発行差止棄却決定事件――部上場会社において筆頭株主の持株比率を著しく低下させる新株発行について「著シク不公正ナル方法」によるものと認められなかった事例―」判例タイムズ1181号124頁，同「法的論点総まとめ　防衛目的の新株予約権発行」ビジネス法務5巻10号63頁，同「敵対的企業買収対抗策の理論」法律時報77巻11号74頁，升田純「経営権を争う新株発行の派生的な問題」金融法務事情1744号38頁，松本真輔『新会社法・新証取法下における敵対的買収と防衛策』（2005年，税務経理協会），三苫裕「「買収防衛策指針」と「企業価値報告書」の解説」ビジネス法務5巻8号11頁，同「ポイズンピルの発動と取締役の判断」銀行法務21　647号31頁，森田章「M＆Aにおける証券市場の規律」証券アナリストジャーナル43巻7号17頁，森田果「ファイナンスからみた企業買収」商事法務1728号22頁，森本滋「公開買付規制にかかる立法論的課題―強制公開買付制度を中心に―」商事法務1736号6頁，柳川範之「企業買収と防衛策の影響―経済理論による整理―」証券アナリストジャーナル43巻7号45頁，吉井敦子「種類株式の多様化と企業防衛―主要目的論の再検討を踏まえて―」田辺光政編『最新　倒産法・会社法をめぐる実務上の諸問題―今中利昭先生古稀記念―』（民事法研究会，2005年），吉田直「判例研究　ライブドア対ニッポン放送新株予約権発行差止保全抗告高裁決定」青山法学論集47巻1号52頁，和仁亮裕＝乗越秀夫＝橋長康人「敵対的企業買収―ニッポン放送株争奪劇が提起した問題―問題の本質を探る」金融法務事情1733号10頁，等の文献がある。なお，本稿の脱稿後，藤田友敬「ニッポン放送新株予約権発行差止事件の検討（上・下）」商事法務1745号4頁，1746号4頁，青竹正一「新株予約権の有利発行と不公正発行（上・下）―ニッポン放送事件決定の検討」判例時報1900号180頁，1903号171頁，中東正文「改正法と敵対的買収防衛策」法学教室304号64頁等の文献に接した。

II　わが国の近時の法状況にみられる理論的課題

　それでは，次に，敵対的企業買収と予防策・防御策をめぐるわが国の近時の法状況について，その状況にみられる理論的課題の内，筆者の観点からみて特に重要と思われる課題について採り上げ，検討してゆくことにした

い(12)。

1 「企業価値」という用語の内容

まず，第一の課題は，「企業価値」という用語の内容である。周知のように，この「企業価値」という用語は，例えば，「濫用的な敵対的企業買収に対して，対象会社は，その企業価値を維持・向上させることを目的として，必要かつ相当な予防策をとることが許容される」というような文脈において，しばしば使用されている。そして，この点について，例えば，経済産業省と法務省の「指針」では，「企業価値」を「会社の財産，収益力，安定性，効率性，成長力等株主の利益に資する会社の属性又はその程度をいう」と定義し(13)，企業価値研究会の「報告書」では，「企業価値とは，会社の財産，収益力，安定性，効率性，成長力等株主の利益に資する会社の属性又はその程度をいう」との表現に続けて，「換言すると，会社が生み出す将来の収益の合計のことであり，株主に帰属する株主価値とステークホルダーなどに帰属する価値に分配される」と指摘されている(14)。しかしながら，この点について，ニッポン放送事件，ニレコ事件，日本技術開発事件等の一連の裁判所による決定においては，大要，「企業価値」とは，「会社ひいては株主全体の利益」ないしは「株主全体の利益」として捉えられているように見受けられ(15)，例えば，「報告書」が明示しているように，「ステークホルダーなどに帰属する価値」まで含まれているか否かについては，必ずしも明確ではないように思われる。

そこで，この点について，もし，「企業価値」という用語の内容が不分明であるとすれば，その結果，例えば，許容される予防策の範囲にも差異を生ぜしめる虞があるといえ，この「企業価値」という用語の内容については，今後，これをさらに明確化・統一化してゆく必要があるように思われる。

2 予防策・防御策の分類とその適法性の判断基準の内容

第二に，予防策と防御策という分類をめぐっても，課題があるように思われる。一般的に，防御策とは，敵対的企業買収において，対象会社の支配をめぐる争いが始まった後で，対象会社により，その支配の移転・変動等を阻

止すべくなされる措置の意味で用いられる。これに対して，予防策とは，そうした支配をめぐる争いが発生する以前に，将来の敵対的企業買収に備えて，あらかじめ，一定の条件が調えば，そうした効果が発生するように，対象予定会社がしておく措置の意味で用いられる。そこで，このことから，いわば有事における防御策，平時における予防策というように，二分して捉えられることになる。

それでは，この場合，予防策と防御策では，その適法性の判断基準についても，差異があるのであろうか。この点について，ニッポン放送事件の地裁決定では，「公開会社において，現にその支配権につき争いが具体化した段階において，取締役が，現に支配権を争う特定の株主の持株比率を低下させ，現経営陣の支配権を維持することを主要な目的として新株等の発行を行うことは，会社の執行機関にすぎない取締役が会社支配権の帰属を自ら決定するものであって原則として許されず，新株等の発行が許容されるのは，会社ひいては株主全体利益の保護の観点からこれを正当化する特段の事情がある場合に限られるというべきである」と指摘した上で，「もっとも，このようにいうことは，公開会社が，あらかじめ敵対的買収者を想定して会社支配権の争奪の状況が発生する前に何らかの対抗策を設けることを否定する趣旨ではない」と判示している[16]。そこで，このように，ニッポン放送事件では，その地裁異議決定も判示しているように[17]，大要，その決定の射程は，予防策の適否についてまでは及ぶものではないとして，防御策の適法性の判断基準と予防策のそれとは，異なりうることを示唆していた。また，この点について，経済産業省と法務省の「指針」や企業価値研究会の「報告書」も，基本的に，予防策をその対象としている。

しかしながら，果たして，このような二分論は，妥当なのであろうか。確かに，予防策の状況と防御策の状況では，状況において差異があることは事実である。しかしながら，予防策というものは，将来，それが発動されれば，対象予定会社に対する支配の移転・変動等を阻止する効果を生じさせるものであり，その点では，防御策と変わりがないものともいえる。そこで，このように考えると，予防策の適法性の判断基準と防御策のそれとは，本質的には，大きく異なるものではなく，これを一つの判断基準のもとで，統一的に

整理してゆくことが望ましいのではないかと思われる。そして，この点について，例えば，米国のデラウエア州の判例理論では，基本的に，UNOCAL基準と呼ばれる一つの判断基準のもとで，対処されている(18)。また，実際に，わが国でも，防御策の適法性が争われたニッポン放送事件の後に発生した事件で，予防策の適法性が争われたニレコ事件では，その高裁決定を除き，大要，ニッポン放送事件の一連の決定とほぼ同様の基準を用いて，その適法性が判断されている(19)。

それでは，次に，予防策や防御策の適法性の判断基準の内容についてであるが，そこにも課題があるように思われる。この点について，ニッポン放送事件から日本技術開発事件までの一連の裁判所の決定では，ニレコ事件の高裁決定を除いて，大要，次のような判断基準を採用しているように思われる。すなわち，そこでは，「敵対的企業買収において，対象会社は，いわゆる機関権限の分配秩序の観点から，原則として，予防策や防御策をとることは許容されない。そして，対象会社は，株主全体の利益の保護という観点から，これらの策をとることを正当化する特段の事情があるときに，例外的に，手段の相当性等が認められる場合には，一種の緊急避難的行為として，許容される場合がある」という内容の基準が採用されていると思われる(20)。また，この点について，先日，会社法の立法担当者より発表された新会社法を解説する文献の中で，敵対的企業買収における対象会社の経営者の義務について，次のように述べられている。すなわち，そこでは，「中立義務については，会社法に明文の規定はないものの，経営権維持を主要目的とする新株発行や新株予約権の発行については，著しく不公正な方法として差止めの対象となること等からすれば，株主を害するような買収に対する緊急避難的な場合や何らかの形で株主総会の承認を得ている場合等を除いて，取締役には，善管注意義務の一内容として一種の中立義務があるものと解される」と指摘されている(21)。

そこで，この点について検討すると，こうした一連の裁判所の決定にみられる，いわば原則・例外論の考え方には，次のような課題があるように思われる。まず，第一の課題としては，原則論として採られている機関権限の分配秩序の観点について，その考え方を提供している代表的な学説(22)では，

Ⅱ　わが国の近時の法状況にみられる理論的課題

このような予防策や防御策は基本的には許容されていないと考えられ，一連の裁判所の決定にみられるような例外を明示的には認めていないように思われる点である。また，第二に，このように，例外的に，一種の緊急避難的行為として，予防策や防御策を許容するという場合には，これらの策をとることは，基本的に，違法行為にあたるということになり，今日の大規模な株式会社の企業活動やその社会的存在を考慮したときに，このように，予防策や防御策を基本的に違法視することには，疑問を覚える点である。

　そこで，この点については，むしろ，例えば，米国のデラウエア州の判例理論にみられるように，基本的に，対象会社の経営者に予防策や防御策をとる権限があるとした上で，司法審査を前提に，その予防策や防御策の限界を厳しく画するという対処の方が望ましいのではないかと思われる[23]。すなわち，米国のデラウエア州の判例理論では，こうした司法審査の結果，経営者の自己利益のための権限行使は法的に否定され，対象会社の利益のための権限行使については，それが必要かつ相当なものであるか否かが審査されることにより，予防策や防御策の妥当性や合理性が判断されるという対処がなされてるが[24]，こうした対処により，たとえ対象会社の経営者に予防策や防御策をとる権限が基本的に認められるとしても，懸念されるその濫用については，手当てがなされているように思われる。そして，より具体的には，米国のデラウエア州の判例理論では，委任状合戦の機会を奪ったり，発行済株式総数の過半数を取得した買収者から支配を奪うような策は，法的に否定される傾向にあり[25]，例えば，デッドハンド・ポイズン・ピル等も法的に否定されている[26]。また，対象会社がすでに売却に出されていると法的に判断されるような局面では，経営者の責務は，会社の防御人から競売人へと変化するとされている[27]。

　そして，こうした観点からみるとき，ニレコ事件の高裁決定では，単に，「取締役会は，株主割当ての方法で新株予約権を発行し，また，新株予約権に譲渡制限を付する権限を有している。そして，新株予約権の権利内容（行使期間，権利行使の条件，消却の事由・条件）や利用方法について，商法上特段の制限は加えられていない。したがって，濫用的な敵対的買収に対する防衛策として，新株予約権を活用することも考えられないではない」と判示し

395

て(28)，原則・例外論に触れていないことは，注目に値すると思われる。

そこで，このような検討から，わが国において，敵対的企業買収における対象会社の経営者に，善管注意義務の一内容として一種の中立義務まで課せられるものと解すべきかについては，なお慎重に検討する必要があるように思われる。

3　ステークホルダーの利益の考慮

第三に，第一の課題とも関連するが，ステークホルダーの利益の考慮という課題もあるように思われる。そして，このことは，上述した対象会社の経営者に基本的に予防策や防御策をとる権限があると考えた方がよいのではないかという考え方にも関連している。第一の課題の箇所で述べたように，ニッポン放送事件，ニレコ事件，日本技術開発事件等の一連の裁判所による決定においては，予防策や防御策の適法性を判断するに際して，裁判所により，ステークホルダーの利益は必ずしも明示的には考慮されていない。そして，例えば，ニレコ事件の地裁決定では，ニレコ社の取締役会が新株予約権の消却等の是非について判断する際の指針として定めたガイドラインにおいて，取締役会が新株予約権を消却しない旨の決議を行いうる場合として，ニッポン放送事件の高裁決定において裁判所が例示した，特定の敵対的買収者が真摯に合理的な経営を目指すものではなく，敵対的買収者による支配権取得が会社に回復し難い損害をもたらすような4つの場合(29)に加えて，さらに「買収者等が債務者の経営を支配した場合に，債務者株主，取引先，顧客，地域社会，従業員その他の債務者の利害関係者を含む債務者グループの企業価値が毀損される虞があることが明らかな場合など，債務者取締役会が，本件新株予約権を一斉に無償で償却しない旨の取締役会決議を行うことを正当化する特段の事情がある場合」との場合を定めていたことを捉えて，「取締役会の恣意的判断を防止するための判断基準としては広範に過ぎ，明確性を欠く部分を含むことは否定できない」と判示している(30)。

しかしながら，この点について，例えば，米国のデラウエア州の判例理論では，会社をとりまく実態をできる限り斟酌すべきであると考えられており，通常は，株主やステークホルダーの利害を最もよく把握しているのは経営者

Ⅱ　わが国の近時の法状況にみられる理論的課題

であることから，対象会社の経営者は，株主にも何らかの合理的に関連のある利益が生じる場合には，株主以外のステークホルダーへの影響を考慮して，予防策や防御策をとることが認められている(31)。すなわち，そこでは，経営者が会社に対して負う信認義務の文脈の中で，ステークホルダーの利益を考慮することにより，会社や株主等の利益に究極的に還元される場合には，こうした利益を考慮することも，対象会社の経営者の経営判断の範囲に含まれると考えられているように思われる。そして，こうした経営者による会社の利害関係者間の利害調整の役割には，現実的にみて，合理的な面もあるといえる。

そこで，予防策や防御策の適法性の判断においては，ステークホルダーの利益を含めて，会社をとりまく実態をできる限り斟酌してゆくべきではないかと思われる。

4　予防策の適否についての司法上の救済手段の可能性

第四に，第二に述べた予防策と防御策という分類をめぐる課題にも関連しているが，特に，予防策の適否について，そこでの司法上の救済手段の可能性をめぐる課題があるように思われる。この点について，従来，予防策の適否が争われる場合には，例えば，新株予約権の発行であれば，新株予約権が発行される前に，不公正発行等を理由として，その差止めの仮処分が求められるということが，最も典型的な司法上の救済手段として，想定されていると思われる。そして，経済産業省と法務省の「指針」や企業価値研究会の「報告書」も，そうした救済手段を中心にまとめられている。

それでは，この点について，新株予約権が発行された後で，その新株予約権が行使される前に，例えば，その新株発行の差止めを求めるという救済手段は，考えられないのであろうか。この点について，従来，新株の発生は新株予約権者の権利行使によるものであり，会社の行為によるものではなく，新株を発行・交付することは会社の義務である等として，こうした救済手段については，一般的に，困難であると考えられてきたように思われる(32)。しかしながら，新株予約権の行使のための条件が適切に成就するか否かについては，多くの場合に，取締役会の判断に関わっていることから，これを実

質的にみれば，取締役会の判断により新株発行がなされたものと同視することができるようにも思われる。そこで，もし，そうであるとすれば，そこに不公正発行に該当するような可能性がある場合には，例えば，その差止めを求めることも可能であるように思われる[33]。そして，実際にも，この点は，ニレコ事件において争われた点であるが，ニレコ事件の地裁決定では，結論的には，新株発行時の司法審査の可能性の限界を指摘しているが，それに先立って「このように新株予約権の行使に基づく新株発行の過程において，会社の機関の行為が必要とされているときには，新株発行により不利益を受けるおそれのある株主は，その会社の機関を捉えて新株発行の差止めを求めることが許されると解する余地がある」と述べている[34]。

そこで，予防策の適否をめぐる争いにおいては，その司法上の救済手段として，例えば，新株予約権が発行された後で，その新株予約権が行使される前に，その新株発行の差止めを求めるという救済手段も考えられるのではないかと思われる。そして，もし，そうであるとすれば，新株予約権の発行前の差止めと，新株予約権の発行後で新株予約権の行使前における新株発行の差止めとの関係についても，これを明らかにしてゆく必要があると思われる[35]。

5　主要目的理論との関係

最後に，第五に，課題というよりも，ニッポン放送事件やニレコ事件等の一連の裁判所の決定といわゆる主要目的理論との関係について，述べることにしたい。従来，主要目的理論においては，新株発行の主要目的が株式の買占め者の持株比率を低下させ，かつ，新株発行を決議した取締役の支配的地位を維持するためであると考えられる場合には，新株発行は不公正であるとされ，もし新株発行の主要目的が会社の資金調達のため等合理的な経営目的のためであると考えられる場合には，新株発行は公正であるとされてきたように思われる[36]。すなわち，そこでは，必ずしも明示的ではなかったかもしれないが，新株発行の主要目的が，資金調達以外の目的，例えば，資本提携や従業員持株制度の推進等の目的であっても，それが合理的な経営目的のためであると考えられる場合には，不公正発行にはあたらないと解されてき

II　わが国の近時の法状況にみられる理論的課題

たように思われる。

そして，この点に関連して，機関権限の分配秩序の観点を提供する代表的学説は，会社支配の移転・変動等を阻止すべくなされる措置（すなわち，これが防御策であり，将来このような効果を生ずるものが予防策であるが）をとることについては，資金調達や資本提携や従業員持株制度の推進等とは区別され，それが不公正発行にあたると，批判してきたように思われる[37]。そして，このような区別自体については，筆者も，適切であると考える。こうした区別は，従来，わが国では，それほど深く認識されてはこなかったように思われるが，ニッポン放送事件やニレコ事件等の一連の裁判所の決定では，こうした区別を明確化したことにも意義があるように思われる。そして，経済産業省と法務省の「指針」も，そうした区別を意識してまとめられている。

もっとも，この点について，すでに上述したように，筆者の観点からは，予防策や防御策であると区別された場合には，一連の裁判所の決定にみられるような，いわば原則・例外論の立場から，これを原則として違法と捉えるのではなく，対象会社の経営者には基本的に予防策や防御策をとる権限があるとした上で，その妥当性や合理性が司法審査されるべきではないかと思われる[38]。

(12)　本稿の内容については，特に，「特集　新会社法施行を前に　⑤新会社法と敵対的買収」法律のひろば59巻3号39頁，「敵対的買収防衛の原理・原則　第1回～第5回・完」ビジネス法務5巻8号35頁（第1回「守るべき企業価値とは何か」），9号75頁（第2回「経済産業省・法務省の指針について―ニレコ事件の決定内容との比較―」），10号73頁（第3回「証券取引法との関連について」），11号45頁（第4回「会社法の現代化との関連について」），12号72頁（第5回「司法判断が果たす役割について」），「地裁・高裁の法的判断を検証する―ニッポン放送新株予約権仮処分決定」ビジネス法務5巻6号10頁，「敵対的買収と対抗措置理論」太田洋＝中山龍太郎編著『敵対的M＆A対応の最先端～その理論と実務～』（商事法務，2005年）93頁，『敵対的企業買収の法理論』（九州大学出版会，2000年）等の拙著や拙稿を参照。

(13)　「指針」の2頁を参照。

(14)　「報告書」の34頁を参照。

(15)　この点について，例えば，ニッポン放送事件では，その地裁決定では，「企業価値とは，会社ひいては株主全体の利益をいうものと解することができるところ」と指摘している（商事法務1726号54頁）。また，同異議申立事件決定及び高裁決定

399

では，不分明な点はあるものの，「株主全体の利益の保護という観点から新株予約権発行を正当化する特段の事情がある場合には」と指摘しており（商事法務1726号60頁及び1728号46頁），「企業価値」とは「株主全体の利益」として捉えられているように見受けられる。

(16)　この点につき，商事法務1726号54頁を参照。

(17)　この点につき，商事法務1726号60頁を参照。

(18)　この点につき，Unocal Corp. v. Mesa Petroleum Co., Del. Supr., 493 A. 2d 946 (1985) 及び Moran v. Household Int'l, Inc., Del. Supr., 500 A. 2d 1346 (1985) 等のデラウエア州最高裁判所の判決を参照。また，UNOCAL基準の詳細については，例えば，前掲注（1）の拙著『敵対的企業買収の法理論』の56頁以下を参照。

(19)　この点につき，商事法務1734号43〜45頁を商事法務1735号55〜56頁と対比しながら参照。

(20)　この点につき，各事件の決定内容を参照。

(21)　この点につき，相澤哲編著『一問一答　新・会社法』（商事法務，2005年）の226〜227頁を参照。

(22)　こうした学説として，例えば，川浜昇「株式会社の支配争奪と取締役の行動の規制（一〜三・完）」民商法雑誌95巻2号1頁，3号32頁，4号1頁や洲崎博史「不公正な新株発行とその規制（一〜二・完）」民商法雑誌94巻5号1頁，6号17頁等がある。

(23)　もっとも，こうしたデラウエア州の判例理論にみられる考え方をわが国に解釈論として採り入れる場合には，そのような考え方が「株主は会社企業の実質的所有者であり，それゆえ，会社を支配しうる」とする従来からの会社支配の捉え方に適合するものであるのかにつき，理論的検討が必要になる。そして，筆者は，これまで，拙著や拙稿の中で，この点についての理論的検討を重ねてきた。そして，その中で，例えば，前掲注（12）の「敵対的買収と対抗措置理論」太田洋＝中山龍太郎編著『敵対的M＆A対応の最先端〜その理論と実務〜』の拙稿の中では，「かかるデラウエア州の判例理論にみられる考え方は，一見，従来からの会社支配の捉え方に，必ずしも，論理的整合性をもってうまく適合しているとは，いい難いようにみえる。そこで，従来からの会社支配の捉え方をストレートに前提とすれば，一応，機関権限の分配秩序の考え方は適切であるようにみえる。もっとも，実際においては，株主が会社企業を実質的に所有しそれゆえ支配しているとはいえない実態も多くみられること等から，従来からの会社支配の捉え方は，会社支配と所有権との関係について，解釈としての硬直性を有し，そのことから，かえって柔軟性を欠くという，問題点も有していたのではないかと思われる。そこで，例えば，一つの考え方として，会社支配が所有権に基礎を置くとはいっても，株主が実質的に所有しそれゆえ支配しているとはいえず，いわば比喩に過ぎないような場合には，もし，会社支配を硬直的にではなく柔軟に解釈することが

II わが国の近時の法状況にみられる理論的課題

可能になれば，従来からの会社支配の捉え方を一応の前提としても，予防策や防御策のような対抗措置を容認することは，理論的に可能になるのではないか。そして，もし，このことが理論的に可能になるとすれば，デラウエア州の判例理論にみられる考え方をわが国に解釈論として採り入れることも可能になるのではないか」とする趣旨の指摘を行っていた（この点の詳細については，上記の拙稿を参照）。そして，こうした私見について，ここで付言しておくと，デラウエア州の判例理論では，後述するように，例えば，発行済株式総数の過半数を取得した買収者から支配を奪うような策は法的に否定されており，このことは，対象会社の経営者は予防策や防御策をとる権限を有するが，発行済株式総数の過半数を取得した買収者は比喩ではなく実質的に対象会社を所有しそれゆえ支配しているといえ，そこで，こうした買収者から支配を奪うような対抗措置までは許容されないと考えられているように推測される。そこで，このように考えると，会社支配を硬直的にではなく柔軟に解釈することが可能になれば，デラウエア州の判例理論は，一応，従来からの会社支配の捉え方にも適合するように思われる。

(24) この点につき，例えば，前掲注（12）の拙著『敵対的企業買収の法理論』56頁以下を参照。

(25) この点につき，例えば，Blasius Industries, Inc. v. Atlas Corp., Del. Ch., 564 A. 2d 651（1988), Stroud v. Grace, Del. Supr., 606 A. 2d 75（1992), Frantz Mfg. Co. v. EAC Indus., Del. Supr., 501 A. 2d 401（1985）等の判決を参照。また，前掲注（12）の拙著『敵対的企業買収の法理論』56頁以下もあわせて参照。

(26) この点につき，例えば，Carmody v. Toll Brothers, Inc., Del. Ch., 723 A. 2d 1180（1998）の判決を参照。

(27) この点につき，例えば，Revlon, Inc. v. MacAndrews & Forbes Holdings, Inc., Del.Supr., 506 A. 2d 173（1986）の判決を参照。

(28) この点につき，商事法務1735号55頁を参照。

(29) この点につき，商事法務1728号46頁を参照。

(30) この点につき，商事法務1734号44頁を参照。

(31) この点につき，例えば，Unocal 判決（前掲注（18））の955-956 頁の判旨と Revlon 判決（前掲注（27））の182頁の判旨をあわせて参照。また，Mills Acquisition Co. v. MacMillan, Inc., Del. Supr., 559 A. 2d 1261（1989）の判決の1282頁の Note 29 の判旨や Robert A. Ragazzo, Unifying the Law of Hostile Takeovers: Bridging the UNOCAL/REVLON Gap, 35 Ariz. L. Rev. 989, at 1035（1993）の文献も参照。また，前掲注（12）の拙著『敵対的企業買収の法理論』61頁の注（32）もあわせて参照。

(32) こうした指摘を行うものとして，例えば，大杉謙一「5　今後のわが国における敵対的買収の可能性―解釈論」家田崇＝五十嵐恵美子＝梅田彰＝大杉謙一＝近藤浩＝佐山展生＝関口智弘＝永沢徹＝中東正文『Ｍ＆Ａ攻防の最前線―敵対的

買収防衛指針―』（金融財政事情研究会，2005年）120頁を参照。
(33) 筆者は，ニレコ事件において，鑑定意見書を提出する機会に恵まれたが，その鑑定意見書の中で，こうした意見を論じていた。
(34) この点につき，商事法務1734号44頁を参照。
(35) この点につき，大杉（前掲注（32））の文献の122～127頁を参照。
(36) この点につき，例えば，前掲注（12）の拙著『敵対的企業買収の法理論』19頁以下を参照。
(37) こうした批判を行うものとして，例えば，前掲注（22）の川浜及び洲崎の文献がある。これらの文献は，こうした対抗措置と，資金調達や資本提携や従業員持株制度の推進等の会社の通常の事業目的のためになされる行為との区別を指摘し，ある行為が対抗措置であるとはどういうことなのかといった課題を考察した，わが国における先駆的論文である。
(38) このように，私見は，一連の裁判所の決定にみられるような，いわば原則・例外論の立場とは異なっている。この点について，特に，前掲注（12）の「地裁・高裁の法的判断を検証する―ニッポン放送新株予約権仮処分決定―」や「敵対的買収と対抗措置理論」太田洋＝中山龍太郎編著『敵対的M＆A対応の最先端～その理論と実務～』の拙稿も参照。なお，ここで，一連の裁判所の決定にみられるいわば原則・例外論の立場について付言しておくことにしたい。従来の伝統的な主要目的理論では，買収者の持株比率を低下させ，かつ，新株発行を決議した取締役の支配的地位を維持することを主要目的として，新株発行を行えば，理論的には，その新株発行は常に不公正発行にあたることになる（そこで，かかる結果を避けるためには，たとえ，紛争の実態が敵対的企業買収に対する対抗措置であったとしても，裁判所としては，可能な限り，新株発行の主要目的を資金調達等の必要性等であると認定する必要に迫られることになると思われる。この点につき，前掲注（12）の拙著『敵対的企業買収の法理論』46～47頁を参照）。そこで，その結果，従来の伝統的な主要目的理論では，買収者の持株比率を低下させ，かつ，新株発行を決議した取締役の支配的地位を維持することを主要目的とはするが，それが，会社の利益のため，ないしは，企業価値の毀損を防ぎ企業価値を維持・向上させる等のためになされる場合であっても，基本的に，その新株発行は不公正発行にあたるということになる。そこで，理論的にこのような結果に至らざるを得なかったところに，従来の伝統的な主要目的理論の理論的限界があったように思われる。しかしながら，ニッポン放送事件以降の一連の裁判所の決定にみられる原則・例外論の立場では，このような場合にも（もっとも，ニッポン放送事件やニレコ事件は，厳密には，新株発行ではなく新株予約権発行に関する事案ではあるが），例外的にではあるが，不公正発行にあたらないとされる場合があることを明らかにしたものであり，この点において，従来の伝統的な主要目的理論とは異なっていると思われる。また，ニッポン放送事件以降の一連の裁判所の

決定にみられる原則・例外論の立場では，その例外論の内容として，対抗措置の相当性等も検討されていること等も考え合わせると，これを，従来の伝統的な主要目的理論の延長線上のものとして捉えることには，無理があるように思われる。そこで，筆者は，これらの状況について，現在，裁判所は，新株発行や新株予約権の発行が資金調達や資本提携や従業員持株制度の推進等の会社の通常の事業目的のためになされる行為に関わる場合（そして，そこに，取締役の支配的地位を維持する目的が介在するような場合）と，新株発行や新株予約権の発行がそもそも対抗措置に関わる場合とを区別し，前者の場合については，基本的に，従来の伝統的な主要目的理論の枠組を維持しながら，後者の場合については，新たに原則・例外論の枠組で対処しているように見受けられる。この点について，筆者は，上述したように，従来，会社の通常の事業目的のためになされる行為と対抗措置については，これを区別すべきであり，前者については，基本的に，主要目的理論の枠組に大きな問題はみられないが，後者については，対抗措置の妥当性や合理性の観点から司法審査が行われるべきであり，そのための適切な法基準をわが国においても確立すべきであると論じてきた（この点につき，前掲注(12)の拙著『敵対的企業買収の法理論』15～50頁を参照）。そこで，かかる私見によれば，裁判所が，現在，このように従来の伝統的な主要目的理論を変容させてきたと捉えられることは，望ましいことであるように思われる。もっとも，すでに述べたように，私見においては，対抗措置については，一連の裁判所の決定にみられるように，原則として，これを違法と捉えるのではなく，米国のデラウエア州の判例理論にみられるように，対象会社の経営者には基本的に対抗措置をとる権限があるとした上で，その妥当性や合理性が司法審査されるべきではないかと考えている。

III 結 び

わが国の近時の法状況にみられる理論的課題について，このように，特に筆者の観点から重要と思われる幾つかの理論的課題を採り上げて，検討を行ってきた。かかる検討を踏まえながら，特に，本稿の結びとして，筆者において，指摘しておきたいことは，敵対的企業買収の予防策や防御策の適法性をめぐる司法判断における裁判所の究極的な機能についてである。この点について，これまで，筆者は，主として米国のデラウエア州の判例理論を参考として，敵対的企業買収の複雑な実態に即しながら，その合理的な利害調整を図るための理論として，対抗措置理論を提唱してきた[39]。そして，そ

こでは，米国のデラウエア州の裁判所にみられるスクリーニングの機能の意義についても，論じてきた。すなわち，米国のデラウエア州の判例理論では，上述したように，裁判所は，ステークホルダーの利益も含め，敵対的企業買収に伴う複雑な利害の実態をできる限り斟酌しながら，予防策や防御策の妥当性や合理性を司法審査することにより，結果として，企業価値の維持・向上につながるような敵対的企業買収と，企業価値を毀損する虞のある敵対的企業買収とを，究極的な意味においてスクリーニングする機能を担っているように思われる[40]。

そこで，この点について，確かに，裁判所の機能や制度等には，わが国と米国では，様々な差異がみられるのも事実であるが[41]，こうしたスクリーニングの機能については，今後，わが国の裁判所にも，より一層期待されるべきものではないかと思われる[42]。また，独立社外者の関与や機関投資家の関与等，敵対的企業買収の予防策や防御策に関わる裁判所以外のインフラについても，整備が必要であると思われる。

末筆ながら，本稿における検討が，敵対的企業買収と予防策・防御策というテーマの研究において，いささかでも貢献しうることを祈念するものである。

(39) こうした私見の詳細については，前掲注（12）の拙著や拙稿を参照。
(40) この点について，こうしたいわば是々非々主義とでもいうべき機能については，こうした機能をわが国に採り入れることについては，例えば，「わが国では，従来，敵対的企業買収は稀にしか見られなかったことから，まずは，敵対的企業買収の発生を促進すべきであり，敵対的企業買収がわが国においても定着してきた段階で，このような機能の導入を検討することが望ましいのではないか」とする趣旨の批判も考えられる。しかしながら，このような批判について，筆者は，そうした批判は，敵対的企業買収をめぐるいわば政策論であり，仮に，政策論の内容として，かかる批判の内容が妥当なものであるとしても，それと，敵対的企業買収の予防策や防御策の適法性をめぐる司法判断の判断基準の在り方（そして，その結果として現れる裁判所の究極的なスクリーニングの機能）という法律論とは，区別されるべき議論であるように思われる。そこで，法律論としては，本稿においても検討したように，敵対的企業買収の予防策や防御策の適法性をめぐる司法判断の判断基準として，いかなる内容の判断基準が望ましいのかについて，検討を行うべきであると思われる。
(41) この点について，例えば，拙稿「会社の紛争処理におけるデラウエア州衡平

III 結 び

法裁判所の特質―会社法の効率性を高めるための紛争処理の仕組（一・未完）」専修法学論集90号（西川利行教授＝林茂教授＝前田政弘教授退職記念号）73頁の文献を参照。

(42) この点について，より巨視的に眺めると，かかる米国型の法規制の在り方を参考にするよりも，むしろ，例えば，全部買付義務等を有する欧州型の法規制の在り方を参考にすべきではないかとの考え方もありえるように思われる。そして，欧州型のように，全部買付義務等がある場合には，買収者側に課せられるハードルが高い反面，対象会社側も対抗措置については抑制的であることが求められることから，結果として，米国型とは異なった形で買収者と対象会社のバランスが図られ（米国型では，基本的に，法に則りながら，買収者も対象会社も比較的自由に攻防を展開することができ，もし，その攻防が法的紛争に発展すれば，最終的には，対象会社により採られた対抗措置の妥当性や合理性が司法判断に服するという形で決着が付けられることになる），そのことを通して，例えば，企業価値を毀損する虞のある敵対的企業買収の発生が抑制されているようにも見受けられる。そこで，米国型と欧州型のいずれの法規制の在り方を参考にすべきかについては，直ちに判断のしがたい課題であるように思われる。もっとも，この点について，一般的に，わが国の社会は，事前規制型から事後チェック型へと移行しつつあること，また，敵対的企業買収と対抗措置をめぐるわが国の法制は，基本的に，米国のように，会社の自衛策を中心に対抗措置を採る法制であるといえること（この点につき，例えば，前掲注（21）の相澤編著の文献の226頁を参照）等を考え合わせると，基本的には，主として，米国型の法規制の在り方を参考にすべきではないかと思われる。この点につき，前掲注（12）の拙稿「敵対的買収と対抗措置理論」太田洋＝中山龍太郎編著『敵対的M＆A対応の最先端～その理論と実務～』の109頁の注（4）も参照。

国際的合併の法的考察

大 塚 章 男

　Ⅰ　国際的合併の許否
　Ⅱ　国際的合併が認められるための要件
　Ⅲ　準拠法の決定
　Ⅳ　実質法上の問題
　Ⅴ　小　　括

　商法中の会社法規定のクロスボーダー取引への適用に関する議論は従前から存在した[1]。最近になって，国際会社法に関する著作[2]や論文[3]が公刊されるようになり，国際私法学の体系書[4]や商法学の体系書[5]でも紙幅を費やしてこれについて論じられるようになった。また，近時では国際会社法に関する種々の特集，ワークショップ，シンポジウム[6]がもたれ，議論もさらに精緻なものとなっている[7]。

　国際的な株式交換については，かつて15年前に京セラが上場会社たるデラウエア州法人AVX社をストック・マージャー方式で買収した事案[8]があったが，以降これに追随する事案がなかった[9]。国際的な合併とされる案件でも，実際は，どちらかの国にまず子会社を設立し親会社株式を取得させ，その親会社株式を対価として対象会社と合併する方式（三角合併方式）や，株式買収形態による方式などによっていた[10]。

　実務上は，正式の国際的合併の必要性は，存続会社の許認可の維持が必要である場合を除き，低いとされる[11]。むしろ使用されるとすれば株式交換制度であり[12]，または株式交換制度がない法制下[13]では三角合併[14]（triangle merger）であろうとされる[15]。実務的な観点からすれば，株式交換や合併という法的枠組みに拘泥せずに，実質的に株式を対価とするクロスボー

ダーのM＆Aができれば十分であろう。しかしながら，組織再編手続のなかでも合併は最も多くの国で認められている法制度であり，また株式交換の要件・手続と多くの点で重複しており（債権者や株主の保護手続を含め），国際的な「合併」自体の許否を検討しておくことは有益である。ここでは国際的な合併（本書では国境を越えた，会社従属法を異にする会社間の合併を以下「国際的合併」という）を中心に論じる。

（１）　道垣内正人「企業の国際的活動と法―会社法の国際的事案への適用」『岩波講座現代の法（第七巻）企業と法』（岩波書店，1998年）143頁以下，高桑昭「会社法と渉外関係」ジュリスト1155号145頁（1999年），高桑昭「わが国の商法（会社法）規定の国際的適用に関する若干の問題について」国際法外交雑誌99巻1号32頁（2000年），江頭憲治郎「商法規定の国際的適用関係」国際私法年報2号136頁（2001年）など。
（２）　河村博文『国際会社法論集』（九州大学出版会，2002年），山内惟介『国際会社法研究第一巻』（中央大学出版部，2003年）など。
（３）　龍田節「国際化と企業組織法」竹内昭夫＝龍田節編・現代企業法講座第2巻『企業組織』261頁以下（東大出版会，1985年）。
（４）　山田鐐一『国際私法（第3版）』（有斐閣，2004年）224頁以下，溜池良夫『国際私法講義（第2版）』（有斐閣，1999年）282頁以下など。
（５）　龍田節『会社法〔第九版〕』（有斐閣，2003年）459頁以下（第12章　国際会社法）。
（６）　特集・国際的な企業組織・活動と法律問題ジュリスト1175号（2000年），「外国会社との合弁・株式交換をめぐる法的規律Ⅰ～Ⅶ」商事法務1622号から1628号（2002年），「ワークショップ　外国会社との合弁・株式交換をめぐる法的規律（上）（下）」商事法務1635号，1636号（2002年），「日本私法学会シンポジウム資料　国際会社法1～5」商事法務1706号（2004年）と日本私法学会「シンポジウム国際会社法」私法67号49頁以下など。
（７）　ごく最近のものとして，藤田友敬「国際会社法研究1　国際会社法の諸問題（上）（下）」商事法務1673号17頁，1674号20頁（2003年），石黒一憲「国際企業法上の諸問題」小塚荘一郎＝高橋美加編『商事法への提言』（落合誠一先生還暦記念論文集）（商事法務，2004年）583頁以下など。
（８）　友常信之「株式を使った米国企業の買収・合併―京セラとAVX社のストック・マージャー―」商事法務1212号2頁（1990年）。
（９）　その理由は，商法上の問題の解明が十分なされていないためのリスクとされる。松古樹美「ワークショップ　外国会社との合弁・株式交換をめぐる法的規律（上）コメント3」商事法務1635号25頁（2002年）。

(10) 長田真里＝小塚荘一郎「国際的な企業結合のプランニング―ダイムラー・クライスラー社の事例―」商事法務1665号4頁（2003年）。
(11) 「ワークショップ　外国会社との合弁・株式交換をめぐる法的規律（下）パネルディスカッション」商事法務1636号28頁（2002年）の藤縄発言（30頁）や服部発言（32頁）。
(12) 現金不要で株対価でM＆Aができる点と，税務上のメリット（これを認められるかが最大の関心事である）である。なお税務問題一般については須藤一郎「外国会社との合弁・株式交換をめぐる法的規律III　税法からの分析」商事法務1624号108頁（2002年）参照。
(13) 米国の多くの州（デラウエア州も含む）では株式交換制度がないため，むしろ三角合併によることが多いとされる。
(14) 会社法では「合併対価の柔軟化」により三角合併が可能となった（会社法749条1項2号，751条1項3号）。但し政策的理由で施行は1年延期となった（附則4項）。三角合併を可能にする手当てとして，子会社による親会社株式取得を一定限度で許容している（法800条）。
(15) 三角合併に関する考察としては，中東正文「アメリカ法上の三角合併と株式交換」中京法学28巻2号1頁。「会社法の現代化」により三角合併が可能となる結果，事実上クロスボーダー株式交換が可能となることを指摘する，三苫裕「外資による日本企業の買収と対応策」商事法務1731号44頁（2005年）。三角合併の手法により，2つの準拠法（つまり会社従属法）を考える正式な国際的合併を回避して，1つの準拠法の問題に集約させることができることになる。三角合併の手法によりにより広義の国際的合併が活性化することは間違いない。

I　国際的合併の許否

　従来，内国会社と外国会社との合併は認められないとされてきた。商法の合併に関する規定は内国会社に関するものであるが，外国会社は商法上の会社ではないというのが理由である。また，商法の適用につき内国会社に準ずると解する余地（旧商法485条ノ2）もないからである[16]。しかしながら，これは内国会社と外国会社との合併に関する規定が欠缺していることを意味するに過ぎない。そのことから当然に内国会社と外国会社との合併は認められないと帰結されるわけではない。また，旧商法485条ノ2（会社法823条は全く同一文言）が外国会社について日本の商法の適用を排除しているのは，原則として外国会社はその従属法によって規律させるとの趣旨によるもので

ある[17]。内国会社は日本法を従属法とし，外国会社はその外国法を従属法として合併をするのであれば，同条の趣旨に反するものではない。

これに対し，たとえば，デラウエア州一般会社法252条(a)は以下のように規定する[18]。

「……合衆国以外の管轄の法に基づき設立される1個または数個の会社は，他の会社の設立の準拠法たる法がその管轄の会社に他の管轄の会社と吸収合併または新設合併することを許容するときは，この州の法に基づき存在する1個または数個の会社と吸収合併しまたは新設合併することができる。」[19]

したがって，わが会社法は国際的合併につき特段に規定を設けていないとみるべきであって，国際的合併の可能性を否定するものではないと言えよう[20]。このような落合教授の見解は現在の商法学会で多くの賛同を得ているように見える[21]。

(16) 大隅健一郎＝今井宏『会社法論下巻Ⅱ』46頁（有斐閣，1991年）。石井照久『会社法〔商法Ⅲ〕』332頁（勁草書房，1967年）参照。なお龍田・前掲注（3）317頁は，商法上国際的合弁は無理とし，日本の登記所が外国での合併手続の適正さについての審査体制を備えていないことをも理由とする。

(17) 服部榮三編『基本法コンメンタール会社法3』（日本評論社，2001年）（河村執筆）117頁。但し，この規定については解釈論上疑問があるとされ，立法論としても問題視されている。田中誠二『再全訂会社法詳論（下巻）』（勁草書房，1982年）1324-1325頁，山田・前掲注（4）263-264頁など。

(18) 同様の規定は，カリフォルニア州会社法1108条(a)，ニューヨーク州事業会社法907条(a)にある。さらに模範会社法11・07条(a)参照。

(19) 従来「存続会社または新設会社がこの州の会社である」ことが要件であったが，1993年改正により，この条件が削除されて，現在のようになった。

(20) 落合誠一「国際的合併の法的対応」ジュリスト1175号36頁（2000年）。なお株式交換につき，江頭ほか「座談会・株式交換・株式移転—制度の活用について」ジュリスト1168号121頁（1999年）（江頭発言）もこれを肯定する。

(21) ただし，会社法の立法担当者は，これまで国際的合併等を認めた法令が存在しないことなどを理由に，外国会社との直接的な合併・株式交換は認められていないとする。相澤哲『一問一答　新・会社法』（商事法務，2005年）223頁。

II 国際的合併が認められるための要件

まず、それぞれの会社従属法において、合併という法制度が存在しており、またそれが許容される合併であることが確認されねばならない。

1 単位法律関係としての「合併」制度の存在

準拠法を決定するには、まず、単位法律関係を画定する必要がある[22]。ここでは、合併という単位法律関係を認めるのか、それともさらにこれを細分化するのか、という問題が生じる。換言すれば、どこまで準拠法選択上の事案の分断を徹底すべきかである[23]。「合併」という組織再編の場面においては、多くの利害関係人に対し、ある程度調和を保った統一的処理が要請されることからすれば、合併という単位法律関係を認めるべきである。そこで次に問題となるのは、合併の本質的な要素は何かということである。換言すれば、「合併」という単位法律関係を決定づける本質的な「効果」は何かということである。筆者は、合併の本質的特徴・要素を、一方の会社（消滅会社）の財産全体が他方の会社（存続会社又は新設会社）に包括承継され、財産を移転した会社は清算を要せず解散し、その株主は財産移転を受けた会社の株主となること、と考える[24]。英国法では包括承継は"universal succession"と称される。米国では包括承継に当たる単語はない。しかし、たとえば「吸収合併 (merger) と新設合併 (consolidation) は、本質的に、買主（注：存続会社・新設会社）が売主（注：消滅会社）の株主に株式や現金を発行・交付するのと交換に、一方の会社の資産と営業を他方の会社に移転することである。吸収合併と新設合併は、移転する会社の一切の負債と債務を自動的に（つまり法律上の効果（"by operation of law"）として）承継することと債権者側の強制的な更改 (novation) を伴う」と説明されている[25]。これに対し、営業譲渡の場合は、このような法律効果は生ぜず、特定承継を生ぜしめる一般の（譲渡）契約と同じである。このように、合併の本質的な要素は包括承継であり、包括承継[26]の効果がなければ合併とは言えず、相手国にそのような効果をみたす制度が存在しなければ、国際的合併はできない、と

整理すべきである(27)。逆に，そのような法律効果が生じる法制度なら，相手国でそれを何と呼称しようがその手続により「合併」ができる(28)。なお，会社法下でも「その株主は財産移転を受けた会社の株主となること」は本質的特徴の要素となるかが一応問題となろう(29)。しかしながら，株主の承継も依然として，合併の本質的特徴の要素であると考える(30)。承継される株主・社員は，会社の種類（株式会社か持分会社か，また公開会社か非公開会社かも含め）によって，人的色彩に強弱があろう。しかし，それを問わず存続会社や新設会社に移転するところに「株主の承継」の意味がある。

ところで，合併は「２つの法人の統合という組織法的な現象である」という表現は準拠法選択等を考える上で"思考停止"にしかならないのでやめるべきとの指摘がある(31)。組織的行為か契約かという区分だけをもって一刀両断的に準拠法決定をするような"思考停止"はよくないが，機能的・分析的に検討した上で両者に実際的な差異が存在する場合に，その差異を準拠法決定において考慮するのはむしろ当然である。

さらに，単位法律関係の切り分け方の問題として，合併や株式交換や三角合併でなく「多数決議で株式を取り上げて別の株式を交付する」というように経済的実質に従って切り分けるべきとの考え方も提案されている(32)。経済的効果・機能にも着目して単位法律関係を画定することには賛成であるが，その述べるところは，「合併」の成立要件や手続の重なり合う部分を言っているにすぎないのではないか。

より端的に，「合併」という単位法律関係自体を認めない見解もある(33)。「合併の効果」という単位法律関係を否定する。この見解では，A社消滅，B社新株発行，A社株主へ割当という現象があるだけであって，それに伴って債権債務が移転すると構成した上で，その消滅・新株発行を各々の設立準拠法で考え，物権債権の移転は各々の準拠法・法例で考えていくのである。しかし，これでは関連する多くの株主，会社債権者，その他利害関係人の間の統一的な処理に欠けるのではないかとの疑問がある。この点をもう少し掘り下げてみよう。

2 相続との比較

そもそも総括準拠法で考える見解と個別準拠法に分解して考える見解とが対立する場面は，会社法上の合併や株式交換の場面だけではない。たとえば相続がそうである。相続の本質的効果は「世代間の財産または身分の承継」とされる。これは，合併の本質的効果と考えられる「法人間の財産と株主の承継」と類似点がある。

相続の準拠法について「法の適用に関する通則法」（平成18年法律78号）（以下「新国際私法」という）の36条（法例26条と全く同文）は「相続は被相続人の本国法による」と規定する。ここに「相続」とは，財産相続たると身分相続たると，包括相続たると特定相続たると，法定相続たると遺言相続たるとを問わず，世代を超えた財産または身分の承継を意味する[34]。すなわち，相続には，被相続人の身分の承継という側面と，被相続人の死亡による財産権の承継という側面とがある。後者の側面を強調すると個別の財産権の準拠法によることも理論的には考えられるが，法36条は，前者の側面から，また相続財産が複数国に所在する場合における相続の一体性という観点から，被相続人の本国法によるとした。各国の相続準拠法を大別すると「相続統一主義」と「相続分割主義」とがあり，日本を含む大多数の大陸法諸国が採用している相続統一主義では，上記の観点から相続問題を一体として被相続人の本国法や住所地法に連結している。これに対し，英米法系諸国やフランス，ベルギー等一部の大陸法諸国が採用している相続分割主義[35]では，相続財産のうち，動産相続は被相続人の本国法や住所地法によるものとし，不動産相続についてはその所在地法によるものとされる[36]。

相続統一主義を前提として，通説における新国際私法36条の適用範囲はきわめて広く，相続の開始，相続能力，相続欠格，相続人の廃除，相続順位，相続分，相続財産の構成及び移転，相続の承認と放棄，遺産分割，遺留分とその減殺等の相続法上の問題は，すべて相続準拠法による[37]。

石黒教授は，相続問題における身分と財産権の承継の交錯の点につき，以下のように述べる。「相続に関する諸問題は家族法秩序と財産法秩序との交錯領域に生ずる。国際私法上もこの点をある程度踏まえた準拠法選択が必要ではないかと思われる。……元来，本国法主義は人の身分・能力を支配する

ものであり，基本的には家族法的論理に裏打ちされた主義である。したがって，法例解釈論上は，家族法的論理を背景とする相続準拠法（法例25条（筆者注：改正後の26条））と財産法的論理の上に立つ準拠法（法例7条，10条，11条，等）のそれぞれの妥当領域を如何に限界づけてゆくか，がとくに重要な問題とされるべきである。」[38]この問題意識に基本的に賛成である。

ところで，相続財産全体について適用される相続準拠法を「総括準拠法」とし，相続財産を構成する個々の財産の準拠法を「個別準拠法」とした上で，『個別準拠法は総括準拠法を破る』という原則に服するとの議論がある。ドイツ民法施行法旧28条は，相続準拠法に関する国際私法規定（つまり本国法主義）は，その準拠法所属国に存在しない物につき，その所在地国法上特別の規定に服する場合には適用しない旨定めていたが，この原則は同条の解釈との関係でドイツで生成されたものとされる[39]。日本の学界においても，主として，相続財産の構成の問題やその移転の問題において，両準拠法の累積的適用を支持しつつこの法格言を引用して，個々の財産権の準拠法によるべきとの結論を導いてきた[40]。

しかし，一つの事案を二重に性質決定し，二つの単位法律関係が重なり合った上で一方が他方に優先するということはあり得ず，したがって「個別準拠法は総括準拠法を破る」の法格言は妥当ではない。「単位法律関係の外縁をきちんと画すれば足りる問題であり，あたかもひとつの問題に複数の準拠法が適用されるかのような表現は適当ではないと考えられる」[41]。つまり，相続準拠法（新国際私法36条）と個別準拠法（たとえば物権について同法13条）のそれぞれの妥当領域の限界を如何に画定するか，の点に帰着するのである。

相続準拠法と物権準拠法との関係について，被相続人の本国法である中華民国法によれば遺産分割前には共同相続人全員の同意がないと持分処分ができないところ一部の相続人が第三者に対し持分の譲渡を行いその効力が争われた事案で，近時，最高裁は，「遺産分割前に相続に係る本件不動産の持分の処分をすることができるかどうかなどは，相続の効果に属するものとして，法例25条（筆者注：改正後26条）により，A（被相続人）の出身地に施行されている民法によるべき」として，被相続人の本国法によるべきとし，「相続準拠法上の規定を遵守しないで相続財産の持分の処分をしたとすれば，その

処分（本件売買）に権利移転（物権変動）の効果が生ずるかどうか」は, 法例10条2項（新国際私法13条2項）により,「本件不動産の所在地法である日本法」によるとした[42]。共同相続人の処分権の制限は, 本来相続の問題であり, 相続準拠法によるべきであるが, このような制限に反してなされた処分によって権利が有効に移転するか否かは, 物権準拠法によると解すべきであろう[43]。したがって, 最高裁の判示は妥当であると思われる[44]。

以上のように相続の本質的効果は「世代間の財産または身分の承継」であり, 合併のそれは「法人間の財産と株主の承継」であるところ, いずれも, 総括準拠法と個別準拠法の適用が交錯する場面である。このように, 会社間で財産と株主とが包括的に承継されるところに組織法的行為の特色が見出されるのであり, 総括準拠法に従って規律する理由がある。ただいずれにしても, 相続においても合併においても, 上記最判の事例のように, 総括準拠法と個別準拠法の各々の妥当領域の限界, 外縁を如何に画定するかが具体的な論点となろう。

3　国際的合併の対象となる団体

わが国会社法は, 内国法人と外国法人との国際的合併の許否につき明文を欠いていることは前述のとおりである。株式会社は合名・合資会社と合併できるが存続会社・新設会社は株式会社でなければならないとする旧商法56条2項[45]は新会社法では削除され, 株式会社と持分会社とが持分会社を存続会社とする吸収合併等を認めることとした[46]。このように, すべての種類の会社間の吸収合併・新設合併が認められ, しかも, 吸収合併や新設合併において, 株式会社・持分会社のいずれもが, 存続会社や新設会社となることが認められることとなった。したがって, わが国会社法では, 合併当事者となる団体は種類を問わず「会社」であればよい。このように見た場合, 国際的合併の当事会社となりえる外国「法人」はどう考えればよいか。個々の国の会社法制を精査しなければならないが, 米国のデラウエア州一般会社法における stock corporation はこれに当たるであろう。さらに, デラウエア州 LLC 法における limited liability corporation は, わが国会社法が持分会社の一として合同会社を認めた趣旨からして, 対象足りえるであろう。しかし,

limited liability partnership はどうか(47)。この LLP に対応する日本の有限責任事業組合は、有限責任事業組合契約法に基づく組合であって法人格を有しないこと、また合同会社は、前述のように、株式会社等間で合併等の組織再編行為を行うことができたり、また株式会社への、若しくは株式会社からの組織変更も可能である（会社法743条、2条26号）ことの対比からして、対象足りえないであろう(48)。

なお、国際的合併の相手方当事会社の会社従属法上、日本の「会社」が合併相手足りうるかも検証すべきことは勿論である。

(22) ただし、実際問題としては、通常、単位法律関係の中核の法律問題を念頭に、連結点を検討して準拠法を決定し、そのような連結点で準拠法を及ぼす範囲はどこまでかという発想で単位法律関係の外縁を明確化していくという手順がとられる。道垣内正人『ポイント国際私法・各論』（有斐閣、2000年）6頁以下。ただし本件はこうした事案とは異なる。

(23) 石黒一憲『国際私法』（新生社、1994年）31頁以下。

(24) 落合・前掲注（20）36頁。

(25) Cox, Hazen and O'Neal "Corporations" Aspen Law & Business (1997) §22. 10.

(26) 呼称はどうあれ包括承継の効果が生じるものであれば足りる。「包括承継」は日本の実質法上の説明に過ぎない。

(27) ワークショップ・前掲注（6）1636号34頁（落合発言）。

(28) よって、効果について配分的適用は考えられない。

(29) 会社法2条27号、28号は吸収合併、新設合併の定義を創設しているが、ここでは権利義務の承継と消滅のみが規定されている。また、会社法において対価の柔軟化が企図され、存続会社の株式以外の財産の交付による合併が認められ、キャッシュアウト・マージャーや三角合併ができることとなった。この点で、会社法において、株主の承継は合併の本質的要素とされていないかのようにも見える。なお、立法担当者の解説にはこの要素の記述が抜けている。相澤哲＝細川充「新会社法の解説(14)組織再編行為（上）」商事法務1752号5頁（2005年）。

(30) 会社法749条1項2号、753条1項6号、7号などが株主承継を原則としている規定であること、株主は包括承継される会社財産の共有者であることなどから、このように言えるであろう。同旨、弥永真生『リーガルマインド会社法（第10版）』（有斐閣、2006年）388頁注13。

(31) ワークショップ・前掲注（6）「コメント1」（藤田友敬）1635号12頁。その指摘自体は正しいが、合併を組織法的な現象と捉えることへの重大な理論的批判とはいえまい。

(32) ワークショップ・前掲注（6）1636号39頁（大杉発言）。

Ⅱ 国際的合併が認められるための要件

(33) シンポジウム・前掲注（6）私法84頁（早川発言）。早川教授は従来，対外関係は契約準拠法，対内関係は各設立準拠法の配分的適用としていた（後述参照）が，その後は「合併」を単位法律関係とすることさえも否定するに至っている。早川教授の見解には完全には賛同できないが，合併をより機能的に分析を試みた点でその功績は大きいといえよう。
(34) 山田・前掲注（4）569頁。
(35) 相続分割主義による場合には，複数の準拠法の適用による権利義務関係の複雑化（例えば，債務の相続をどのようにするか等）という問題があり，わが国のように相続について承継主義をとる国においては，相続分割主義を採用することには困難もある。神前禎＝早川吉尚＝元永和彦『国際私法』（有斐閣，2004年）（元永執筆）218頁。
(36) 道垣内・前掲注（22）106頁。
(37) 石黒一憲『国際私法の解釈論的構造』（東大出版会，1980年）241頁，および同書該当部分の参照文献。
(38) 石黒前掲241-242頁。
(39) 道垣内・前掲注（22）116頁。ドイツにおけるこの議論の展開については，木棚照一『国際相続法の研究』（有斐閣，1995年）302頁以下に詳しい。
(40) 折茂豊「相続」国際私法講座2巻（有斐閣，1995年）663頁以下など。これに対し，個別準拠法によるべきとの説も有力に存在する。石黒一憲「相続の準拠法」現代家族法大系4巻（有斐閣，1980年）438頁以下。
(41) 澤木敬郎＝道垣内正人『国際私法入門（第4版補訂版）』（有斐閣，1998年）26-27頁。
(42) 最判平6・3・8民集48巻3号835頁。評釈として，早川眞一郎・別冊ジュリスト渉外判例百選〈第三版〉164頁（1995年），櫻田嘉章・別冊ジュリスト国際私法判例百選4頁（2004年），大内俊身・ジュリスト1050号174頁（1994年）など。
(43) 本件原審判決（東京高判平2・6・28金法1274号32頁）を題材に，相続準拠法と物権準拠法の適用関係につき論じるものとして，早川眞一郎「国際的な相続・遺産管理の一断面（上）（下）」ジュリスト1019号126頁，1020号131頁（1993年）が好個である。
(44) 山田・前掲注（4）576頁以下参照。
(45) 落合・前掲注（20）39頁はこの規定があるのでこれに反する国際的合併はできないとする。
(46) 会社法748条，751条1項，755条1項。
(47) 米国のLLCとLLPに関しては，井原宏『企業の国際化と国際ジョイントベンチャー』（商事法務研究会，1994年）参照。
(48) 松井秀征「外国会社との合併・株式交換をめぐる法的規律Ⅳ　会社法からの分析」商事法務1625号50頁（注10）（2002年）は，旧法時代の論述であるが，結論

417

を留保している。

III 準拠法の決定

国際的合併の手続は、原則として、各当事会社のそれぞれの会社従属法により決定される。ここでは、合併が準拠法選択ルールになじむものか、会社従属法はいかに決定すべきか、会社従属法はどの範囲でどのように適用されるか、さらには、合併に適用されるとして具体的にどのような適用上の問題が生じるか、について順次検討を加えることとする。

1 私法と公法の区別

会社に関連する法律問題には、国際私法の準拠法選択のルールになじむ問題とそうではない問題とが混在している。私法的に見える規定（たとえば商法の一部の規定）が実は公法（絶対的強行法規とも言う）的な性格の規定であったりする。

国際私法における準拠法の決定・適用のプロセス、すなわち、①法律関係の性質決定、②連結点の確定、③準拠法の特定、④準拠法の適用というプロセスによって処理が可能なのは、あくまでも「私法」の適用関係である。これに対し、「公法」の適用関係では、自国法の国際的適用という観点から、個々の規定ごとに地域的適用範囲を決定するというアプローチが優越する（公法の属地的適用）。あるいは「強行法規の特別連結理論」により、自らの地域的適用範囲を明確に有している強行法規が、当事者によって選択された準拠法の所属国以外の国のものであっても、事案との密接関連性により、適用を認められるとされる。

したがって、議論の出発点は、まず、公法ないしは絶対的強行法規[49]として、法規からのアプローチにのせるべきか否かを決定すべきことになる。否であれば、準拠法選択のルールになる[50]。

たとえば、社債管理会社の設置強制（旧商法297条以下）の問題[51]、証券取引法の域外適用の問題[52]、公開買付の抵触法上の問題[53]などが法規からのアプローチで検討されてきた。法規からのアプローチか準拠法選択ルール

かの区分は，最終的には，具体的な個々の規定の目的，趣旨，内容によって決定されることになる。実はこの決定自体が困難なのであるが，一般的に言えば，国家的関心が高い，公益性が強いなどの場合は，法規からのアプローチを採ることになろう。ただし，公益的規定とされる規定であっても，債権者保護ぐらいのレベルでは法規からのアプローチ（域外適用など）をなすべきではない[54]。例えば会社分割規定はどうであろうか。会社分割が創設された目的は，包括的承継を簡易にできる法制度を創設し，もって国際競争力をつけることであった。その点ではこの制度自体に強行法規性がある。しかし，だからといって絶対的強行法規とまでは言えないであろう。それでは，会社分割に伴う労働契約承継法はどうか。この法制は，会社分割法制が部分的包括承継とされることから，労働関係承継のルールを明確化し，労使間の紛争防止と労働者の労働条件を保護することを目的としている[55]。この制度自体の強行法規性はかなり高いが，常に適用が強制されるほど公益性が強いとは言えないので，やはり絶対的強行法規とまでは言えないであろう。

それでは，会社法の合併に関する法規はどうであろうか。それ自体公益性が強いとは言えないので，準拠法選択ルールによるべきことになる。

2 法人従属法の決定

法人の従属法[56]は，まず第一に団体の法人格（法人の一般的権利能力）の有無を決定する基準たる法であるが，さらに法人の内部組織や権限等についても規律する法である。これらは整合的な規律をする必要性があり，法人従属法（属人法）という単一の法によって規律される。法人従属法については，従来から，設立準拠法主義と本拠地法主義との対立が存在した。

設立準拠法主義[57]は，法人はある国の法に準拠して設立され法人格を付与されたのであるから，設立後もその準拠法がその法人の一般的権利能力や内部関係の諸問題に適用されるべきであるとする[58]。その根拠として，従属法の判断が容易であること，実質的な本拠地の所在にかかわらず権利能力が承認されることは法的安定性に資することなどがあげられる。なにより設立準拠法主義は，設立に当たり当事者によって準拠された法により法人の内部関係等を規律しようという見解であり，当事者自治の原則に根拠を置いて

いる(59)。しかしながら，この長所の裏返しとして，設立者は，国家や個人の利益保護を弱める法秩序を選択し（いわば設立地漁り），第三者の犠牲において利益追求を図りうる弊害が挙げられる。また，既にいくつかの論文で指摘されているように，立法者の意図も設立準拠法主義を示していたことに注意を喚起すべきであろう(60)。すなわち，立法者の考えは「法人格の属地性」であり，現在の抵触法上の「設立準拠法主義」とは若干異なっていた。むしろ外国会社の法的地位の実質法である外国法人法と抵触法とを一元的に考える立場に立っていた。設立準拠法主義の制定法上の根拠として民法36条，旧商法479条3項が挙げられる(61)。すなわち，民法36条に関する穂積陳重の議会答弁や，梅健次郎により設立準拠法を前提としこれによる弊害に対処するため旧商法482条（改正前258条）が追加されたとの経緯である。

　他方，本拠地法主義は，その法人が本拠を有する地の法を従属法とすべきであるとする。その根拠は，法人の活動に最も密接な関係を有する法はその法人の本拠地の法であり，その法人と取引関係に立つ第三者の保護の見地からも本拠地法をもって法人の属人法とすべきことなどがあげられる。この立場は，法人格を取得するにはその本拠地において設立されなければならない，すなわち，設立地法によって設立手続が進められるだけでは足らず，その地に本拠が存在しなければならない，との立場ともいえる。やはり本拠地法主義はその長所と裏表の短所を有する。すなわち，本拠地法主義は，本拠地の概念があいまいであって準拠法の決定が明確にならない，また本拠が転々移動するに従って属人法が変更するのは法的安定性を欠く(62)，という批判である。なお，欧州裁判所（European Court of Justice）の裁判例(63)では本拠地法主義が志向されている(64)。

　このように設立準拠法主義が妥当であると考える(65)。

3　法人従属法の適用範囲

　法人従属法は，法人の設立から解散に至るまで広い範囲の問題に適用される。法人の内部組織の問題や法人格そのものに関わる問題について法人の従属法によることには，ほとんど異論がない(66)。これに対し，法人の外部関係については法人従属法の射程外である。しかしながらその区分は論者によ

り一様ではなく，法人従属法の適用される事項と，他の準拠法選択ルール（たとえば契約準拠法や不法行為準拠法）の適用される事項との境界を画する作業が必要となる(67)。まず「会社の内部事項，あるいは組織法上の問題」を特徴づける要素について考えてみたい。

　法人の内部関係について従属法によって一括して単一の法と連結がなされるのは，その範囲については統一的な利害調整が必要であるというのがその実質的な理由である。アメリカの抵触法第 2 リステイトメント302条においても，会社従属法の適用される範囲，いわゆる「会社の内部事項（internal affairs）」を考える際に，当該事項の「統一的取り扱いの必要性」が強調されている(68)。統一的な利害調整の要請が特に強いのは，会社法の中でもエクイティと関連する部分（株主間の利害調整，株主・経営者間の利害調整，株主・債権者間の利害調整）だと言われる(69)が，なぜエクイティと関連すると統一的な利害調整が要求されるのかは実は必ずしも明確ではない。そもそも「会社の内部事項」には何が含まれるか，そこから議論があろう(70)。さらに，「会社の内部事項」に含まれる事項の中でも統一的取扱いの要請には強弱があることに留意すべきである(71)。法人の従属法の適用範囲は，原則として，会社の内部事項，あるいは組織法上の問題に限定しつつ，会社法における統一的な利害調整の必要性から，これを事項毎に合目的的に解釈していかざるを得ないであろう。

4　国際的合併における実質法の適用

　ここでは，一方で日本会社法を従属法とし他方で米国会社法（デラウエア州法）を従属法とする会社間の吸収合併を考えることとする。

　日本法では，簡易合併(72)ではない，通常合併の場合の合併の手続は，存続会社Ａ側と消滅会社Ｂ側で各々，合併契約作成，取締役会の承認，合併契約締結，事前開示(73)，株主総会の承認（特別決議(74)），株主への通知・公告(75)，合併効力発生(76)，事後開示(77)，合併登記(78)というように履践される。また，この手続の中で，各当事会社につき，反対株主の株式買取請求権(79)の行使，会社債権者の異議申述手続(80)が行われる。

　米国ではどうか。デラウエア州一般会社法を例にとり，Ａ社（surviving

corporation) がB社（disappearing corporation）を吸収合併（merger）する場合を考える。

Short Form Merger[81]ではない，一般のLong Form Mergerでは，それぞれの当事会社（constituents）において，取締役会による合併契約書[82]の承認，株主への通知，株主総会による合併契約書の承認決議，決議証明書の州への登録（file）という手続が履践される。ただし，この手続の中で，反対株主の株式買取請求権（appraisal rights）の行使[83]が認められている。

ところで，前述Iのとおり，デラウエア州会社法は，相手方の州外法人の従属法が国際的合併を認める場合に限り，デラウエア州法人と州外法人との間での合併を明文で許容している[84]。なお，米国会社法（州法レベル）には，日本の会社法で認められているような事前事後の開示制度や会社債権者の異議申述手続[85]が存在しないことに注意が必要である。

国際的合併の手続につきデラウエア州一般会社法252条(c)は以下のように規定する（以下強調は引用者）。

「(c) その契約書（筆者注：合併契約書）は，各当事会社により，その設立準拠法に従い，かつ，デラウエア会社の場合には本法251条に定めるのと同じ方法により，採択され，承認され，証明され，作成されかつ確認されなければならない。その契約書は，この州の会社の吸収合併または新設合併に関して本法251条に定めるときにかつその定めるところにより，提出されかつ記録されなければならず，かつこの州の法のすべての目的のために効力を生ずる。……」

デラウエア州会社法は，州外会社が存続会社となる場合の手続につき必ずしも明確ではない。ちなみに，カリフォルニア州会社法1108条は以下のように若干明確に規定する。

「(b) 存続会社が州内会社であるときは，その会社および州内消滅会社に関する合併手続は州内会社の合併を規制するこの章の規定に従わなければならないが，存続会社が州外会社であるときは，(d)項および第407条の要件ならびに第12章（第1200条以下）および第13章（第1300条以下）（州内当事会社に関し）に服し，合併手続はその存続会社の設立の州または場所の法に従うことができる。

III 準拠法の決定

(c)存続会社が州内会社であるときは、その契約書および各州内または州外の当事会社の役員の証明書は第1103条に定めるところにより申請し、または所有の証明書は第1100条に定めるところにより申請しなければならず、かつその時に、第110条(c)項に従って、合併は各州内当事会社につき効力を生ずる；かつ州内営業を行う資格を有する各州外消滅会社は、第110条(c)項に従い、その申請により自動的に州内営業を行う権利を放棄する。

(d)存続会社が州外会社であるときは、合併は、その会社が設立された管轄の法に従い効力を生ずるが、(e)項所定の場合を除き、州内消滅会社に関しては、この項が要求するところによるこの州における申請に基づきその州外管轄における効力発生の時に効力を生ずる。……」

さらにニューヨーク州事業会社法第907条は、州内会社および州外会社の合併の手続等につき、以下のように詳細な規定を置いている。

「(a) 1以上の州外会社および1以上の州内会社は、吸収合併または新設合併により、本州の会社となり、または、吸収合併もしくは新設合併が州外会社がその設立を準拠する管轄の法律により許容されるときは、この管轄の会社となることができる。……

(b)株主の授権の要件を含む手続に関し、各州内会社は、州内会社の吸収合併または新設合併に関する本法の規定に従い、各州外会社は、その設立を準拠する管轄の法律の適用規定に従わなければならない。

(c)～(g)略

(h)存続会社または新設会社が本州の法律に基づき設立されまたは設立さるべき場合においては、この吸収合併または新設合併の効力は第906条（吸収合併または新設合併の効力）に基づく州内会社または州外会社の吸収合併または新設合併の場合と同一である。存続会社または新設会社が本州以外の管轄の法律に基づき設立されまたは設立さるべき場合においては、この管轄の法律が別段の定めをなすときを除き、この吸収合併または新設合併の効力は州内会社の吸収合併または新設合併の場合と同一である。」

このように、州外会社が存続会社となる場合についてはその州外会社は設立準拠法に従って合併手続を行うことが求められているといえよう。以下に法の適用について生じる主な論点につき若干言及し論じる。

(1) 全体構造

「準拠法単一の原則」からすれば，合併当事会社のいずれかの準拠法により合併の法律関係を統一的に規律すべきであるが，国際的合併の場合，存続会社または消滅会社のいずれか一方の準拠法によって統一的に規律されるべきであるとすると，他方の当事会社の利害関係人の利益が損なわれるという危惧がある。そこで，国際的合併の全ての当事会社の従属法を配分的に適用することにより国際的合併は可能とする立場がドイツでは支配的となっているとされる[86]。正当な指摘である。前述のとおり米国の主要州の会社法も配分的適用を規定している。このように，国際的合併の場合，合併手続については，原則として，各当事会社のそれぞれの従属法に従うべきものと考えられる（いわゆる配分的適用（連結））[87]。

したがって，前述の例で，存続会社Ａが日本法人，消滅会社Ｂがデラウエア州法人である場合，Ａは日本会社法で存続会社として要求される手続（すなわち合併契約作成，取締役会の承認，合併契約締結，事前開示，株主総会の承認（特別決議），株主への通知・公告，合併効力発生，事後開示，及び合併登記，さらには反対株主の株式買取請求権の行使及び会社債権者の異議申述手続）を，Ｂはデラウエア州会社法で消滅会社として要求される手続（すなわち取締役会による合併契約書の承認，株主への通知，株主総会による合併契約書の承認決議，決議証明書の登録。さらには反対株主の株式買取請求権の行使）を，各々履践することになる[88]。Ｂにおいては，州法上，事前事後の開示や会社債権者の異議申述手続は要求されない。

なお，英国国際私法[89]では，設立準拠法によって，他の会社との合併による包括承継（universal succession）の方法での資産と負債の移転の有効性が判断される，とされている[90]。

以下，配分的適用をするにおいて，さらに議論となる論点に言及する[91]。

(2) 合併契約

合併手続を配分的適用で行うとして，問題となるのは，形式および内容について当事会社間で一致している必要がある合併契約である。合併契約で定める事項は法定されている（会社法749条1項，753条1項など）が，法定の事

項以外でも，合併の本質や強行法規に違反しない限度で，合併契約でこれを規定することができる。日本法とデラウエア州法とが求める法定記載事項について，各々の法が想定している内容に非整合がある場合の扱いが問題である。特に問題なのは，一方当事会社の従属法における法定記載事項に従った記載内容が，他方当事会社の従属法においては記載が許容されていない場合である[92]。

　この点につき，例外的に重畳適用（累積的適用）を主張する見解もある[93]。しかしながら，合併の他の要件・手続について配分的適用を主張しつつ，合併契約にのみ重畳適用を主張するのは整合しない。この点，配分的適用における双方要件[94]の場面であり，双方の従属法上の要件が二重に適用されると説明すべきとする見解[95]，各々で配分的な連結を貫徹するため重畳適用の外観が生じるにすぎないとする見解[96]などが主張されている。この点については，双方要件の場面として配分的適用を貫徹してよいのではないかと考える。

　なお，早川教授は「営業譲渡や株式交換，合併のためのＸＹ間の合意は，対外関係として法例7条で定まる契約準拠法で規律されるのに対し，Ｘという法人の内部，Ｙという法人の内部でそれぞれ必要とされる手続については，ＸについてはＸの設立準拠法，ＹについてはＹの設立準拠法が規律することになるのである（配分的適用）。」とする[97]。早川教授の論法は，法人につき内部事項は法人準拠法，対外関係は契約準拠法等によるべきあって，これは合併手続における合併契約も同様であり，形式的に見てＸとＹとの間の合併契約は「内部事項」ではないから対外関係として仕分けされ，したがって合併契約は法例7条による契約準拠法で規律される[98]，というのである。しかしながら，合併契約を，法人間の単なる契約（例えば物品売買契約）と同視して，法人の対外関係の問題と整理してよいものであろうか。複数の法人が関係する問題（親子会社間の問題など）につき，いずれの法人の内部関係として法人従属法を適用すべきかの論点[99]と，むしろ同一レベルの論点ではなかろうか。したがって，合併契約だけを切り取って私法契約として準拠法を決定するのではなく，これが組織的行為（合同行為）の一環であることを直視して，会社従属法に委ねるべきであろう[100]。ただその理由は「組織

的行為」だからというのでは確かに舌足らずの感がある。法人の従属法の適用範囲を，会社の内部事項あるいは組織法上の問題に限定するのは，会社法における統一的な利害調整の必要性からであり，形式的に見て，会社の対外関係の問題であるかのように見えても，統一的な利害調整の必要性がある場合は会社の内部事項，あるいは組織法上の問題として，あるいはこれに準じて法人従属法で規律すべきであり，合併手続の一環である合併契約はまさにこれに当たると考えられる。

(3) 情報開示

内国会社は，存続会社になると消滅会社になるとを問わず，わが国の会社法に基づく事前・事後の開示を行う。通常の株式割当方式を前提に以下考えると，日本法人たる内国会社が存続会社となる場合，合併に当たって，デラウエア州法人たる外国会社の株主に株式の割当てを行うことになるが，前述のとおり，デラウエア州法上，事前開示の規定は存在しない。これをどう考えるべきか。

米国において，事前開示に類する開示は，主として連邦の証券規則によって要求されることになる。1933年連邦証券法および証券法規則145条は，現金を対価としてではなく他の証券と交換で証券の募集を行う場合，株主の賛成を要する一定の事業再編（合併を含む）のための提案が「募集（offer）」にあたり，そのような取引の完了が「売付け（sale）」にあたることを明らかにした（証券法2条(a)(3)，証券法規則145条(a)(2)参照）[101]。そして，規則145条により開示を要求される存続会社は，提案される取引の内容，譲渡側の会社・譲受側の会社に関する情報等を記載したForm S-4による届出書をSECに提出する必要がある。

米国外の発行者が米国人の投資家に対して公募を行う場合，米国内の発行者が募集を行う場合と同様に1933年法による登録義務に従う必要がある[102]。これは米国証券法の域外適用の問題である。したがって，アメリカ国内での「募集」が行われているものとして連邦証券規制の適用を受け，Form F-4（外国発行者はForm S-4に代えてForm F-4となる）に従った届出書が必要となる。そして，日本法人が消滅会社のときは，同国法人の情報をForm F-4に

従って提供し，米国法人が消滅会社のときは，同法人の情報をForm S-4に従って提供することになる。

他方で，米国法人たる外国会社が存続会社となる場合，合併に当たって，日本法人たる内国会社の株主に株式の割当てを行うことになる。この場合，原則として連邦証券規制に基づくForm S-4に従った届出書が必要になると考えられている(103)。その日本法人の情報はForm F-4に従って提供することになる。

なお事後開示であるが，前述のとおり，これが設けられているのは，わが国の会社法のみであって，デラウエア州法や連邦証券規制を見ても，同様の制度は存在しない。よって，デラウエア州法人が存続会社となる場合，当該外国会社の従属法はデラウエア州法であるから，原則としてわが国の会社法に従う必要はないと考えられる(104)。

5　効　果

落合教授は，以下のように述べる。「合併の効果は，国際的合併における各当事会社の利害関係人のすべてに影響を及ぼすから，すべての当事会社の従属法の重畳適用によらねばならない。従って，関係するすべての会社従属法が，消滅会社の財産の存続会社への包括移転，消滅会社の社員が存続会社の社員となること，消滅会社は清算せずして解散することを認めている場合に，合併の効果が発生することになる。」(105)合併手続については配分的適用になじむだろうが，効果は1つの法律によるべきであるから，「すべての当事会社の従属法の重畳適用によ」るというのは妥当ではないだろう。合併の効力が発生した後の法律関係は，存続会社の従属法により規律されることになる。

(49)　公法の属地的適用，強行法規の特別連結，絶対的強行法規の介入の問題。
(50)　早川吉尚「準拠法の選択と「公法」の適用」国際私法年報5号214頁（2003年）は，まず準拠法決定，適用を考えているようだが，論理的には順序が逆のように思われる。
(51)　江頭健治郎「社債法の改正」ジュリスト1027号36頁（1993年），道垣内・前掲注（1）157頁以下，松井秀征「国際会社法研究2　国際的な社債発行をめぐる法的問題」商事法務1675号59頁（2003年）などは，絶対的強行法規だとする。これ

に対し，原田晃治「社債をめぐる法律関係とその準拠法　上」商事法務1356号10頁（1994年）は契約準拠法（法例7条）によるべしとする。

(52) 　証券研究・特集「証券の国際的取引をめぐる法的問題―域外適用を中心として―」102号（1992年）。特に，石黒一憲「証券取引法の国際的適用に関する諸問題」同号1頁，神崎克郎「証券の国際的な募集・売出し」同号25頁，龍田節「日本証券の海外における流通」同号37頁，浜田道代「国際的な株式公開買付を巡る法的問題」同号73頁を参照。

(53) 　元永和彦「国際的な株式公開買付けおける抵触法上の諸問題(上)(下)」国際商事法務19巻7号779頁，8号961頁（1991年），内間裕「米国テンダーオファー・ルールとクロスボーダー取引に関する問題点　上下」国際商事法務27巻7号743頁，8号892頁（1999年）など。

(54) 　シンポジウム・前掲注（6）　私法64頁（落合発言）。

(55) 　岸田雅雄『平成12年改正商法解説会社分割法制』（税務経理協会，2000年）155頁以下など。

(56) 　これに関する論文として，佐野寛「国際的企業活動と法」国際法学会編『日本と国際法の100年　第7巻　国際取引』（三省堂，2001年）167頁以下，河野俊行「会社の従属法の決定基準―本拠地法主義・設立準拠法主義」ジュリスト1175号2頁（2000年）など。

(57) 　山田・前掲注（4）227頁以下，溜池・前掲注（4）283頁以下，龍田節「証券の国際取引に関する法的規制」証券研究41巻5頁以下（1975年）など参照。

(58) 　英国国際私法でも，「設立地の法」に準拠するとされる。Dicey & Morris "The Conflict of Laws（12th Ed.）"（1993）のルール156参照。

(59) 　佐野・前掲注（56）176頁，石黒・前掲注（23）299頁など。

(60) 　石黒一憲『金融取引と国際訴訟』（有斐閣，1983年）259頁以下，石黒・前掲注（23）298，299頁。高桑昭「わが国の外国法人制度について」法学論叢140巻5＝6号23頁（1998年），佐野・前掲注（56）171，172頁，河野・前掲（56）5，6頁など参照。

(61) 　なお，設立準拠法主義をとる立場のなかでも，道垣内教授は，民法36条の認許を外国国家行為の承認の規定と解して，この立場を説明しようとする点で他説と異なる。同・前掲注（22）181頁以下。

(62) 　この問題の核心は，設立と同時に他の国に住所地をおく会社及び設立後に住所地を他の国に移転した会社の従属法をどうするかにある，との指摘もある。高桑・前掲注（1）147頁。本拠地法主義によれば，本拠が移転すれば，一旦取得した法人格は当然には継続せず，新たな設立手続が必要となるからである。

(63) 　C-212/97, 9 March 1999, Centros Ltd. v Erhvers- og Selskabsstyrelsen; C-208/00, 5 November 2002, Uberseering BV v Nordic Construction Company Baumanagement GmbH（NCC）; C-167/01, 30 September 2003, Kamer van Koophandel en Fabrieken

voor Amsterdam v Inspire Art Ltd. これらの欧州裁判所の判決（英語版）は，http://europa.eu.int/eur-lex/ から入手できる。

(64) 山内惟介「ヨーロッパ国際会社法における"セントロス社事件"判決について―ヨーロッパ裁判所1999年3月9日判決の検討―」法学新報109巻11＝12号101頁（2003年），山内惟介「法人の従属法とその適用範囲―欧州諸立法の比較検討とその立法論への示唆―」国際私法年報2号117頁（2001年），森田果「ヨーロッパ国際会社法の行方1，2・完」民商法雑誌130巻4＝5号773頁，6号1097頁（2004年）など。Jens C. Dammann "Freedom of Choice in European Corporate Law" 29 Yale J. Int'l L. 477（2004）も参照。

(65) 最判昭50・7・15民集29巻6号1061頁は，どちらの立場を採用したものかは不明である。評釈として柴田保幸・曹時28巻2号134頁，小林秀之・法協94巻10号1561頁など。東京地判平4・1・28判時1437号122頁は設立準拠法説をとることを明言している。評釈として，神前禎・ジュリスト1059号215頁（1995年），野村美明・別冊ジュリスト渉外判例百選〔第3版〕48頁など。

(66) 江川英文『国際私法〔改訂版〕』（有斐閣，1957年）168頁，櫻田嘉章『国際私法〔第3版〕』（有斐閣，2000年）174頁，山田・前掲注（4） 232－233頁，溜池・前掲注（4）285－286頁，木棚照一＝松岡博＝渡辺惺之『国際私法概論〔第三版〕』（有斐閣，1998年）112－113頁，龍田・前掲注（3）280頁など。

(67) 藤田友敬「会社の従属法の適用範囲」ジュリスト1175号9頁（2000年）など。個々の論点としては，法人格否認，親子会社関係，取締役の責任などが，法人従属法の適用範囲の問題として論じられてきた。

(68) 特に抵触法第2リステイトメント302条注釈e参照。

(69) たとえば抵触法第2リステイトメント302条注釈h参照。

(70) たとえば，藤田・前掲注（7）1673号18頁。

(71) 前田雅弘「会社の管理運営と株主の自治―会社法の強行法規性に関する一考察」『商法・経済法の諸問題（川又良也先生還暦記念）』（商事法務研究会，1994年）139頁以下。Eisenberg "The Structure of Corporation Law" 89 Colum. L. Rev. 1461（1989），Easterbrook & Fischel "The Corporate Contract" 89 Colum. L. Rev. 1416（1989）。上記の米国論文の紹介として神作裕之・アメリカ法108号（1991年）。

(72) 会社法では，米国会社法の Short Form Merger に匹敵する略式組織再編での合併（784条1項，796条1項）が別途認められるようになった。

(73) 会社法782条，794条，803条。

(74) 会社法783条，795条1項，特別決議につき309条2項12号。

(75) 会社法797条3項4項，785条3項4項。

(76) 会社法749条1項6号，751条1項7号。

(77) 会社法801条。

(78) 会社法921条，922条。

(79) 会社法785条1項2項，797条2項，806条。
(80) 消滅会社につき789条1項1号，810条1項1号，存続会社につき799条1項1号。
(81) デ州会社法253条。90％以上の株式を保有する親会社が子会社を吸収合併する場合である。
(82) デ州会社法251条(b)は6項目に互って合併契約書の必要的記載事項を規定する。
(83) デ州会社法262条。買取請求権は，①継続して株主であり，②決議前，又は合併効力発生日前若しくはその後10日以内に，保有株式の評価請求書を会社に提出し，③合併賛成の投票をせず，④衡平裁判所に株式価格決定申請をすることによって行使される。
(84) デ州会社法252条。
(85) アメリカの会社債権者は，合併による債権回収可能性の低下に対し，契約条項で対処するのが通常であり，会社法上の債権者保護としては包括承継が認められれば足りると考えているからと説明されている。柴田和史「合併法理の再構成(4)」法協105巻7号941頁以下（1988年）参照。
(86) 落合・前掲注（20）38頁。
(87) 落合前掲39頁，江頭・前掲注（1）138頁。株式交換につき座談会・前掲注（20）121頁（江頭発言）。
(88) 中東教授は，配分的適用を基礎に，"物権債権の束"の手法も部分的に組み込むのが望ましいとする。中東正文「日本私法学会シンポジウム資料　国際会社法4　企業組織の国際的再編」商事法務1706号27頁（2004年）。
(89) See, Dicey & Morris, supra note 58, at 1113.
(90) National Bank of Greece and Athens S. A. v. Metliss ［1958］A. C. 509 は，2つの銀行（ギリシャ法）が合併して原告銀行（ギリシャ法）を新設した事案で，原告銀行はギリシャ法により社債の保証債務を包括承継したとされる。
(91) なお，合併無効の訴え，さらには合併無効の訴えとこれに関する総会決議無効・不存在確認訴訟との関係についての抵触法的検討が重要と思われるが，これについては，早川吉尚「外国会社との合併・株式交換をめぐる法的規律Ⅶ完　紛争処理の観点からの分析・結語」商事法務1628号111頁（2002年）参照。
(92) この論点は従来合併対価の問題について多く論じられてきた。すなわち，デラウエア州一般会社法も含めてアメリカの各州会社法は，消滅会社株主に交付される合併対価を存続会社株式に限定していない。他方，わが国では，平成17年改正前，合併対価は存続会社株式に限られ，交付金合併は認められないとされてきた（旧商法409条2号参照）。日本法人とデラウエア州法人との合併で交付金合併が行われる場合，落合・前掲注（20）39頁によれば，合併対価に関して厳格な規制である日本法の規制に従うことになり無効となりそうである。これに対し，松井助教授は実質論から論じる。「日本法人が消滅会社となり，デラウエア州法人が

存続会社となる場合，株式の割当てを受けるべきは日本法人の株主である。したがって，この者には株主たる地位を保障する必要があり，交付金合併ができないのは当然の理である。しかしこれに対して，日本法人が存続会社となり，デラウエア州法人が消滅会社となる場合，株式の割当てを受けるべきはデラウエア州法人の株主である。したがって，この者には経済的利益のみを保障すれば足り，交付金合併は可能となるのではないか，ということである。」(松井・前掲注(48) 45-46頁)結論に賛成である。

(93)　落合・前掲注(20) 39頁。
(94)　石黒・前掲注(23) 147頁(注) 216。
(95)　石黒・前掲注(7) 615, 616頁。
(96)　早川吉尚「外国会社との合弁・株式交換をめぐる法的規律Ⅰ　問題の所在・国際私法からの分析」商事法務1622号36頁(注14)(2002年)。
(97)　早川吉尚「国境を越えたM＆Aの抵触法的規律」立教法学59号258, 263頁(2001年)。さらに早川・前掲32, 33頁。
(98)　早川教授は，合併契約と営業譲渡契約とを比較分析し，両方とも「契約上の行為」と「組織法上の行為」の両方の部分を有しているのであって，合併を組織法上の行為，営業譲渡を契約法上の行為とレッテル貼りすることは誤りとする。早川・前掲注(96) 32, 33頁。
(99)　この論点につき，藤田・前掲注(67) 13頁以下，同・前掲注(7) 1673号18頁以下，石黒・前掲注(7) 598頁以下など参照。
(100)　落合・前掲注(20) 41頁注(20)。
(101)　黒沼悦郎『アメリカ証券取引法［第2版］』(弘文堂，2004年) 61頁。
(102)　D. L. ラトナー＝T. L. ハーゼン『米国証券規制法概説』(商事法務，2003年) 249頁。
(103)　松井秀征＝桑野博輔「企業情報開示の観点からの分析」商事法務1626号23頁(2002年)。
(104)　この場合，消滅会社たる内国会社の元の株主が，瑕疵を争うための資料収集に制約を受けることになる点を指摘するものとして，松井＝桑野・前掲27頁。
(105)　落合・前掲注(20) 39頁。

Ⅳ　実質法上の問題

　国際的合併における困難な問題のもう一つは，各国の合併に関する実質法に大きな相違がある点である[106]。すなわち，国際的合併に適用される各会社従属法における実質法規制は完全には一致していないことが多いであろう

から，規定の欠缺あるいは矛盾が生じることが必須であり，これを実質法の解釈によっていかに対応するか，といった論点である[107]。

日本の会社が存続会社あるいは新設会社となる場合は，会社法の合併規制の観点からはほとんど問題がないが，日本の会社が消滅会社になる場合は，その利害関係者の保護に問題が生じる[108]。特に存続会社の従属法が消滅会社の従属法よりも株主や債権者の権利保護を低下させている場合である。たとえば，日本の会社が消滅会社になる場合，合併に反対株主にいかなる救済を与えるべきか，といった論点で議論されてきた[109]。この論点は実務上興味深い論点であるが，詳論は紙幅の関係上別の機会に譲りたい。

(106) 落合・前掲注 (20) 39頁。
(107) 落合・同前頁は，これをいわゆる「適応問題」というが，これが適応問題であるかはやや疑問がある。同旨，石黒・前掲注 (7) 620頁。適応問題については，澤木＝道垣内・前掲注 (41) 25頁以下，道垣内正人『ポイント国際私法・総論』（有斐閣，1999年）131頁以下，山田・前掲注 (4) 165頁以下参照。
(108) 落合・前掲注 (20) 39頁。
(109) 株式買取請求権があるのでこの程度の不利益は甘受すべきであるとの見解もある。江頭・前掲注 (1) 147頁注 (14)。藤田教授も原則賛成，藤田・前掲注 (7) 1674号24, 25頁。さらに，中東正文「日本私法学会シンポジウム資料　国際会社法IV企業組織の国際的再編」商事法務1706号28頁以下（2004年）参照。

V　小　括

わが国会社法は数年に度重なる改正と平成17年の大改正の経験を経た。また平成17年の敵対的買収に対する防衛策に関するガイドラインの策定など，まさに実務界からの要請から，矢継ぎ早の論点整理・パブリックコメント募集・成文化が実施された。以上は，これまでのわが国の法改正スピードには余りなかった事態であり，「経産商法が法務商法を空洞化させる」との批判もあるところである[110]。実務界の要請に応えるのが法律であることは確かではあるが，学問的研究の深化も不可欠である。そういった意味で，国際的合併に関する実質法的・抵触法的研究はまだ端緒についたばかりといえ，ますますの深化が必要である。本稿では必ずしも十分な検討ができなかったが，

Ⅴ　小　括

今後は国際的合併における個々の手続や要件においてよりきめ細かな解釈論が展開されるべきであろう。

　　(110)　たとえば，龍田・注（5）はしがきⅰ頁。

　　　　　　　　　あ と が き

　筑波大学ビジネス科学研究科企業法学専攻設立15周年および法科大学院創設を祝賀する論文集を，当初の予定よりは遅れたが，公刊することができた。現在企業法学専攻および法科大学院に教員として席を置く教員だけでなく，企業法学専攻にかつて在籍しておられた先生方も寄稿してくださった。ご多忙であるにもかかわらず，ご執筆くださった平出慶道先生（名古屋大学名誉教授，弁護士），三井哲夫先生（現・創価大学法科大学院教授），佐藤一雄先生（現・明治学院大学教授），春日偉知郎先生（現・慶應義塾大学大学院法務研究科教授）そして庄子良男先生（現・早稲田大学大学院会計学研究科教授）には，重ねて御礼を申し上げたい。三井先生（判事－1988年4月筑波大学社会科学系教授－1990年4月企業法学専攻教授），佐藤先生（総理府事務官［公正取引委員会］－1990年4月企業法学専攻教授），そして平出先生（名古屋大学法学部教授－1991年4月企業法学専攻教授）は，企業法学創設を支えてくださった先輩である。先輩方の努力によって，社会人のための夜間大学院としての企業法学専攻の評価は高まった。春日先生は，1983年4月から筑波大学社会科学系に在籍し，1997年4月に企業法学専攻の専任となられた。春日先生は，企業法学専攻のさらなる発展に大いに貢献された。そして，庄子先生である。庄子先生は，1995年4月に企業法学専攻に着任され，2005年4月に法科大学院創設とともに法曹専攻の専任となられた。庄子先生は，企業法学専攻を支えてきてくださったばかりでなく，法科大学院創設のためにも尽力され，そして創設メンバーとして法科大学院に移籍された。しかし，2006年3月末日で定年のゆえに，庄子先生は，法科大学院在籍わずかに1年で去られることとなった。

　本来，編集委員は庄子先生と私であった。にもかかわらず，編者として先生のお名前を記すことができなくなってしまった。当初の予定通りに刊行できていたら，編者として先生のお名前が記されていたことを思うと，作業が遅れたことが残念である。庄子先生がおられなければ，総頁数で800頁を超え，2分冊となった記念論文集を完成することはできなかった。改めて，庄

あ と が き

子先生のご尽力に心から御礼を申し上げたい。

　企業法学専攻は，国立大学ではじめての夜間社会人大学院として開設された。実務のなかで地に足の着いた問題意識を研ぎ澄ました社会人が，自らが抱えた問題に関する理論的礎を得るために，そして実務と理論とを融合した学問を構築する「おもい」を抱いて，企業法学専攻の扉を叩く。そのような社会人学生を研究指導する教員も，「机の上の理論」だけでは十分な指導はなしえない。そこでは，実務と理論の「融合」が先駆的に行なわれてきた。

　2005年4月に筑波大学は，社会人のための夜間法科大学院を創設した。法科大学院は，「法曹養成に特化して法学教育を高度化し，理論的教育と実務的教育との架橋を図る」ものである。そのため，法科大学院では「実務家教員の参加が不可欠」とされた。研究者と実務家がともに教壇に立つことによって，理論と実務の「融合」が複合的に図られることになる。

　本書のタイトルは，企業法学専攻と法科大学院のこのような特色を踏まえたものである。「融合」が，スローガンだけで終わるのならば，旧態依然の状況が続くことになる。「融合」が，ただ「馴れ合い」に終わるならば，その学問的意義は薄い。それぞれが「ほんもの」でなければ，それらの「融合」は「にせもの」でしかないであろう。「質」の伴わない「量」の増加は，好ましいことではない。巣立っていく学生の「質」が問われるように，教える教員の「質」も問われる。十分な思索性を有する，深い研究があって，はじめて充実した教育を行なうことができる。本書に収められた各論文が「ほんもの」であるか否かを，お読みくださる方々に厳しく評価していただきたい。

　学術出版が厳しい状況にあるにもかかわらず本書を公刊することができたのは，信山社の渡辺左近氏の忍耐強いサポートと尽力のお蔭である。記して，感謝申し上げる。

2006年8月

青柳　幸一

筑波大学法科大学院創設記念・企業法学専攻創設15周年記念
融合する法律学　上巻

2006年（平成18年）11月10日　初版第1刷発行

編　者　青　柳　幸　一
発行者　今　井　　　貴
発行者　渡　辺　左　近
発行所　信山社出版株式会社
〒113-0033　東京都文京区本郷6-2-9-102
電　話　03（3818）1019
ＦＡＸ　03（3818）0344

printed in Japan

©青柳幸一，2006.　　印刷・製本／松澤印刷・大三製本

ISBN 4-7972-2476-2　C3332

――― 既刊・新刊 ―――

新堂幸司監修　日本裁判資料全集 1・2

判例研究の方法論で夙に指摘されているように事実の精確な認識の上にたって、法の適用ひいては判決の結論が妥当かどうか判断されなければならない。ロースクール時代を迎えて、実務教育の重要性が言われるようになったが、そのための裁判資料は十分であったか。判例研究が隆盛を極めている今日、ここに、日本裁判資料全集を刊行を企図する所以である。

中平健吉・大野正男・廣田富男・山川洋一郎・秋山幹男・河野敬編

東京予防接種禍訴訟 上　三〇〇〇〇円

東京予防接種禍訴訟 下　二八〇〇〇円

小笠原正・塩野宏・松尾浩也 編集代表

スポーツ六法 2006 信頼の編集・座右に一冊　　二八五〇円

信山社

―― 既刊・新刊 ――

広中俊雄編著 **日本民法典資料集成1**

第1部 民法典編纂の新方針

46倍判変形 特上製箱入り 1540頁

①民法典編纂の新方針 ②修正原案とその審議：総則編関係 ③修正原案とその審議：物権編関係 ④修正原案とその審議：債権編関係上 ⑤修正原案とその審議：債権編関係下 ⑥修正原案とその審議：親族編関係上 ⑦修正原案とその審議：親族編関係下 ⑧修正原案とその審議：相続編関係 ⑨整理議案とその審議 ⑩民法修正案の理由書：前三編関係 ⑪民法修正案の理由書：後二編関係 ⑫民法修正の参考資料：入会権資料分法資料 ⑬民法修正の参考資料：身分法資料 ⑭民法修正の参考資料：諸他の資料 ⑮帝国議会の法案審議――附表 民法修正案条文の変遷

信山社

── 既刊・新刊 ──

債権総論 〔第2版〕I 債権関係・契約規範・履行障害	潮見佳男著	五六三一円
債権総論 II 債権保全・回収・総論・財産移転型契約・信用供与型契約	潮見佳男著	四八〇〇円
債権総論 〔第3版〕II 保証・帰属関係	潮見佳男著	四八〇〇円
契約各論	潮見佳男著	四二〇〇円
不法行為法	潮見佳男著	四七〇〇円
不当利得法	藤原正則著	四五〇〇円
イギリス労働法	小宮文人著	三八〇〇円

信山社

プラクティス民法債権総論（第二版）	潮見佳男著	三三六〇円
プラクティスシリーズ 債権総論	平野裕之著	三八〇〇円